U0824718

科学出版社“十四五”普通高等教育本科规划教材

组织学与胚胎学

主　编　刘爱军　杨　岚

副主编　刘建春　刘　霞　郭洪胜

编　者（以姓氏笔画为序）

王　旭（辽宁中医药大学）　王志勇（河北北方学院）
王强利（上海中医药大学）　冯　英（华南理工大学）
刘　霞（贵州中医药大学）　刘建春（山西中医药大学）
刘爱军（广州中医药大学）　李迎秋（湖南中医药大学）
杨　岚（成都中医药大学）　杨恩彬（云南中医药大学）
张　娜（河南中医药大学）　张国荣（长春中医药大学）
陈彦文（甘肃中医药大学）　陈姣蓉（湖北中医药大学）
范　妤（陕西中医药大学）　周世雄（广东医科大学）
赵飞兰（广西中医药大学）　袁　衡（长沙医学院）
郭洪胜（广东医科大学）　陶仕英（北京中医药大学）
曹佳会（广州中医药大学）　龚艳菊（成都中医药大学）
彭胜男（江西中医药大学）　葛菲菲（南京中医药大学）
韩　艺（西南医科大学）　蔡其燕（陆军军医大学）

秘　书　曹佳会　龚艳菊

绘　图　翁安莉（广州中医药大学）

科学出版社

北　京

内 容 简 介

本书是科学出版社"十四五"普通高等教育本科规划教材之一。全书是编者在长期从事组织学与胚胎学教学的基础上，按照高等医学教育培养目标的要求编写而成。全书内容共分 28 章，第 1 ～ 19 章为组织学，第 20 ～ 28 章为胚胎学。为了适应数字化时代对图片的要求，本书模式图采用高质量、高像素的电脑绘图，更加突出组织学与胚胎学的形态学科特点。本书中关键词附有英文标注，有利于学生对专业词汇的学习和掌握。章节后的知识拓展涉及现代医学领域的热点研究及中医药领域的进步与发展，不仅有利于丰富学生的医学知识，更有助于弘扬中医药文化。

本书适合高等医学院校中医学、基础医学、临床医学、中西医结合、护理学、 检验医学、眼视光学、生物技术、预防医学、医学信息学等专业作为教材使用，也适合从事妇产科学、生殖医学等相关学科的临床、科研工作人员作为参考用书。

图书在版编目（CIP）数据

组织学与胚胎学 / 刘爱军，杨岚主编. —北京：科学出版社，2023.3

科学出版社"十四五"普通高等教育本科规划教材

ISBN 978-7-03-075229-1

Ⅰ. ①组… Ⅱ. ①刘… ②杨… Ⅲ. ①人体组织学-高等学校-教材 ②人体胚胎学-高等学校-教材 Ⅳ. ①R32

中国国家版本馆CIP数据核字（2023）第046172号

责任编辑：郭海燕　丁晓魏 / 责任校对：张小霞

责任印制：霍　兵 / 封面设计：蓝正设计

科学出版社 出版

北京东黄城根北街16号

邮政编码:100717

http://www.sciencep.com

北京汇瑞嘉合文化发展有限公司印刷

科学出版社发行　各地新华书店经销

*

2023年3月第　一　版　开本：787×1092　1/16

2025年1月第四次印刷　印张：16 3/4

字数：450 000

定价：88.00 元

（如有印装质量问题，我社负责调换）

前　言

根据《国务院办公厅关于深化医教协同进一步推进医学教育改革与发展的意见》、《教育部关于一流本科课程建设的实施意见》（教育〔2018〕2号）、《高等学校课程思政建设指导纲要》（教育〔2020〕3号）和教育部《普通高等学校教材管理办法》（教材〔2019〕3号）等文件的精神，科学出版社组织了科学出版社“十四五”普通高等教育本科规划教材的编写工作，《组织学与胚胎学》为该系列教材之一。

本教材的编委成员均来自教学一线，具有扎实的专业知识和丰富的教学经验。为了更好地组织编写教材内容，博采众长，编写团队中除了来自全国20余所中医药院校的编委外，还邀请陆军军医大学、华南理工大学、广东医科大学、西南医科大学、河北北方学院和长沙医学院等6所西医院校的编委加入，使我们的编写团队人员结构更加合理。编写过程中，各编委相互取长补短，中西医院校之间的知识交流不断碰撞出新的火花，编写氛围积极活跃。本教材编写的突出特点如下：①课程思政贯穿全书，突出家国情怀、科学精神、文化自信。在正文和知识扩展中融入思政元素，如呼吸系统介绍我国在抗击新冠感染疫情中所取得的巨大成就，充分体现了中国特色社会主义制度的优越性和先进性，做到在润物细无声中立德树人。②弘扬党的二十大精神，自强自信，守正创新，体现中医药特色。随着现代科学技术在中医药研究中的应用与推广，中医药治疗疾病的优势与特色也获得越来越多的认可。编委们结合前沿进展，将自身的科研成果在教材中予以呈现，更好地树立中医药文化自信，弘扬民族精神。③插图清晰精美。组织学与胚胎学属于形态学科，教材图片质量尤为关键。本教材中所有插图全新，总计约400幅，包括实物图180余幅、手工绘图5幅、模式图及示意图200余幅。模式图及示意图像素高，色彩搭配合理，符合当代大学生的审美，不仅赏心悦目，而且能吸引读者进行学习。④专业术语使用规范。教材中的专业术语统一采用由国家自然科学基金资助、全国科学技术名词审定委员会审定、科学出版社出版的2013版《组织学与胚胎学名词》相关条目，既尊重规范，又有利于相关学科的知识衔接。⑤丰富学生知识，拓展学生思维。在知识扩展和视频资源（扫相关二维码获取）中介绍本学科及与本学科交叉或融合的科研新进展，提升学习兴趣，开阔学生眼界，为今后的学习奠定良好的基础。

本教材分为上篇组织学和下篇胚胎学。组织学由刘爱军（第一章）、刘建春（第二章）、赵飞兰（第三章）、彭胜男（第四章）、张国荣（第五章）、陈姣蓉（第六章）、杨恩彬（第七章）、蔡其燕（第八章）、曹佳会（第九章）、王旭（第十章）、杨岚（第十一章）、李迎秋（第十二章）、冯英（第十三章）、龚艳菊（第十四章）、张娜（第十五章）、袁衡（第十六章）、韩艺（第十七章）、范好（第十八章）、陈彦文（第十九章）等负责编写。胚胎学由陶仕英（第二十章和第二十八章）、郭洪胜（第二十一章）、王志勇（第二十二章）、刘霞（第二十三章）、周世雄（第二十四章）、王强利（第二十五章）、葛菲菲（第二十六章和第二十七章）等负责编写。相应章节的数字化素材（包括思维导图、习题、视频、PPT课件，均扫相应二维码获取阅读）由该章节编委负责编写。电脑绘图由广州中医药大学2022级博士研究生翁安莉负责。

感谢各位编者及其单位与领导的大力支持与帮助！感谢北京中医药大学的李健教授、三峡大学的肖长义教授、广州中医药大学陈东风教授为本教材提供电镜图片！感谢编写团队成员将近6个月来的辛苦付出与鼎力合作！感谢科学出版社给予的帮助与指导！感谢广州中医药大学张丽桃老师为本教材提供的手工绘图！由于水平所限，纰漏及不完善之处难免，敬请批评指正，以便后续改进和提高。

编　者

2023年1月

本书二维码

思维导图

PPT课件

习题

视频

目　录

第一章　组织学绪论 …… 1
　第一节　组织学的研究内容及意义 …… 1
　第二节　组织学的发展简史 …… 1
　第三节　组织学的研究方法 …… 2
　第四节　组织学的学习方法 …… 8
第二章　上皮组织 …… 9
　第一节　被覆上皮 …… 9
　第二节　腺上皮和腺 …… 12
　第三节　上皮细胞的特化结构 …… 14
第三章　结缔组织 …… 19
　第一节　疏松结缔组织 …… 19
　第二节　致密结缔组织 …… 24
　第三节　脂肪组织 …… 24
　第四节　网状组织 …… 25
第四章　软骨与骨 …… 26
　第一节　软骨 …… 26
　第二节　骨 …… 28
　第三节　骨的发生与生长 …… 31
　第四节　关节 …… 33
第五章　血液 …… 35
　第一节　红细胞 …… 35
　第二节　白细胞 …… 37
　第三节　血小板 …… 40
　第四节　骨髓和血细胞发生 …… 41
第六章　肌组织 …… 45
　第一节　骨骼肌 …… 45
　第二节　心肌 …… 48
　第三节　平滑肌 …… 49
第七章　神经组织 …… 52
　第一节　神经元 …… 52
　第二节　突触 …… 55
　第三节　神经胶质细胞 …… 57
　第四节　神经纤维和神经 …… 59
　第五节　神经末梢 …… 61
　第六节　神经纤维的溃变与再生 …… 64
　第七节　神经干细胞 …… 65
第八章　神经系统 …… 66
　第一节　大脑皮质 …… 66
　第二节　小脑皮质 …… 68
　第三节　脊髓灰质 …… 70
　第四节　脑脊膜和血-脑屏障 …… 71
　第五节　神经节 …… 72
第九章　循环系统 …… 74
　第一节　动脉和静脉管壁的一般结构 …… 74
　第二节　动脉 …… 75
　第三节　毛细血管 …… 78
　第四节　静脉 …… 79
　第五节　微循环 …… 81
　第六节　心脏 …… 82
　第七节　淋巴管系统 …… 84
第十章　免疫系统 …… 85
　第一节　免疫细胞 …… 85
　第二节　淋巴组织 …… 87
　第三节　淋巴器官 …… 88
第十一章　内分泌系统 …… 96
　第一节　甲状腺 …… 96
　第二节　甲状旁腺 …… 98
　第三节　肾上腺 …… 98
　第四节　垂体 …… 100
　第五节　松果体 …… 102
　第六节　弥散神经内分泌系统 …… 103
第十二章　皮肤 …… 104
　第一节　表皮 …… 104
　第二节　真皮 …… 107
　第三节　皮肤的附属器 …… 108

第十三章　眼和耳 …… 112
第一节　眼 …… 112
第二节　耳 …… 117
第十四章　消化管 …… 121
第一节　消化管壁的一般结构 …… 121
第二节　口腔与咽 …… 122
第三节　食管 …… 124
第四节　胃 …… 125
第五节　小肠 …… 127
第六节　大肠 …… 130
第七节　消化管的淋巴组织 …… 131
第八节　胃肠的内分泌细胞 …… 132
第十五章　消化腺 …… 134
第一节　大唾液腺 …… 134
第二节　胰腺 …… 135
第三节　肝 …… 137
第四节　胆囊 …… 142
第十六章　呼吸系统 …… 143
第一节　鼻和喉 …… 143
第二节　气管和主支气管 …… 145
第三节　肺 …… 146
第十七章　泌尿系统 …… 151
第一节　肾 …… 151
第二节　排尿管道 …… 159
第十八章　男性生殖系统 …… 161
第一节　睾丸 …… 161
第二节　生殖管道 …… 164
第三节　附属腺 …… 166
第十九章　女性生殖系统 …… 168
第一节　卵巢 …… 168
第二节　输卵管 …… 172
第三节　子宫 …… 172
第四节　阴道 …… 176
第五节　乳腺 …… 176
第二十章　胚胎学绪论 …… 179
第一节　胚胎学的研究内容和意义 …… 179
第二节　胚胎学的相关分支学科 …… 179
第三节　胚胎学发展简史 …… 180
第四节　胚胎学常用的研究方法 …… 180
第五节　学习人体胚胎学的方法 …… 181
第二十一章　胚胎学总论 …… 183
第一节　生殖细胞和受精 …… 183
第二节　人胚早期发生 …… 186
第三节　胎膜和胎盘 …… 194
第四节　胚胎龄的推算和胚胎各期外形特征 …… 199
第五节　双胎、多胎和连体双胎 …… 201
第二十二章　颜面、颈和四肢的发生 …… 204
第一节　鳃器的发生 …… 204
第二节　颜面的形成 …… 205
第三节　腭的发生与口腔、鼻腔的分隔 …… 206
第四节　牙与舌的发生 …… 207
第五节　颈的形成 …… 209
第六节　四肢的发生 …… 209
第七节　常见畸形 …… 210
第二十三章　消化系统和呼吸系统的发生 …… 212
第一节　消化系统的发生 …… 212
第二节　呼吸系统的发生 …… 218
第二十四章　泌尿系统和生殖系统的发生 …… 221
第一节　泌尿系统的发生 …… 221
第二节　生殖系统的发生 …… 224
第二十五章　心血管系统的发生 …… 231
第一节　原始心血管系统的建立 …… 231
第二节　心脏的发生 …… 233
第三节　胎儿的血液循环及出生后变化 …… 239
第四节　心血管系统常见的先天畸形 …… 240
第二十六章　神经系统的发生 …… 242
第一节　中枢神经系统的发生 …… 242
第二节　神经节和周围神经系统的发生 …… 248
第三节　神经系统相关内分泌腺的发生 …… 249
第四节　神经系统的常见先天畸形 …… 250
第二十七章　眼和耳的发生 …… 252
第一节　眼的发生 …… 252
第二节　耳的发生 …… 255
第二十八章　先天畸形 …… 258
第一节　先天畸形的分类 …… 258
第二节　先天畸形的发生原因 …… 259
第三节　致畸敏感期 …… 260
第四节　先天畸形的预防和产前诊断 …… 261

第一章 组织学绪论

组织学（histology）是研究机体微细结构及其相关功能的学科。组织学的研究内容包括细胞、组织、器官和系统。

第一节 组织学的研究内容及意义

一、组织学的研究内容

细胞（cell）是人体结构与功能的基本单位。细胞外基质（extracellular matrix，ECM）又称细胞间质（intercellular substance），主要包括细胞分泌到细胞外间质中的蛋白质和多糖类物质，构成细胞外微环境，可调节细胞的发育和细胞的生理活动。组织（tissue）是由形态和功能相同或相似的细胞与细胞外基质一起构成并具有一定形态结构和生理功能的细胞群体。人体组织根据结构和功能的不同，一般分为四种基本组织，即上皮组织、结缔组织、肌组织和神经组织。器官（organ）是由基本组织按照一定的方式有机地组合在一起并行使特定功能的结构。中央有较大空腔的器官，称中空性器官，如心、胃、膀胱、子宫等。中央无较大空腔的器官，称实质性器官，如肝、脾、肺、肾等。系统（system）由多个结构相似、功能相关的器官组成，可完成连续的生理活动，如运动系统、神经系统、循环系统、消化系统、呼吸系统、泌尿系统和生殖系统等。

二、组织学的研究意义

组织学是解剖学的一门分支学科，是引导医学生进入医学领域、探索人体微观世界的医学基础课。同时，组织学与生理学、病理学、内科学、妇产科学、组织工程学等学科交叉渗透并协同发展。随着现代科学技术的迅猛发展，组织学的研究水平已经从光学显微镜和电子显微镜水平深入到分子水平。现代组织学与生命科学各学科高度融合，如干细胞治疗与再生医学、精准医学与肿瘤的生物治疗、表观遗传学、细胞衰老与死亡、3D打印与组织工程等，都与组织学有着密切联系，有力地促进了医学研究前沿学科的发展。因此，医学生通过系统地学习组织学知识，掌握人体微细结构与功能的关系，才能更好地学习和理解人体生理过程和病理过程，为深入学习其他医学课程奠定坚实的基础。

第二节 组织学的发展简史

1665年，英国学者罗伯特·虎克（Robert Hooke）用简易的光学显微镜观察到软木薄片标本，将细胞壁构成的小室称为“cell”，创立了“细胞”一词。1677年，荷兰科学家用高倍显微镜发现了精子、红细胞、肌细胞和神经细胞等。1801年，法国科学家Bichat首次提出了“组织”（tissue）的概念。1819年，德国科学家马耶尔（Mayer）创立了“Histology”一词，组织学作为一门独立的学科正式建立。1838年和1839年，德国学者施莱登（Schleiden）和施万（Schwann）分别发表论文，指出细胞是一切植物和动物的结构、功能和发生的基本单位，创立了细胞学说，在生命科学发展史上具有划时代的意义。

进入19世纪后，随着光学显微镜的不断改进，组织标本的固定、包埋、切片和染色等技术也有了很大进步，这些都极大地促进了组织学的发展。20世纪后，相差显微镜、偏光显微镜、暗视野显微镜等相继问世，并应用于组织学的研究。20世纪40年代，电子显微镜的出现将组织学的研究由细胞水平提升至分子水平。

20世纪以来，随着生物化学、生物物理学的发展，新的技术方法不断建立和完善，如放射自显影技术、显微分光光度技术、细胞与组织培养技术、图像分析技术、激光共聚焦扫描显微镜技术等。这些技术应用于组织学的研究，使组织学得到了蓬勃发展，形成了许多新兴交叉学科，如组织工程学、机能组织学、系统生物学等，使得组织学的研究更加广泛、深入、精细，呈现自动化、定量化和数字化的特点。

我国的组织学研究始于20世纪初。老一辈组织学家主要有马文昭（1886～1965年）、鲍鉴清（1893～1982年）、王有琪（1899～1995年）、张作干（1907～1969年）、李肇特（1913～2006年）、薛社普（1917～2017年）和成令忠（1931～2003年）等，他们对组织学的学科建设、科学研究和人才培养等做出了巨大贡献。

第三节　组织学的研究方法

组织学技术种类较多，其原理涉及物理学、化学、生物化学、免疫学和分子生物学等学科的知识。下面简要介绍组织学常用的技术方法。

一、普通光学显微镜技术

普通光学显微镜（light microscope，LM）简称光镜，是观察机体微细结构最常用的显微镜。光镜下所见的组织细胞结构简称光镜结构。光镜的分辨率为0.2μm。为了能在显微镜下观察到清晰的组织结构，需要将所研究的材料经过一系列特殊处理，制成标本。标本的制作可分为切片法和非切片法两种。

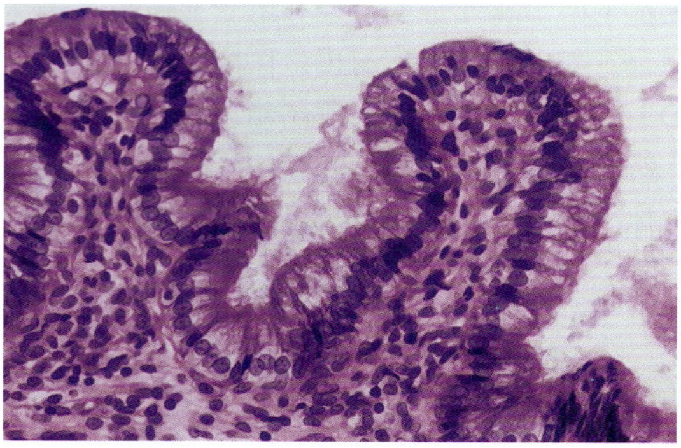

图1-1　HE染色（胆囊，高倍）

（一）切片法

1. 石蜡切片法　石蜡切片（paraffin section）是组织学最经典、最常用的技术方法，其标本制作过程主要包括取材、固定、脱水、包埋、切片、染色和封片等连续步骤。苏木精-伊红（hematoxylin and eosin，HE）染色，是组织学中最常用的染色（图1-1）。苏木精（又称苏木素）是由苏木中提取的一种蓝色碱性染料，能使细胞核和细胞质中的核糖体等酸性物质染成蓝紫色。伊红（又称曙红）是一种酸性染料，能使细胞质和细胞外基质中的碱性蛋白成分染成淡红色。组织细胞内某一成分或结构对碱性染料产生较强亲和力的现象称嗜碱性（basophilia），对酸性染料产生较强亲和力的现象称嗜酸性（acidophilia），对酸性和碱性两种染料的亲和力都不强的现象称中性（neutrophilia）。

除HE染色外，还有多种其他染色方法。银染法（silver staining）是以银盐溶液显示组织和细胞中可直接或间接使银离子还原为黑色银颗粒成分的染色方法，是神经组织常用的染色方法。银染色时，组织和细胞成分可直接使银离子还原为黑色银颗粒的特性称亲银性（argentaffin），组织和细胞成分需要加入还原剂才能使银离子还原为黑色银颗粒的特性称嗜银性（argyrophilia）。银染法可将组织结构染成棕黑色或棕黄色（图1-2）。细胞经重铬酸盐处理后呈现棕褐色的现象称为嗜铬性（chromaffinity）。有些结构染色后所呈现的颜色与所用染料的颜色不同，如甲苯胺蓝是一种蓝色染料，可将肥大细胞内颗粒染成紫红色，此现象称为异染性（metachromasia）。

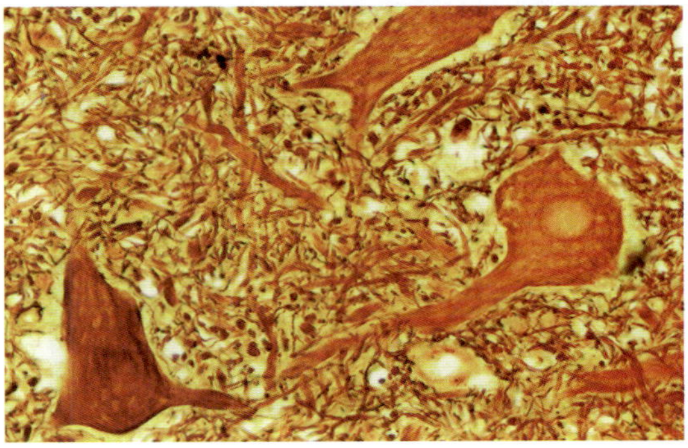

图1-2　镀银染色（神经元，高倍）（贵州中医药大学刘霞提供）

2. 冰冻切片法　冰冻切片法是取材后的组织块不经固定、包埋等处理，而是应用液氮、低温制冷装置等进行冷冻，并用恒冷切片机迅速将冷冻组织切片，该方法可用于不稳定活性物质的研究及快速病理诊断。

（二）非切片法

非切片法是指不使用包埋、切片等步骤制作标本的方法。血液、痰液、精液、脑脊液、脱落细胞、分离细胞等可直接涂在载玻片上，干燥后再进行固定和染色，这种标本制作方法称涂片法（图1-3）。疏松结缔组织和肠系膜等软组织可在载玻片上撕开并展平，制成铺片，干燥后进行固定和染色，称铺片法（图1-4）。牙和骨等坚硬组织可直接磨成薄片进行染色观察，称磨片法（图1-5）。

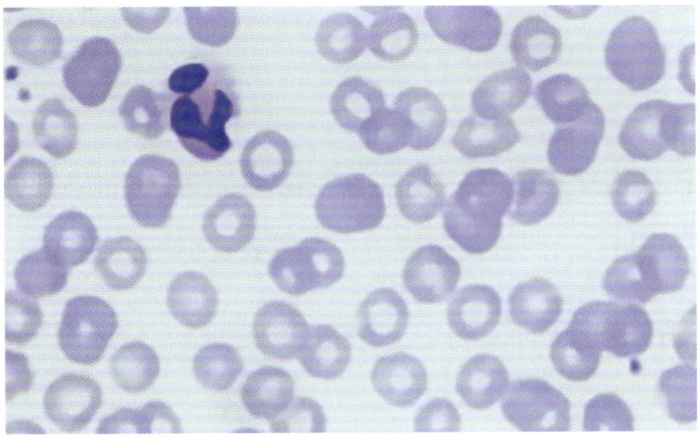

图1-3　人血涂片（瑞特染色，高倍）

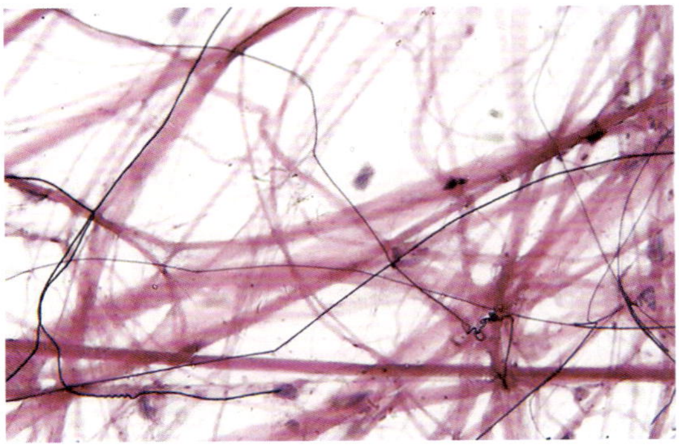

图1-4　疏松结缔组织铺片（苏木精-醛复红染色，高倍）

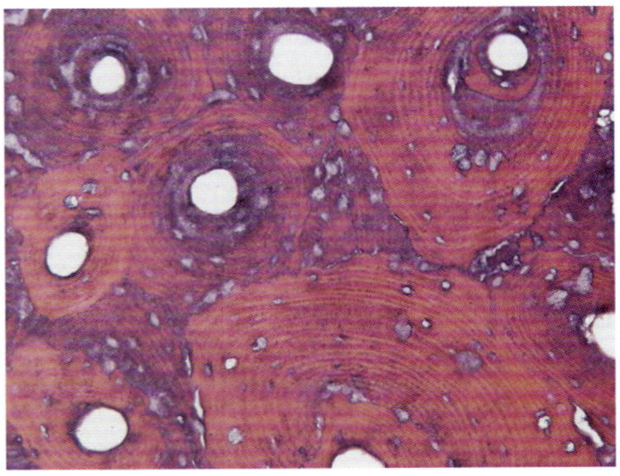

图1-5　骨磨片（大力紫染色，高倍）（贵州中医药大学刘霞提供）

二、特殊光学显微镜技术

当普通光学显微镜技术不能满足组织学研究的需要时，可使用特殊光学显微镜技术。常用的特殊光学显微镜技术包括以下几种。

（一）荧光显微镜技术

荧光显微镜（fluorescence microscope）用于观察被荧光素标记或含自发光物质的细胞和组织，一般采用高压汞灯和弧光灯作为光源，激发生物样本中的荧光物质，产生各种荧光。该技术可检测荧光标记物质在组织细胞中的分布，对特定物质进行定性、定位和定量的观察（图1-6），具有特异性强、灵敏性高的特点。

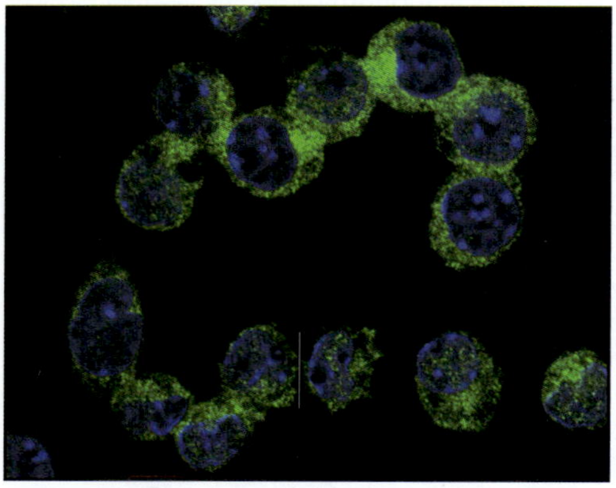

图1-6 免疫荧光染色（小鼠RAW264.7细胞，高倍）（贵州中医药大学刘霞提供）

（二）倒置显微镜技术

倒置显微镜（inverted microscope）的光源和聚光器在显微镜载物台的上方，而物镜安装在载物台下方。倒置显微镜的特点是增大了载物台放置样本的高度，可直接观察体外培养的活细胞，并对细胞的生长情况进行拍摄（图1-7）。

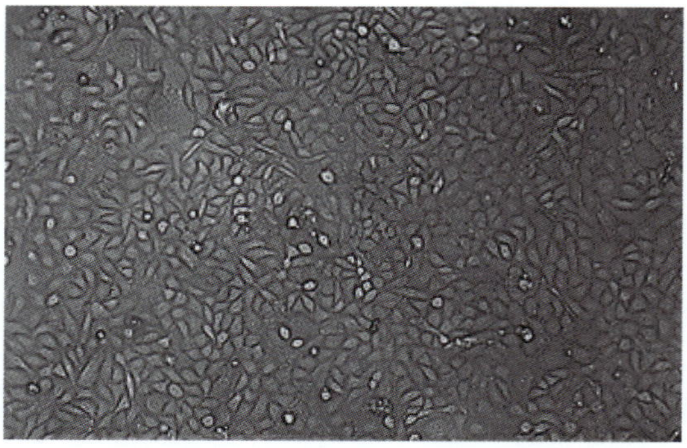

图1-7 倒置显微镜图（大鼠表皮细胞，低倍）

（三）相差显微镜技术

相差显微镜（phase contrast microscope）是通过改变光的相位，使相差变为振幅差，将活细胞内不同结构对光的不同折射转换为明暗差，从而观察活细胞微细结构。

（四）激光扫描共聚焦显微镜技术

激光扫描共聚焦显微镜（laser scanning confocal microscope，LSCM 或CSLM）是20世纪80年代初研制成功的一种高光敏度与高分辨率的显微镜，利用激光作为荧光的激发光并通过扫描装置对标本进行连续扫描，通过空间共轭光阑（针孔）阻挡离焦平面光线而成像的一种显微镜。激光扫描共聚焦显微镜可对较厚的组织切片进行连续精确的断层扫描，获得标本各层面的精细图像，经计算机合成处理后形成完整的三维图像，也可动态观察体外培养的活细胞，对细胞内分子或离子进行标记后，还可检测各种物质的表达及其动态变化（图1-8）。激光扫描共聚焦显微镜突破了普通显微镜不能对组织或细胞内部进行定位检测的局限，能够对细胞内部进行非侵入式光学断层扫描成像，是开展亚细胞水平结构和功能研究的有力工具。

三、电子显微镜技术

电子显微镜（electron microscope，EM）简称电镜，以电子束代替可见光，以电磁透镜代替光学透镜，最后将物像投射到荧光屏上进行观察。电镜下观察到的组织细胞结构称超微结构（ultrastructure）或电镜结构。

（一）透射电镜技术

透射电镜（transmission electron microscope，TEM）主要用于观察组织细胞内部的平面超微结构（图1-9）。透射电镜样本制备过程主要包括戊二醛和锇酸固定、脱水、环氧树脂包埋、超薄切片机切片和电子染色等。透射电镜技术制备的样本厚度为50～80nm，称为超薄切片，电子束投射到超薄切片时，可因组织构成成分的密度不同而发生相应的电子散射，电子束投射到密度大、吸附重金属多的结构时，电子被散射较多，投射到荧光屏上的电子少而呈暗像，称高电子密度（electron dense）；反之呈浅灰色，称低电子密度（electron lucent）。透射电镜的分辨率可达0.2nm。

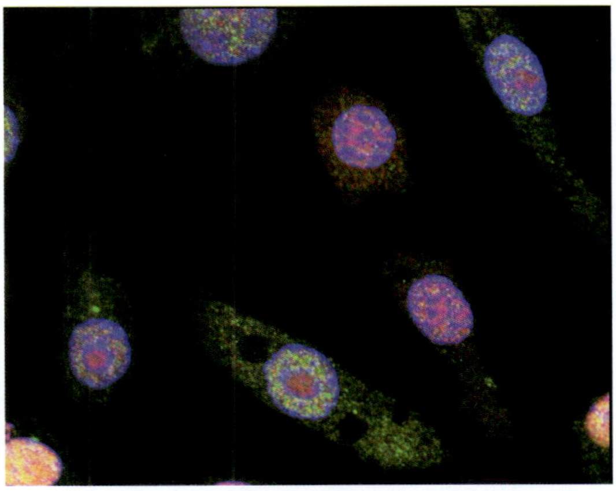

图1-8　激光扫描共聚焦显微镜图（小鼠RAW264.7细胞，高倍）（贵州中医药大学刘霞提供）

（二）扫描电镜技术

扫描电镜（scanning electron microscope，SEM）的工作原理是用极细的电子束在样本表面扫描，用特制的探测器收集产生的二次电子，形成电信号运送到显像管，在荧光屏上形成极富立体感的图像，主要用于观察组织和细胞的表面形态和立体结构（图1-10）。扫描电镜分辨率为2nm。

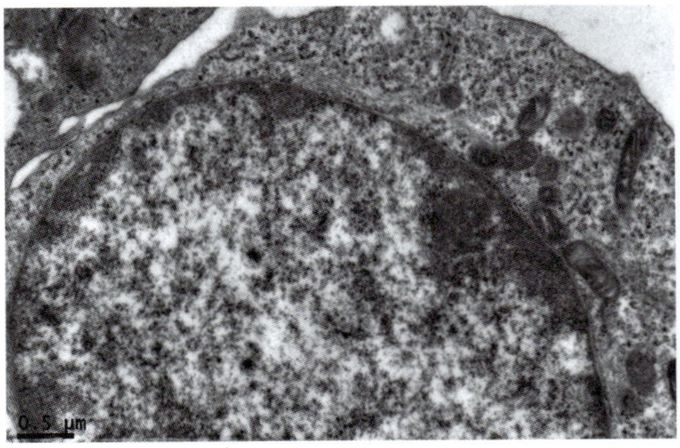

图1-9　透射电镜图（大鼠表皮干细胞，低倍）（广州中医药大学刘爱军提供）

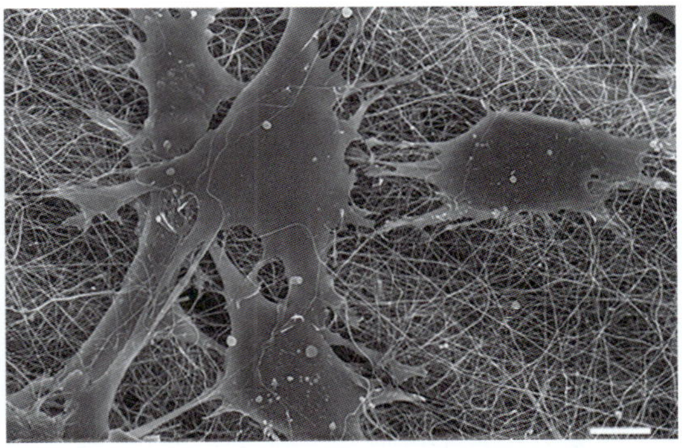

图1-10　扫描电镜图（间充质干细胞纳米材料培养，低倍）（上海中医药大学王强利提供）

四、组织化学和细胞化学技术

组织化学（histochemistry）和细胞化学（cytochemistry）是基于化学反应原理，使组织或细胞内待测物质形成有色沉淀的检测方法，可利用光镜或电镜对沉淀物进行定性、定位和定量的研究。

（一）一般组织细胞化学技术

一般组织细胞化学技术的原理是在切片上加入能与组织细胞中某种待测物质发生化学反应的试剂，其最终产物为有色沉淀物或重金属沉淀，可用显微镜观察。常见待检物质如下：

1. 糖类 过碘酸希夫反应（periodic acid Schiff reaction，PAS反应）常用来显示细胞、组织内的多糖或蛋白聚糖，其基本原理是糖类可被过碘酸氧化形成二醛基，后者与无色亚硫酸品红结合，反应产物为紫红色沉淀（图1-11）。

2. 脂类 脂类包括脂肪和类脂。为防止有机溶剂将脂类溶解，常采用冰冻切片。油红O脂溶性染料可将脂类染成红色（图1-12）。苏丹类脂溶性染料可将脂类染成橙黄色等。锇酸则具有固定兼染色的作用，脂类呈黑色，组织和细胞成分易被锇酸染色形成电镜下可见的高电子密度微细颗粒的特性称嗜锇性（osmiophilia）。

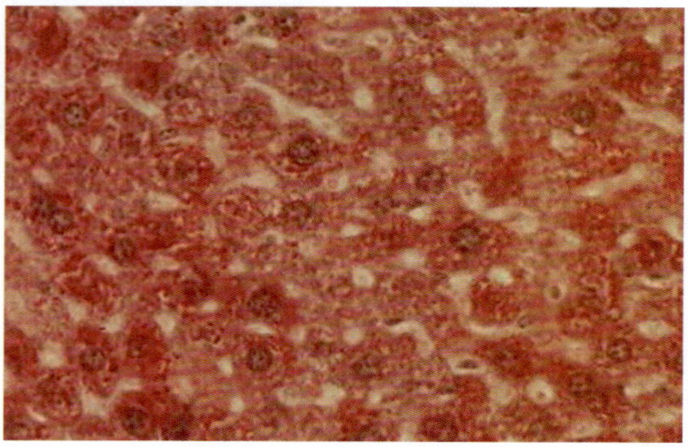

图1-11 PAS反应（肝，高倍）

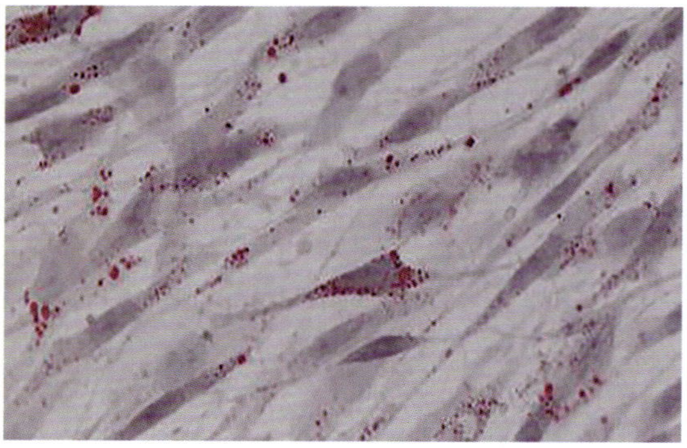

图1-12 油红O染色（骨髓间充质干细胞成脂分化，高倍）

3. 酶类 已知细胞内包括氧化还原酶系、水解酶系、合成酶系和转移酶系等，每一种酶都可催化特定的底物产生化学反应。为证明细胞或组织中某种酶的存在和活性，先将切片放入有特异性底物的溶液中孵育。底物经酶水解或氧化形成初级反应产物，该产物再与相应的捕捉剂结合，形成不溶性、有色终产物，在光镜或电镜下观察。

4. 核酸 福尔根反应（Feulgen reaction）常用于显示DNA。福尔根反应的原理是切片经稀盐酸处理后，使DNA水解，脱氧核糖核酸和嘌呤碱之间的连接键被打开，暴露出醛基，醛基再与Schiff试剂作用，使DNA呈紫红色。

5. 软骨组织和骨组织 番红O-固绿染色可同时显示软骨组织和骨组织，其基本原理为嗜碱性的软骨组织与碱性染料番红O结合呈现红色，嗜酸性的骨组织和酸性染料固绿结合而成绿色或蓝色，与呈现红色的软骨组织形成鲜明对比，从而将软骨组织和骨组织区分开（图1-13）。

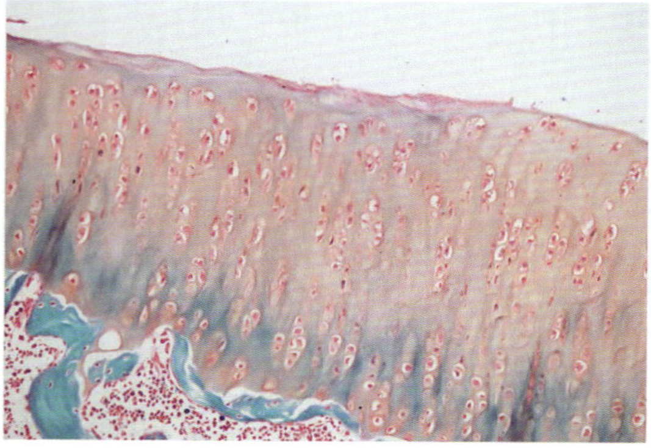

图1-13 番红O-固绿染色（大鼠膝关节，高倍）

（二）免疫组织化学和免疫细胞化学技术

免疫组织化学（immunohistochemistry）和免疫细胞化学（immunocytochemistry）是基于抗原-抗体特异性结合的免疫学原理，检测组织细胞内的蛋白质与肽类的实验技术。将组织中待测的多肽或蛋白质作为抗原，把经过标记的、与待测抗原相对应的抗体与之反应，形成显微镜下可见的抗原抗体复合物（图1-14）。该方法可对组织和细胞中某些多肽和蛋白质等进行定位和定量分析。

五、原位杂交技术

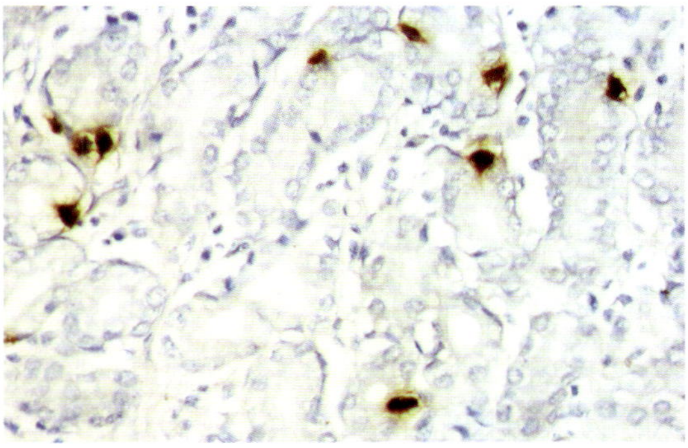

图1-14　免疫组织化学（胃黏膜5-羟色胺阳性细胞，高倍）（贵州中医药大学刘霞提供）

原位杂交组织化学（*in situ* hybridization histochemistry）简称原位杂交，一种在组织细胞原位进行的核酸分子杂交，用于细胞内mRNA 和DNA的定位研究。原位杂交的基本原理是应用含有特定序列、经过标记的DNA或RNA片段作为核酸探针，与组织切片或细胞内待测核酸（RNA或DNA）片段进行杂交，基于两条单核苷酸链通过碱基互补而紧密结合，形成稳定的杂交体，便可获知是否有待测核酸及其相对量。常用标记物有生物素、荧光素、铁蛋白、放射性核素和地高辛等。

六、图像分析技术

图像分析（image analysis）是应用数学和统计学原理对组织切片提供的平面图像进行分析，从而获得立体的组织和细胞内各种有形成分的数量、体积、表面积等参数，从量的角度显示结构和功能关系的技术。该系统还可将平面图像中获得的某种结构成分通过计算机转换成三维数据，从而获得微细结构的立体模型，这部分也称为体视学（stereology）。

七、细胞培养技术

细胞培养（cell culture）是从机体分离出的组织或细胞在体外人工条件下培养生长的技术。体外培养需在无菌条件下进行，培养条件还包括适宜的温度、O_2与CO_2浓度、pH、渗透压等，培养液要含有适合细胞生长的营养物质、生长因子、激素等，还需严防微生物污染。体外培养的细胞大多数种类贴在培养瓶壁上生长，仅有少数种类（如淋巴细胞）悬浮于培养液中生长。首次从体内获得并进行培养的细胞，称原代细胞。当细胞增殖并长满瓶壁时，需要进行传代，继续培养。利用倒置、相差显微镜可直接观察细胞的增殖、分化、运动、吞噬等动态变化，并可用显微录像或显微摄影真实地记录活细胞的连续变化过程（图1-7）。

八、组织工程技术

组织工程（tissue engineering）是用细胞培养技术在体外模拟构建机体组织或器官的技术，是生物医学和材料科学交叉融合的产物。目前正在研究构建的组织器官主要有皮肤、软骨、骨、肌腱、骨骼肌、血管及角膜等，其中以组织工程皮肤的研究较为成功，并早已应用于临床治疗烧伤、皮肤静脉性溃疡等疾病。

九、组织芯片技术

组织芯片（tissue chip）又称组织微阵列（tissue microarray），是生物芯片技术的一个重要分支。按照不同的设计需求，将数以千计的组织标本有序地集成在固相载玻片上制成组织微阵列，再利用免疫组织化学、原位杂交等组织学、分子生物学技术，对芯片上的组织样本进行检测。该技术自1998年问世以来，以其大规模、高通量、标准化等优点得到大范围的推广应用。

第四节　组织学的学习方法

组织学是一门重要的医学基础课，与其他医学课程有着密切的联系，想要学好这门课程，首先应该掌握科学的学习方法。学习过程中除了注意理论联系实际，还需注意以下几个方面。

1. 形态与功能相统一　每一种细胞、组织和器官都有一定的形态结构，这些结构具有特定的功能。例如，红细胞的双凹圆盘状结构有效地增加了携带氧和二氧化碳的能力；肌节结构的完整性是其进行正常收缩的物质基础；表皮干细胞增殖后一旦脱离基膜，细胞的形态发生改变并进入表皮的角化过程等。因此，在学习中一定要注意形态结构与功能相联系。

2. 平面与立体相结合　任何一种细胞、组织和器官都是立体的，但制作成组织切片后，显示的为二维平面结构，并且在不同切面所看到的结构是不相同的。因此，在学习过程中，应随时注意将二维的组织切片图像与三维的解剖学结构有机地联系起来，从而更加深入地掌握器官的功能。

3. 纵横联系深化认识　组织学研究的是人体的微观结构及其相关功能，是解剖学的一个分支，后续与病理学及生理学密切相关，许多知识点在不同的学科中前后关联，相互印证。如细胞的结构与功能是组织学的基础，而组织学又是学习器官结构与功能的基础；正常的组织结构发生改变则产生病理过程。因此，学习中要注意温故而知新，相关学科的知识要纵横联系才能深化认识，并把所学到的基础理论知识灵活运用于其他各学科。

知识扩展

组织工程

组织工程是利用细胞培养技术在体外模拟构建机体组织或器官的技术，是生物医学和材料科学交叉融合的产物。组织工程包括三要素：种子细胞、支架（人工细胞外基质）材料、生长因子。按组织工程完成再生过程的环境可分为体外组织工程和体内组织工程。组织工程学的研究虽然只有三十多年，但已经完成了基础理论、组织构建、动物体内植入等过程。随着细胞学、分子生物学及生物材料学研究的突飞猛进，目前已有商品化的组织工程皮肤、软骨等产品正式进入临床应用，预计在不久的将来，将会有更多、更成熟的组织工程产品应用于临床。

思考题

1. 人体细胞、组织、器官和系统之间的区别与联系是什么？
2. 非切片法适用于哪些人体标本的制作？
3. 一般组织细胞化学技术与免疫组织化学技术有什么不同？

（刘爱军）

第二章　上 皮 组 织

上皮组织（epithelial tissue）简称上皮，由密集排列的上皮细胞与极少量的细胞外基质组成。上皮细胞具有明显的极性，细胞朝向体表、体腔和器官腔面的无毗邻关系的一面称游离面（free surface），常特化形成某些具有特定功能的特殊结构。与游离面相对的另一面称基底面，基底面借基膜与深部结缔组织相连，游离面和基底面在形态结构和功能上有明显的差异。相邻上皮细胞之间连接的面称侧面。大多上皮内无血管，所需营养来自结缔组织中的血管，营养物质透过基膜到达上皮细胞。上皮组织内含丰富的感觉神经末梢，感受各种刺激。

根据上皮组织的功能，可将其分为被覆上皮和腺上皮。被覆上皮具有保护、吸收、分泌和排泄等功能，腺上皮具有分泌功能。此外，还有少量特化上皮，包括感觉上皮、生殖上皮和肌上皮等。

第一节　被 覆 上 皮

被覆上皮（covering epithelium）是覆盖于体表、腔囊器官内表面和部分器官外表面的上皮。常根据其细胞层数和表层细胞的形态分为不同类型（表2-1）。

表2-1　被覆上皮的类型及主要分布

细胞层数	上皮类型	主要分布
单层上皮	单层扁平上皮	内皮：心、血管和淋巴管的腔面
		间皮：胸膜、腹膜和心包膜的表面
		其他：肺泡和肾小囊壁层等
	单层立方上皮	肾小管、甲状腺滤泡上皮等
	单层柱状上皮	胃、肠、胆囊、子宫等腔面
	假复层纤毛柱状上皮	呼吸道等腔面
复层上皮	复层扁平上皮	未角化的：口腔、食管和阴道等腔面
		角化的：皮肤的表皮
	复层柱状上皮	眼睑结膜、男性尿道等腔面
	变移上皮	肾盏、肾盂、输尿管和膀胱等腔面

一、单层扁平上皮

单层扁平上皮（simple squamous epithelium）又称单层鳞状上皮，是由一层边界不规则、表面光滑、形如鳞片的扁平细胞组成的上皮。从表面观察，细胞呈不规则多边形，核呈扁椭圆形，位于细胞中央，相邻细胞的边缘呈锯齿状嵌合（图2-1）。从垂直切面观察，细胞扁而薄，胞质少，仅含核部分略厚（图2-2）。分布于心、血管和淋巴管腔面的单层扁平上皮称内皮（endothelium），内皮扁薄而光滑，有利于液体的流动及物质交换。分布在胸膜、腹膜和心包膜表面的单层扁平上皮称间皮（mesothelium），可保持器官表面光滑湿润，减少器官间摩擦，有利于器官的活动。单层扁平上皮还分布于肺泡上皮和肾小囊壁层等处。

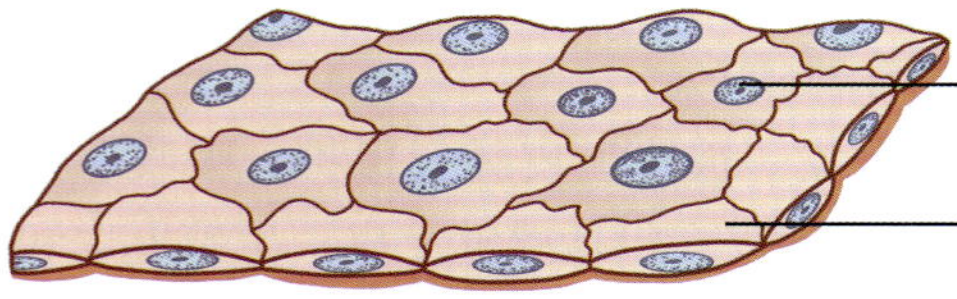

图2-1 单层扁平上皮模式图

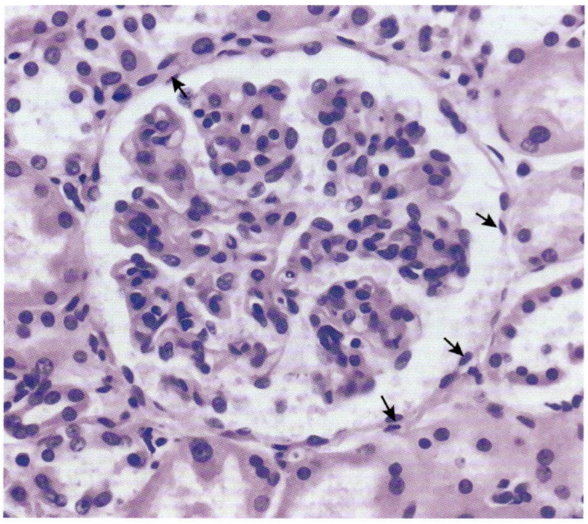

图2-2 单层扁平上皮（HE染色，高倍）

↑肾小囊壁层上皮细胞核

二、单层立方上皮

单层立方上皮（simple cuboidal epithelium）是由一层近似立方形的细胞构成的上皮。表面观察，细胞呈六边形或多角形。切面观察，细胞呈立方形，核圆、居中（图2-3）。单层立方上皮分布于肾小管、肾集合小管、甲状腺滤泡和视网膜色素上皮等处（图2-4）。

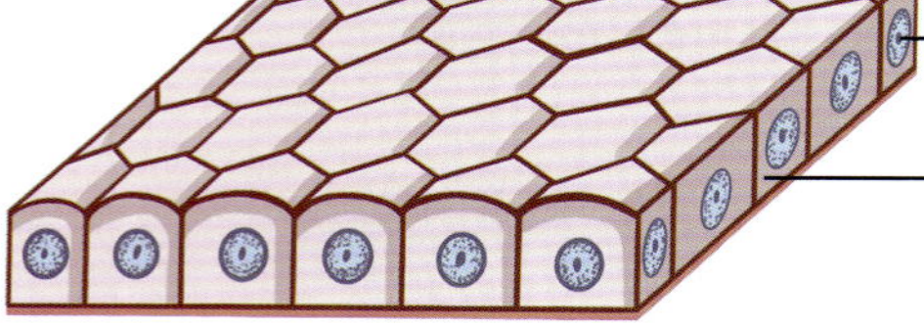

图2-3 单层立方上皮模式图

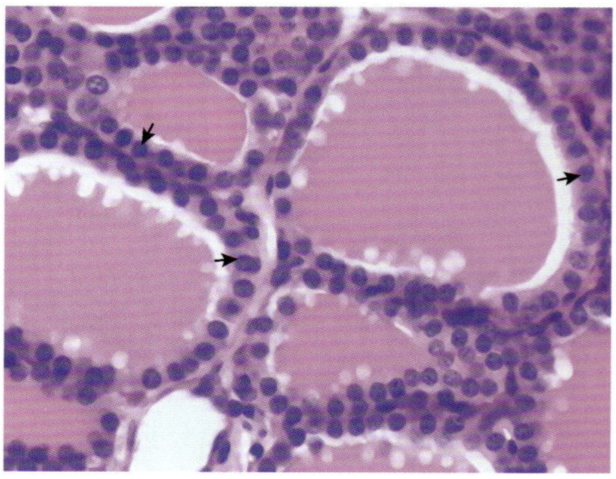

图2-4 单层立方上皮（HE染色，高倍）

↑甲状腺滤泡上皮细胞核

三、单层柱状上皮

单层柱状上皮（simple columnar epithelium）是由一层棱柱状细胞构成的上皮。表面观察，细胞呈六边形或多边形。垂直切面观察，细胞呈柱状，核呈长椭圆形，多位于细胞基底部，其长轴与细胞长轴一致（图2-5）。单层柱状上皮主要分布于胃、肠、胆囊、子宫和输卵管等腔面，有吸收和分泌的功能。单层柱状上皮中，除柱状细胞外，还有散在的杯状细胞（goblet cell）。杯状细胞基底部狭窄，顶部膨大，形似高脚酒杯，核呈三角形，染色深，近细胞基底部，顶端胞质内充满分泌颗粒，颗粒内含PAS反应阳性的黏蛋白（一种糖蛋白），故称黏原颗粒（mucinogen granule）。黏蛋白分泌后，与水结合形成黏液，有润滑和保护上皮的作用（图2-6）。

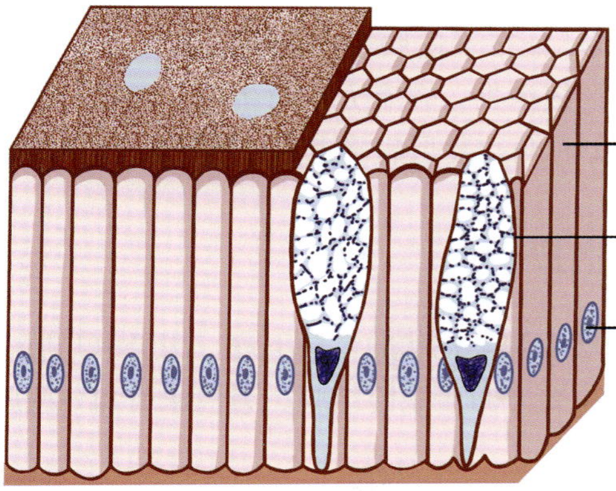

图2-5 单层柱状上皮模式图

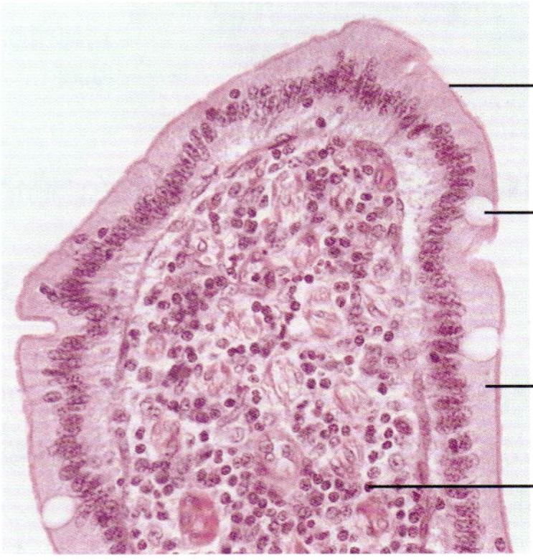

图2-6 单层柱状上皮（小肠，HE染色，高倍）

四、假复层纤毛柱状上皮

假复层纤毛柱状上皮（pseudostratified ciliated columnar epithelium）由柱状细胞、梭形细胞、锥形细胞和杯状细胞构成，其中柱状细胞最多，游离面伸出大量纤毛。垂直切面观察，由于细胞形态不同、参差不齐，核的位置高低不等，上皮貌似复层，但所有细胞基底面均附着于基膜上，故属单层上皮（图2-7）。假复层纤毛柱状上皮主要分布于呼吸道的腔面（图2-8）。

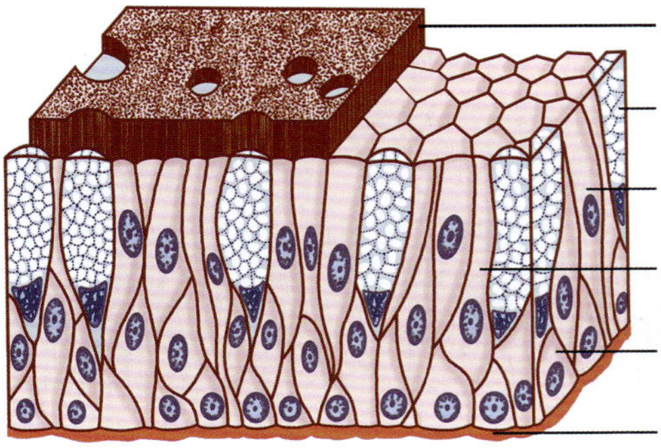

图2-7 假复层纤毛柱状上皮模式图

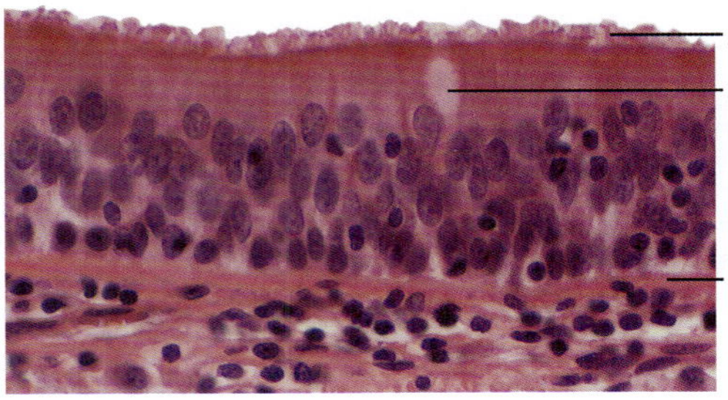

图2-8 假复层纤毛柱状上皮（气管，HE染色，高倍）

五、复层扁平上皮

复层扁平上皮（stratified squamous epithelium）由多层细胞构成，因表层细胞呈扁平鳞片状，又称复层鳞状上皮。在垂直切面上，细胞形状不一，紧贴基膜的一层基底细胞呈矮柱状，细胞较幼稚，是一种干细胞，可增殖分化并向浅层逐渐推移；基底层上方为数层多边形细胞；再向

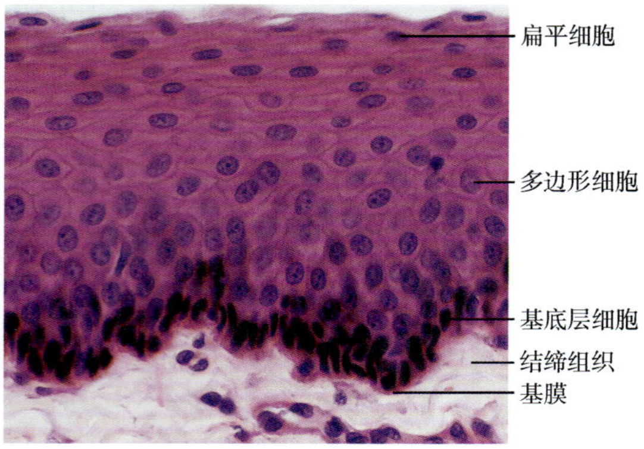

图2-9 未角化复层扁平上皮（食管，HE染色，高倍）

上为数层梭形或扁平细胞，最表层的扁平细胞已退化，逐渐脱落。上皮基底面与结缔组织的连接面凹凸不平，除增加两者的连接面，使连接更加牢固外，还能保证上皮组织的营养供应。复层扁平上皮较厚，具有很强的机械保护作用。分布于口腔、食管和阴道腔面的复层扁平上皮，浅层细胞有核，含角蛋白较少，称未角化复层扁平上皮（图2-9）。分布于皮肤表皮的复层扁平上皮，浅层细胞的核消失，含有大量角蛋白，形成干硬的角化层，称角化复层扁平上皮。

六、复层柱状上皮

复层柱状上皮（stratified columnar epithelium）是表层细胞呈柱状的复层上皮。深层由几层多边形细胞构成，表面为一层排列较整齐的矮柱状细胞，主要分布于眼睑结膜、男性尿道和一些腺的大导管等处。

七、变移上皮

变移上皮（transitional epithelium）是细胞形态和细胞层数随所在器官功能状态的不同而发生改变的复层上皮。主要分布于排尿管道，由基底层细胞、中间层细胞和表层细胞构成。基底层细胞为立方形或矮柱状，中间层细胞呈多边形，表层细胞体积较大，可覆盖其深层的几个细胞，故称盖细胞。盖细胞游离面胞质浓缩成壳层，可防止尿液侵蚀。膀胱空虚时，细胞层数增多，上皮变厚；反之，膀胱充盈时，上皮变薄，细胞层数减少，表层细胞略扁（图2-10）。

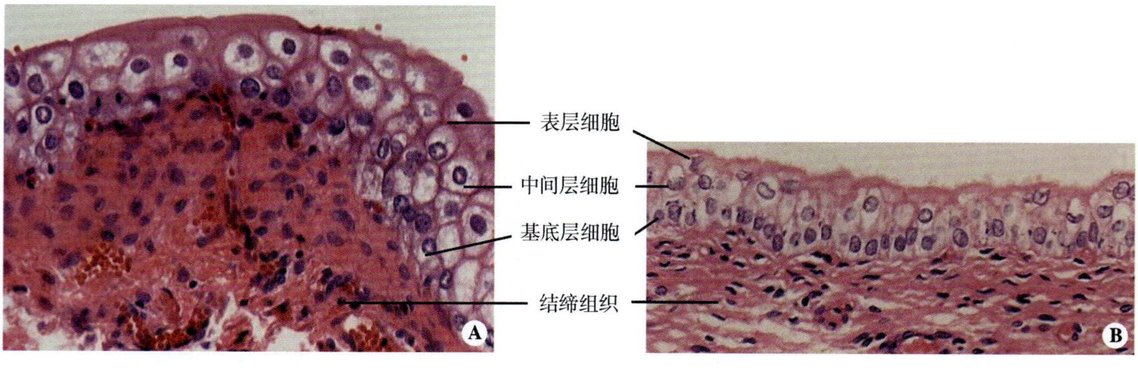

图2-10 变移上皮（HE染色，高倍）

A.膀胱空虚；B.膀胱充盈

第二节 腺上皮和腺

一、腺上皮及腺的分类

腺上皮（glandular epithelium）是以分泌功能为主的上皮。腺（gland）是以腺上皮为主要成分构成的器官或结构。有的腺分泌物经导管排至体表或器官腔内，称外分泌腺（exocrine gland），如汗腺、乳腺和唾液腺等。有的腺没有导管，腺细胞的分泌物（激素）释放入血液或淋巴，称内分泌腺（endocrine gland），如甲状腺、肾上腺和脑垂体等。

二、外分泌腺

外分泌腺可分为单细胞腺（unicellular gland）和多细胞腺（multicellular gland）。杯状细胞属单细胞腺。人体大部分外分泌腺为多细胞腺，一般由分泌部和导管两部分组成（图2-11）。根据导管有无分支，外分泌腺可分为单腺和复腺。分泌部的形状有管状、泡状或管泡状。因此，外分泌腺的形态分为单管状腺、单泡状腺、复管状腺、复泡状腺和复管泡状腺等。

（一）分泌部

分泌部（secretory portion）一般由一层腺细胞组成，中间有腔，周围有基膜，基膜与腺泡之间还可见扁平的肌上皮细胞。泡状或管泡状的分泌部常称为腺泡（acinus），根据腺泡细胞的特点以及分泌物性质的不同，一般分为浆液性腺泡、黏液性腺泡（图2-11，图2-12）和混合性腺泡。

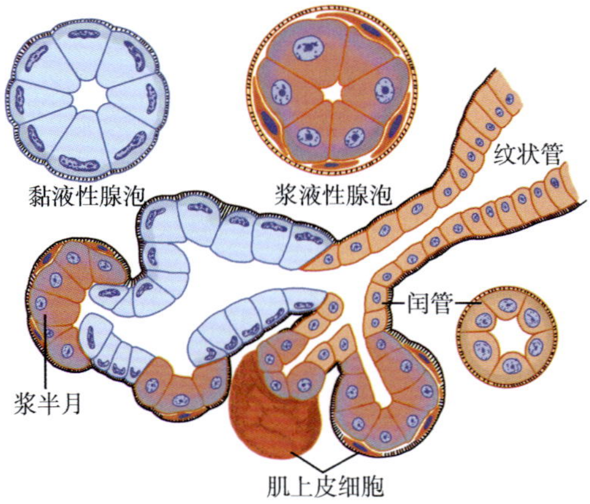

图2-11 外分泌腺结构模式图

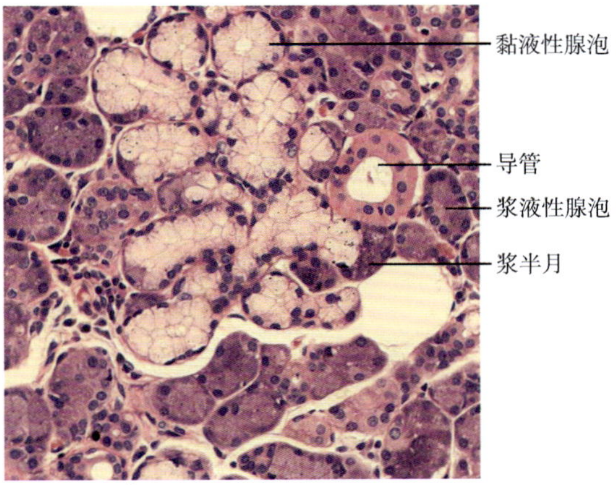

图2-12 外分泌腺（下颌下腺，HE染色，高倍）

1. 浆液性腺泡 浆液性腺泡（serous acinus）由浆液细胞（serous cell）构成。浆液细胞呈锥形，核圆，近基底部，基底部胞质呈强嗜碱性，胞质顶部含较多嗜酸性的分泌颗粒，称酶原颗粒。电镜下，细胞基底部为密集的粗面内质网，核上区有较发达的高尔基体和分泌颗粒，具有蛋白质分泌细胞（protein secretory cell）的超微结构特点（图2-13）。分泌部完全由浆液细胞构成的腺，称为浆液性腺。

2. 黏液性腺泡 黏液性腺泡（mucous acinus）由黏液细胞（mucous cell）构成。黏液细胞呈锥形，核扁圆形，近基底部，核周的胞质呈弱嗜碱性，大部分胞质几乎不着色，呈泡沫或空泡状。电镜下，细胞基底部有粗面内质网，核上方有高尔基体和黏原颗粒。黏原颗粒含糖蛋白，与水结合成黏液，有滑润和保护作用（图2-13）。杯状细胞也属于黏液细胞。分泌部完全由黏液细胞构成的腺，称为黏液性腺。

3. 混合性腺泡 混合性腺泡（mixed acinus）由黏液细胞和浆液细胞共同构成。大部分混合性腺泡以黏液细胞为主，在腺泡末端常有几个浆液细胞，切片中呈半月形结构，称浆半月（serous demilune）（图2-11，图2-12）。由三种腺泡共同构成的腺称为混合性腺。

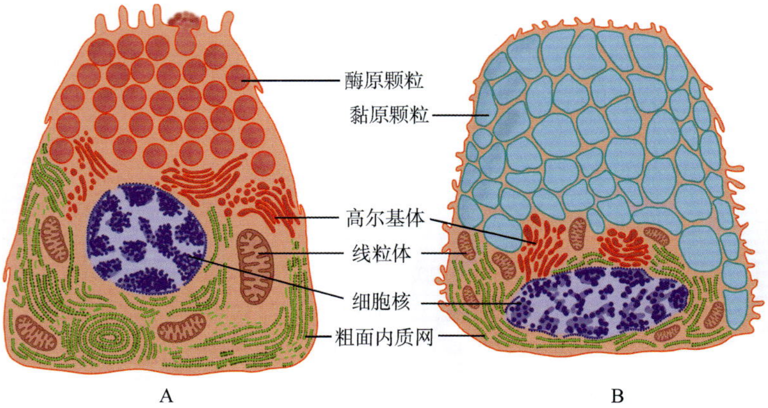

图2-13 浆液细胞（A）和黏液细胞（B）超微结构模式图

（二）导管

导管（duct）直接与分泌部相通，由单层或复层上皮构成，将分泌物排至体表或器官腔内，有的导管上皮细胞还可吸收或分泌水和电解质。

第三节 上皮细胞的特化结构

上皮具有极性，常在细胞的游离面、侧面和基底面形成一些特化结构以适应其相应的功能，这些特殊结构也可见于其他组织的细胞。

一、上皮细胞的游离面

（一）微绒毛

微绒毛（microvillus）是细胞游离面胞膜连同胞质一起向外伸出的细小指状突起（图2-14），其中轴内含与微绒毛长轴呈平行排列的微丝，直径约0.1μm（图2-17），长度因细胞种类或生理状态而有所差别。光镜下，小肠黏膜单层柱状上皮细胞游离面呈细线状的纹状缘（striated border）即为电镜下整齐而密集排列的微绒毛（图2-14）。电镜下，微绒毛表面为细胞膜，内部胞质中含许多纵行的微丝，微丝上端附着于微绒毛顶部，下端附着于终末网。微绒毛的功能是扩大细胞游离面的表面积，有利于细胞的吸收或分泌。微绒毛的胞膜外面常覆盖一层较厚的细胞衣，细胞衣是胞膜的糖蛋白和糖脂向细胞膜外伸出的糖链部分，具有黏着、保护和物质交换等作用。此外，细胞衣还与细胞识别等有关。

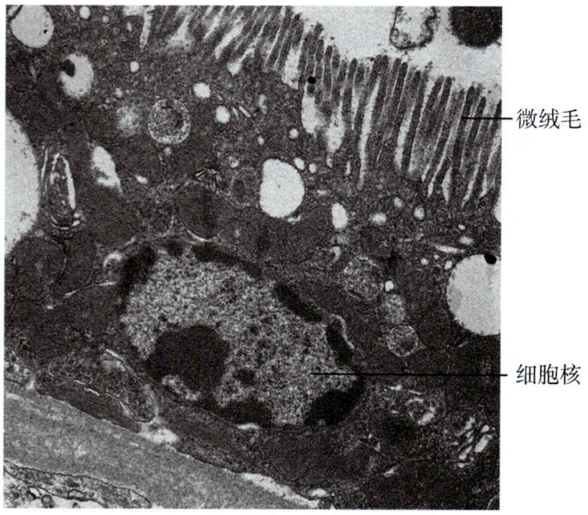

图2-14 微绒毛超微结构图（高倍）

（二）纤毛

纤毛（cilium）是上皮细胞游离面胞膜连同胞质一起向外伸出的粗而长的突起（图2-15），直径0.2～0.5μm，长5～10μm，光镜下可见。电镜下，纤毛中轴内含与纤毛长轴呈平行排列的9+2微管（图2-16），根部有一个致密颗粒称基体（basal body），其结构与中心粒基本相同。微管可以相互滑动，使纤毛具有节律性定向摆动的能力。众多纤毛的协调摆动像风吹麦浪一样，将黏附在上皮表面的颗粒及黏液定向推送。

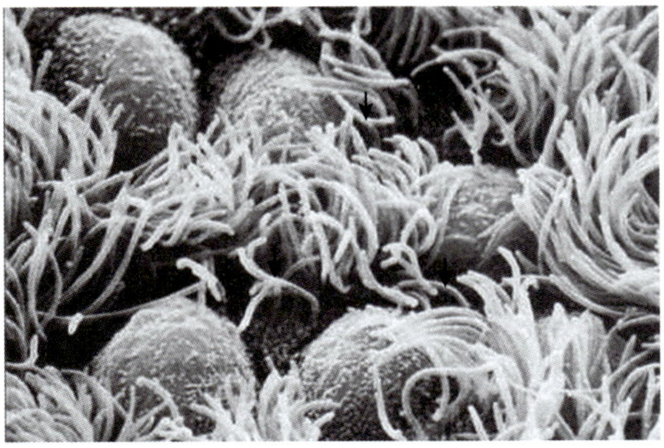

图2-15 纤毛扫描电镜图（高倍）
↓纤毛

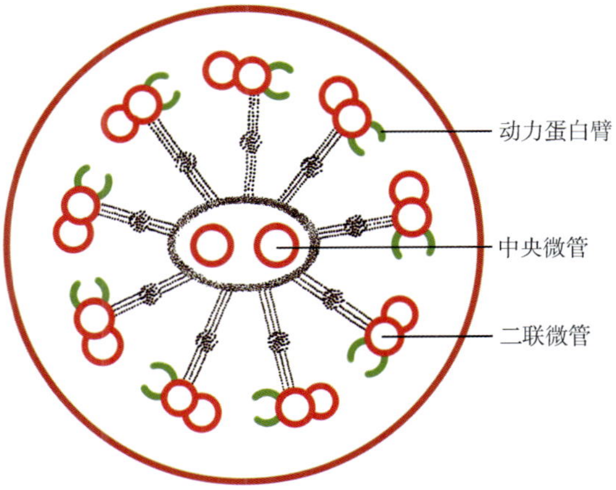

图2-16 纤毛（横切）超微结构模式图

二、上皮细胞的侧面

上皮细胞侧面之间的间隙很窄，只有极少量的细胞外基质，相邻细胞除钙黏着蛋白（cadherin）等黏附分子相互结合外，还形成多种特殊的细胞连接（cell junction），仅在电镜下可见，这些细胞连接主要有紧密连接、中间连接、桥粒和缝隙连接等（图2-17，图2-18）。

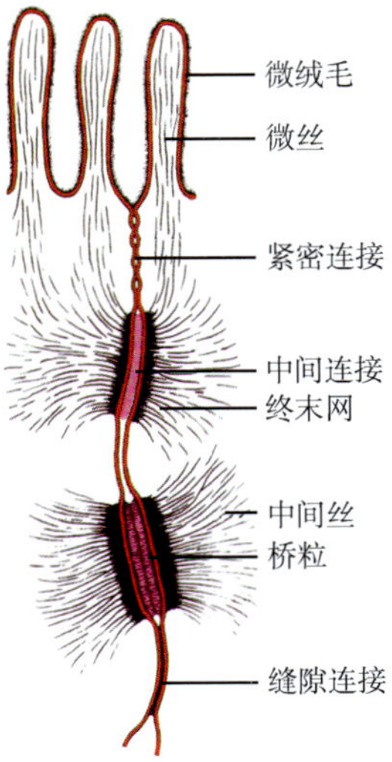

图2-17 上皮细胞侧面的细胞连接结构模式图

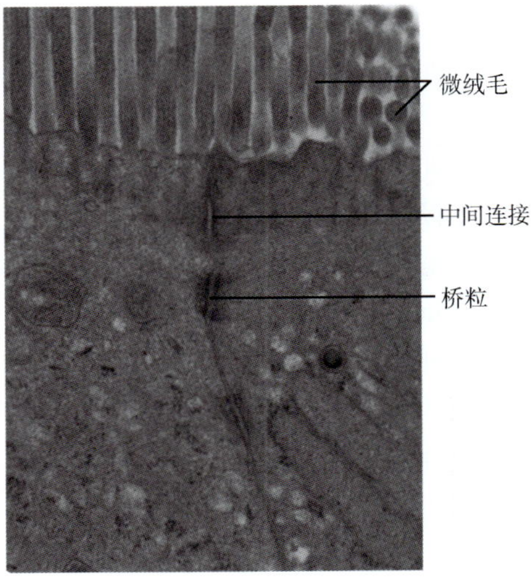

图2-18 微绒毛和连接复合体电镜图（小鼠空肠上皮细胞）（三峡大学肖长义提供）

（一）紧密连接

紧密连接（tight junction）又称闭锁小带（zonula occludens），一般位于细胞的侧面顶端。在超薄切片上，紧密连接处由相邻细胞膜形成2～4个点状融合，融合处细胞间隙消失，非融合处有极窄的间隙（图2-17）。用冷冻蚀刻复型法可劈开细胞膜的双层脂质，暴露膜内镶嵌的颗粒状蛋白质，再用透射电镜观察，紧密连接处的膜内蛋白颗粒排列成2～4条嵴线，嵴线交错形成网格，环绕细胞。这种网格在相邻细胞的连接处互相吻合，蛋白颗粒与蛋白颗粒对接，不仅起到机械性连接作用，还封闭了细胞间隙。所以，紧密连接可防止大分子物质进入细胞间隙，具有屏障作用。

（二）中间连接

中间连接（intermediate junction）又称黏着小带（zonula adherens），多位于紧密连接下方，相邻细胞间有15～20nm的间隙，内有钙黏着蛋白的胞外部分构成低密度丝状物连接相邻的细胞膜。在细胞膜的胞质面，钙黏着蛋白的胞内部分与锚定蛋白相结合形成致密物质，有微丝附着，微丝参与形成终末网（图2-17，图2-18）。黏着小带除黏着作用外，还具有保持细胞形状和传递细胞收缩力的功能。

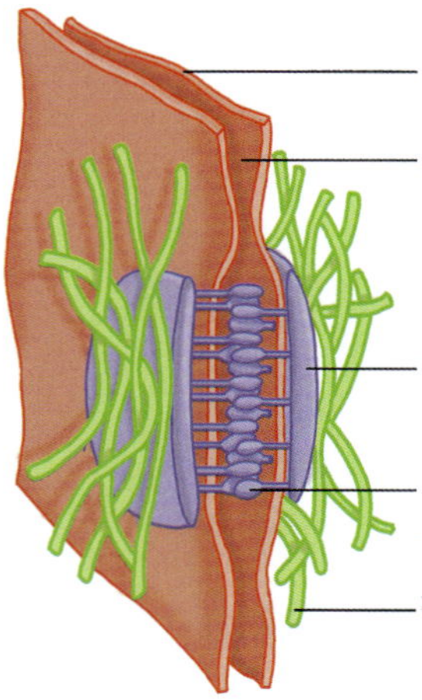

图2-19 桥粒超微结构模式图

（三）桥粒

桥粒（desmosome）又称黏着斑（macula adherens），位于黏着小带深部，呈斑状或纽扣状（图2-18）。细胞间隙宽20～30nm，内有钙黏着蛋白胞外部分形成的低密度丝状物，间隙中央有一条与胞膜相平行而致密的中间线，由丝状物交织而成（图2-17）。相邻胞膜、胞质面各有一个锚定蛋白构成的厚而致密的桥粒斑（desmosomal plaque），钙黏着蛋白的胞内部分与其相连。胞质中有许多直径约10nm的中间丝附着于桥粒斑，并折成袢状返回胞质中，起固定和支持作用（图2-19）。桥粒是一种很牢固的连接方式，多见于易受机械性刺激或摩擦的皮肤、食管等部位的复层扁平上皮。

（四）缝隙连接

缝隙连接（gap junction）又称通讯连接（communication junction），位于桥粒的深部，是一种广泛存在于各种细胞之间的连接形式。细胞间隙仅约3nm，内有许多间隔大致相等的连接点。在连接点处两个相邻细胞膜中的镶嵌蛋白相互结合，蛋白颗粒呈柱状，称连接小体（connexon），每个连接小体直径7～9nm，由6个亚单位环绕而成，中央为直径约2nm的管腔（图2-20）。两个相邻细胞胞膜上的蛋白颗粒对接，形成细胞间直接交通的管道。在Ca^{2+}及其他因素作用下，管道可闭合或开放，某些小分子物质和离子借此在相邻细胞间流通，传递化学信息，使细胞在营养代谢、增殖分化和功能等方面成为一体。

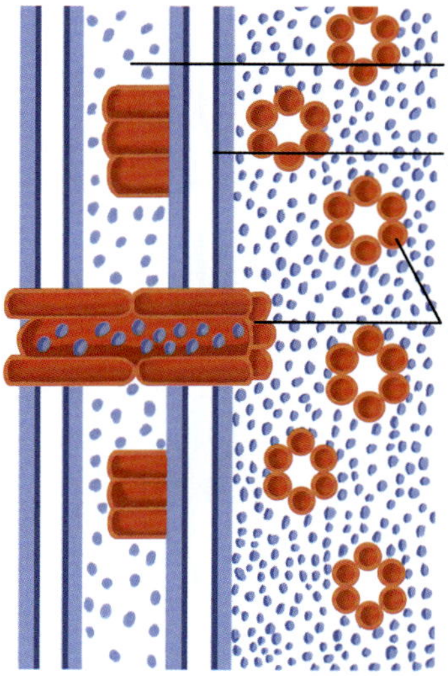

图2-20 缝隙连接模式图

以上四种细胞连接，有两个或两个以上紧邻存在时，称连接复合体（junctional complex）（图2-18）。细胞连接的存在和数量常随器官不同发育阶段和功能状态及病理变化而改变。

三、上皮细胞的基底面

（一）基膜

基膜（basement membrane）是上皮细胞基底面与深部结缔组织之间共同形成的薄膜状结构。基膜厚度不一，假复层纤毛柱状上皮和复层扁平上皮的基膜较厚，HE染色呈粉红色均质状。电镜下，基膜分为两部分，靠近上皮的为基板（basal lamina），与结缔组织相连的为网板（reticular lamina）（图2-21）。基板由上皮细胞分泌产生，板厚50～100nm，紧贴上皮基底面的为薄层低电子密度的透明层（lamina lucida），其下方为高电子密度、较厚的致密层（lamina densa）。构成基板的主要成分有层粘连蛋白、Ⅳ型胶原蛋白和硫酸肝素蛋白聚糖等。网板由结缔组织中的成纤维细胞分泌产生，主要由基质与网状纤维构成。基膜是一种半透膜，其功能除具有支持、连接作用外，还可选择性地透过某些物质，有利于上皮与结缔组织间进行物质交换。此外，基膜还能引导上皮细胞移动，影响细胞的增殖和分化。

（二）质膜内褶

质膜内褶（plasma membrane infolding）是上皮细胞基底面的胞膜向胞质内折形成的，其与细胞基底面垂直，质膜内褶间含与其平行的长杆状线粒体（图2-22），光镜下呈嗜酸性条纹状，称基底纵纹（basal striation）。质膜内褶常分布于肾小管等处，可扩大细胞基底面的表面积，有利于水和电解质等物质的迅速转运。

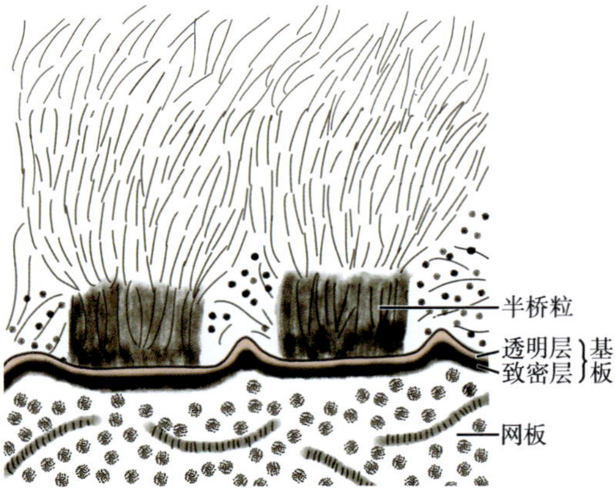

图2-21　基膜和半桥粒超微结构模式图

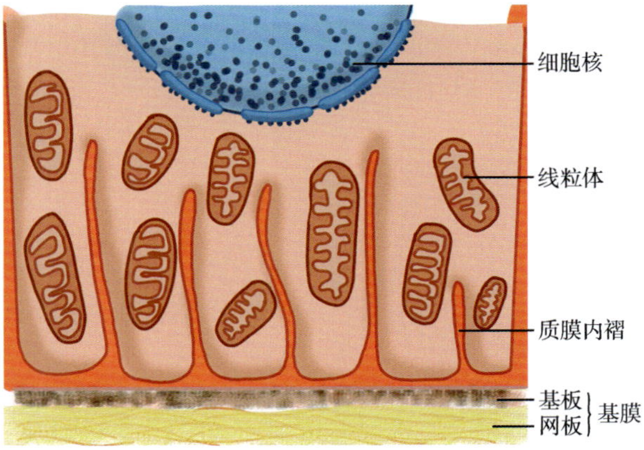

图2-22　质膜内褶超微结构模式图

（三）半桥粒

半桥粒（hemidesmosome）位于上皮细胞基底面与基膜相连处，为桥粒的一半结构，在质膜侧有附着板，张力丝附着于板上，折成袢状返回胞质，其作用是将上皮细胞固着于基膜上（图2-21）。

知识扩展

上皮组织的再生

上皮组织有很强的再生能力，如复层扁平上皮表面的细胞不断退化脱落，基底层细胞则不断增生以补充脱落的细胞，这是生理性再生。当上皮组织受到炎症或创伤等因素作用引起损伤时，由周围未受损伤的上皮细胞增生，修复创伤表面，这是病理性再生。上皮细胞很易脱落，临床上常用尿液、痰液、胸腔积液、腹水等检查脱落细胞，或从食管、口腔、子宫颈、阴道等部位刮取上皮细胞制成涂片，观察细胞的形态，作为诊断疾病的重要依据。

思考题

1. 复层扁平上皮耐摩擦的结构基础是什么？
2. 各类被覆上皮的主要分布及功能是什么？
3. 上皮细胞游离面、侧面及基底面特化结构类型及形态学特征是什么？
4. 从结构与功能相适应的角度探讨上皮特化结构形成的生物学意义是什么？

（刘建春）

（绘图　翁安莉）

第三章　结 缔 组 织

结缔组织（connective tissue）由细胞和大量细胞外基质构成，细胞数量少而种类多，散在于细胞外基质内，无极性；细胞外基质包括细丝状纤维、无定形基质和不断循环更新的组织液。结缔组织形态多样、分布广泛，具有连接、支持、营养、运输、防御和修复等功能。广义的结缔组织包括固有结缔组织、软骨组织、骨组织、血液和淋巴等。一般所说的结缔组织是指固有结缔组织（connective tissue proper），固有结缔组织又分为疏松结缔组织、致密结缔组织、脂肪组织和网状组织。

结缔组织由胚胎时期的间充质（mesenchyme）分化而来。间充质主要源自胚胎时期的中胚层，由间充质细胞和基质构成。间充质细胞大，呈星状；核大，呈卵圆形，核仁明显；胞质呈弱嗜碱性。间充质细胞分化程度很低，增殖分化能力强，在胚胎时期能分化成多种结缔组织细胞、血管内皮细胞、肌细胞等，成体的结缔组织内仍保留少量未分化的间充质细胞。

第一节　疏松结缔组织

疏松结缔组织（loose connective tissue）又称蜂窝组织（areolar tissue），广泛分布于器官和组织之间。疏松结缔组织的主要特点是细胞种类多，纤维数量较少而排列稀疏，细胞外基质丰富，含血管及神经末梢（图3-1，图3-2），具有支持、连接、营养、防御和修复等作用。

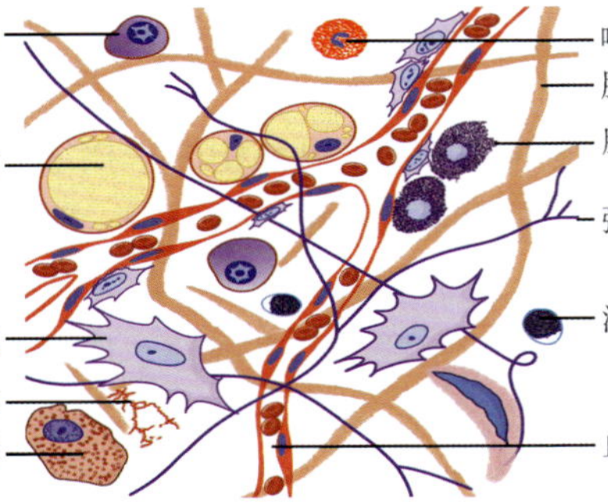

图3-1　疏松结缔组织铺片模式图

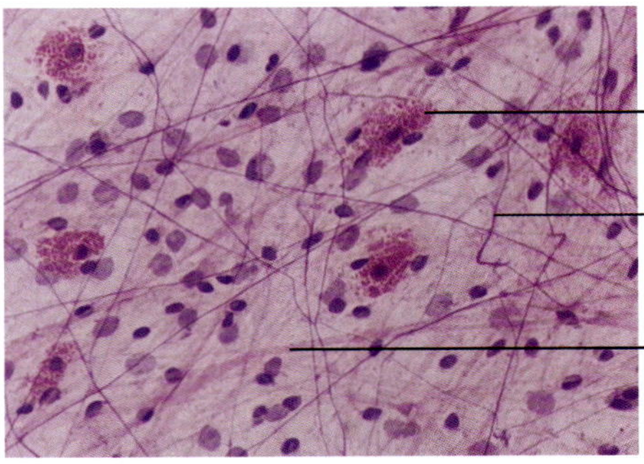

图3-2　疏松结缔组织铺片（苏木精-醛复红染色，高倍）

一、细　胞

疏松结缔组织的细胞包括成纤维细胞、巨噬细胞、浆细胞、肥大细胞、脂肪细胞、未分化的间充质细胞及白细胞等，其中，成纤维细胞、脂肪细胞、未分化的间充质细胞为结缔组织内固有的细胞，其他细胞来自血液或淋巴组织。疏松结缔组织中各类细胞的数量和分布随所在部位和功能状态不同而不同。

（一）成纤维细胞

成纤维细胞（fibroblast）是疏松结缔组织中数量最多、最主要的细胞。功能活跃的成纤维细胞常附着于胶原纤维上，体积大，有突起，轮廓常显示不清；核大，呈卵圆形，核仁明显；胞质呈弱嗜碱性（图3-3）。电镜下，成纤维细胞胞质内有丰富的粗面内质网、游离核糖体和发达的高尔基体，表明细胞具有旺盛的合成和分泌蛋白质的功能（图3-4）。成纤维细胞可合成、分泌胶原蛋白、弹性蛋白和蛋白多糖等，形成结缔组织的各种纤维和基质，该细胞还能分泌多种生长因子，调节细胞增殖与功能。

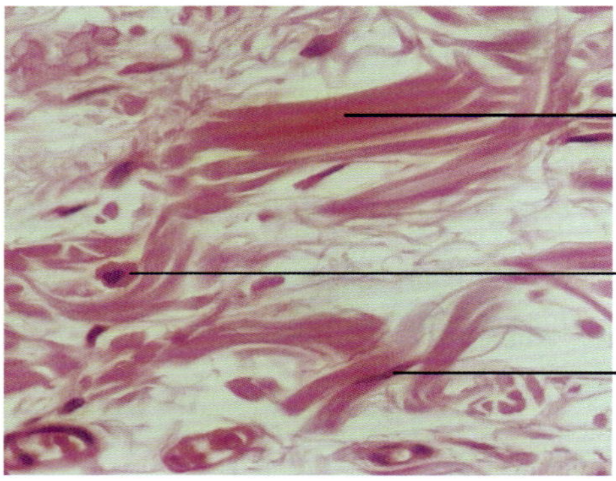

图3-3 疏松结缔组织（HE染色，高倍）

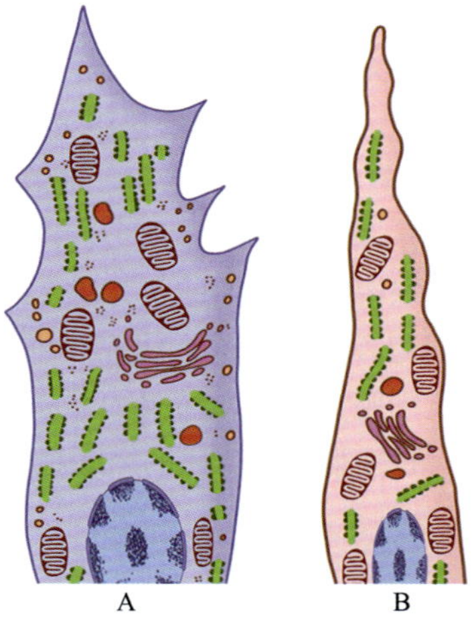

图3-4 成纤维细胞（A）和纤维细胞（B）模式图

成纤维细胞功能处于静止状态时，称纤维细胞（fibrocyte），胞体较小，呈长梭形；核小而细长，着色深；胞质少，呈嗜酸性。电镜下，细胞器不发达（图3-4）。在创伤等情况下，纤维细胞可转化为成纤维细胞，合成细胞外基质，参与创伤修复。

（二）巨噬细胞

巨噬细胞（macrophage）是体内广泛存在的一种免疫细胞，来源于血液中的单核细胞。单核细胞穿出血管进入结缔组织后，体积增大，溶酶体增多，吞噬功能增强（图3-5）。功能活跃的巨噬细胞常伸出伪足而呈不规则形；核较小，呈圆形或肾形，着色深；胞质丰富，多呈嗜酸性（图3-3）。电镜下，细胞表面有许多皱褶和微绒毛，胞质内含大量溶酶体、吞噬体、质膜小泡和残余体，胞膜内侧有较多的微丝、微管，参与细胞运动和吞噬功能（图3-6）。

巨噬细胞是机体重要的免疫细胞。疏松结缔组织内的巨噬细胞又称组织细胞，常沿纤维散在分布，受到细菌产物、炎症变性蛋白等趋化因子刺激后被激活，可伸出伪足向趋化因子浓度高的部位移动，此特征称为趋化性，趋化性是巨噬细胞发挥功能的前提。激活的巨噬细胞主要通过以下三种功能参与免疫应答。①吞噬功能：巨噬细胞的吞噬分为特异性吞噬和非特异性吞噬。特异性吞噬的主要过程如下，抗体等识别因子识别和黏附被吞噬物后，巨噬细胞通过其表面受体与识别因子特异性结合，间接黏附被吞噬物并启动吞噬过程，形成吞噬体。非特异性吞噬则无须识别因子的介导，巨噬细胞直接黏附被吞噬物并进行吞噬，形成吞噬体。吞噬体在细胞内与溶酶体融合，逐渐被分解消化，不可分解的物质则形成残余体。②抗原呈递功能：抗原包括蛋白质、多肽、多糖等，巨噬细胞可识别被吞噬物特有的抗原成分，

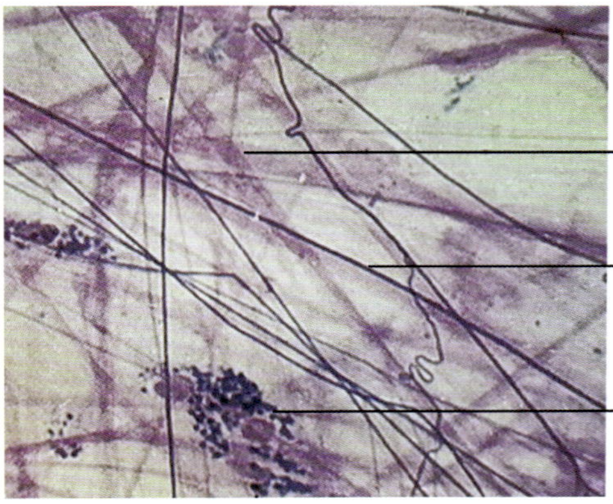

图3-5 巨噬细胞（铺片，台盼蓝注射-醛复红染色，高倍）

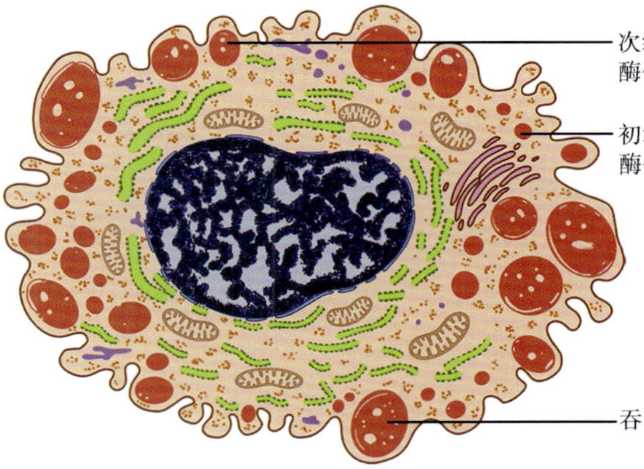

图3-6 巨噬细胞超微结构模式图

经过加工处理后再将抗原信息传递给淋巴细胞，进而触发免疫反应。因此，巨噬细胞是一种重要的抗原呈递细胞。③分泌功能：巨噬细胞可分泌多种生物活性物质，如干扰素、补体、溶菌酶、多种细胞因子等，具有杀菌、参与免疫应答等功能。

（三）浆细胞

浆细胞（plasma cell）又称效应B淋巴细胞，主要分布在病原微生物易于入侵的脾、淋巴结，以及消化道和呼吸道黏膜等处，一般的结缔组织内很少。浆细胞呈圆形或卵圆形；核圆，多偏于细胞一侧，异染色质粗大，沿核膜下辐射状分布；胞质呈嗜碱性，核旁有一淡染区（图3-7）。电镜下，胞质内含大量平行排列的粗面内质网、游离核糖体和发达的高尔基体（图3-8）。浆细胞能合成和分泌免疫球蛋白（immunoglobulin，Ig），即抗体（antibody），参与体液免疫。

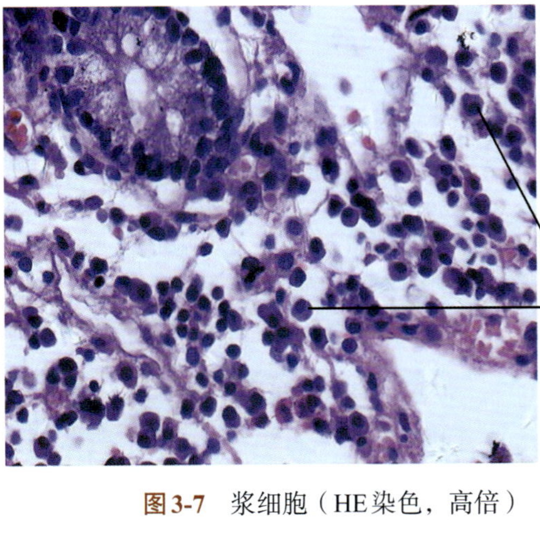

图3-7 浆细胞（HE染色，高倍）

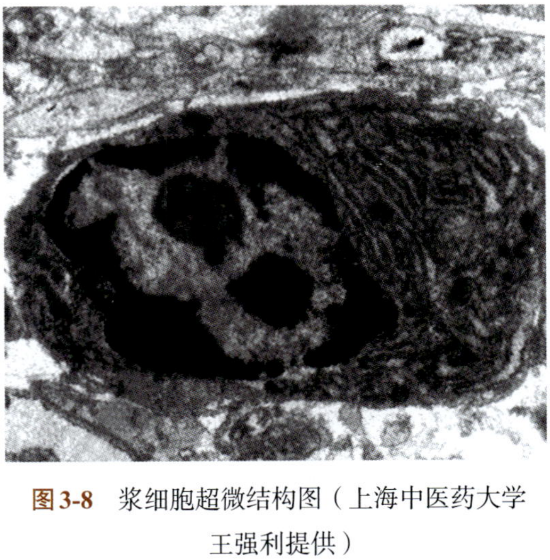

图3-8 浆细胞超微结构图（上海中医药大学王强利提供）

（四）肥大细胞

肥大细胞（mast cell）常成群分布于小血管和小淋巴管周围。细胞体积较大，呈圆形或卵圆形；核小而圆，居中；胞质内充满粗大的嗜碱性异染性分泌颗粒（图3-2）。肥大细胞颗粒内含肝素、组胺、中性粒细胞趋化因子和嗜酸性粒细胞趋化因子等，胞质内含有白三烯。当受到某些药物或抗原刺激时肥大细胞会脱颗粒，随后胞质内白三烯也被释放。肝素具有抗凝血作用。组胺和白三烯使微静脉和毛细血管扩张，通透性增加，血浆蛋白和液体溢出，导致组织水肿，形成荨麻疹；组胺和白三烯还可使细支气管与终末细支气管平滑肌痉挛导致哮喘。中性粒细胞趋化因子和嗜酸性粒细胞趋化因子可分别促使这两种细胞由血管迁入结缔组织。中性粒细胞可吞噬细菌。嗜酸性粒细胞向过敏反应部位迁移，吞噬抗原抗体复合物，减轻机体的过敏反应；嗜酸性粒细胞还具有杀菌功能。

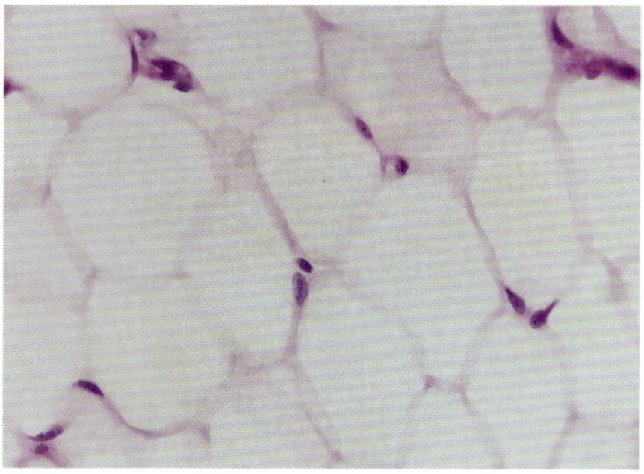

图3-9 脂肪细胞（HE染色，高倍）

（五）脂肪细胞

脂肪细胞（fat cell）单个或成群分布。胞体大，呈圆形或卵圆形，常因挤压而呈多边形；胞质内含一个大脂滴，核被脂滴挤到一侧，呈扁圆形。HE染色标本中脂滴被溶解，细胞呈空泡状（图3-9）。脂肪细胞能合成和储存脂肪，参与脂类代谢。

（六）未分化的间充质细胞

未分化的间充质细胞（undifferentiated mesenchymal cell）是成体结缔组织内的干细胞，分布广泛，多位于毛细血管附近。该细胞保持着胚胎时期间充质细胞的分化潜能，在创伤修复时，可增殖分化为成纤维细胞、内皮细胞等，参与结缔组织与小血管修复。

（七）白细胞

血液内的白细胞常以变形运动穿出毛细血管和微静脉，游走至疏松结缔组织内，行使防御功能。

二、纤　　维

疏松结缔组织中有胶原纤维、弹性纤维和网状纤维三种纤维，主要起连接和支持作用。

（一）胶原纤维

胶原纤维（collagenous fiber）数量最多，新鲜时呈白色，故又名白纤维。HE染色呈嗜酸性，粗细不等，直径1～20μm，呈波浪状，分支交织成网（图3-2，图3-3）。胶原纤维化学成分为Ⅰ型和Ⅲ型胶原蛋白。电镜下，胶原纤维由胶原原纤维（collagen fibril）聚合而成，胶原原纤维直径为20～200nm，呈明暗相间横纹，横纹周期为64nm（图3-10）。胶原纤维韧性大、抗拉力强。

图3-10 胶原原纤维超微结构图

（二）弹性纤维

弹性纤维（elastic fiber）新鲜时呈黄色，又名黄纤维。HE染色着色淡红，不易与胶原纤维区分，但折光性强。特殊染色时弹性纤维可清楚显示，弹性纤维较细，直径0.2～1.0μm，有分支，交织成网（图3-2，图3-5）。电镜下，弹性纤维由微原纤维（microfibril）和弹性蛋白（elastin）构成。弹性纤维弹性大，与胶原纤维交织，使疏松结缔组织兼有弹性和韧性，有利于所在器官或组织保持其形态和位置的相对恒定，并有一定的可塑性。

（三）网状纤维

网状纤维（reticular fiber）直径0.2～1.0μm，分支交织成网。网状纤维主要由Ⅲ型胶原蛋白构成，HE染色不易分辨，银染法可使网状纤维呈棕黑色，故又称嗜银纤维（图3-11）。网状纤维主要存在于网状组织，也分布于基膜网板等处。

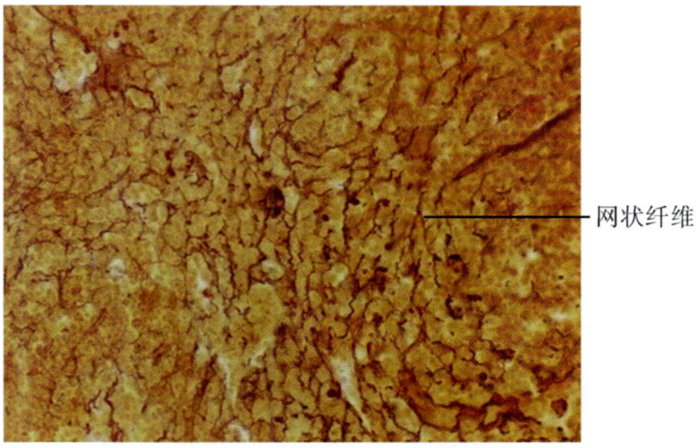

图3-11　网状纤维（镀银染色，高倍）

三、基　　质

基质是无定形胶状物，由蛋白聚糖和纤维粘连蛋白等生物大分子构成，无色透明，具有一定的黏性，孔隙中充满组织液，填充于结缔组织细胞和纤维之间。

（一）蛋白聚糖

蛋白聚糖（proteoglycan）为基质的主要成分，是由糖胺聚糖（glycosaminoglycan）与蛋白质（核心蛋白、连接蛋白）以共价键结合而形成的复合物。糖胺聚糖包括透明质酸、硫酸软骨素、硫酸角质素、硫酸乙酰肝素等。透明质酸（hyaluronic acid）是曲折盘绕的长链大分子，构成蛋白聚糖复合物的主干。其他糖胺聚糖与核心蛋白结合，形成蛋白聚糖亚单位，后者借助连接蛋白结合于透明质酸长链分子，形成带有许多微小孔隙的复杂大分子立体结构，称为分子筛（molecular sieve）（图3-12）。分子筛允许小于其孔隙的水、营养物质、代谢产物、激素、气体分子等通过，大于其孔隙的大分子物质则不能通过，故分子筛成为限制细菌等有害病原生物扩散的防御屏障。但是，溶血性链球菌和癌细胞等能产生透明质酸酶，破坏分子筛，使局部炎症和肿瘤蔓延扩散或转移。

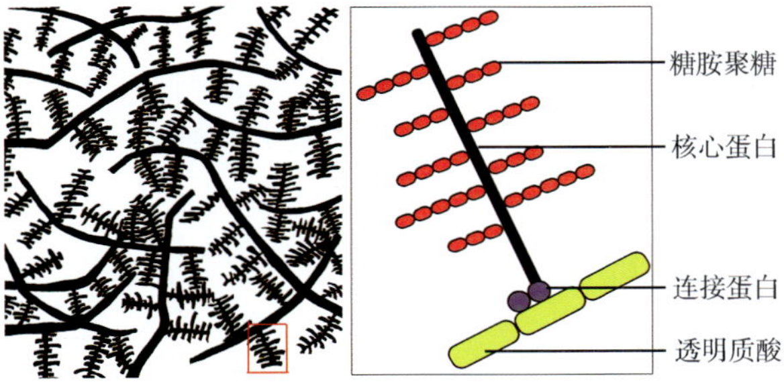

图3-12　分子筛结构模式图

（二）纤维粘连蛋白

纤维粘连蛋白（fibronectin）是结缔组织中最主要的黏连性糖蛋白，除了参与构成基质外，还可影响细胞的黏附和迁移，参与细胞生长和分化的调节。

（三）组织液

组织液（tissue fluid）是从毛细血管动脉端渗出的部分血浆成分，含有溶解于水的单糖、电解质、气体等小分子物质，经毛细血管静脉端或毛细淋巴管回流入血液或淋巴。组织液是细胞赖以生存的体液环境，细胞只有通过组织液才能与血液之间进行物质交换。正常情况下，组织液不断更新，保持动态平衡，有利于细胞摄取营养物质和排泄代谢产物。当组织液的产生和回流失去平衡时，基质的组织液含量可增多或减少，导致组织水肿或脱水。

第二节 致密结缔组织

致密结缔组织（dense connective tissue）以纤维为主要成分，纤维粗大，排列紧密，以支持和连接为主要功能。根据纤维的性质和排列方式，致密结缔组织可分为下列三种主要类型。

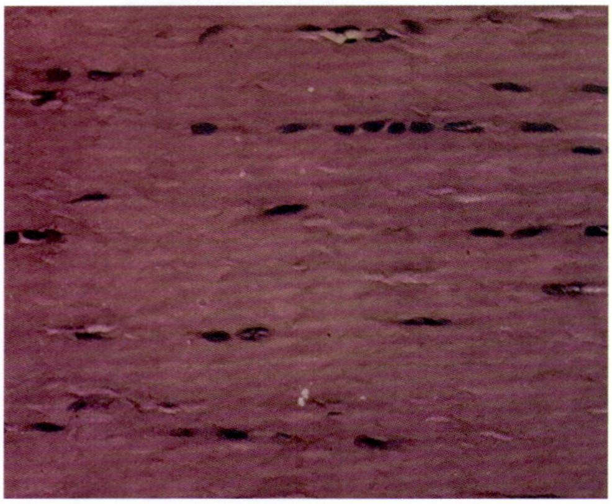

图3-13 规则致密结缔组织（肌腱，HE染色，高倍）

一、规则致密结缔组织

规则致密结缔组织（regular dense connective tissue）主要构成肌腱、腱膜和大部分韧带，使骨骼肌附着于骨。由大量密集、平行排列的胶原纤维束组成。纤维束之间有腱细胞（tenocyte），为形态特殊的成纤维细胞，胞体伸出多个薄翼状突起插入纤维束之间（图3-13）。

二、不规则致密结缔组织

不规则致密结缔组织（irregular dense connective tissue）主要构成真皮、硬脑膜及多数器官的被膜。其特点是粗大的胶原纤维纵横交织成致密的三维网状结构，纤维之间有少量的基质和成纤维细胞。

三、弹性组织

弹性组织（elustic tissue）主要构成项韧带、黄韧带、弹性动脉的中膜等，是以弹性纤维为主的致密结缔组织。其特点是粗大的弹性纤维平行排列成束或编织成膜状，具有较大的弹性。

第三节 脂肪组织

脂肪组织（adipose tissue）由大量密集的脂肪细胞构成，被少量疏松结缔组织分隔成小叶。根据脂肪细胞的结构和功能，可分为以下两类。

一、黄色脂肪组织

黄色脂肪组织（yellow adipose tissue）即通常所说的脂肪组织（图3-14），其内的脂肪细胞体积大，胞质内含有一个大脂滴，称单泡脂肪细胞（图3-15），故黄色脂肪组织又称单泡脂肪组织。黄色脂肪组织主要分布于皮下、大网膜和肠系膜等处，具有储存能量、保温、支持、缓冲、保护等作用。

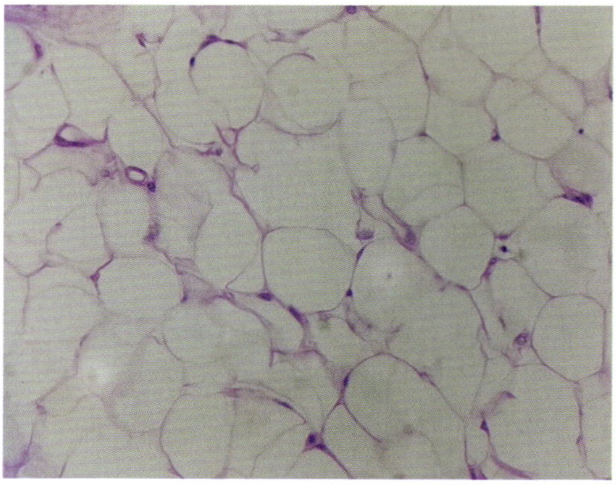

图3-14 脂肪组织（HE染色，高倍）

二、棕色脂肪组织

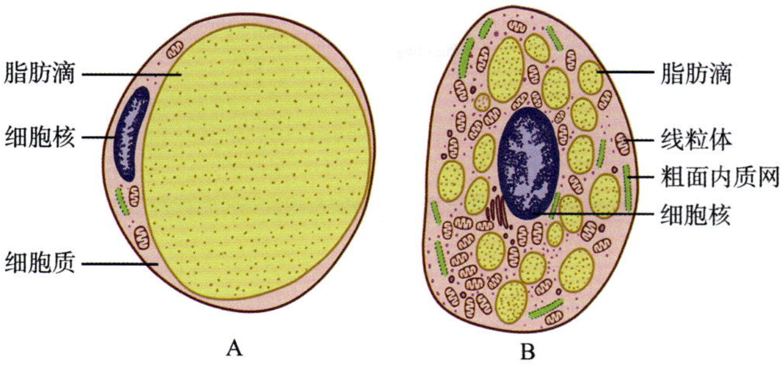

图3-15　单泡脂肪细胞（A）和多泡脂肪细胞（B）超微结构模式图

棕色脂肪组织（brown adipose tissue）呈棕色，组织中有丰富的毛细血管，脂肪细胞小，核圆，位于中央，胞质内线粒体大而丰富，因含有许多散在脂肪小滴，又称多泡脂肪细胞（图3-15）。棕色脂肪组织在成人极少，主要分布于新生儿的肩胛间区、腋窝及颈后等处。在寒冷刺激下，棕色脂肪组织可以产生大量热能。

第四节　网状组织

网状组织（reticular tissue）由网状细胞和网状纤维构成（图3-16）。网状细胞（reticular cell）是有突起的星形细胞，相邻细胞的突起相互连接成网；核较大，呈圆形或卵圆形，着色浅，核仁明显；胞质丰富，呈弱嗜碱性。网状纤维由网状细胞产生，交织成网，是网状细胞依附的支架。在体内，网状组织不单独存在，主要构成造血组织和淋巴组织的支架，为血细胞和淋巴细胞的发育提供微环境。

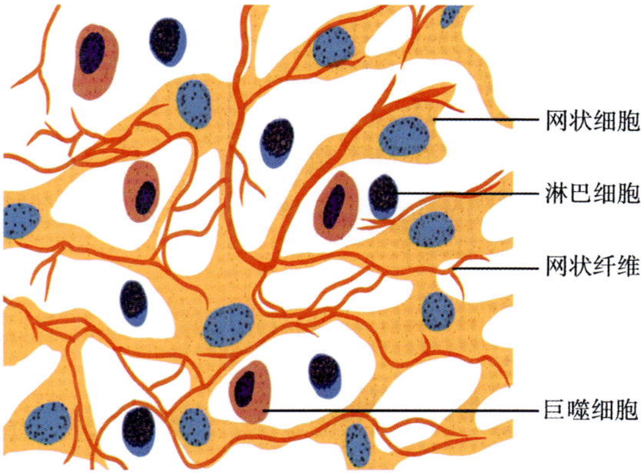

图3-16　网状组织模式图

知识扩展　**胖可能是因为巨噬细胞把燃脂信号都“吃”了！**

葡萄牙的一个研究团队首次发现，与脂肪组织相连的交感神经周围存在一种特殊的巨噬细胞，即交感神经相关性巨噬细胞（SAM）。该细胞可特异性将交感神经分泌的用于促进脂肪代谢的去甲肾上腺素“吃掉”，从而诱发脂肪代谢障碍与肥胖。此外，该团队通过抑制SAM吞噬去甲肾上腺素，成功使小鼠体重在2周内减少30%，且不会反弹。不仅如此，他们还发现肥胖小鼠体内交感神经周围的SAM数量及活性比正常小鼠显著增加。这意味着，肥胖小鼠脂肪分解障碍很大程度是由于SAM的大量募集导致交感神经分泌的去甲肾上腺素被大量吞噬降解所致，SAM可能是肥胖发生发展的重要推手。这也是启示我们研发阻断SAM募集药物的一个新思路。

思考题

1. 与上皮组织比较，结缔组织有何特点？
2. 试述疏松结缔组织基质中蛋白聚糖的分子组成及功能。
3. 机体局部创伤并伴有炎症时，结缔组织细胞的反应如何？

（赵飞兰）

（绘图　翁安莉）

第四章　软骨与骨

软骨与骨是人体的支架结构，主要由软骨组织和骨组织组成，软骨组织和骨组织均为特化的固态结缔组织。胚胎早期，软骨主要作为身体的临时支架，随着胚胎发育，大部分软骨逐渐被骨所取代，成人仅保留一部分软骨，其类型和作用因部位而异。骨不但是机体的主要支架，还是体内钙、磷储存库。

第一节　软　　骨

软骨（cartilage）由软骨组织及周围的软骨膜构成。软骨组织由软骨细胞和软骨基质构成。软骨膜（perichondrium）为软骨的表面被覆的薄层致密结缔组织。

一、软骨组织

（一）软骨细胞

软骨细胞（chondrocyte）包埋于软骨基质中，其所在的腔隙称软骨陷窝（cartilage lacuna），活体时充满陷窝，切片中因细胞皱缩使陷窝腔隙显露（图4-1）。软骨细胞在软骨内的分布具有一定的规律性，位于软骨组织周边部的软骨细胞幼稚，体积小，呈扁圆形，单个分布；靠近软骨中央的细胞逐渐成熟，体积变大，呈圆形或椭圆形，成群分布，每一群细胞（2～8个）由一个幼稚的软骨细胞分裂而来，故称同源细胞群（isogenous group）。成熟的软骨细胞核小，胞质呈弱嗜碱性。电镜观察，胞质内可见丰富的粗面内质网和发达的高尔基体，以及一些糖原颗粒和脂滴，软骨细胞具有合成和分泌软骨基质的能力（图4-2）。

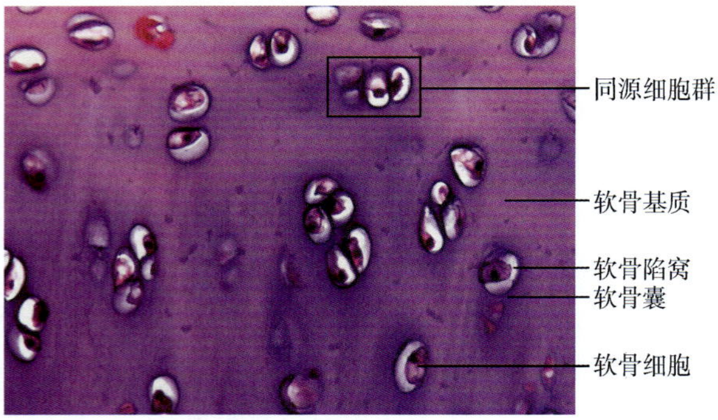

图4-1　软骨细胞（HE染色，高倍）

（二）软骨基质

软骨基质（cartilage matrix）为软骨组织的细胞外基质，由无定形基质和包埋其中的纤维构成。无定形基质的主要成分为蛋白聚糖和水，软骨中的蛋白聚糖含量远高于其他结缔组织，使软骨基质形成较为坚固的凝胶状。蛋白聚糖形成分子筛结构，具有良好的渗透性。因此，尽管软骨组织内无血管和淋巴管，处于软骨深部的细胞也可借助渗透方式与周围组织进行物质交换。蛋白聚糖中以硫酸软骨素含量最高，在基质中分布不均，紧靠软骨陷窝的部位相对较多，呈强嗜碱性，HE染色标本中呈囊状包围软骨细胞的结构称软骨囊（cartilage capsule）（图4-1）。纤维包埋于基质中，使得软骨具有一定的弹性和韧性。不同部位的软骨组织所含纤维的种类不同，可对软骨进行分类。

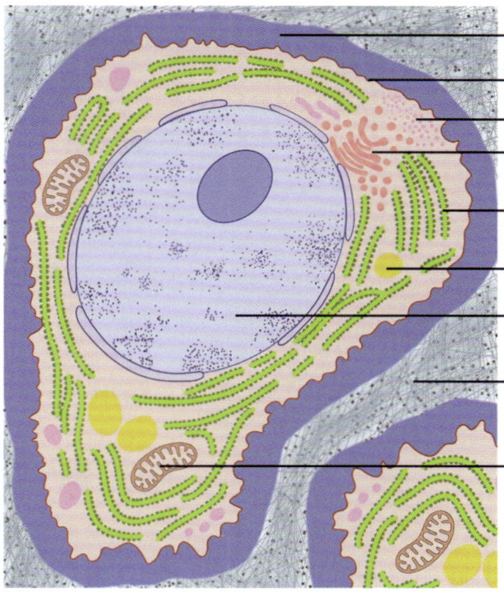

图4-2　软骨细胞超微结构模式图

二、软　骨　膜

除关节软骨外，软骨表面均被覆软骨膜（图4-3），软骨膜分内、外两层。外层纤维多，主要起保护作用；内层存在由间充质干细胞分化而来的骨祖细胞，可增殖分化为成软骨细胞（chondroblast）。成软骨细胞细长，仅含核处略厚，具有分泌能力，一旦被分泌的软骨基质包围，即成为软骨细胞。软骨膜内有血管、淋巴管和神经，可为软骨组织提供营养和保护作用，并参与软骨的生长和修复。

三、软骨的类型

根据软骨基质所含纤维的不同，可将软骨分为透明软骨、弹性软骨和纤维软骨三类。

（一）透明软骨

透明软骨（hyaline cartilage）因在新鲜时呈半透明状而得名（图4-3），包括肋软骨、关节软骨和呼吸道软骨等。透明软骨中的纤维成分主要为胶原原纤维，由Ⅱ型胶原蛋白组成，纤维交织在一起形成三维网格状结构。胶原原纤维极细，且折光率与基质接近，光镜下不易分辨。基质中含水分较多，是透明软骨呈半透明状的重要原因之一。透明软骨有一定的弹性和韧性，具有较强的抗压性，但在外力作用下较其他类型的软骨更易断裂。

（二）弹性软骨

弹性软骨（elastic cartilage）分布于耳郭、咽喉及会厌等处，新鲜时呈黄色。组织结构与透明软骨相似，但纤维成分为大量交织成网的弹性纤维，故有很强的弹性（图4-4）。

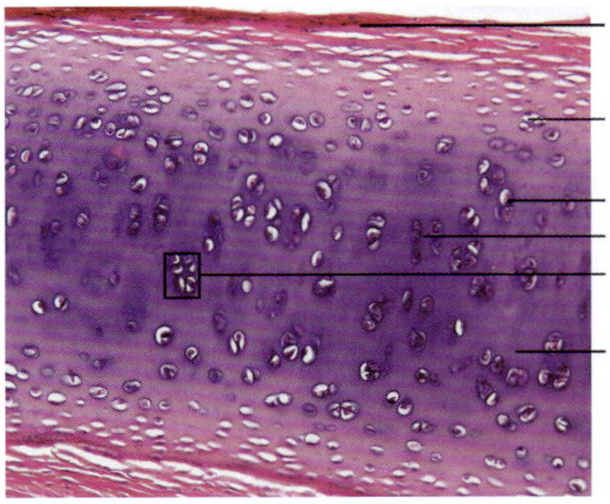

图4-3　透明软骨（HE染色，低倍）

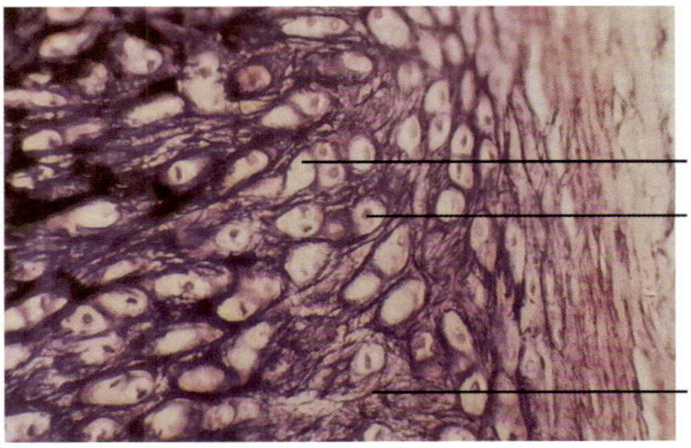

图4-4　弹性软骨（弹性纤维染色，高倍）

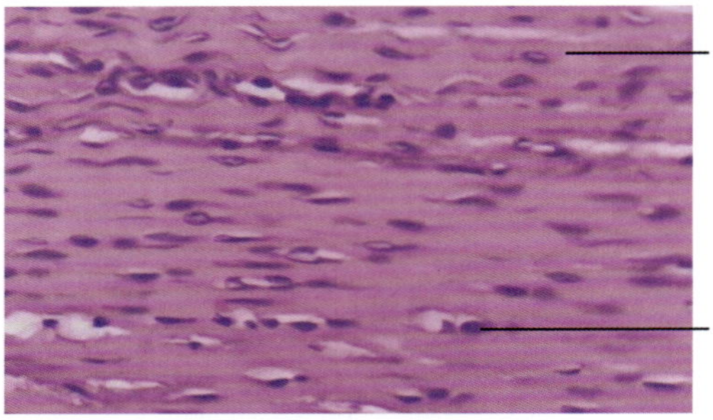

图4-5 纤维软骨（HE染色，高倍）

（三）纤维软骨

纤维软骨（fibrous cartilage）分布于椎间盘、关节盘及耻骨联合等处，呈不透明的乳白色。纤维软骨含有大量平行或交叉排列的胶原纤维，故具有很强的韧性。软骨细胞较小，散在或成行排列于纤维束之间（图4-5）。

四、软骨的发生与生长

软骨来源于胚胎时期的间充质。胚胎发育早期，在即将形成软骨的部位，间充质细胞聚集，分化为骨祖细胞，后者再分化为成软骨细胞。成软骨细胞分泌软骨基质并继续发育为软骨细胞，形成软骨组织。软骨组织周边的间充质则分化为软骨膜。

软骨的生长包括外加生长（appositional growth）和间质生长（interstitial growth）两种方式。外加生长又称软骨膜下生长，软骨膜内层的骨祖细胞增殖分化，向软骨组织表面添加新的软骨细胞，后者合成和分泌纤维和基质，使软骨从表面向外扩大。间质生长又称软骨内生长，软骨组织内的软骨细胞增殖，产生更多的软骨细胞和基质，使软骨从内部生长。

第二节 骨

骨由骨组织、骨膜和骨髓等构成，对机体有运动、支持和保护等作用。骨组织是坚硬的结缔组织，含大量钙、磷等矿物质，体内约99%的钙以骨盐形式沉积在骨组织内。骨髓具有造血功能。

一、骨 组 织

骨组织（osseous tissue）由大量钙化的细胞外基质及细胞组成。钙化的细胞外基质称为骨基质。骨组织的细胞包括骨祖细胞、成骨细胞、骨细胞和破骨细胞，其中骨细胞数量最多，分散在骨基质内，其余三种细胞分布于骨组织边缘（图4-6）。

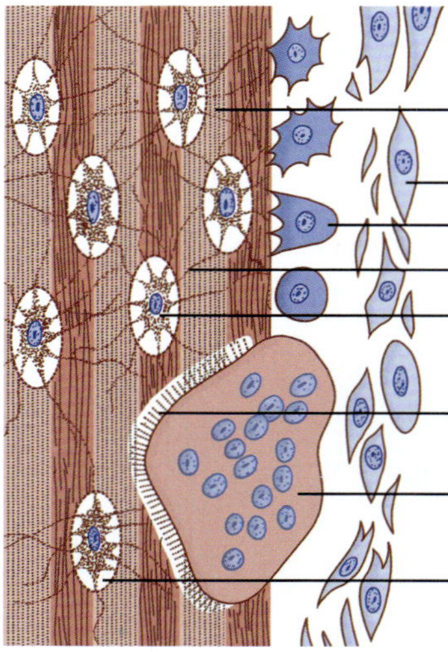

图4-6 骨组织模式图

（一）骨基质

骨基质（bone matrix）由有机成分和无机成分构成。有机成分包括大量胶原纤维及少量基质。胶原纤维粗大，排列规律，主要由Ⅰ型胶原蛋白构成，占有机成分的90%。基质主要成分是蛋白聚糖及其复合物，有黏合纤维的作用。骨基质中还含有如骨钙蛋白、骨粘连蛋白和骨桥蛋白等多种糖蛋白。无机成分又称骨盐（bone mineral），占干骨重量的65%，以钙、磷离子为主，骨盐的存在形式主要是羟基磷灰石结晶，呈细针状，长10～20nm，沿胶原原纤维长轴规则排列并与之紧密结合。

骨基质中的胶原纤维成层排列，并与骨盐紧密结合，构成板层状的骨板（bone lamella）。同一骨板内的胶原纤维相互平行，相邻骨板的胶原纤维则相互垂直，这种结构类似多层木质胶合板，使骨具有很强的支撑力，能承受多方向的压力。

（二）骨组织的细胞

1. 骨祖细胞 骨祖细胞（osteoprogenitor cell）是软骨组织和骨组织共同的干细胞，位于软骨膜及骨膜内层与骨组织交界处，其分化方向取决于所处部位和所受刺激的性质。骨祖细胞呈梭形，胞体小，核小染色深，胞质呈弱嗜碱性（图4-6）。骨生长、改建及骨折修复时，骨祖细胞可分化为成骨细胞。

2. 成骨细胞 成骨细胞（osteoblast）分布于骨组织表面，常单层排列，胞体大，矮柱状或不规则形，核圆，胞质呈嗜碱性（图4-6）。电镜下，胞质内含丰富的粗面内质网和发达的高尔基体，可合成和分泌骨基质的有机成分，即未钙化的细胞外基质，又称类骨质（osteoid）。成骨细胞分泌基质小泡（matrix vesicle），基质小泡膜上有钙结合蛋白和碱性磷酸酶，小泡内含细小的骨盐结晶，是类骨质钙化的重要结构。成骨细胞还分泌多种细胞因子，调节骨组织的形成与吸收，促进骨组织钙化。随着类骨质中钙盐沉积，类骨质转变成骨基质，成骨细胞被包埋入其中，成为骨细胞。

3. 骨细胞 骨细胞（osteocyte）位于骨组织内，分散于骨板内或骨板间，胞体位于骨陷窝（bone lacuna）内（图4-6）。骨细胞体积小，呈扁圆形，胞体伸出很多细长突起，突起所在的空隙称骨小管（bone canaliculus），相邻骨陷窝借骨小管彼此连通，相邻骨细胞的突起以缝隙连接相连。骨陷窝和骨小管内含组织液，可营养骨细胞和输送代谢产物。骨细胞具有一定的溶骨和成骨作用，参与钙、磷代谢调节。

4. 破骨细胞 破骨细胞（osteoclast）常位于骨组织表面的小凹陷处，是一种可游走的多核巨细胞，直径为30～100μm，通常认为由多个单核细胞融合而成，含6～50个核不等，胞质嗜酸性（图4-6）。电镜下，破骨细胞紧贴骨质侧有长短粗细不一的微绒毛，构成光镜下的皱褶缘（ruffled border），胞质内含大量溶酶体、线粒体、质膜小泡和吞噬体，参与骨盐晶体及有机成分解体过程（图4-7）。破骨细胞的主要功能是溶解和吸收骨质，与成骨细胞相辅相成，共同参与骨的生长和改建，并维持血钙平衡。

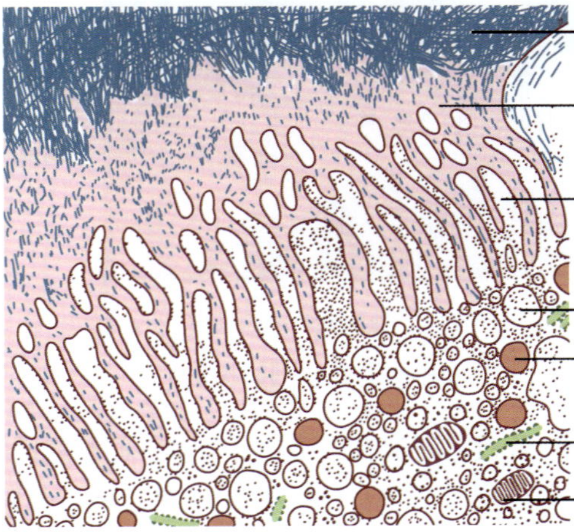

图4-7 破骨细胞超微结构模式图

二、长骨的结构

长骨由密质骨、松质骨、骨膜、关节软骨、骨髓及血管和神经等构成。其中，关节软骨见本章第四节关节，骨髓见第五章第四节骨髓的结构，神经和血管分别见第七章神经组织和第九章循环系统。

（一）密质骨

密质骨（compact bone）分布于长骨骨干和骨骺的外侧面，主要特征是骨板结合紧密，排列有

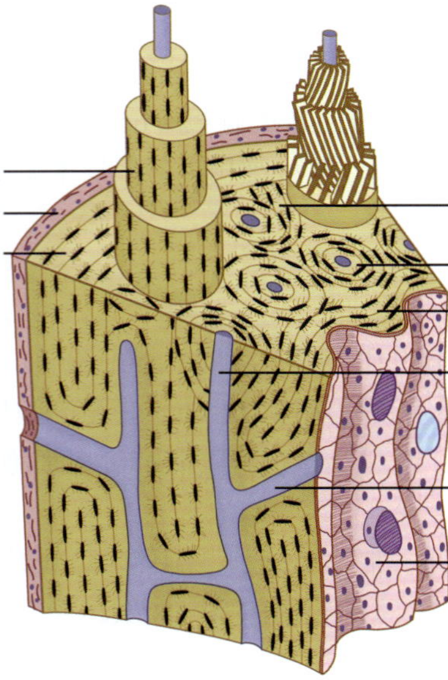

图4-8 长骨骨干立体结构模式图

序。根据骨板的排列方式可分为环骨板、骨单位和间骨板三种形式。

1. 环骨板 环骨板（circumferential lamella）环绕于长骨骨干内、外侧面，分别称内环骨板和外环骨板（图4-8）。外环骨板较厚，由数层或十多层骨板组成，较整齐地环绕骨干排列；内环骨板较薄，仅由数层骨板组成，且排列不如外环骨板规则，与骨髓腔相邻。外环骨板和内环骨板均有与骨干长轴垂直贯通的穿通管（perforating canal），又称福尔克曼管（Volkmann' s canal），内含血管和神经，与骨单位内的中央管相通。

2. 骨单位 骨单位（osteon）又称哈弗斯系统（Haversian system），位于内、外环骨板之间，数量多，是长骨骨干的基本结构单位。骨单位呈长圆筒状，周围有5～20层同心圆排列的哈弗斯骨板（Haversian lamella），中轴有一纵行的中央管（central canal），内含毛细血管和神经，与穿通管内的血管和神经相连（图4-8，图4-9）。

3. 间骨板 间骨板（interstitial lamella）位于骨单位之间或骨单位与环骨板之间，为大小和形状不规则的平行骨板（图4-8，图4-10），是骨生长和改建中较早期的骨单位和环骨板的残留部分。

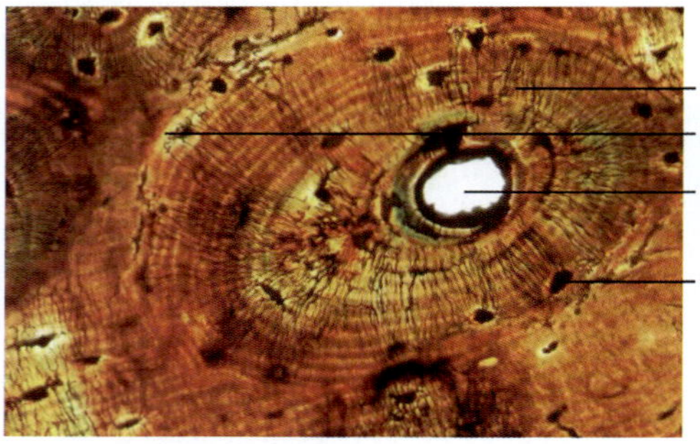

图4-9 骨单位（骨磨片，镀银染色，高倍）
（贵州中医药大学刘霞提供）

图4-10 间骨板（骨磨片，镀银染色，高倍）
（贵州中医药大学刘霞提供）

三种骨板之间都有一层含骨盐较多而胶原纤维很少的骨基质，称黏合线（cement line）（图4-9），骨单位最外层骨板内的骨小管均在黏合线处反折，不与相邻骨单位的骨小管相通，同一骨单位内的骨小管互相通连，最内层的骨小管开口于中央管。

（二）松质骨

松质骨（spongy bone）分布于长骨的骨骺中部及骨干的内侧面，由大量针状或小片状的骨小梁交织而成，形成肉眼可见的多孔网架结构，网孔充填骨髓。骨小梁由数层骨板形成，排列不规则，厚薄也有差异，故骨小梁的大小形状也不完全相同。

（三）骨膜

除关节面外，骨的内、外表面分别覆以骨内膜和骨外膜（图4-8），通常所说的骨膜指骨外膜。

骨外膜（periosteum）为致密结缔组织，分为外层和内层，外层主要含粗大的胶原纤维束，有的纤维横向穿入外环骨板，称穿通纤维（perforating fiber），起固定骨膜的作用；内层较薄，富含骨祖细胞及血管和神经。骨内膜（endosteum）较薄，由一层扁平的骨祖细胞和少量结缔组织构成，衬贴于骨髓腔面、骨小梁表面、穿通管和中央管内表面，并与穿通管内的结缔组织相连（图4-8）。骨膜的主要作用是营养骨组织，并参与骨的生长和修复，故临床上处理骨折时，应尽可能保存骨膜以利于骨修复。

第三节 骨的发生与生长

骨发生于胚胎时期的间充质。骨的发生有两种方式，即膜内成骨和软骨内成骨。骨发生的过程均包括骨形成和骨吸收。骨形成的过程主要包括骨祖细胞增殖分化为成骨细胞、成骨细胞分泌类骨质、类骨质钙化为骨质等过程。在骨形成的同时，伴随有骨吸收，即某些部位的原有骨组织被破骨细胞侵蚀溶解。成骨细胞与破骨细胞相互协调，共同完成骨形成和骨吸收过程，保证骨的生长与个体发育相适应。

一、膜内成骨

膜内成骨（intramembranous ossification）是在间充质分化形成的结缔组织膜内直接成骨。额骨、顶骨、枕骨、颞骨和锁骨等以此种方式发生。膜内成骨发生时，间充质在将要成骨的部位分化为胚性结缔组织，其中部分细胞分化为骨祖细胞，骨祖细胞进一步分化为成骨细胞。成骨细胞分泌类骨质，自身被包埋其中成为骨细胞，类骨质钙化成为骨基质。最早形成骨组织的部位称为骨化中心（ossification center）。随着骨化中心逐渐扩大和改建，骨小梁形成并不断增长和增粗，数量增多，形成松质骨，以后松质骨的表面逐渐改建为密质骨。周围的间充质则分化为骨膜。

二、软骨内成骨

软骨内成骨（endochondral ossification）是指在形成透明软骨的基础上，随后由骨组织逐渐取代软骨组织的成骨方式。人体的大多数骨，如四肢骨、躯干骨和部分颅底骨等都以此种方式发生，这种成骨方式比较复杂，现以长骨发生为例加以叙述（图4-11）。

（一）软骨雏形形成

在将要形成长骨的部位间充质细胞聚集并分化为骨祖细胞，后者再分化为成软骨细胞。成软骨细胞分泌软骨基质将自身包埋，形成软骨组织，周围的间充质分化为软骨膜，形成一块透明软骨，因其形状与将要形成的长骨的形状相似，故称软骨雏形（cartilage model）。

（二）骨领形成

软骨雏形中段软骨膜内的骨祖细胞增殖分化为成骨细胞。成骨细胞贴附在软骨表面形成薄层原始骨组织，这层骨组织犹如领圈样包绕软骨雏形中段，故称骨领（bone collar）。骨领形成后，表面的软骨膜改称骨膜。

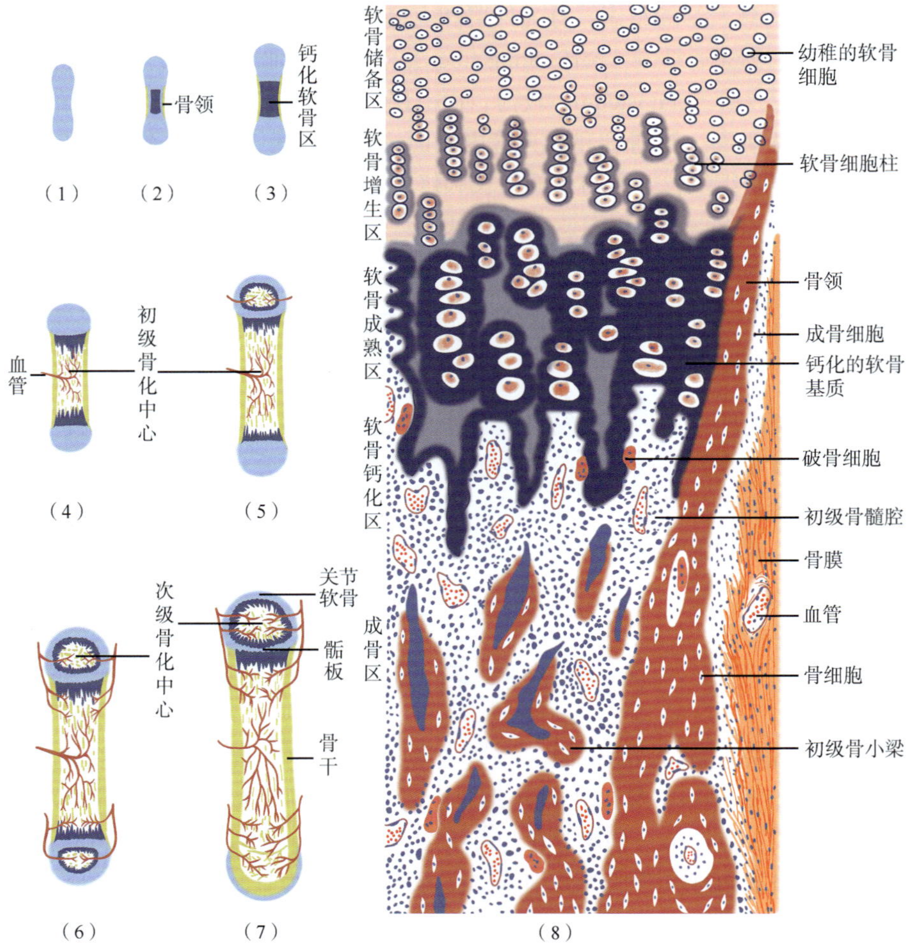

图4-11 软骨内成骨与长骨的发生模式图

（1）软骨雏形形成；（2）（3）骨领形成，软骨基质钙化；（4）血管进入，初级骨化中心形成；（5）骨髓腔形成；（6）次级骨化中心形成；（7）骨的加长与增粗；（8）骨生长的五个动态区带

（三）初级骨化中心与骨髓腔形成

软骨雏形中央的软骨细胞停止分裂，体积增大并分泌碱性磷酸酶，周围的软骨基质钙化，肥大的软骨细胞退化死亡，形成空而大的陷窝。骨膜的血管穿越骨领，进入钙化软骨区。破骨细胞分解吸收退化的软骨组织，形成许多与软骨雏形长轴方向一致的腔隙，称初级骨髓腔。骨祖细胞分化为成骨细胞，附着在残存的钙化软骨表面成骨，形成以钙化的软骨基质为中轴，表面包绕新生骨组织的条索状结构称为初级骨小梁，形成的初级骨髓腔内充满初级骨髓，这一区域称初级骨化中心（primary ossification center）。

初级骨化中心形成过程中，软骨雏形两端的软骨不断生长，同时初级骨化中心继续向软骨两端扩展，初级骨小梁不断被破骨细胞吸收，初级骨髓腔逐渐融合为一个大的骨髓腔。骨髓腔内的间充质细胞分化为网状细胞，形成网状组织。以后造血干细胞迁入并增殖分化，成为有造血功能的骨髓。

（四）次级骨化中心及骨骺形成

次级骨化中心（secondary ossification center）出现在骨干两端的软骨中央，形成过程与初级骨化中心相似，并从中央呈辐射状向四周成骨，最终软骨组织由骨组织代替，使长骨两端成为骨骺。骨骺表面始终保留薄层软骨，即关节软骨。骨骺与骨干之间亦保留一定厚度的软骨层，称骺板（epiphyseal plate），是长骨增长的基础。至17～20岁时，骺板失去增生能力，被骨组织取代，骨干与骨骺间留下一条骺板的线性痕迹，称骺线（epiphyseal line），长骨便停止加长。

三、骨的生长

（一）骨的加长

骨的加长通过骺板软骨不断向两端生长并被骨组织替换而实现，在此过程中，从骨骺端至骨干骨髓腔，出现五个动态变化的区带（图4-11）。

1. 软骨储备区 软骨储备区（zone of reserve cartilage）中软骨细胞较小，呈圆形或椭圆形，单个散在分布，软骨基质呈弱嗜碱性。

2. 软骨增生区 软骨增生区（zone of proliferating cartilage）软骨细胞呈扁平状，增殖活跃，分裂形成同源细胞群成单串排列，后者纵向排列成软骨细胞柱。

3. 软骨成熟区 软骨成熟区（zone of maturing cartilage）的软骨细胞明显增大成熟，同源细胞群之间的软骨基质宽度变窄，嗜碱性增强。

4. 软骨钙化区 软骨钙化区（zone of calcifying cartilage）的软骨细胞肥大变圆，逐渐凋亡，软骨基质钙化，呈强嗜碱性。接近骨髓腔的细胞消失，仅留下空洞状的软骨陷窝，陷窝内可有破骨细胞到达。

5. 成骨区 成骨区（zone of ossification）中成串的成骨细胞出现于钙化的软骨基质表面，形成的骨组织添加于此，构成条索状的初级骨小梁，初级骨小梁不断被吸收，骨髓腔向两端扩展。

（二）骨的增粗

骨的增粗主要是成骨细胞在骨干外表面不断添加骨组织，使骨干变粗。在骨干内表面，骨组织不断被破骨细胞吸收，使骨髓腔扩大。骨干外表面新骨形成的速度略快于骨干内部的吸收速度，这样骨干的密质骨相应地增厚。30岁以后，长骨不再增粗。

骨的生长过程中，还进行一系列的外形和内部结构的变化，称骨的改建，骨的改建与机体的发育和运动功能相互影响并相互适应。

第四节 关 节

关节分为动关节和不动关节。动关节主要是滑膜关节，即一般所称的关节。关节由关节软骨、关节囊和关节腔构成。

一、关节软骨

关节面覆盖的薄层透明软骨称关节软骨。关节软骨表层细胞小，散在分布，深层细胞体积大，成行排列，与表面垂直；软骨基质中的胶原原纤维呈拱形，有承受压力的作用；近骨组织的软骨基质钙化（图4-12）。

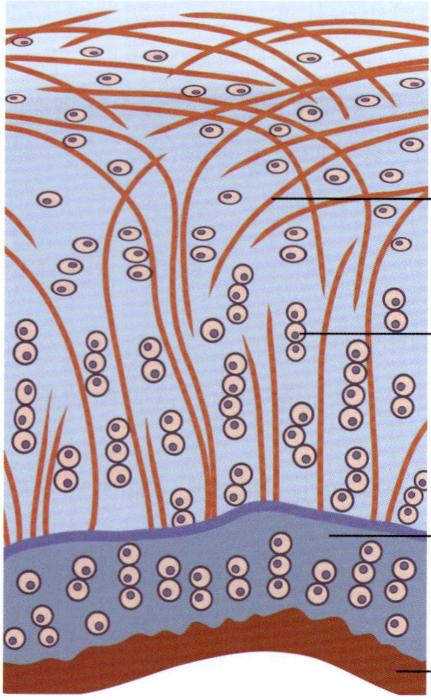

图4-12 关节软骨模式图

二、关 节 囊

关节囊分内、外两层，外层为致密结缔组织，与骨外膜相连，增强关节的牢固性。内层较疏松，称滑膜，可向关节腔内突出形成滑膜皱襞。滑膜表面有扁平或立方形的上皮样结缔组织细胞，称滑膜细胞。滑膜细胞分两种，一种似巨噬细胞，含较多溶酶体，有吞噬功能；另一种似成纤维细胞，含粗面内质网较多，可分泌透明质酸和黏蛋白，参与构成关节腔滑液。

三、关 节 腔

关节腔为关节囊所封闭的腔，含有少量滑液。滑液以水为主，含透明质酸、黏蛋白、电解质等，具有润滑关节面和营养关节软骨等作用。

知识扩展

骨质疏松症

骨质疏松症是多种原因导致的骨密度和骨质量下降，骨微结构破坏，造成骨脆性增加，从而容易发生骨折相关的全身性骨病。疼痛、身高变矮、抽筋以及脆性骨折是骨质疏松症最常见的临床症状和表现。疼痛可能累及全身各处，以晚上为甚；随着骨质疏松症的进展，可能会出现身高变矮、弯腰驼背的表现；严重时甚至可发生脆性骨折，即在轻微暴力下患者就会出现骨折。骨质疏松症可通过食用虾皮、牛奶、猪肝、鱼、瘦肉和蛋等富含钙的食物，或者口服钙片和活性维生素D来缓解症状。此外，积极锻炼身体，养成良好的生活习惯也是预防骨质疏松症的有效方法。因此，我们要拒绝不良嗜好，戒烟戒酒，做到“我运动，我健康，我快乐！”

思考题

1. 气管的软骨和椎间盘的软骨一样吗？为什么？
2. 不同年龄段的人发生骨折的概率相同吗？为什么？

（彭胜男）

（绘图　翁安莉）

第五章　血　　液

血液（blood）是在心血管系统内循环流动的液态结缔组织。健康成人循环血量约为5L，占体重的7%。从机体抽取新鲜血液，加入适量抗凝剂（肝素或枸橼酸钠），静置或离心沉淀后，血液分为三层，上层淡黄色的为血浆（plasma），下层深红色的为红细胞，中间薄层灰白色的为白细胞和血小板。所以，血液由血浆、红细胞、白细胞和血小板组成。

血浆相当于血液的细胞外基质，约占血液容积的55%。血浆的主要成分为水，约占90%，其余为血浆蛋白（白蛋白、球蛋白、纤维蛋白原等）、脂蛋白、酶、激素、无机盐和多种营养物质、代谢产物。血浆最基本的功能是物质运输，具有保持机体内环境稳定的功能。在没有抗凝剂的情况下，将血液静置于体外，血浆中溶解状态的纤维蛋白原转变为不溶于水的纤维蛋白，交织成网状，网罗红细胞、白细胞、血小板及大分子血浆蛋白形成血凝块，血凝块上层析出的淡黄色清亮液体，称血清（serum）。

血细胞包括红细胞和白细胞，血小板并非严格意义上的细胞。红细胞、白细胞和血小板统称为血液的有形成分（表5-1），约占血液容积的45%。血液有形成分的形态、数量、比例和血红蛋白含量的测定结果称血象（hemogram）。机体患病时，血象常有显著变化，是临床诊断疾病的重要指标。制作血涂片并采用瑞特（Wright）或吉姆萨（Giemsa）染色是观察血液有形成分形态最常用的方法。

表5-1　血液有形成分及正常值

有形成分	正常值
红细胞	男：（4.0～5.5）×10^{12}/L
	女：（3.5～5.0）×10^{12}/L
白细胞	（4.0～10.0）×10^{9}/L
血小板	（100～300）×10^{9}/L

第一节　红　细　胞

红细胞（erythrocyte，red blood cell，RBC）是数量最多的血细胞，呈双凹圆盘状，直径约7.5μm，中央较薄，约1μm，周缘较厚，约2μm（图5-1）。因此，血涂片中红细胞中央浅红，周缘深红（图5-2）。红细胞的形状与同体积球体相比，表面积增大约25%，且细胞内任何一点距离细胞表面都不超过0.85μm，这有利于细胞内外气体迅速交换。一个正常成人所有红细胞的总面积约为3800m^2，相当于一个足球场大小。

图5-1 红细胞扫描电镜模式图

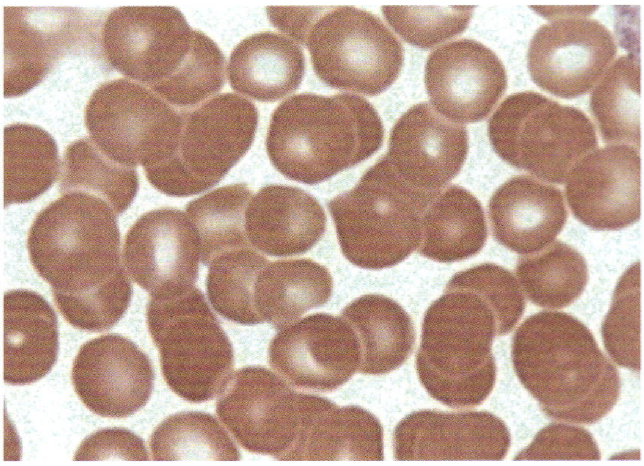

图5-2 红细胞（瑞特染色，油镜）

成熟的红细胞无细胞核、无细胞器，胞质内充满血红蛋白（hemoglobin，Hb），血红蛋白含有卟啉铁，与酸性染料结合被染成红色。正常成人血液中血红蛋白的含量，男性为120～150g/L，女性为110～140g/L。血红蛋白具有结合与运输O_2和CO_2的功能，所以，红细胞可供给全身细胞生命活动所需的O_2，并带走新陈代谢产生的大部分CO_2。血红蛋白还能与CO结合，二者的亲和力比血红蛋白与O_2结合的亲和力大200多倍。煤气泄漏时，空气中含CO增多，血红蛋白优先与CO结合，使机体出现缺氧症状，即通常所说的煤气中毒。红细胞数量及血红蛋白含量会随生理功能变化而改变，如新生儿高于成人，运动时高于安静时，高原居民高于平原居民等。

红细胞具有形态可变性，当其通过直径小于自身的毛细血管时，可改变形状顺利通过。这是因为红细胞膜固定在一个能变形的圆盘状网架结构上，称红细胞膜骨架（erythrocyte membrane skeleton）。红细胞膜骨架主要由血影蛋白（spectrin）和肌动蛋白构成。遗传性球形红细胞增多症患者的血影蛋白分子结构异常，球形红细胞通过脾时，可被巨噬细胞吞噬，导致先天性溶血性贫血。

红细胞膜上镶嵌有与血型相关的蛋白质，即血型抗原A和（或）B，构成了人类ABO血型系统，血型鉴定在临床输血中有重要的意义。若错配血型，首次输血即可导致抗原抗体结合，红细胞膜破裂，血红蛋白逸出，称溶血（hemolysis）。溶血后残留的红细胞膜囊称血影（erythrocyte ghost）。蛇毒、溶血性细菌、毒素、脂溶剂等均能引起溶血。

红细胞平均寿命约120天。由于成熟的红细胞无细胞器，故不能合成新的蛋白质和代谢所需的酶类。随着红细胞逐渐衰老，其血红蛋白和膜骨架蛋白变性，导致红细胞变形能力降低。衰老的红细胞在流经肝、脾时会被巨噬细胞吞噬清除。同时，骨髓新生的未完全成熟的红细胞进入血液，这些细胞内有残留的核糖体，煌焦油蓝染色呈蓝色细网状或颗粒状，故称网织红细胞（reticulocyte）（图5-3）。网织红细胞仍具有合成血红蛋白的能力，进入血液循环约1天后，核糖体消失，成为成熟的红细胞。成人外周血中网织红细胞占红细胞总数的0.5%～1.5%，骨髓造血功能障碍时，网织红细胞计数降低。

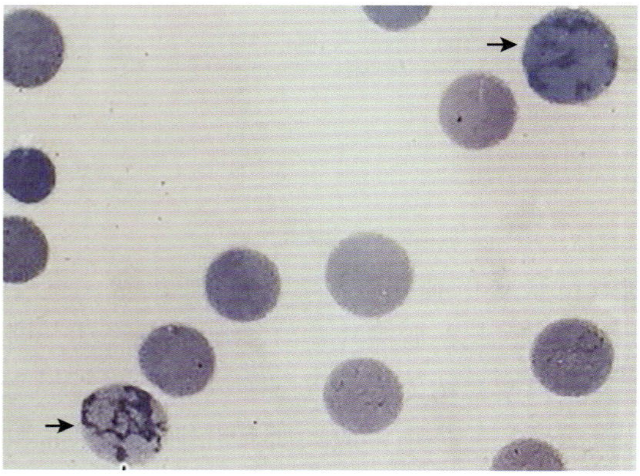

图5-3 网织红细胞（煌焦油蓝染色，油镜）
→网织红细胞

第二节 白 细 胞

白细胞（leukocyte，white blood cell，WBC）呈球形，有细胞核和细胞器。白细胞从骨髓进入血液后，一般于24小时内，以变形运动的方式穿出血管壁，进入结缔组织或淋巴组织发挥免疫和防御功能。根据白细胞内有无特殊颗粒，可将其分为有粒白细胞和无粒白细胞（表5-2）。有粒白细胞又根据其特殊颗粒的嗜色性分为中性粒细胞、嗜碱性粒细胞和嗜酸性粒细胞。无粒白细胞分为单核细胞和淋巴细胞，其胞质内无特殊颗粒，但含有细小的嗜天青颗粒。

表5-2 白细胞分类

白细胞	百分比
1. 有粒白细胞	
中性粒细胞	50%～70%
嗜碱性粒细胞	0%～1%
嗜酸性粒细胞	0.5%～3.0%
2. 无粒白细胞	
单核细胞	3%～8%
淋巴细胞	25%～30%

一、中性粒细胞

中性粒细胞（neutrophilic granulocyte，neutrophil）是数量最多的白细胞，占白细胞总数的50%～70%。中性粒细胞直径10～12μm，核深染，呈杆状或分叶状，可分为2～5叶，2～3叶居多，叶间由染色质丝相连（图5-4）。一般认为核的分叶越多，中性粒细胞越衰老。当机体发生严重细菌感染时，大量新生中性粒细胞从骨髓进入血液，杆状核与2叶核的中性粒细胞增多，称核左移；骨髓造血功能障碍时，则4～5叶核的细胞增多，称核右移。中性粒细胞胞质中含有许多细小颗粒，其中浅粉色的为中性特殊颗粒，约占颗粒总数的80%；浅紫色的为嗜天青颗粒，约占颗粒总数的20%。电镜下，特殊颗粒呈圆形或椭圆形，内含溶菌酶和吞噬素等（图5-5），具有杀菌作用；嗜天青颗粒呈圆形或椭圆形，是一种溶酶体，内含酸性磷酸酶、髓过氧化物酶等，其中，髓过氧化物酶为中性粒细胞溶酶体的标志酶，能分解吞噬的细菌和异物。

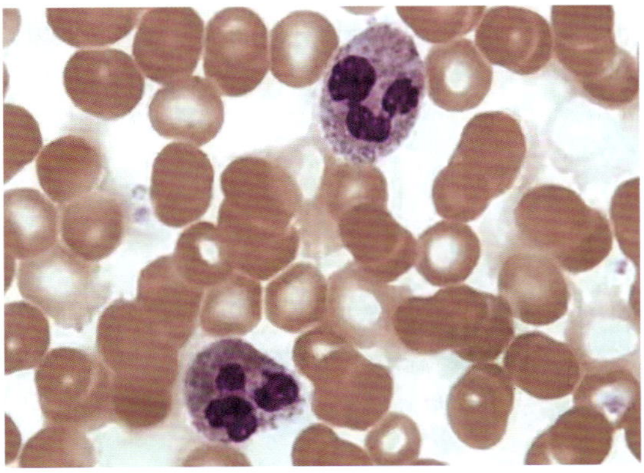

图5-4 中性粒细胞（瑞特染色，油镜）

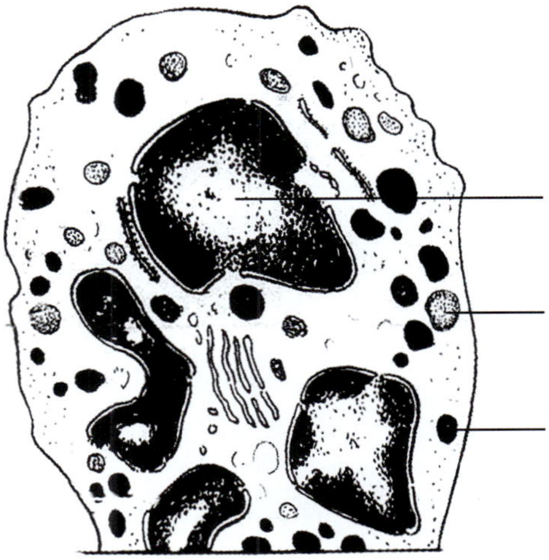

图5-5 中性粒细胞超微结构模式图

中性粒细胞具有很强的趋化性，当局部组织受到细菌等侵害时，在趋化因子的作用下，可向病变部位大量聚集。中性粒细胞主要吞噬细菌，也吞噬异物。中性粒细胞在吞噬大量细菌后，自身也死亡，成为脓细胞。中性粒细胞在血液中停留6～8小时后进入结缔组织，可存活2～3天。

二、嗜碱性粒细胞

嗜碱性粒细胞（basophilic granulocyte，basophil）数量最少，占白细胞总数的0～1%。嗜碱性粒细胞直径10～12μm，核分叶或呈“S”形，着色浅，胞质内含大小不等、分布不均的蓝紫色嗜碱性颗粒，常将核掩盖（图5-6）。电镜下，嗜碱性颗粒有膜包被，其中充满细小、分布均匀的微粒（图5-7）。嗜碱性颗粒属于分泌颗粒，内含肝素、组胺、中性粒细胞趋化因子和嗜酸性粒细胞趋化因子等，胞质内含白三烯。

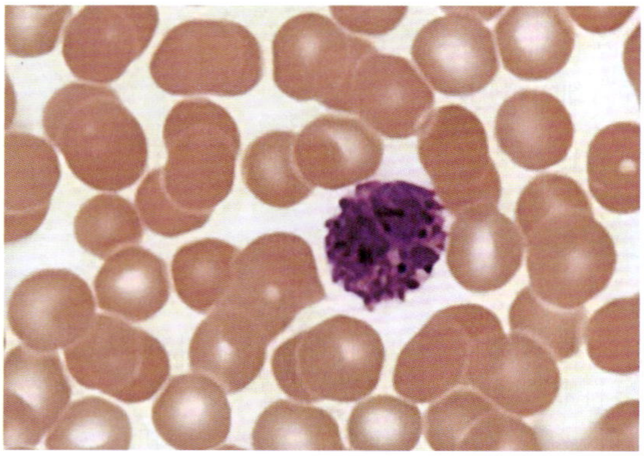

图5-6 嗜碱性粒细胞（瑞特染色，油镜）

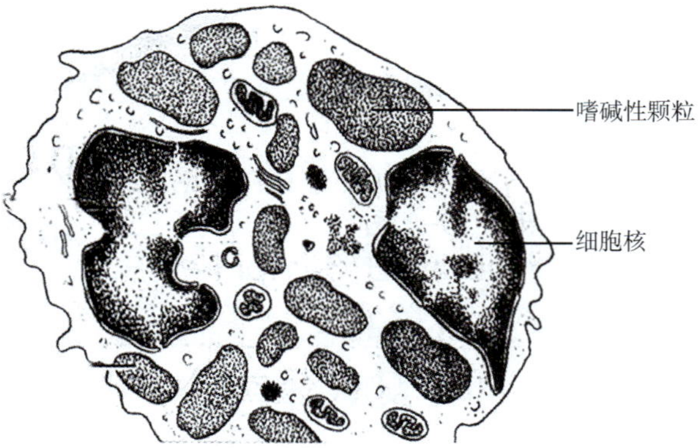

图5-7 嗜碱性粒细胞超微结构模式图

嗜碱性粒细胞与肥大细胞分泌物质相同，功能也基本相同，即参与炎症反应和过敏反应，但二者来源于不同的造血祖细胞。嗜碱性粒细胞进入结缔组织后，在组织中存活10～15天。

三、嗜酸性粒细胞

嗜酸性粒细胞（eosinophilic granulocyte，eosinophil）占白细胞总数的0.5%～3.0%。嗜酸性粒细胞直径为10～15μm，核多分为2～3叶，胞质内充满粗大、分布均匀的鲜红色嗜酸性颗粒（图5-8）。电镜下，嗜酸性颗粒呈圆形或椭圆形，有膜包被，内含长方形结晶体（图5-9）。嗜酸性颗粒是一种特殊的溶酶体，除含酸性磷酸酶、髓过氧化物酶等一般溶酶体酶外，还含有组氨酶、芳基硫酸酯酶和阳离子蛋白等。

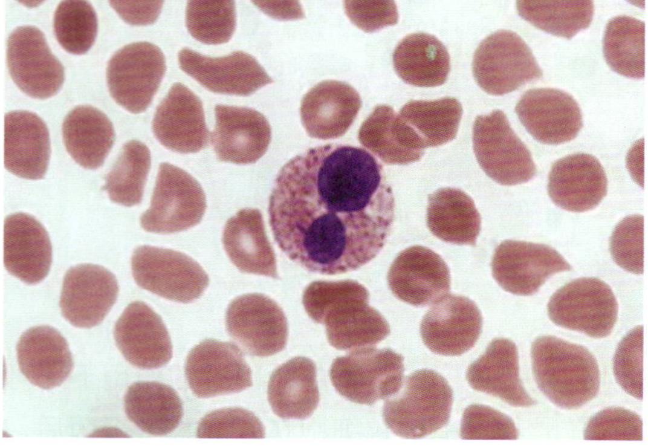

图5-8 嗜酸性粒细胞（瑞特染色，油镜）

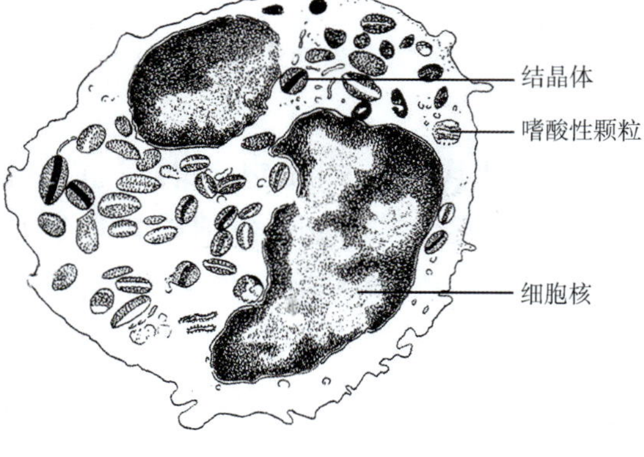

图5-9 嗜酸性粒细胞超微结构模式图

嗜酸性粒细胞具有趋化性，可受肥大细胞等释放的嗜酸性粒细胞趋化因子的吸引，通过变形运动移行至有病原体或发生过敏反应的部位。嗜酸性粒细胞可吞噬抗原抗体复合物，释放的多种溶酶体酶具有杀菌作用；组氨酶可分解组胺，芳基硫酸酯酶可灭活白三烯，从而抑制机体过敏反应；阳离子蛋白有杀灭寄生虫的作用。因此，在患过敏性疾病或寄生虫感染时，血液内嗜酸性粒细胞增多。嗜酸性粒细胞在血液中停留6～8小时进入结缔组织，可存活8～12天。

四、单核细胞

单核细胞（monocyte）占白细胞总数的3%～8%。单核细胞是体积最大的白细胞，直径为14～20μm，核呈肾形、马蹄铁形或不规则形（图5-10），染色质纤细疏松，着色浅，胞质丰富，弱嗜碱性，呈灰蓝色，内含许多细小的嗜天青颗粒（图5-11）。电镜下，细胞表面有皱褶和微绒毛，胞质内含许多膜包颗粒和吞噬泡。

单核细胞具有较强的变形性和趋化性。血液循环中的单核细胞功能不活跃，在血液中停留1～2天后，进入结缔组织或其他组织，分化为巨噬细胞等具有吞噬功能的细胞。

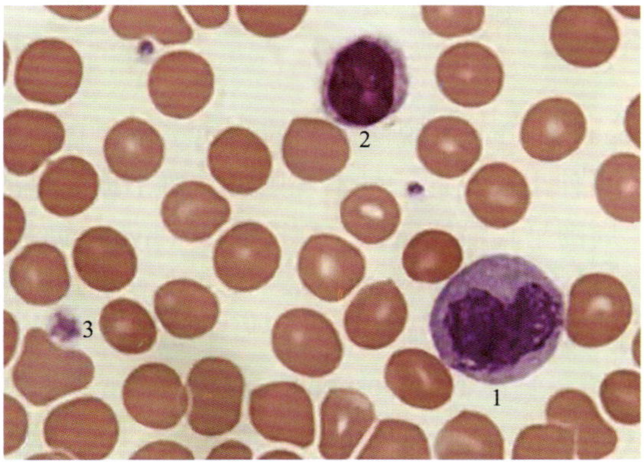

图5-10 单核细胞和淋巴细胞（瑞特染色，油镜）
1. 单核细胞；2. 淋巴细胞；3. 血小板

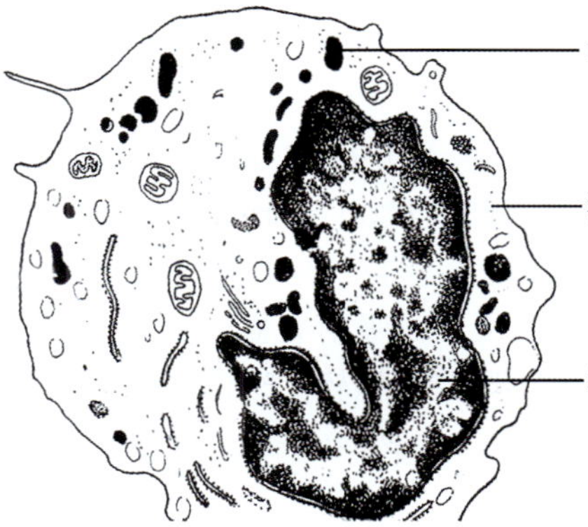

图5-11 单核细胞超微结构模式图

五、淋巴细胞

淋巴细胞（lymphocyte）占白细胞总数的25%～30%。根据细胞大小，可分为大、中、小三型，其中直径6～8μm的为小淋巴细胞，9～12μm的为中淋巴细胞，13～20μm的为大淋巴细胞。外周血中以小淋巴细胞为主，中淋巴细胞数量少，无大淋巴细胞。小淋巴细胞核占据了细胞的绝大部分，呈圆形，一侧常有浅凹，染色质致密，染色深；小淋巴细胞胞质少，在核周形成很薄的一圈（图5-10）；中淋巴细胞核染色质略稀疏，着色略浅，有的可见核仁。中淋巴细胞胞质略多，可含嗜天青颗粒。淋巴细胞的胞质为嗜碱性，呈蔚蓝色。电镜下，淋巴细胞胞质中含大量游离核糖体，少量线粒体、粗面内质网、高尔基体和溶酶体等（图5-12）。

淋巴细胞是机体主要的免疫细胞，不仅产生于骨髓，也产生于淋巴器官。根据发生来源和免疫功能不同，可分为三类。

（一）胸腺依赖淋巴细胞

胸腺依赖淋巴细胞（thymus dependent lymphocyte）简称T细胞，发生于胸腺，占外周血中淋

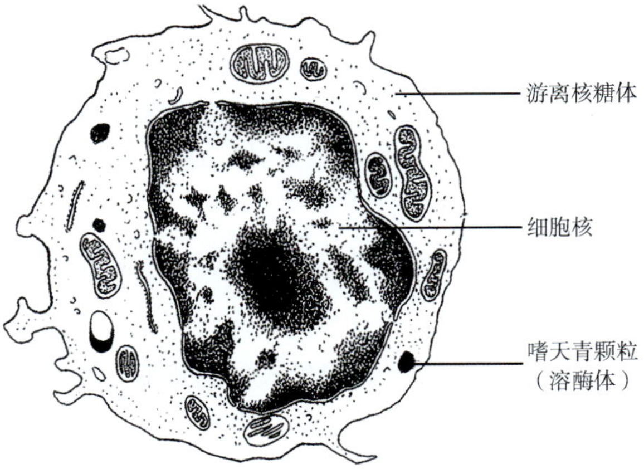

图5-12 淋巴细胞超微结构模式图

巴细胞总数的75%，参与细胞免疫，并调节免疫应答。

（二）骨髓依赖淋巴细胞

骨髓依赖淋巴细胞（bone marrow dependent lymphocyte）简称B细胞，发生于骨髓，占外周血中淋巴细胞总数的10%～15%，受抗原刺激后增殖分化为浆细胞，产生抗体，参与体液免疫。

（三）自然杀伤细胞

自然杀伤细胞（nature killer cell）简称NK细胞，发生于骨髓，占外周血中淋巴细胞总数的10%，能直接杀伤某些肿瘤细胞和被病毒感染的细胞。

第三节　血　小　板

血小板（blood platelet）是从骨髓巨核细胞（megakaryocyte）脱落下来的胞质小块，直径为2～4μm，呈双凸圆盘状（图5-10）。当受到刺激时，可伸出小突起，呈不规则形。血小板中央部有蓝紫色的血小板颗粒，称颗粒区（granulomere）；周围呈均质浅蓝色，称透明区（hyalomere）。电镜下，血小板表面吸附有血浆蛋白，包括多种凝血因子。颗粒区含特殊颗粒、致密颗粒和糖原颗粒。特殊颗粒体积较大，圆形，中等电子密度，含血小板凝血因子Ⅳ、血小板源性生长因子（platelet derived growth factor，PDGF）、凝血酶敏感蛋白（thrombospondin）等；致密颗粒较小，电子密度大，含5-羟色胺（5-hydroxytryptamine，5-HT）、ADP、ATP、钙离子、肾上腺素等。透明区含微丝和微管，参与血小板形状的维持及变形。血小板内有开放小管系统和致密小管系统（图5-13）。开放小管系统的管道与血小板表面胞膜连续，增加血小板与血浆的接触面积，利于摄取血浆物质和释放颗粒内容物；致密小管系统是封闭的小管，能收集钙离子和合成前列腺素等。

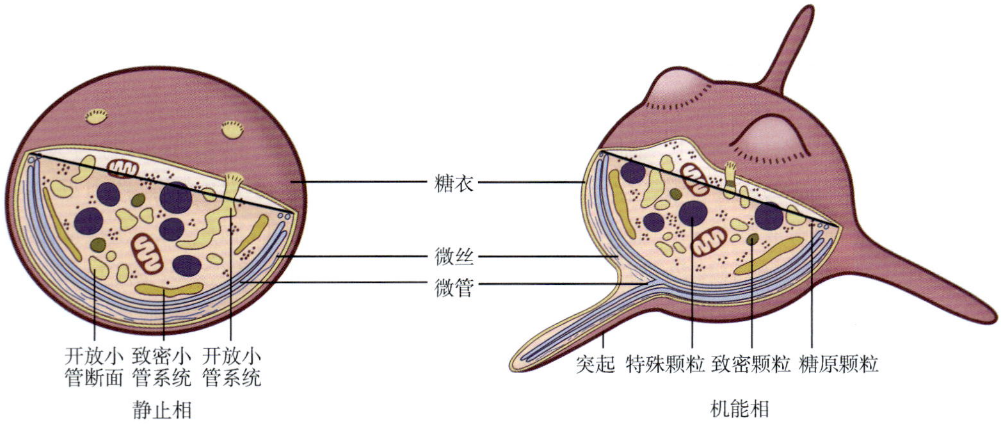

图5-13 血小板超微结构模式图

正常情况下，血小板悬浮于血流中。当血管损伤时，血小板迅速黏附、聚集于破损处，激活凝血过程。因此，血小板主要参与机体的凝血和止血。骨髓造血功能障碍等导致血小板减少时，机体会有出血倾向。血小板寿命为7～14天。

第四节 骨髓和血细胞发生

外周血中的血细胞和血小板寿命有限，每天都有一定数量的衰老和死亡，同时骨髓又生成相同数量的血细胞和血小板释放入血，保持动态平衡。

人原始的造血干细胞出现在胚胎发育第3周卵黄囊壁的血岛内；第6周，造血干细胞从卵黄囊壁迁入肝脏并开始造血；第12周，造血干细胞迁入脾脏并开始造血；从胚胎后期至出生后，骨髓成为主要的造血器官。

一、骨髓结构

骨髓（bone marrow）位于骨髓腔内，分为红骨髓和黄骨髓。红骨髓呈红色，主要由造血组织和血窦组成，通常所说的骨髓指的是红骨髓。黄骨髓主要为脂肪组织。胎儿及婴幼儿所有的骨髓都是红骨髓，约5岁开始，长骨骨干骨髓腔内出现脂肪组织，形成黄骨髓。成年期红骨髓和黄骨髓约各占一半。成人红骨髓主要分布于扁骨、不规则骨和长骨骨骺端的松质骨内。黄骨髓内仍有少量幼稚血细胞，有造血潜能，当机体需要时，部分黄骨髓可转变为红骨髓，恢复造血功能。

（一）造血组织

造血组织由网状组织、造血细胞和基质细胞构成。网状组织构成造血组织的支架，网孔中充满不同发育阶段的各种血细胞，还含有少量巨噬细胞、脂肪细胞和间充质干细胞等（图5-14）。

造血细胞赖以生存发育的场所称造血诱导微环境（hemopoietic inductive microenvironment），其核心成分是基质细胞（stromal cell），包括成纤维细胞、巨噬细胞、间充质干细胞、血窦内皮细胞和网状细胞等。基质细胞不仅构成造血细胞生长的支架，还可分泌多种造血生长因子、产生细胞外基质、调控血细胞的生长发育。

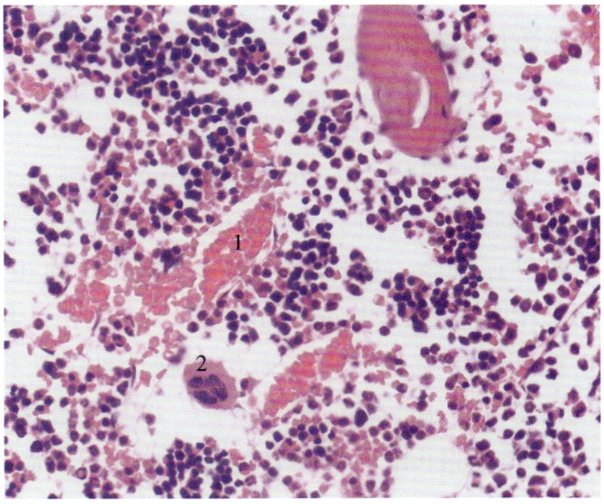

图5-14 红骨髓（HE染色，高倍）
1. 血窦；2. 巨核细胞

发育中的各种血细胞在造血组织中的分布具有一定规律。幼稚红细胞常位于血窦附近，成群镶嵌在巨噬细胞表面，构成幼红细胞岛（图5-15），随着细胞发育，不断贴近并穿过血窦内皮，脱去细胞核成为网织红细胞。幼稚粒细胞多远离血窦，当发育至晚幼粒细胞时，以变形运动的方式接近并穿入血窦。巨核细胞常紧贴血窦内皮间隙，将胞质突起深入窦腔，脱落形成血小板。

（二）血窦

血窦为骨髓内管腔大、形状不规则的毛细血管，其内皮间隙较大，基膜不完整，有利于成熟红细胞进入血液。

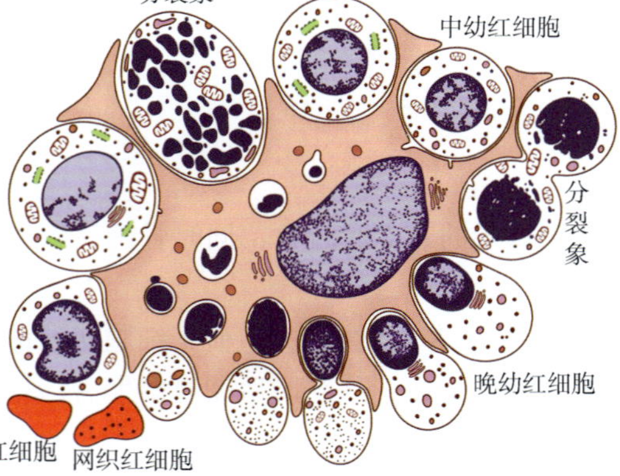

图5-15 骨髓幼红细胞岛超微结构模式图

二、血细胞发生

血细胞发生是指造血干细胞在特定的诱导因素和微环境作用下，先增殖分化为各类造血祖细胞，后者再定向发育为各种成熟血细胞的过程。

（一）造血干细胞

造血干细胞（hemopoietic stem cell）可生成各种血细胞，又称多能干细胞（multipotential stem cell）。脾集落生成实验证明了造血干细胞的存在。将小鼠骨髓细胞悬液输给受致死量射线照射的同种小鼠，受体鼠脾内出现许多肉眼可见的造血结节，称脾集落（spleen colony）。受体小鼠因重新获得造血功能而免于死亡。脾集落内含红细胞系、粒细胞系和巨核细胞系的细胞，这些细胞可单独存在或混合存在。将脾集落细胞分离后，输注给其他同种受致死量射线照射的小鼠，仍可生成脾集落并重建造血功能。造血干细胞中存在不同分化类型的细胞群体，髓性造血干细胞可分化为红细胞系、粒细胞-单核细胞系及巨核细胞系等细胞系的造血祖细胞，淋巴性造血干细胞可分化为各种淋巴细胞。

造血干细胞的特性主要包括：①具有很强的增殖潜能，在一定条件下可大量增殖，但生理情况下，多数造血干细胞处于G_0期静止状态。②具有多向分化的潜能，不仅分化为各系造血祖细胞，还可分化为树突状细胞、内皮细胞等非造血细胞。③具有自我更新能力，造血干细胞通过复制，可形成两种子细胞，一种分化为早期造血祖细胞，另一种仍保持干细胞原有的特征，维持造血干细胞数量相对恒定。

（二）造血祖细胞

造血祖细胞（hemopoietic progenitor）是由造血干细胞分化而来的分化方向确定的干细胞，因此也称定向干细胞（committed stem cell）。造血祖细胞在不同集落刺激因子的作用下，可分化为各种血细胞。根据分化方向不同，造血祖细胞可分为以下几种：①红系造血祖细胞，在促红细胞生成素（erythropoietin，EPO）作用下生成红细胞，EPO主要由肾分泌，肝也可分泌少量。②粒细胞单核细胞系造血祖细胞，是中性粒细胞和单核细胞共同的祖细胞，其集落刺激因子（GM-CSF）由巨噬细胞等分泌；③巨核细胞系祖细胞，在血管内皮细胞等分泌的血小板生成素（thrombopoietin，TPO）作用下形成巨核细胞集落，最终形成血小板。嗜碱性粒细胞、嗜酸性粒细胞、肥大细胞及淋巴细胞都有各自的祖细胞和集落刺激因子。

三、血细胞发生过程的形态演变

血细胞发生过程大致分为三个阶段：原始阶段、幼稚阶段（包括早、中、晚三期）和成熟阶段（图5-16）。血细胞发生过程中形态演变有一定规律：①胞体由大逐渐变小，但巨核细胞由小变大。②细胞核由大变小，红细胞核最终消失，粒细胞核由圆形逐渐变成杆状乃至分叶，但巨核细胞核由小逐渐变大，呈分叶状；核染色由浅变深，核仁由明显渐至消失。③胞质由少逐渐变多，核质比逐渐减小；胞质嗜碱性由强逐渐变弱，除单核细胞和淋巴细胞胞质仍呈嗜碱性外，其余细胞胞质呈嗜酸性；胞质内特殊颗粒、血红蛋白等功能性物质逐渐从无至有。④细胞分裂能力从有至无，但淋巴细胞仍保持潜在的分裂能力。

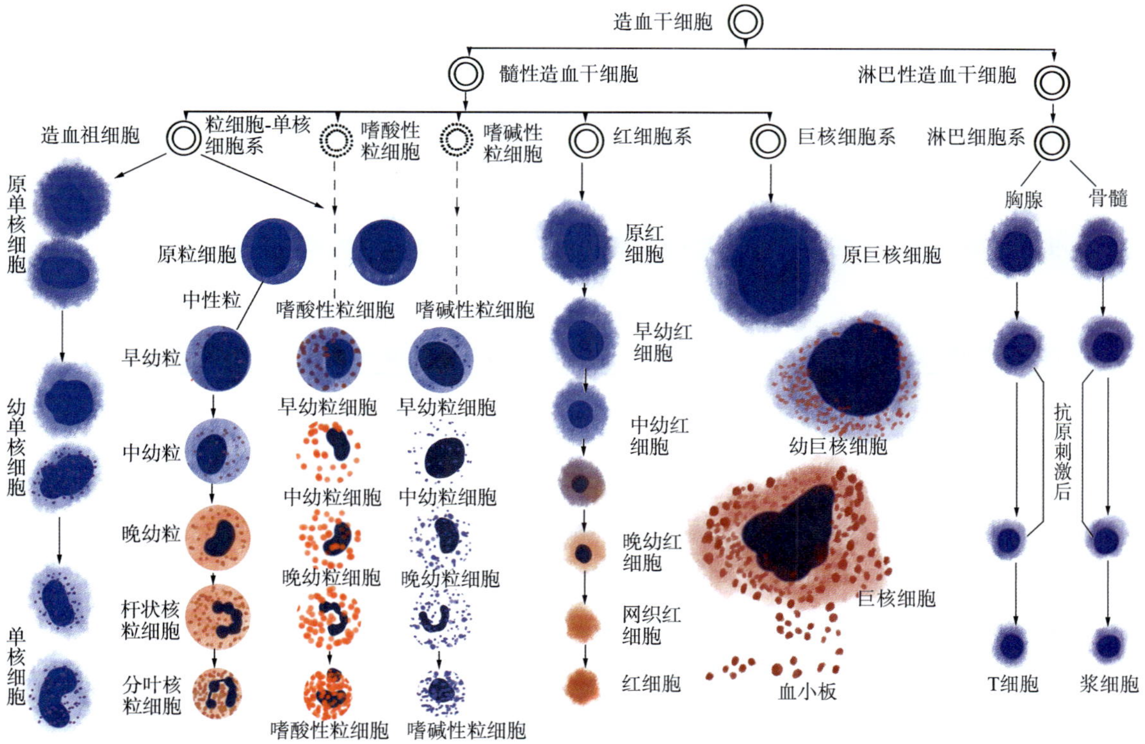

图5-16 血细胞发生过程示意图

（一）红细胞系的发生

起始于红系造血祖细胞，历经原红细胞、早幼红细胞、中幼红细胞、晚幼红细胞阶段，此过程需3～4天。脱去胞核后形成网织红细胞入血，最终成为成熟红细胞。骨髓内红细胞的发生围绕在巨噬细胞周围，脱去的胞核被巨噬细胞吞噬。各阶段红细胞的一般形态特点见表5-3。

表5-3 红细胞发生过程的形态演变

发育阶段和名称		胞体		胞核				胞质		
		大小（μm）	形状	形状	染色质	核仁	核质比	嗜碱性	着色	血红蛋白
原始	原红细胞	14～22	圆形	圆形	细粒状	2～3个	＞3/4	强	墨水蓝	无
幼稚	早幼红细胞	11～19	圆形	圆形	粗粒状	偶见	＞1/2	很强	墨水蓝	开始出现
	中幼红细胞	10～14	圆形	圆形	粗块状	消失	约1/2	减弱	红蓝相间	增多
	晚幼红细胞	9～12	圆形	圆形	致密块	消失	更小	弱	红	大量
成熟	网织红细胞	7～9	圆盘状		无			微	红	大量
	红细胞	7.5	圆盘状		无			无	红	大量

（二）粒细胞系的发生

三种粒细胞虽有各自的造血祖细胞，但发育过程基本相同，均起始于粒细胞单核细胞系造血祖细胞，历经原粒细胞、早幼粒细胞、中幼粒细胞、晚幼粒细胞，进而分化为成熟的杆状核、分叶核粒细胞。从原粒细胞至晚幼粒细胞需4～6天，在骨髓内停留4～5天后入血。各阶段粒细胞的一般形态特点见表5-4。

表5-4 粒细胞发生过程的形态演变

发育阶段和名称		胞体		胞核				胞质			
		大小（μm）	形状	形状	染色质	核仁	核质比	嗜碱性	着色	嗜天青颗粒	特殊颗粒
原始	原粒细胞	11～18	圆形	圆形	细网状	2～6个	＞3/4	强	天蓝	无	无
幼稚	早幼粒细胞	13～20	圆形	卵圆形	粗网状	偶见	＞1/2	减弱	淡蓝	大量	少量
	中幼粒细胞	11～16	圆形	半圆形	网块状	消失	约1/2	弱	浅蓝	少	增多
	晚幼粒细胞	10～15	圆形	肾形	网块状	消失	＜1/2	极弱	浅红	少	明显
成熟	杆状核粒细胞	10～15	圆形	杆状	粗块状	消失	＜1/3	消失	淡红	少	大量
	分叶核粒细胞	10～15	圆形	分叶状	粗块状	消失	更小	消失	淡红	少	大量

（三）单核细胞系的发生

起始于粒细胞单核细胞系造血祖细胞，历经原单核细胞、幼单核细胞，进而分化为成熟的单核细胞入血。幼单核细胞的增殖能力很强，骨髓中单核细胞的储存量不多，当机体出现炎症或免疫功能活跃时，幼单核细胞加速分裂增殖以提供足量的单核细胞。

（四）淋巴细胞系的发生

起始于淋巴性造血干细胞。一部分淋巴干细胞迁入胸腺，发育为T细胞。另一部分在骨髓微环境中发育为B细胞和NK细胞。

（五）巨核细胞-血小板系的发生

起始于巨核细胞系祖细胞，历经原巨核细胞、幼巨核细胞，发育为成熟的巨核细胞。原巨核细胞分化为幼巨核细胞时，胞质内开始出现血小板颗粒。幼巨核细胞经历数次DNA复制，但胞体不分裂，形成巨核细胞，胞质内含大量血小板颗粒，此时胞膜内陷，将胞质分隔成许多小区，突起的小区从内皮间隙深入血窦腔内，胞质末端脱落，形成血小板。

知识扩展 **造血干细胞移植**

造血干细胞移植是指将正常造血干细胞替代病理性造血干细胞，以重建患者造血系统和免疫系统。根据供体不同，可分为自体移植、全相合异体异基因移植、部分相合异体异基因移植。根据来源不同，可分为骨髓移植、外周血干细胞移植和脐血移植。其适应证为恶性血液疾病和非恶性疾病。恶性血液疾病包括急性髓系白血病、急性淋巴细胞白血病、慢性粒细胞白血病进展期、慢性淋巴细胞白血病、骨髓增生异常综合征、多发性骨髓瘤、少见类型白血病、霍奇金淋巴瘤、非霍奇金淋巴瘤等。非恶性疾病包括先天性免疫缺陷病、先天性骨髓造血衰竭、获得性再生障碍性贫血等。

思考题

1. 血液的有形成分包括哪些，正常值分别是多少？
2. 红细胞的形态结构特点如何，功能是什么？
3. 各种白细胞的形态结构特点如何，功能分别是什么？
4. 白血病是一类造血干细胞恶性克隆性疾病，患者正常的造血功能会受到抑制。请结合血液有形成分的功能，说说白血病患者可能出现的临床症状。

（张国荣）

（绘图 翁安莉）

第六章　肌　组　织

肌组织（muscle tissue）主要由具有收缩功能的肌细胞构成，肌细胞之间有少量结缔组织、血管、淋巴管及神经。肌细胞呈细长纤维状，又称肌纤维（muscle fiber），肌细胞的细胞膜称肌膜（sarcolemma），肌细胞的胞质称肌质（sarcoplasm），肌质中有许多肌丝，是肌纤维收缩的物质基础。根据肌纤维的结构和功能差异，将肌组织分为骨骼肌、心肌和平滑肌三种。骨骼肌和心肌的肌纤维均有横纹，故又称横纹肌（striated muscle），平滑肌纤维无横纹。骨骼肌受躯体神经支配，为随意肌；心肌和平滑肌受自主神经支配，属不随意肌。

第一节　骨　骼　肌

骨骼肌（skeletal muscle）大多借肌腱附着于骨骼。整块肌肉外面包裹着由致密结缔组织形成的肌外膜（epimysium），即解剖学上的深筋膜。肌外膜的结缔组织伸入肌肉内，将其分隔成大小不等的肌束，包裹肌束的结缔组织称肌束膜（perimysium）。包裹每条肌纤维的结缔组织为肌内膜（endomysium）（图6-1）。肌外膜中的血管和神经分支进入肌束膜和肌内膜，对骨骼肌具有支持、连接、营养和支配运动的作用。骨骼肌纤维表面，还附着一种扁平、有突起的肌卫星细胞（muscle satellite cell），肌卫星细胞具有干细胞特性，可增殖分化，参与受损伤骨骼肌纤维的修复。

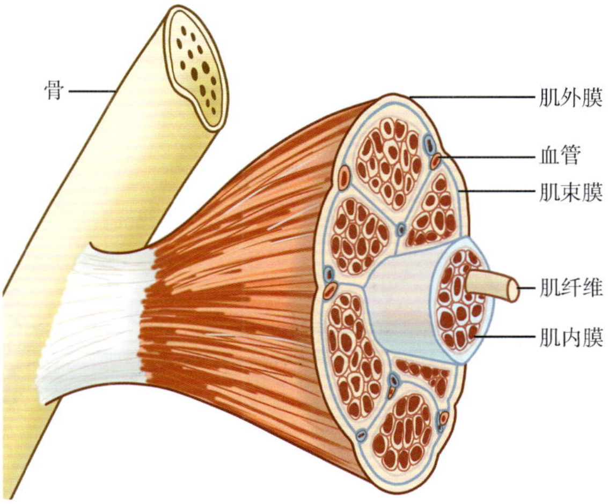

图6-1　骨骼肌结构模式图

一、骨骼肌纤维的光镜结构

骨骼肌纤维呈长圆柱状，无分支，直径10～100μm不等，长短不一，一般为1～40mm，最长可达10cm。肌膜外贴附基膜。骨骼肌纤维是一种多核细胞，核的数量随肌纤维的长短而异，一条肌纤维内含几十个甚至几百个细胞核，核扁椭圆形，靠近肌膜分布。肌质内含许多与肌纤维长轴平行的肌原纤维（myofibril），呈细丝状，直径为1～2μm。每条肌原纤维都有明暗相间的带，由于每条肌原纤维的明带和暗带都准确地排列在同一平面上，使骨骼肌纤维在纵切面上呈现明暗相间的周期性横纹（cross striation），肌原纤维在横切面上呈点状（图6-2）。

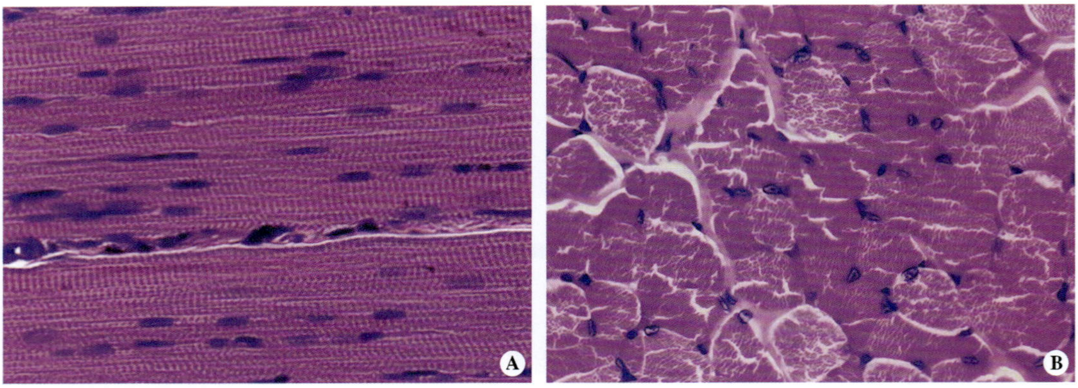

图6-2 骨骼肌（HE染色，高倍）

A. 纵切面；B. 横切面

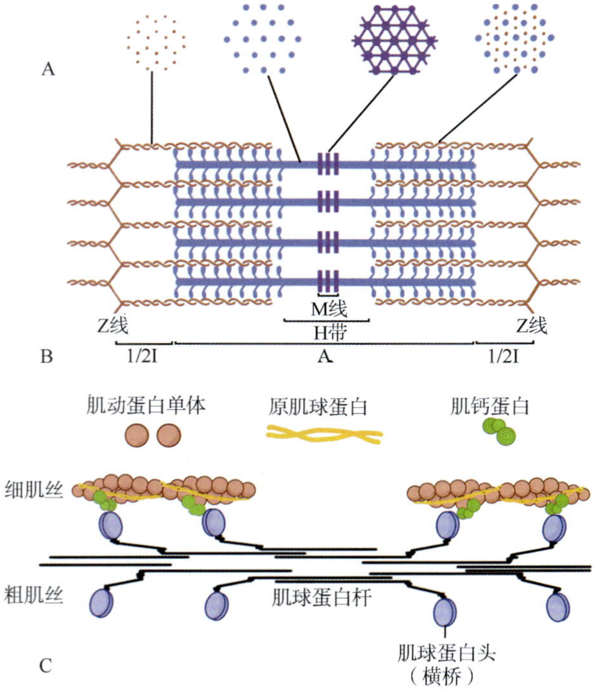

图6-3 骨骼肌肌原纤维超微结构及肌丝分子结构模式图

A. 肌节不同部位的横切面；B. 肌节的纵切面；C. 肌丝的分子构成

骨骼肌纤维中的明带（light band）又称I带，暗带（dark band）又称A带。油镜下，暗带中央有一条浅色窄带为H带，H带中央深色的线为M线。明带中央深色的线为Z线。相邻两条Z线之间的一段肌原纤维，称肌节（sarcomere）。每个肌节由1/2 I带＋A带＋1/2 I带组成（图6-3）。肌节的长度在1.5～3.5μm，安静状态下约为2μm。肌节中暗带的长度是恒定的，约为1.5μm；明带的长度依骨骼肌纤维的收缩或舒张状态而异，最长可达2μm。多个肌节依次排列形成肌原纤维，是骨骼肌结构和功能的基本单位（图6-4）。

二、骨骼肌纤维的超微结构

（一）肌原纤维

肌原纤维由粗、细两种肌丝构成，粗、细肌丝沿肌纤维的长轴规律地平行排列（图6-3）。粗肌丝（thick filament）位于肌节中部，中央借M线固定，两端游离，贯穿A带全长。细肌丝（thin filament）位于肌节两侧，一端附着于Z线上，另一端伸至粗肌丝之间，与粗肌丝平行排列，末端游离在H带外侧。明带仅有细肌丝分布，H带仅由粗肌丝构成，H带两侧的暗带则两种肌丝均有。在横切面上，可见1根粗肌丝周围有6根细肌丝，而每1根细肌丝周围有3根粗肌丝。

粗肌丝长约1.5μm，直径15nm，由多个肌球蛋白（myosin）分子组成。每个肌球蛋白分子形如豆芽，分为头和杆两部分。在头和杆的连接处及杆上有两处类似关节的结构，可屈曲。大量肌球蛋白分子平行排列并集合成束，组成一条粗肌丝。所有肌球蛋白分子的杆朝向M线，头朝向Z线，并突出于粗肌丝表面，形成横桥（cross bridge）（图6-3）。肌球蛋白头具有ATP酶活性，当与细肌丝的肌动蛋白接触时，ATP酶被激活，分解ATP释放能量，使横桥屈曲。

细肌丝长约1μm，直径约5nm，由肌动蛋白（actin）、原肌球蛋白（tropomyosin）和肌钙蛋白（troponin）组成（图6-3）。肌动蛋白由球形的肌动蛋白单体连接成串珠状，并形成双股螺旋链，构成细肌丝的主体部分。每个肌动蛋白单体都有一个可与肌球蛋白头（横桥）相结合的位点，肌纤维处于非收缩状态时，该位点被原肌球蛋白覆盖。原肌球蛋白由两条较短的双股螺旋状多肽链组成，首尾相连呈长丝状，嵌于肌动蛋白双股螺旋链的浅沟内。肌钙蛋白由3个球形亚单位组成，肌钙蛋白C亚单位（TnC）是Ca^{2+}受体蛋白，可与Ca^{2+}结合，每个TnC分子可结合4个Ca^{2+}；肌钙蛋白T亚单位（TnT）可与原肌球蛋白相结合；肌钙蛋白I亚单位（TnI）能够抑制肌动蛋白和肌球蛋白的相互结合。

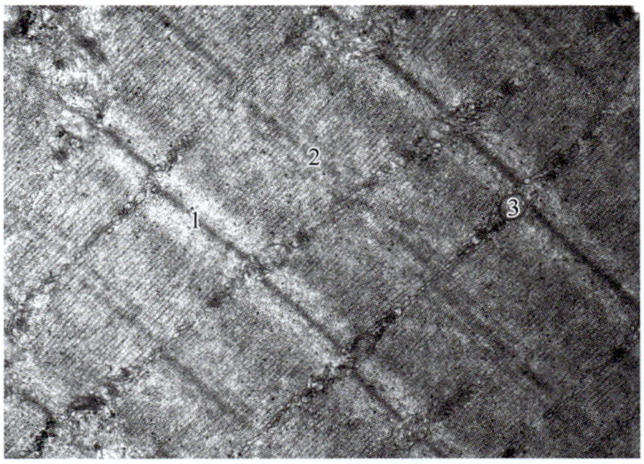

图6-4 肌节超微结构图（低倍）（广州中医药大学陈东风提供）

1. Z线；2. H带；3. 线粒体

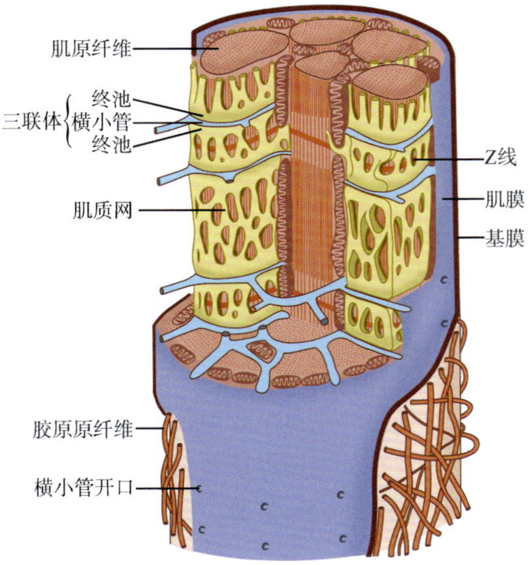

图6-5 骨骼肌超微结构立体模式图

（二）横小管

横小管（transverse tubule）是肌膜向肌质内凹陷形成的小管，因其走向与肌纤维长轴垂直，故称横小管或T小管。同一平面的横小管分支相互吻合，包绕每条肌原纤维。横小管位于明带与暗带交接处，可将肌膜的兴奋迅速传至肌纤维内部（图6-5）。

（三）肌质网

肌质网是肌纤维中特化的滑面内质网，位于横小管之间。肌质网中部纵行并包绕一段肌原纤维，故称纵小管（longitudinal tubule）或L小管；肌质网两端膨大呈环行的扁囊，称终池（terminal cisternae）。每条横小管与其两侧的终池组成三联体（triad）（图6-5），在此部位可将兴奋从肌膜传递至肌质网膜。肌质网膜上有钙泵与钙通道，钙泵能逆浓度差将肌质中的Ca^{2+}泵入肌质网内储存，使其内的Ca^{2+}浓度高于肌质中上千倍。当肌质网膜接受兴奋后，钙通道开放，大量Ca^{2+}涌入肌质，与肌钙蛋白结合，促使骨骼肌纤维收缩。此外，肌原纤维之间有大量的线粒体、糖原（图6-6）及少量脂滴，肌质内还有能与氧分子结合的肌红蛋白。

三、骨骼肌纤维的收缩原理

目前认为骨骼肌收缩的机制为肌丝滑动原理，其主要过程为：①运动神经末梢将神经冲动传递至肌膜，使肌膜兴奋；②肌膜将兴奋沿横小管迅速传递至肌质网，肌质网膜上的钙通道开放，大量Ca^{2+}涌入肌质；③Ca^{2+}与肌钙蛋白TnC亚单位结合，引发构象改变，使肌动蛋白上与肌球蛋白头的结合位点暴露，二者迅速结合；④横桥与肌动蛋白上的位点迅速接触；⑤肌球蛋白ATP酶被激活，并释放能量，肌球蛋白的头和杆发生屈动，将细肌丝拉向M线，明带变窄，肌节缩短，肌纤维收缩（图6-7）；⑥收缩完毕，肌质内Ca^{2+}被泵回肌质网内，肌钙蛋白和原肌球蛋白构型恢复，重新遮盖住肌动蛋白的横桥结合位点，肌纤维松弛（图6-7）。

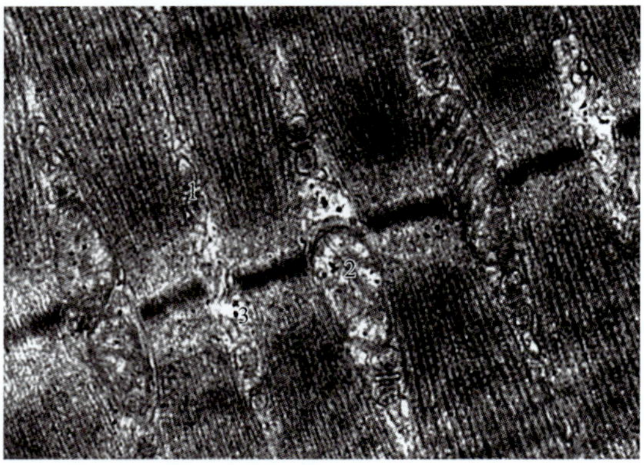

图6-6 骨骼肌纤维超微结构图（高倍）（广州中医药大学陈东风提供）

1. 三联体；2. 线粒体；3. 糖原

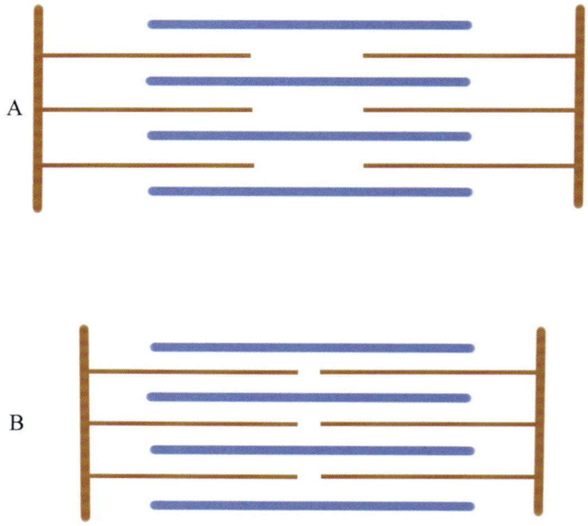

图6-7 骨骼肌收缩时肌节变化示意图

A. 肌纤维舒张；B. 肌纤维收缩

第二节 心 肌

心肌（cardiac muscle）分布于心脏和邻近心脏的大血管壁上，具有自主有节律性收缩的特点。

一、心肌纤维的光镜结构

心肌纤维呈短圆柱状，有分支，互连成网。相邻心肌纤维连接处染色较深的阶梯状线条称闰盘（intercalated disk）（图6-8）。心肌纤维的核多为一个，偶有双核，呈卵圆形，位于肌纤维中央（图6-8）。心肌纤维也有明暗相间的周期性横纹（图6-9），但不如骨骼肌明显。核周围可见脂褐素，随年龄的增长而增多。心肌纤维之间毛细血管丰富。

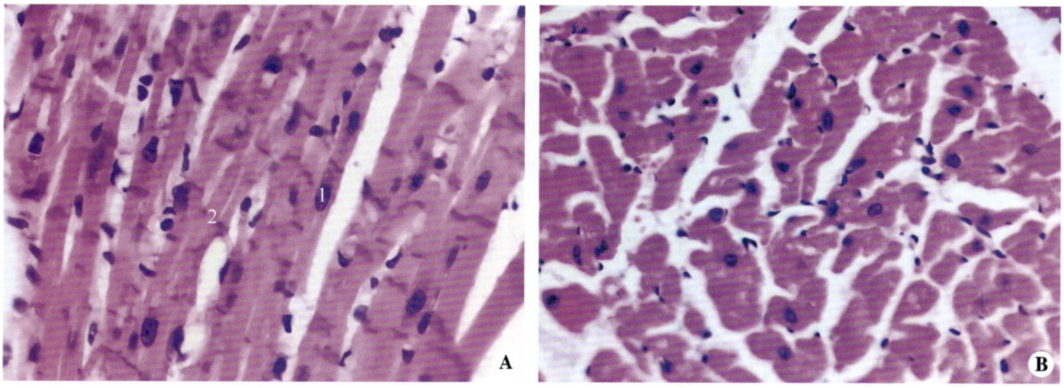

图6-8 心肌HE染色（高倍）

A. 纵切面；B. 横切面

1. 心肌纤维的核；2. 闰盘

二、心肌纤维的超微结构

心肌纤维的超微结构与骨骼肌纤维相似，也含有粗细肌丝、肌节、横小管和肌质网等（图6-10）。但心肌纤维具有自身的特点：①肌原纤维粗细不等，界线不分明，肌原纤维之间纵行排列的线粒体丰富；②横小管较粗，位于Z线水平；③肌质网不发达，终池小而少，多见横小管与一侧的终池紧贴构成二联体（diad），因此，心肌纤维储钙能力低，收缩尚需要从心肌纤维外获取Ca^{2+}；④闰盘呈阶梯状，位于Z线水平，横向连接面有黏着小带和桥粒，起牢固连接作用；纵向连接面有缝隙连接，起传递电信号和细胞间化学信息的作用，分别使心房和心室的心肌纤维收缩同步化，形成一个功能整体（图6-10、图6-11）。

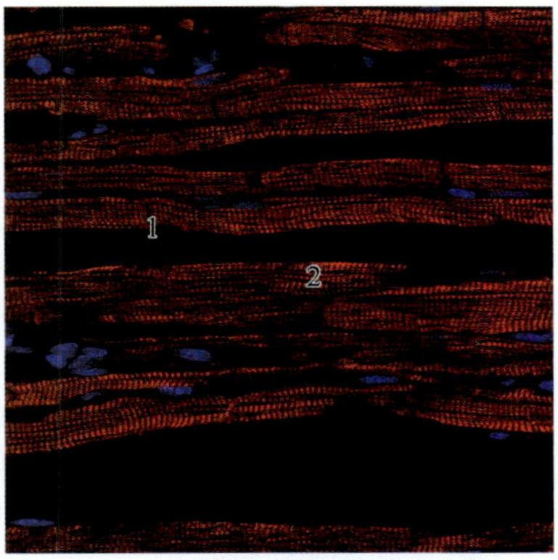

图6-9 心肌（荧光染色，高倍）
（上海中医药大学王强利提供）
1. 闰盘；2. 横纹

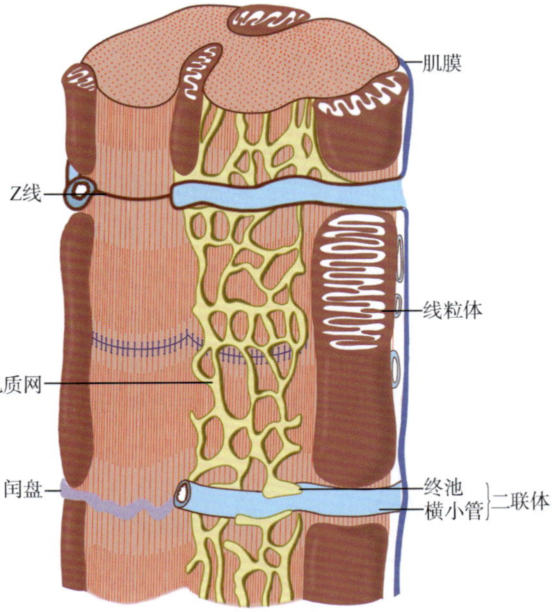

图6-10 心肌纤维超微结构立体模式图

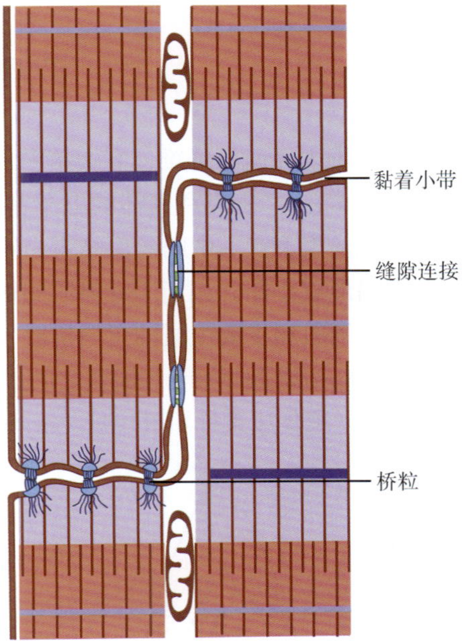

图6-11 心肌纤维闰盘超微结构模式图

第三节 平 滑 肌

平滑肌（smooth muscle）广泛分布于消化管、呼吸道、泌尿生殖管道、血管等中空性器官的管壁，大部分成层或成束分布，其收缩特点是缓慢而持久，不易疲劳。

一、平滑肌纤维的光镜结构

平滑肌纤维呈长梭形，中央有一个呈杆状或椭圆形的核，收缩时可扭曲，胞质嗜酸性，无横纹（图6-12）。平滑肌纤维长短差异较大，一般长度约200μm，直径约8μm，小血管壁的平滑肌纤维短至20μm，妊娠末期子宫平滑肌纤维可长达500μm。

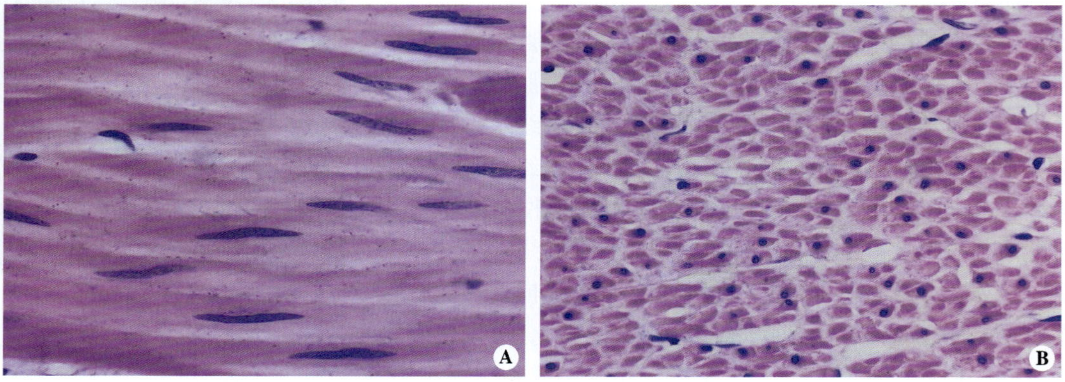

图6-12 平滑肌（HE染色，高倍）

A. 纵切面；B. 横切面

二、平滑肌纤维的超微结构

平滑肌纤维内无肌原纤维，有大量密斑（dense patch）、密体（dense body）、中间丝、粗肌丝和细肌丝等（图6-13）。密斑和密体的电子密度较高，密斑位于肌膜下，密体位于肌质中，为梭形小体，均为细肌丝附着点。中间丝由结蛋白组成，连于密斑与密体之间，形成菱形的细胞骨架。密斑之间肌膜内陷形成小凹，相当于骨骼肌的横小管，可传递神经冲动。粗、细肌丝主要位于细胞周边部的肌质中。细肌丝主要由肌动蛋白构成，一端附着于密斑或密体，另一端游离在粗肌丝周围；粗肌丝由肌球蛋白构成，分布于细肌丝之间，表面有成行排列的横桥，相邻的两行横桥屈动方向相反。若干粗、细肌丝聚集成束称肌丝单位（myofilament unit），又称收缩单位（contractile unit）（图6-14）。

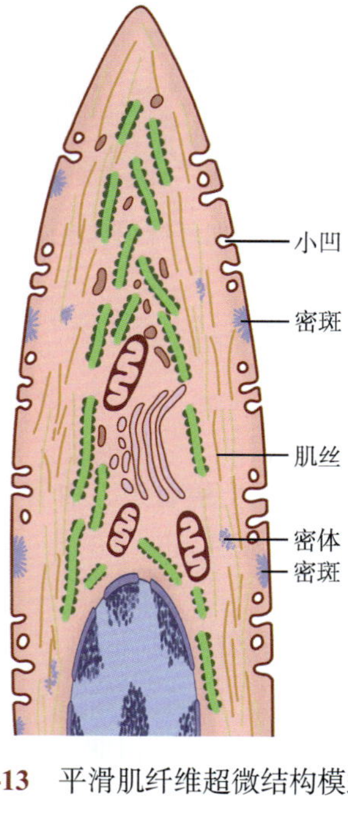

图6-13 平滑肌纤维超微结构模式图

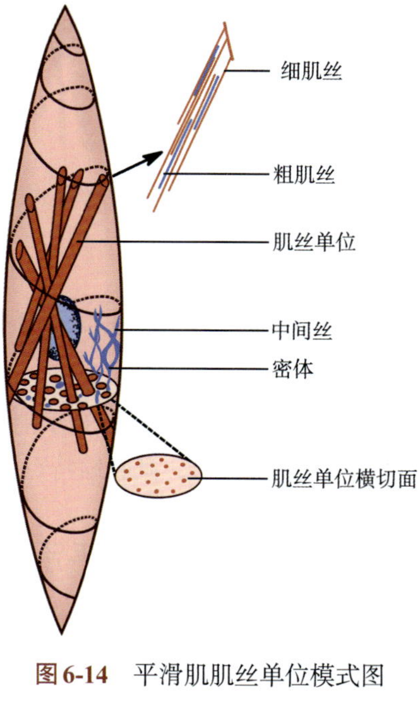

图6-14 平滑肌肌丝单位模式图

平滑肌的收缩也是由粗、细肌丝滑动完成的。由于肌丝单位在肌膜内侧呈螺旋排布，当肌丝滑动时，肌纤维螺旋状扭曲，长轴缩短。平滑肌纤维间缝隙连接发达，可传递信息和电冲动，引发邻近平滑肌纤维同步收缩。

知识扩展

运动性横纹肌溶解症

运动性横纹肌溶解症是不当运动导致骨骼肌纤维受损溶解的临床综合征，多见于平素不经常锻炼而突然大量剧烈运动的人，轻者有肌肉酸痛、肢体乏力，重者可引发多个器官功能障碍。《黄帝内经》认为身是主干，体是附着于主干的外延分支；身是本，体是末。知晓“身”和“体”的真正内涵，才能选择适合的运动，达到强身健体的目的。健体相对容易，因为四肢骨骼肌受意识控制；健身则不易，因为内脏不受意识支配。因此，我们要科学地锻炼和健身，不应为了练就发达的四肢肌肉而伤身。中医气功的静坐、站桩等就是健身的好方法，这也充分体现了我国中华文明的博大精深和哲学智慧。

思考题

1. 试述骨骼肌纤维的收缩原理，并分析在骨骼肌纤维收缩时，肌节各组成部分长度会有哪些变化？
2. 试比较心肌纤维与骨骼肌纤维的结构特点。
3. 查阅文献资料，讨论运动锻炼使骨骼肌粗壮有力，到底是骨骼肌纤维数量增加了还是骨骼肌纤维增大了，并阐明依据。

（陈姣蓉）
（绘图　翁安莉）

第七章　神 经 组 织

神经组织（nervous tissue）由神经细胞（nerve cell）和神经胶质细胞（neuroglial cell）组成。神经细胞又称神经元（neuron），是神经系统的结构和功能单位。神经元具有接收体内外刺激、整合信息和传导冲动的功能，并可通过神经元彼此之间形成的网络结构，将分析整合后的信息传递给肌细胞和腺细胞等效应细胞，以产生效应。有些神经元（如下丘脑视上核、室旁核的神经元）还具有内分泌功能。神经胶质细胞的数量为神经元的10～50倍，散在分布于神经元之间，对神经元起支持、保护、营养和绝缘等作用，也参与神经递质及其他生物活性物质的代谢。

第一节　神　经　元

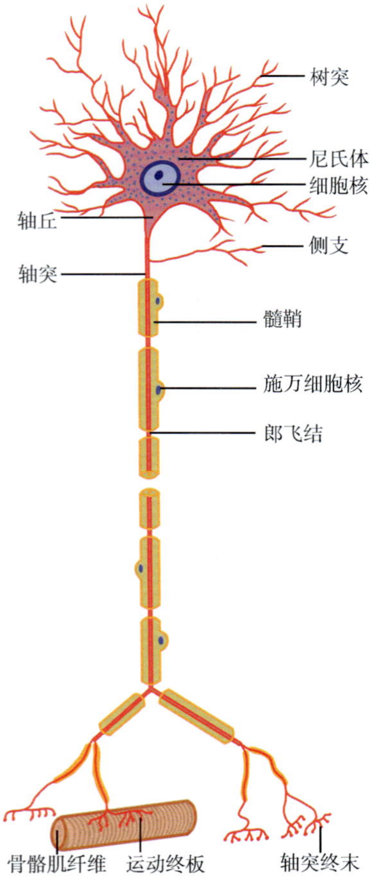

图 7-1　神经元结构模式图

神经元是一类高度分化的细胞，形态多样，但都可分为胞体、树突和轴突三部分（图7-1）。

一、神经元的结构

（一）胞体

胞体是神经元的营养和代谢中心，位于大脑和小脑的皮质、脑干和脊髓的灰质及周围神经节内。胞体形态各异，常呈星形、锥形、梭形、圆形等，大小不一，小的直径为4～5μm，大的直径可达150μm，均由细胞膜、细胞核和细胞质构成。

1. 细胞膜　细胞膜是可兴奋膜，具有接收刺激、处理信息、产生并传导神经冲动的功能。神经元细胞膜的性质由膜蛋白的种类、数量、结构和功能决定。有些膜蛋白是离子通道，参与转运Na^+、K^+等离子进出细胞，使膜内外电位差发生改变，引起细胞膜产生动作电位；有些膜蛋白是受体，可与相应的神经递质结合，参与神经递质的释放。

2. 细胞核　细胞核位于胞体中央，大而圆，核膜明显，常染色质多，故着色浅，核仁1～2个，大而明显（图7-2）。

3. 细胞质　光镜下，可见神经元的特征性结构，即尼氏体和神经原纤维。

尼氏体（Nissl body）光镜下呈嗜碱性斑块状或颗粒状，分布于神经元的胞体和树突内（图7-2）。在大神经元，如脊髓前角运动神经元，尼氏体数量多，呈粗大斑块状；而在小神经元，如脊神经节内神经元，尼氏体散在分布，呈细粒状。电镜下，尼氏体由大量平行排列的粗面内质网和游离核糖体构成（图7-3），表明神经元具有活跃的蛋白质合成功能，可合成细胞自身的结构蛋白、酶类、神经递质以及肽类的神经调质等。当神经元受损时，尼氏体减少，甚至消失；当损伤修复后，尼氏体又可重新出现并恢复功能，因此，尼氏体可作为判定神经元功能状态的一种标志。

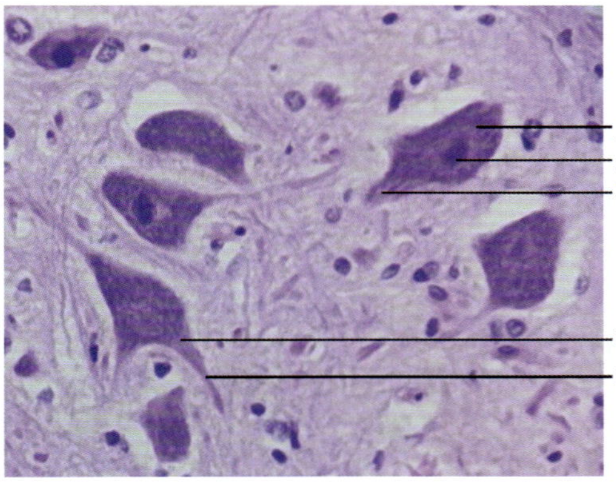

图7-2 脊髓前角运动神经元（HE染色，高倍）

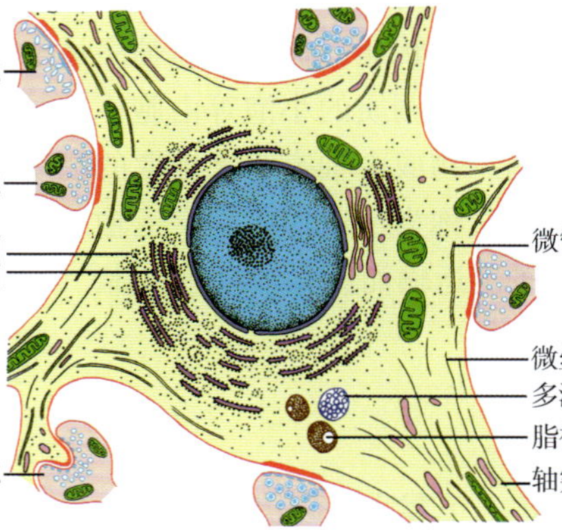

图7-3 神经元超微结构模式图

神经原纤维（neurofibril）在HE染色切片无法分辨，镀银染色标本中，神经元胞质内可见棕黑色细丝状结构，交织成网，并伸向树突和轴突（图7-4）。电镜下，神经原纤维是由神经丝和微管成束排列而成。神经丝（neurofilament）是由神经丝蛋白构成的一种中间丝。微管由微管相关蛋白2（microtubule-associated protein 2）构成。神经原纤维除了参与构成神经元的细胞骨架，还参与细胞内的物质转运。

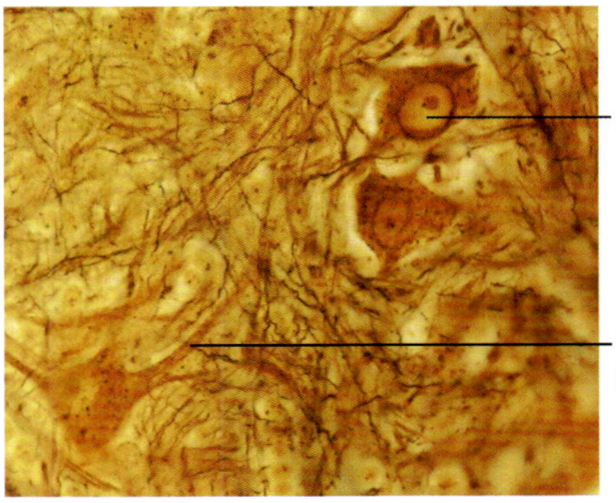

图7-4 神经原纤维（镀银染色，高倍）

电镜下，神经元胞体中还含有发达的高尔基体、线粒体、溶酶体及脂褐素（lipofuscin），脂褐素是一种溶酶体的残余体，随年龄增长而增多。

（二）树突

一个神经元有一个或多个树突（dendrite）。树突自胞体发出后，反复分支变细，形似树枝状（图7-1）。树突分支上有许多棘状突起，称树突棘（dendritic spine），是神经元之间形成突触的主要部位。树突的功能主要是接收刺激，并将冲动传向神经元胞体，树突的分支和树突棘扩大了神经元接收刺激的表面积。神经元接收信息和整合信息的能力与树突的分支状况及树突棘数量密切相关。

（三）轴突

每个神经元只有一个轴突（axon），一般由胞体发出，长短不一，长者可达1m以上，短者仅数微米。轴突自胞体发出的部位呈圆锥形，此处因不含尼氏体而着色浅，称为轴丘（axon hillock）

（图7-2）。轴突较树突细，直径较均一，少有分支，有呈直角发出的侧支，轴突末端分支较多，称轴突终末（图7-1）。轴突表面的胞膜称轴膜（axolemma），内含的胞质称轴质（axoplasm）。轴质内无粗面内质网、游离核糖体和高尔基体。轴突的主要功能是将冲动从胞体传递给与之接触的神经元或效应细胞。

轴突内的物质运输称轴突运输（axonal transport），物质由神经元胞体向轴突终末的运输方式称为顺向轴突运输（anterograde axonal transport），物质由轴突终末逆向传递到神经元胞体的运输方式称为逆向轴突运输（retrograde axonal transport）。胞体内新形成的微管、微丝和神经丝缓慢地向轴突终末转运，称为慢速轴突运输。轴膜更新所需的蛋白质、合成神经递质所需的酶、含神经递质或神经调质的小泡等由胞体向轴突终末运输的速度较快，称为快速顺向轴突运输。轴突末端的代谢产物或由轴突终末摄取的物质（如由邻近细胞产生的神经营养因子等）可逆向运输至神经元胞体，称为快速逆向轴突运输。某些病毒（如狂犬病病毒）和毒素（如破伤风毒素）也可通过逆向轴突运输而侵犯神经元胞体。

二、神经元的分类

（一）按神经元突起的数量分类

按神经元突起的数量可分为三类：①双极神经元（bipolar neuron），轴突和树突各一个；②假单极神经元（pseudounipolar neuron），从胞体发出一个突起，但在胞体不远处发出T形分支，一支进入中枢神经系统，称中枢突，另一支分布到周围其他器官，称周围突；③多极神经元（multipolar neuron），有一个轴突和多个树突（图7-5）。

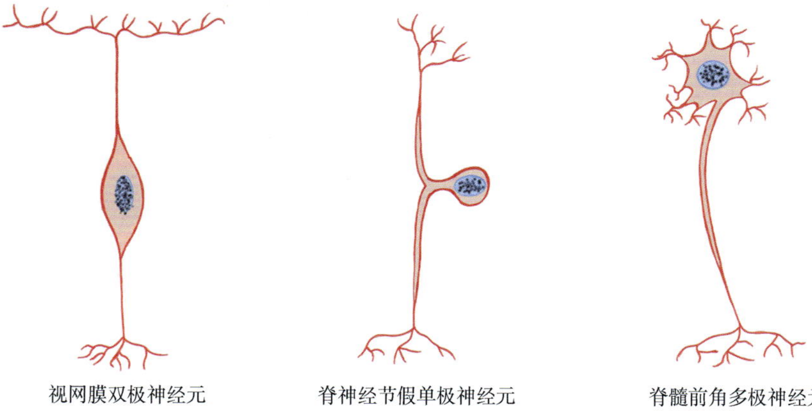

图7-5 根据突起数量分类的神经元模式图

（二）按神经元的功能分类

按神经元的功能可分为三类：①感觉神经元（sensory neuron）又称传入神经元（afferent neuron），多为假单极神经元，可接收体内外刺激，并将信息传向中枢；②运动神经元（motor neuron）又称传出神经元（efferent neuron），一般为多极神经元，将神经冲动传给肌细胞或腺细胞；③中间神经元（interneuron），主要为多极神经元，位于前两种神经元之间，起加工和传递信息作用。动物越进化，其中间神经元越多。人类中间神经元约占神经元总数的99%，在中枢神经系统内构成极其复杂的神经网络，是学习、记忆和思维的结构基础。

（三）按神经元轴突长短分类

按神经元轴突长短可分为两型：①高尔基Ⅰ型神经元，具有长轴突（可达1m）的大神经元；②高尔基Ⅱ型神经元，具有短轴突（仅数微米）的小神经元。

（四）按神经元释放的神经递质和神经调质的化学性质分类

按神经元释放的神经递质和神经调质的化学性质可分为：①胆碱能神经元（cholinergic neuron），释放乙酰胆碱；②胺能神经元（aminergic neuron），释放多巴胺、5-羟色胺和组胺等；③肽能神经元（peptidergic neuron），释放脑啡肽、P物质及神经降压素等神经肽；④氨基酸能神经元（amino acidergic neuron），释放γ-氨基丁酸、谷氨酸、甘氨酸等；⑤去甲肾上腺素能神经元（aminergic neuron）释放去甲肾上腺素。

第二节 突 触

突触（synapse）是神经元与神经元之间，或神经元与效应细胞之间传递信息的重要结构。突触是一种细胞连接方式，根据两个神经元之间形成突触的具体部位不同，可分为轴-树突触、轴-体突触、轴-棘突触、轴-轴突触、树-树突触、体-体突触等，其中最常见的是一个神经元轴突末端与另一个神经元的树突、胞体或树突棘形成的轴-树突触、轴-体突触和轴-棘突触（图7-3）。银染色标本中，神经元轴突末端膨大，呈纽扣状紧贴于另一神经元胞体或树突表面，称突触扣结（synaptic bouton）（图7-6）。根据突触传递信息的方式不同，又分为化学突触（chemical synapse）和电突触（electric synapse）两类。化学突触以释放的神经递质作为传递信息的媒介，通常所说的突触即指化学突触。电突触即缝隙连接，以电流为载体传递信息。

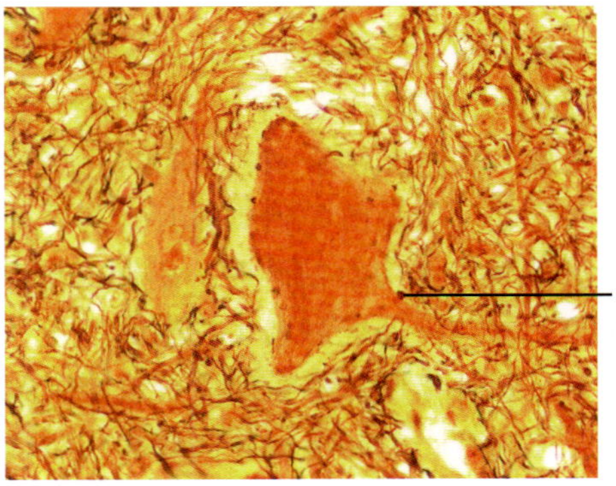

图7-6 脊髓前角运动神经元（镀银染色，高倍）

一、化学突触

电镜下，化学突触由突触前成分、突触间隙和突触后成分三部分构成。突触前、后成分相对应的细胞膜相对较厚，分别称突触前膜和突触后膜（图7-7，图7-8）。

（一）突触前成分

突触前成分（presynaptic element）包括突触前膨大和突触前膜（presynaptic membrane）。突触前膨大为轴突末端膨大的部分，内含许多突触小泡（synaptic vesicle），还有少量线粒体、微丝和微管等。突触小泡是突触前成分的特征性结构，内含神经递质或神经调质。神经递质和神经调质为神经元传递信息的载体物质，作用于相应受体产生效应。

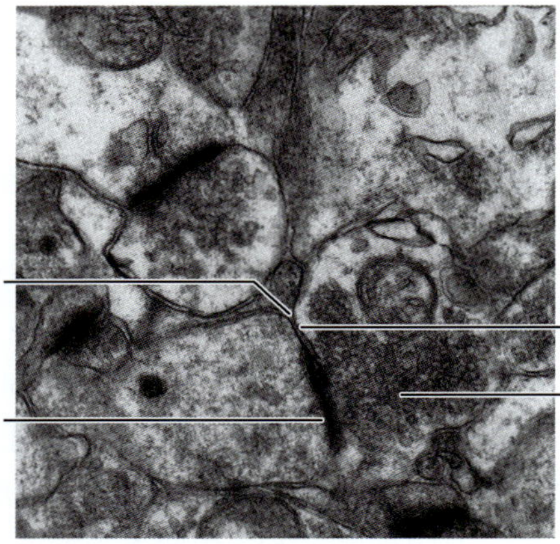

图 7-7 化学突触超微结构图（高倍）

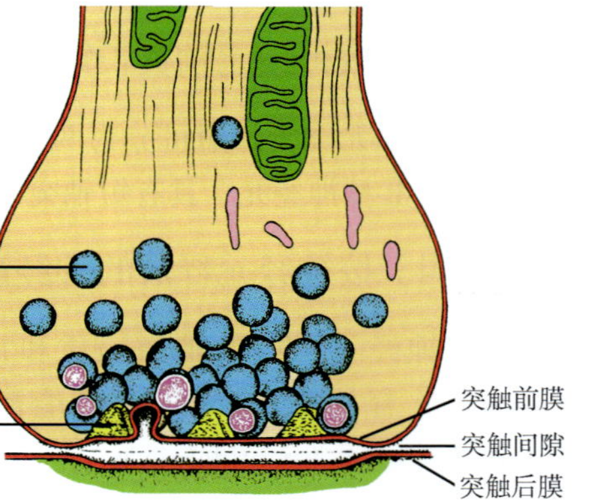

图 7-8 化学突触超微结构模式图

（二）突触间隙

突触间隙（synaptic cleft）为突触前膜与突触后膜之间的狭窄间隙，宽15～30nm，内含糖胺聚糖、糖蛋白和一些跨膜间隙的细丝，可促进神经递质由突触前膜向突触后膜迁移，并含有消化和水解神经递质的酶。

（三）突触后成分

突触后成分（postsynaptic element）主要是指突触后膜（postsynaptic membrane），即与突触前膜相对应的细胞膜，膜上有特异性的神经递质或神经调质的受体和离子通道。

突触小泡表面附有一种蛋白质，称突触素Ⅰ（synapsin Ⅰ），突触素Ⅰ把突触小泡与细胞骨架连接在一起。突触前膜胞质面有排列规则的致密突起，突起间的空隙可容纳突触小泡。当神经冲动沿轴膜传至突触前膜时，引起突触前膜上的Ca^{2+}通道开放，细胞外Ca^{2+}进入突触前成分，在ATP的参与下使突触素Ⅰ发生磷酸化，促使突触小泡与细胞骨架分离并移至突触前膜。突触小泡通过胞吐作用将神经递质释放至突触间隙，神经递质扩散至突触后膜，并与特异性的神经递质受体结合，引起与受体偶联的化学门控通道开放，相应的离子经通道进入突触后成分，改变突触后膜两侧的离子分布，从而出现兴奋性或抑制性突触后电位变化，使突触后神经元（或效应细胞）兴奋或抑制。神经递质发挥相应的作用后，立即被相应的酶灭活，或者经突触前膜转运至突触前膨大后被分解，从而迅速消除该递质的作用，以保证突触传递的精确性和灵敏性。

一个神经元可以通过突触将信息传递给许多其他神经元或效应细胞，也可通过突触接收其他神经元传递的信息。在这些信息中，有的是兴奋性的，有的是抑制性的。如果兴奋性突触活动的总和超过抑制性突触活动的总和，并足以刺激该神经元的轴突起始端产生神经冲动时，该神经元表现为兴奋，反之，则神经元表现为抑制。突触的兴奋或抑制，取决于神经递质及其受体的种类。

二、电 突 触

电突触即缝隙连接，也有突触前膜、突触间隙和突触后膜。电突触以电流传递信息，不依赖神经递质，传导速度快，并可双向传导。电突触在哺乳动物中较少，多见于无脊椎动物。

第三节　神经胶质细胞

神经胶质细胞简称神经胶质（neuroglia）或胶质细胞（glial cell），广泛分布于中枢神经系统和周围神经系统。神经胶质细胞体积较神经元小，形态各异，虽然也有突起，但无树突和轴突之分，也无传导冲动的功能。神经胶质细胞对神经元具有支持、保护、营养、绝缘、防御和修复等多种作用，还参与调节神经元的代谢及离子环境，对神经系统的生理活动及病理变化均有着重要作用。

一、中枢神经系统的神经胶质细胞

脑和脊髓的神经胶质细胞主要有星形胶质细胞、少突胶质细胞、小胶质细胞（图7-9）和室管膜细胞四种。

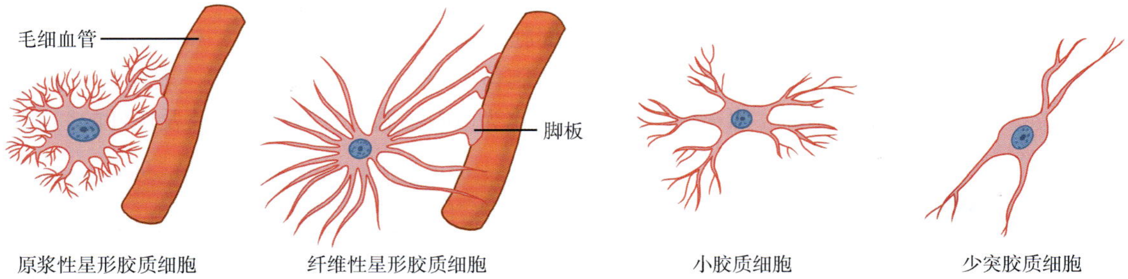

图7-9　中枢神经系统主要的胶质细胞模式图

（一）星形胶质细胞

星形胶质细胞（astrocyte）是中枢神经系统中数量最多、体积最大的一种神经胶质细胞，胞体呈星形，核大，呈圆形或卵圆形，着色浅。胞质内含胶质丝（glial filament），是由胶质细胞原纤维酸性蛋白（glial fibrillary acidic protein，GFAP）构成的一种中间丝，参与细胞骨架的组成。GFAP是星形胶质细胞的一种标志性蛋白。从星形胶质细胞胞体发出的突起伸展充填在神经元胞体及突起之间，起支持和绝缘作用，有些突起末端膨大形成脚板（foot plate）（图7-9），在脑和脊髓表面形成胶质界膜，或贴在毛细血管壁上，构成血-脑屏障的神经胶质膜。星形胶质细胞能分泌神经营养因子和多种生长因子，具有营养、支持和调节神经元的作用。当中枢神经系统损伤时，星形胶质细胞增生，充填缺损的空隙，形成胶质瘢痕。星形胶质细胞可分为两种：①原浆性星形胶质细胞（protoplasmic astrocyte），突起短而粗，分支多，胶质丝较少，主要分布于脑和脊髓的灰质（图7-10）；②纤维性星形胶质细胞（fibrous astrocyte），突起细而长，分支少，胶质丝丰富，主要分布于脑与脊髓的白质（图7-11）。

（二）少突胶质细胞

少突胶质细胞（oligodendrocyte）胞体较小，核卵圆、染色深。银染标本中少突胶质细胞的突起较少（图7-12）。电镜下，少突胶质细胞突起末端扩展成扁平薄膜，包卷神经元的轴突形成髓鞘，是中枢神经系统的髓鞘形成细胞。

图7-10 原浆性星形胶质细胞（镀银染色，高倍）

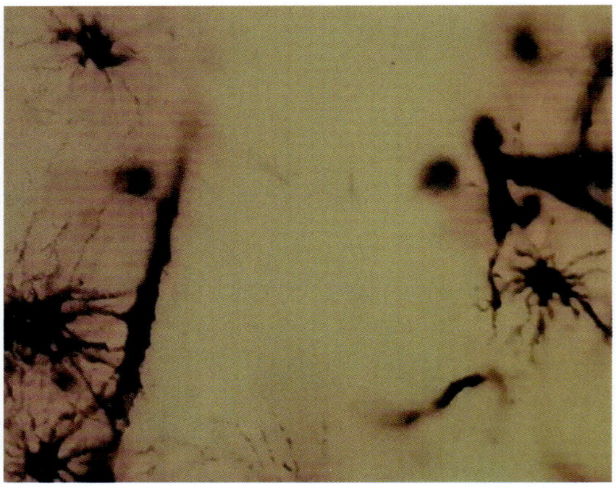

图7-11 纤维性星形胶质细胞（镀银染色，高倍）

（三）小胶质细胞

小胶质细胞（microglia）是最小的神经胶质细胞，胞体细长或呈椭圆形，核小、呈扁平或三角形、染色深，胞质中含有大量的溶酶体。通常从胞体发出细长有分支的突起，表面有许多小棘突（图7-13）。中枢神经损伤时，小胶质细胞可以转化为巨噬细胞，吞噬细胞碎片及变性的髓鞘。

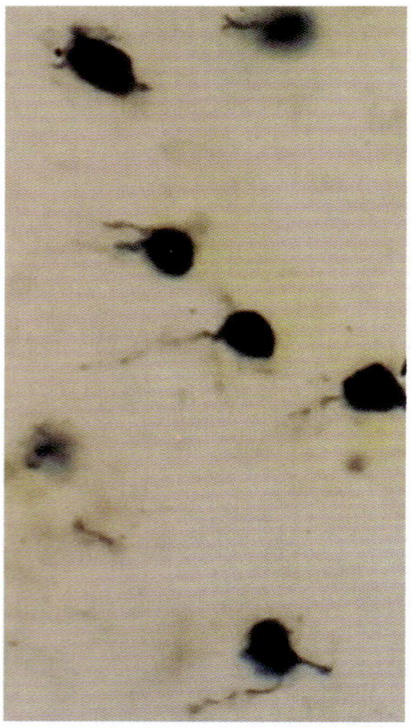

图7-12 少突胶质细胞（镀银染色，高倍）

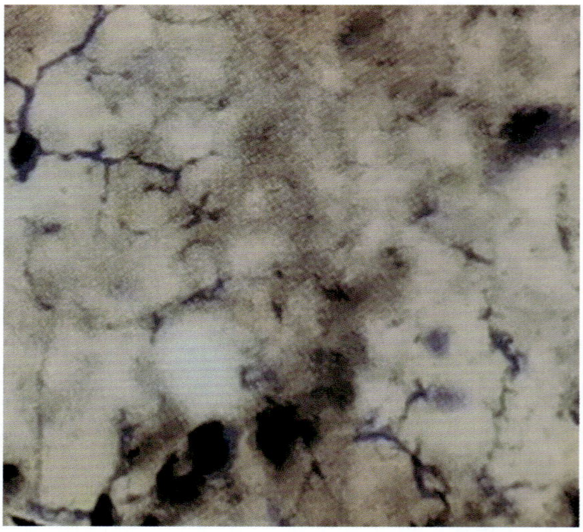

图7-13 小胶质细胞（镀银染色，高倍）

（四）室管膜细胞

室管膜细胞（ependymal cell）被覆在脑室及脊髓中央管的内表面，是一层立方或矮柱状的细胞，细胞表面有许多微绒毛，少数细胞具有纤毛，其摆动有助于脑脊液的流动。部分室管膜细胞基底面有细长的突起伸向脑和脊髓的深层。室管膜细胞参与脑脊液的形成，对脑和脊髓起支持和保护作用。

二、周围神经系统的神经胶质细胞

周围神经系统的神经胶质细胞主要有施万细胞和卫星细胞两种。

（一）施万细胞

施万细胞（Schwann cell）又称神经膜细胞（neurolemmal cell），包裹周围神经纤维的轴突，是周围神经系统的髓鞘形成细胞。施万细胞膜外常有一层基膜，在周围神经再生中起重要作用。

（二）卫星细胞

卫星细胞（satellite cell）又称被囊细胞（capsule cell），是神经节内神经元胞体周围的一层扁平或立方细胞，核呈圆形或卵圆形，染色较深（图7-14）。卫星细胞对神经节内神经元具有支持和保护作用。细胞外表面有一层基膜。

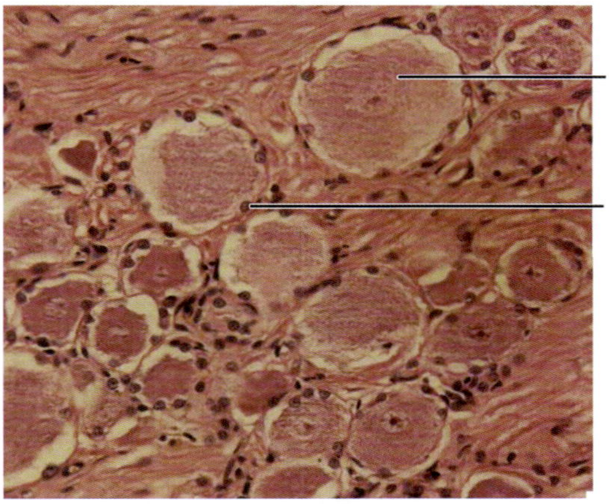

图7-14 脊神经节（HE染色，高倍）

第四节 神经纤维和神经

一、神经纤维

神经纤维（nerve fiber）由神经元的长轴突和包绕其外的神经胶质细胞构成。根据神经胶质细胞是否形成髓鞘（myelin sheath），可将神经纤维分为有髓神经纤维（myelinated nerve fiber）和无髓神经纤维（unmyelinated nerve fiber）两种类型。

（一）有髓神经纤维

1. 周围神经系统的有髓神经纤维 周围神经系统的有髓神经纤维由施万细胞包绕轴突而成。施万细胞的质膜呈同心圆状反复包绕轴突形成髓鞘。髓鞘形成于胚胎时期，伴随轴突生长的施万细胞表面凹陷形成一条纵沟，轴突被包入纵沟内，沟两侧的细胞膜相贴，形成轴突系膜，不断伸长的轴突系膜呈同心圆状反复包绕轴突，最终在轴突上形成许多明暗相间的板层状膜结构，即髓鞘（图7-15）。髓鞘主要由施万细胞的胞膜构成，胞质被挤到髓鞘的内、外两侧及两端。髓鞘的主要成分是脂蛋白，称髓磷脂（myelin），其中类脂约占80%，其余为蛋白质。HE染色标本中，类脂被溶解，仅见少量的网状残留蛋白质。锇酸固定染色的标本可保留髓磷脂，髓鞘呈黑色，在有髓神经纤维纵切面可见到一些不着色的漏斗状斜裂，称施-兰切迹（Schmidt-Lantermann incisure）或髓鞘切迹（incisure of myelin），是施万细胞内、外侧胞质间的狭窄通道。电镜下，髓鞘为明暗相间的板层状结构。

施万细胞最外面的细胞膜与基膜合称神经膜。一个施万细胞只包绕一小段轴突，一条轴突表面由多个施万细胞成串、分段包绕。相邻施万细胞之间不完全连接，间断处神经纤维缩窄，轴突裸露，无髓鞘包绕，称郎飞结（Ranvier node），相邻两个郎飞结之间的一段神经纤维称结间体（internode），一个结间体处的髓鞘由一个施万细胞形成（图7-16）。

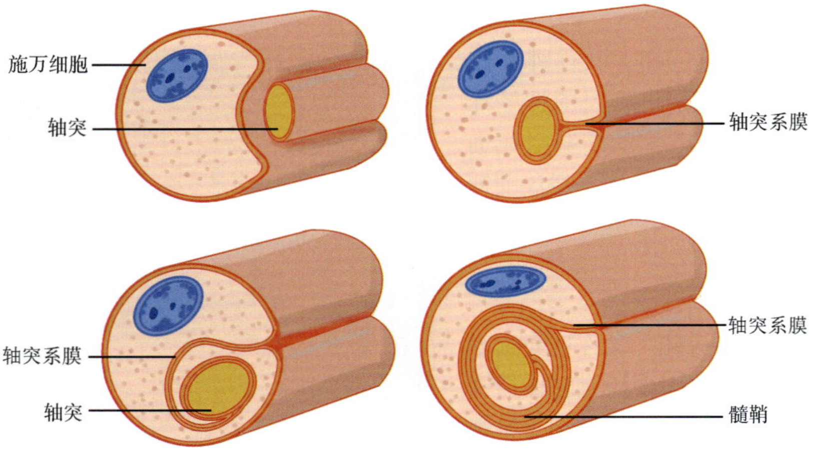

图7-15 周围神经系统有髓神经纤维髓鞘形成模式图

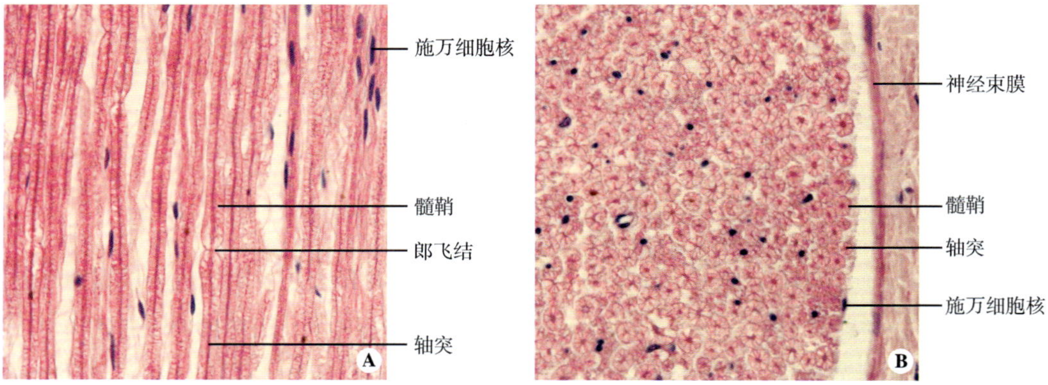

图7-16 坐骨神经（HE染色，高倍）

A. 纵切面；B. 横切面

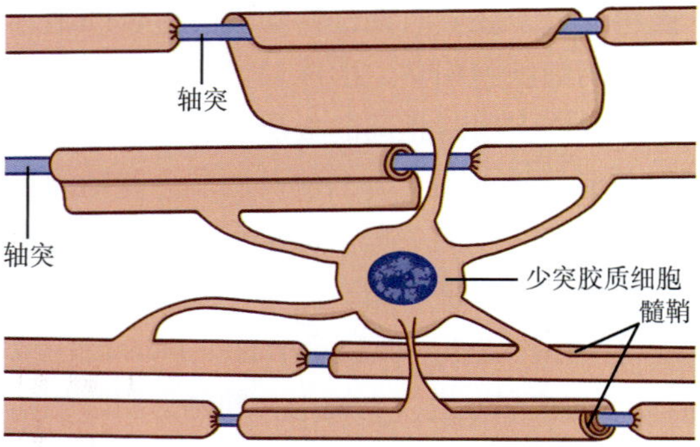

图7-17 少突胶质细胞与中枢有髓神经纤维关系模式图

2. 中枢神经系统的有髓神经纤维 中枢神经系统的有髓神经纤维髓鞘由少突胶质细胞形成，其结构与周围神经系统的有髓神经纤维基本相同。少突胶质细胞的多个突起末端呈扁平状，分别包卷多条轴突形成多个髓鞘，其胞体位于神经纤维之间（图7-17）。与周围神经系统比较，中枢有髓神经纤维外表面无基膜，髓鞘内无施-兰切迹。

（二）无髓神经纤维

周围神经系统的无髓神经纤维由较细的轴突及其外面的神经膜细胞构成。神经膜细胞表面有多个深浅不一的纵行凹沟，将细小的轴突单独或成束地包埋其中，但不形成髓鞘，外面仍有神经膜（图7-18）。相邻神经膜细胞紧密衔接，故无郎飞结。

中枢神经系统的无髓神经纤维因轴突外无神经胶质细胞包裹，轴突完全裸露，既无髓鞘也无神经膜。

神经冲动的传导在轴膜上进行。有髓神经纤维因髓鞘的绝缘作用，神经冲动从一个郎飞结跳到下一个郎飞结，呈跳跃式传导，结间体越长，传导速度越快。无髓神经纤维因无髓鞘和郎飞结，神经冲动只能沿轴膜连续传导，故传导速度较有髓神经纤维慢。

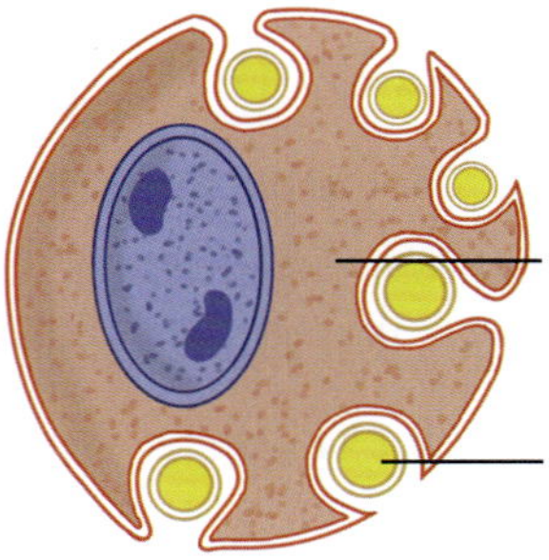

图7-18　周围神经系统无髓神经纤维形成模式图

二、神　经

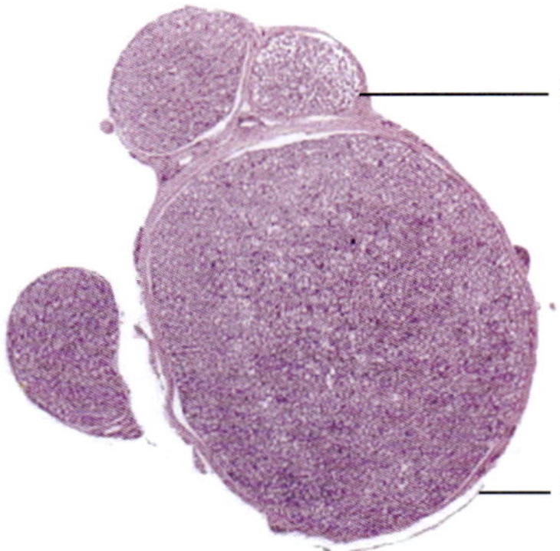

图7-19　坐骨神经（HE染色，低倍）

神经（nerve）是指在周围神经系统中若干条神经纤维集合在一起，被结缔组织包裹而形成的结构。多数神经同时含有感觉神经纤维和运动神经纤维。每条神经纤维外面包裹的薄层结缔组织，称神经内膜（endoneurium）。多条神经纤维集合形成神经纤维束，外包神经束膜（perineurium），神经束膜由结缔组织及其表面的几层扁平的上皮样细胞组成，上皮细胞间有紧密连接，对进出神经纤维束的大分子物质有屏障作用。若干神经纤维束聚集在一起形成神经，包裹在神经表面的致密结缔组织称神经外膜（epineurium）（图7-19）。

第五节　神经末梢

神经末梢（nerve ending）是周围神经纤维的终末部分，终止于全身各种组织或器官内，并形成各种末梢装置。根据神经末梢的功能可分为感觉神经末梢和运动神经末梢两大类。

一、感觉神经末梢

感觉神经末梢（sensory nerve ending）是感觉神经元（假单极神经元）周围突的终末部分，通常与周围其他组织共同形成感受器，可接收内、外环境的刺激并转化为神经冲动，通过感觉神经纤维传至中枢。感觉神经末梢按其结构可分为游离神经末梢、触觉小体、环层小体和肌梭。

（一）游离神经末梢

游离神经末梢（free nerve ending）由较细的有髓或无髓神经纤维的终末部分反复分支而成。游离神经末梢细支裸露，广泛分布于表皮、角膜、黏膜等上皮细胞之间，以及骨膜、脑膜、牙髓等处，参与产生冷、热、轻触和痛等感觉（图7-20）。

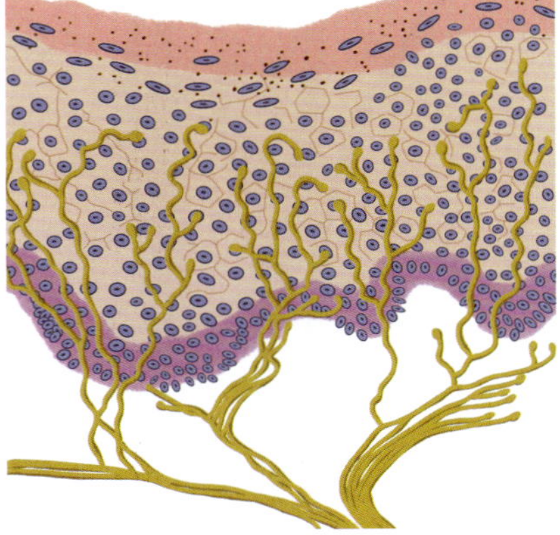

图7-20　表皮内游离神经末梢模式图

（二）触觉小体

触觉小体（tactile corpuscle）呈卵圆形，长轴与皮肤表面垂直，外包结缔组织被囊，内有许多横列的扁平细胞，有髓神经纤维进入小体时失去髓鞘，分成细支盘绕扁平细胞之间（图7-21）。触觉小体主要分布于皮肤的真皮乳头内，在手指掌侧皮肤内最密集，主要感受应力刺激，参与产生触觉。

（三）环层小体

环层小体（lamellar corpuscle）较大，呈圆形或卵圆形，中央有一条均质状圆柱体，周围是由数十层呈同心圆板层排列的扁平细胞组成的结缔组织被囊，有髓神经纤维进入被囊时失去髓鞘，裸露的轴突穿行于小体内的圆柱体中（图7-22）。环层小体主要分布于皮下组织、腹膜、肠系膜、韧带和关节囊等处，感受较强的应力刺激，参与产生振动觉和压觉。

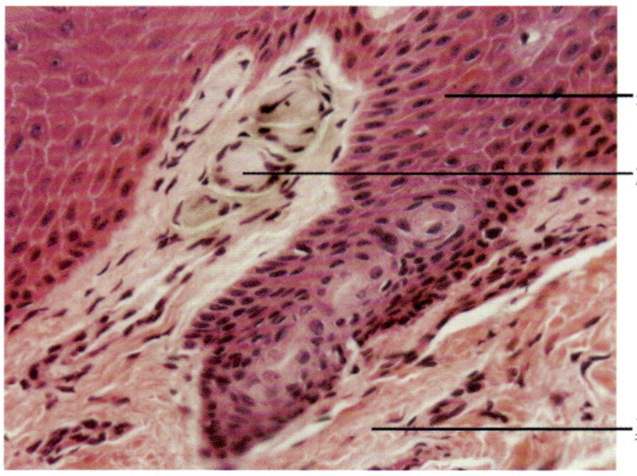

图7-21 触觉小体（HE染色，高倍）

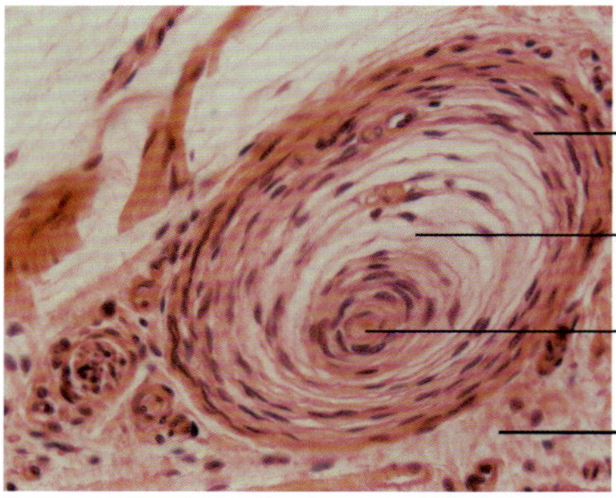

图7-22 环层小体（HE染色，高倍）

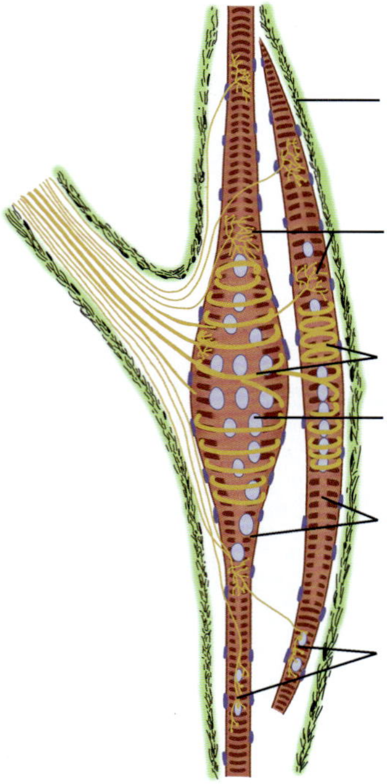

图7-23 肌梭模式图

（四）肌梭

肌梭（muscle spindle）呈梭形，表面为结缔组织被囊，内含数条细小的骨骼肌纤维，称梭内肌纤维（intrafusal muscle fiber）。梭内肌纤维的核常成串排列，或集中于梭内肌纤维中段而使该处膨大，肌原纤维较少。感觉神经纤维进入肌梭时失去髓鞘，形成较多分支，分别呈环状缠绕梭内肌纤维中段的含核部分，或呈花枝状分布于梭内肌纤维近中段（图7-23）。肌梭内运动神经末梢分布在肌纤维两端。肌梭位于骨骼肌内，梭内肌纤维与周围肌纤维同步收缩或舒张，能感受肌纤维的伸缩变化，是一种本体感受器。

二、运动神经末梢

运动神经末梢（motor nerve ending）是运动神经元的轴突终末部分与肌纤维或腺细胞等效应细胞形成连接，可支配肌纤维的收缩和调节腺体的分泌活动。运动神经末梢分为躯体运动神经末梢和内脏运动神经末梢两类。

（一）躯体运动神经末梢

躯体运动神经末梢（somatic motor nerve ending）分布于骨骼肌。脊髓前角或脑干的运动神经元胞体发出的轴突到达骨骼肌纤维时，失去髓鞘并反复分支，分支终末与骨骼肌纤维建立突触连接，此连接区域为呈椭圆形的板状隆起，称运动终板（motor end plate）或神经肌连接（neuromuscular junction）（图 7-24）。一个运动神经元可支配数条甚至上千条骨骼肌纤维，但一条骨骼肌纤维通常只接受一条轴突分支的支配。一个运动神经元的轴突及其支配的全部骨骼肌纤维称一个运动单位（motor unit）。运动单位越小，产生的运动越精细，如面部和手指等处。

电镜下，轴突终末膨大，嵌入突触后膜浅槽内，轴突终末的膨大即为突触前成分，有大量含乙酰胆碱的突触小泡，此处的轴膜为突触前膜；运动终板处肌膜向内凹陷形成许多浅槽，浅槽处肌膜即为突触后膜（图 7-25）。当神经冲动传至运动终板时，乙酰胆碱释放入突触间隙，与突触后膜上受体结合，致使肌膜两侧电位发生改变而产生兴奋，引起肌纤维收缩。

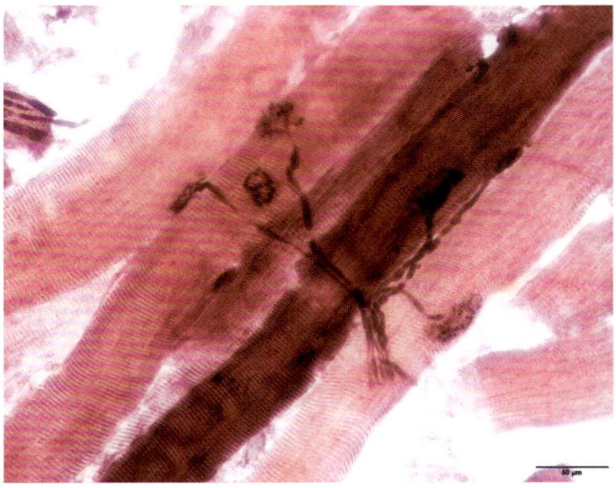

图 7-24 运动终板（氯化金染色，高倍）

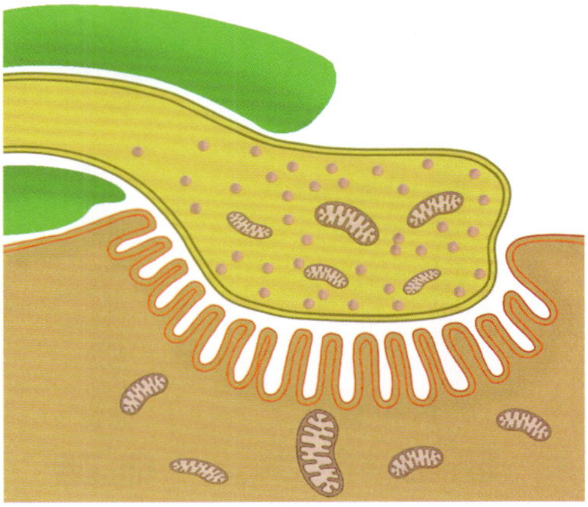

图 7-25 运动终板超微结构模式图

（二）内脏运动神经末梢

内脏运动神经末梢（visceral motor nerve ending）分布于内脏及血管的平滑肌、心肌和腺上皮等处，是自主神经节后纤维的终末，此类神经纤维较细，无髓鞘，分支末端呈串珠样膨大，称膨体（varicosity），贴附在肌纤维表面或穿行于腺细胞之间，与效应细胞建立突触连接，引起肌肉收缩或腺体分泌（图 7-26）。

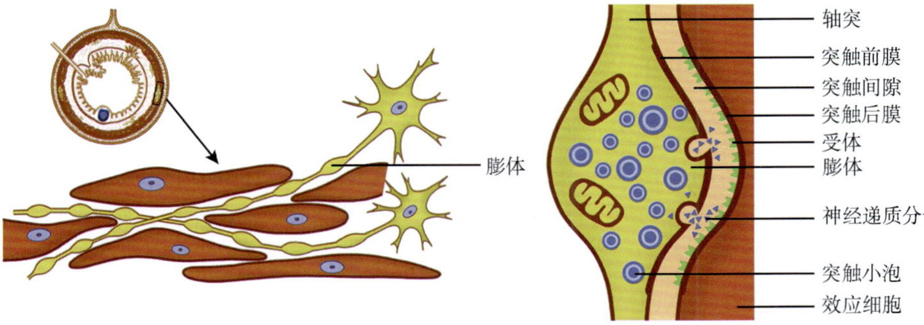

图 7-26 内脏运动神经末梢模式图

第六节 神经纤维的溃变与再生

神经元受到物理因素和化学因素的伤害后，胞体及其发出的神经纤维均可能发生溃变反应。胞体或近胞体的神经纤维如果损伤严重，可导致整个神经元死亡。成年后，远离胞体的神经纤维损伤，一般不会引起神经元死亡，还可能发生神经纤维的再生。

一、溃 变

神经纤维被切断后，切断处远侧段的神经纤维发生溃变（degeneration），主要表现为轴突和髓鞘的碎裂溶解，与胞体相连的近侧段神经纤维则发生逆行性溃变（retrograde degeneration），但一般只影响到近损伤处1～2节的髓鞘和轴突处。自损伤处向神经纤维末端发生的溃变称为顺行性溃变（anterograde degeneration），并伴有神经元胞体肿胀，核移至胞体边缘，尼氏体溶解，胞质着色浅淡（图7-27）。

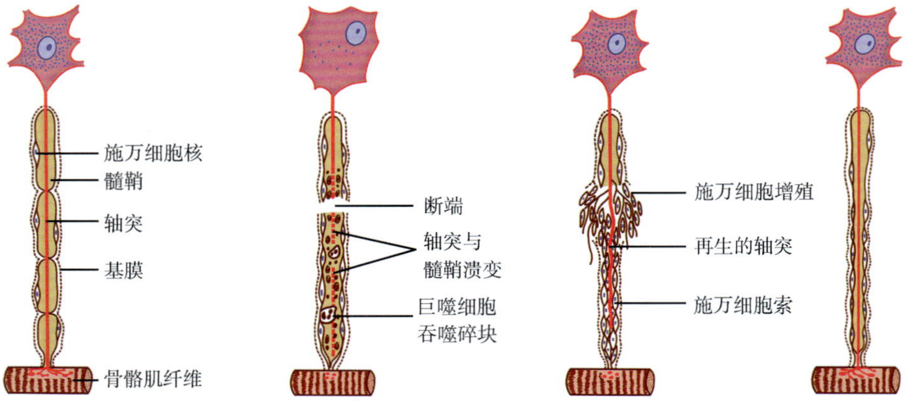

图7-27 周围神经纤维的溃变与再生示意图

A. 正常神经纤维；B. 神经纤维断离处远端及近端的一部分轴突与髓鞘溃变；C. 施万细胞增殖，轴突生长；D. 多余的轴突消失，神经纤维再生

二、再 生

神经纤维被切断后，如果发出该神经纤维的神经元胞体没有死亡，则损伤的神经纤维近胞体侧断端可再生。

（一）周围神经纤维的再生

周围神经纤维的再生主要表现为神经元胞体内的尼氏体重新出现，胞体肿胀消失，核重新移位至胞体中央，胞体合成新的蛋白质及其他产物向轴突运送，促使损伤近侧端轴突末端生长出许多新的轴突支芽。髓鞘和轴突溃变时，包裹神经纤维的基膜仍保留呈管状，施万细胞大量增殖，在基膜管内排列成细胞索，并吞噬碎裂的髓鞘和轴突。靠近断口处的施万细胞索把两断端连接起来，再生的近侧端轴突支芽进入基膜管内，并沿细胞索继续生长，当新生的轴突终末分支与相应的组织或细胞建立联系并恢复功能时，则标志再生成功（图7-27）。可见，周围神经纤维损伤时，施万细胞和基膜对受损轴突的再生具有重要的诱导作用。

（二）中枢神经纤维的再生

中枢神经纤维的再生比周围神经纤维困难，因为中枢神经纤维缺乏施万细胞，也无基膜包裹，并且损伤处的微环境中有较多抑制神经再生的因子。同时，损伤处星形胶质细胞增殖，形成致密的胶质瘢痕，阻碍新生的轴突支芽穿越损伤区，常导致脑和脊髓功能的永久性丧失。近年来，已发现一些可促进中枢神经纤维再生的神经营养因子，也有研究将干细胞移植入损伤的中枢神经处，期望促进受损脑或脊髓的结构和功能的恢复。

第七节 神经干细胞

神经干细胞（neural stem cell，NSC）是一类具有自我更新和多向分化潜能的细胞，不仅存在于胚胎时期的神经组织中，也存在于出生后成体脑组织的特定部位。神经干细胞表达特征性的神经上皮干细胞蛋白，即巢蛋白（nestin），巢蛋白是一种特殊的中间丝蛋白，可用于鉴定神经干细胞。神经干细胞在一定条件下可增殖、迁移和分化为神经元、星形胶质细胞及少突胶质细胞等，因此，神经干细胞有望应用于治疗神经系统的退行性和创伤疾病。

知识扩展

痒觉是一种独立的感觉吗？

痒是一种多种原因引起的、刺激机体产生强烈抓挠欲望的不适感。过去多认为痒是疼痛的一种形式，形成了“强度理论”，即同一组神经元受到较弱的和较强的刺激就会分别产生痒和疼痛的感觉。但随着胃泌素释放肽受体（gastrin releasing peptide receptor，GRPR）及表达GRPR的神经元被意外发现与痛觉无关，而是专门传递痒觉，即痒觉与痛觉是能够在分子和细胞水平上分开的，二者产生机制和传导通路是有所区别的，所以痒觉是一个独立的感觉。但是在感觉传导通路中，痒觉和痛觉还是可能有共用的通路。痒觉信息在传递时，会阻碍痛觉的信息传输，所以一般不会同时感受到痒和疼痛。同样疼痛也可以抑制痒，挠痒引起疼痛，从而抑制痒的传递。此外，痒觉与触觉、压觉和温觉等也有密切关系，如挠痒会刺激触觉和压觉；冷可以缓解痒的感受，反之热却使痒的感受加剧。

思考题

1. 试比较突触前成分与突触后成分结构的区别。
2. 试比较轴突与树突在结构和功能上的区别。
3. 试比较感觉神经末梢在分布、结构和功能等方面的区别。

（杨恩彬）

（绘图　翁安莉）

第八章　神经系统

神经系统（nervous system）主要由神经组织构成，分为中枢神经系统和周围神经系统。中枢神经系统包括脑和脊髓，周围神经系统由脑神经节和脑神经、脊神经节和脊神经、自主神经节和自主神经组成。中枢神经系统中，神经元胞体集中的部位称灰质（gray matter），神经纤维聚集的部位称白质（white matter）。大脑和小脑的灰质位于表层，称皮质（cortex）；白质位于内部，称髓质（medulla）。脊髓的灰质位于中央，呈蝴蝶形或H形，白质包围在灰质外周。大、小脑的白质内有神经元胞体聚集形成的灰质团块，称神经核（nucleus）；周围神经系统中神经元胞体聚集的地方略膨大，称神经节。周围神经系统可在中枢神经系统和感受器或效应器间传导神经冲动。

神经系统通过神经元及其突起建立神经网络，是人体结构和功能最复杂的系统，调控人体各器官、系统的功能活动，对体内外的各种刺激做出迅速的适应性反应。

第一节　大脑皮质

大脑皮质为覆盖在左、右大脑半球表面的灰质，厚度为1.5～4.5mm，不同脑回区的大脑皮质厚度不一。大脑皮质由大量神经元、神经胶质细胞和神经纤维构成（图8-1）。

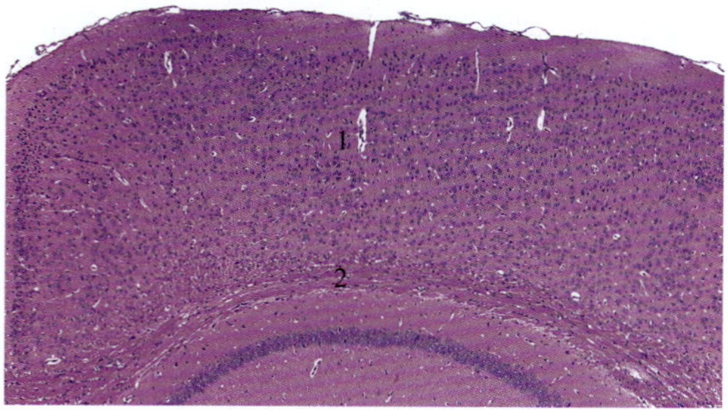

图8-1　大脑皮质（HE染色，低倍）

1. 灰质；2. 白质

一、大脑皮质的神经元类型

大脑皮质的神经元为多极神经元，数量多、种类丰富，按其细胞的形态分为锥体细胞、颗粒细胞和梭形细胞三大类（图8-2）。其中，大、中型锥体细胞和梭形细胞为长轴突的高尔基Ⅰ型神经元，其他神经元为短轴突的高尔基Ⅱ型神经元。

1. 锥体细胞　锥体细胞（pyramidal cell）是大脑皮质的主要投射神经元，分大、中、小三型。胞体形似锥形，顶部发出一条较粗的主树突，伸向皮质表层，沿途发出许多小分支，胞体底部还向四周发出一些水平走向的树突，并不断分支与邻近神经元的胞体或突起形成突触。轴突自胞体底部发出，短轴突的小型锥体细胞与邻近细胞形成突触联系；大、中型锥体细胞的长轴突组成投射纤维或联合传出纤维。

2. 颗粒细胞　颗粒细胞（granular cell）数量最多，胞体较小，呈颗粒状，包括星形细胞（stellate cell）、水平细胞（horizontal cell）、篮状细胞（basket cell）和上行轴突细胞（ascending axonic cell）等，以星形细胞数量最多。颗粒细胞作为中间神经元，参与构成大脑皮质信息传递的复杂微环路，将来自其他部位的传入信息综合处理后传递给锥体细胞和梭形细胞。

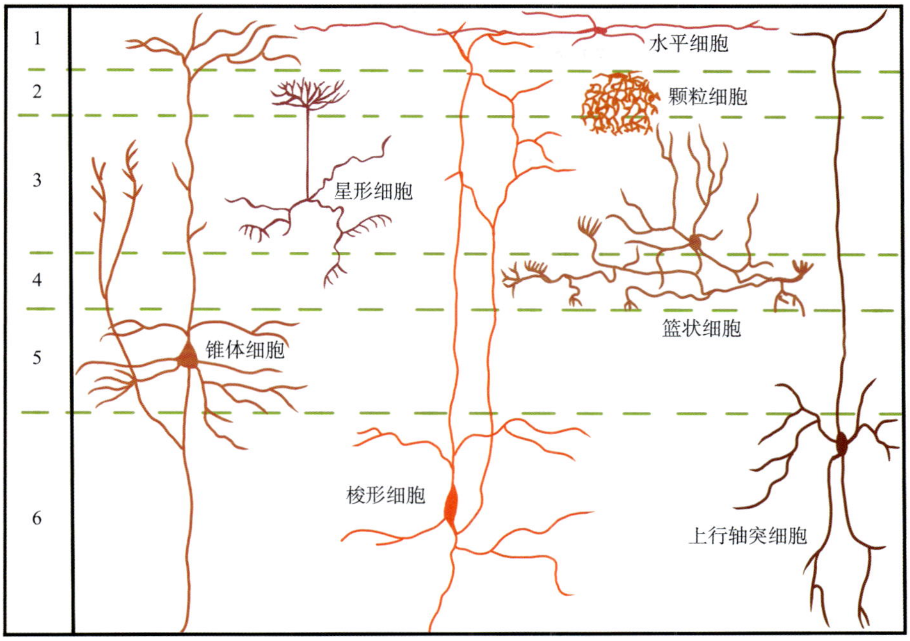

图8-2　大脑皮质神经元的种类和分布模式图

1. 分子层；2. 外颗粒层；3. 外锥体细胞层；4. 内颗粒层；5. 内锥体细胞层；6. 多形细胞层

3. 梭形细胞　梭形细胞（fusiform cell）主要分布于皮质深层，数量较少，大小不一。胞体呈梭形，树突自细胞上、下两端发出，上端树突多达皮质表面，下端树突较短。轴突自下端树突的主干发出，终末分支可与锥体细胞形成突触。部分大梭形细胞的轴突较长，可伸入白质组成投射纤维或联合传出纤维。

二、大脑皮质的分层

大脑皮质的神经元分层排列，但各层之间分界不明显，除个别区域外，从皮质浅层至深层一般可分为六层（图8-3）。

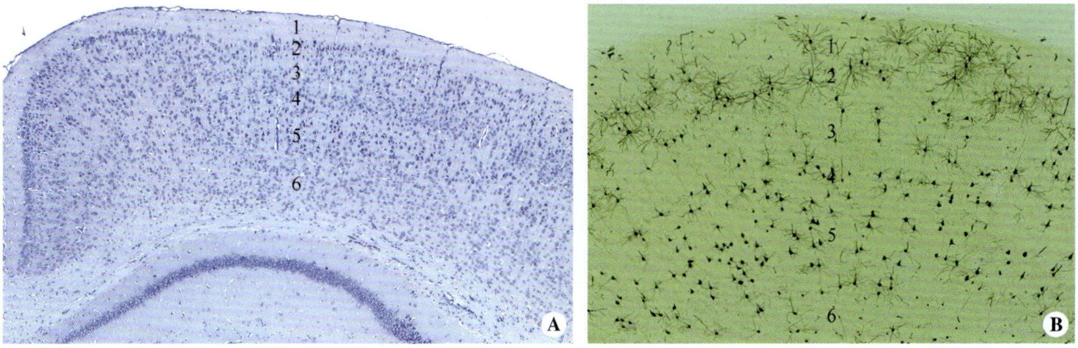

图8-3　大脑皮质（A. 尼氏染色；B. 镀银染色，低倍）

1. 分子层；2. 外颗粒层；3. 外锥体细胞层；4. 内颗粒层；5. 内锥体细胞层；6. 多形细胞层

1. 分子层 分子层（molecular layer）位于大脑皮质的表面。神经元小而少，主要是水平细胞和星形细胞，还有许多与皮质表面平行的神经纤维。

2. 外颗粒层 外颗粒层（external granular layer）主要由许多星形细胞和少量小型锥体细胞构成。

3. 外锥体细胞层 外锥体细胞层（external pyramidal layer）较厚，由许多中、小型锥体细胞和星形细胞组成，以中型锥体细胞占多数。锥体细胞的顶树突伸至分子层，轴突组成联合传出纤维。

4. 内颗粒层 内颗粒层（internal granular layer）细胞排列密集，多数是星形细胞。

5. 内锥体细胞层 内锥体细胞层（internal pyramidal layer）主要由大、中型锥体细胞组成。在中央前回运动区，此层有巨大的锥体细胞，称贝兹细胞（Betz cell），其顶树突伸至分子层，轴突形成投射纤维下行到脑干和脊髓。

6. 多形细胞层 多形细胞层（polymorphic layer）以梭形细胞为主，还有锥体细胞和颗粒细胞。

三、大脑皮质神经元的联系

大脑皮质1～4层主要接收传入冲动，传出纤维主要起自第3、5层的锥体细胞和第6层的大梭形细胞。大脑皮质的信息传递以垂直路径方式进行，从第4层到第2、3层，再到第5层，最后到达第6层。如从丘脑来的特异性传入纤维主要进入第4层与星形细胞形成突触，星形细胞的轴突又与其他细胞建立广泛的联系，从而对传入皮质的各种信息进行分析，并做出反应。起自同侧或对侧大脑半球的联合传出纤维，在进入皮质后改称联合传入纤维，与第2、3层的锥体细胞形成突触。大脑皮质的投射纤维主要起自第5层的锥体细胞和第6层的大梭形细胞，下行至脑干及脊髓。联合纤维起自第3、5、6层的锥体细胞和梭形细胞，分布于皮质的同侧及对侧脑区。皮质第2、3、4层的高尔基Ⅱ型神经元主要与各层细胞相互联系，构成局部神经环路，对信息进行分析、整合和储存。

大脑皮质神经元的结构、分布及形成突触联系的数量和范围会受到环境的影响而发生变化。当机体内、外环境发生变化或经过功能训练时，皮质神经元原有的结构及突触联系可出现一定程度的改变，这种现象称为皮质可塑性（cortical plasticity）。大脑皮质的可塑性变化实际上是神经元的可塑性变化，其可塑性随着大脑的发育成熟而逐渐降低。

第二节 小脑皮质

小脑的表面可见许多平行的横沟，将小脑实质分隔为许多大小不同的小叶片。每一叶片表面为厚度相对均一的灰质，即小脑皮质，皮质下为白质（又称为髓质）。

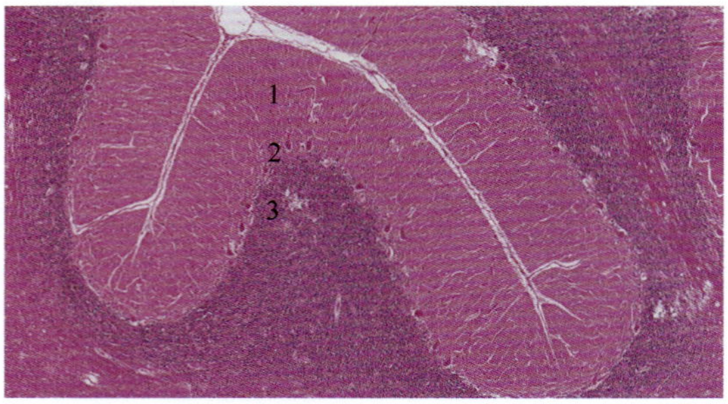

图8-4 小脑皮质（HE染色，低倍）

1. 分子层；2. 浦肯野细胞层；3. 颗粒层

一、小脑皮质的神经元与分层

小脑皮质由浦肯野细胞（Purkinje cell）、星形细胞、篮状细胞、颗粒细胞和高尔基细胞（Golgi cell）五种神经元组成，其中浦肯野细胞是唯一的传出神经元。颗粒细胞是谷氨酸能的兴奋性神经元，其他神经元都是γ-氨基丁酸（γ-aminobutyric acid，GABA）能抑制性中间神经元。小脑皮质由表及里分为分子层、浦肯野细胞层和颗粒层三层（图8-4）。

（一）分子层

分子层（molecular layer）较厚，含大量神经纤维。神经元较少，主要有星形细胞和篮状细胞两种。星形细胞分布于浅层，胞体小而多突，轴突较短，与浦肯野细胞的树突形成突触。篮状细胞分布于深层，胞体较大，轴突较长，其末梢呈网状包绕浦肯野细胞的胞体，并与之形成突触。

（二）浦肯野细胞层

浦肯野细胞层（Purkinje cell layer）由一层排列整齐有序的浦肯野细胞胞体构成。浦肯野细胞是小脑皮质中最大的神经元，胞体呈梨形，从顶端发出2～3条粗大的主树突伸向分子层，主树突分支繁密，呈扁薄扇形展开，树突上有大量的树突棘（图8-5）。轴突自胞体底部发出，向下穿出小脑皮质，止于小脑白质的神经核。

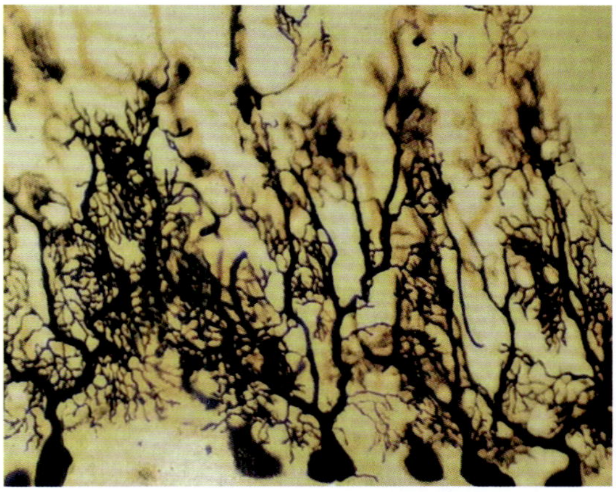

图8-5 小脑皮质浦肯野细胞（镀银染色，高倍）

（三）颗粒层

颗粒层（granular layer）含密集的颗粒细胞和一些高尔基细胞。颗粒细胞胞体很小，有4～5支短树突，末端分支如爪状。轴突向上伸至分子层后呈T形分成两支，与小脑叶片长轴平行，称平行纤维。平行纤维垂直穿过浦肯野细胞的扇形树突，与其树突棘形成大量突触。一个浦肯野细胞的树突上可形成几十万个突触，所以一个浦肯野细胞同时受到很多颗粒细胞的影响。高尔基细胞位于颗粒层的浅部，胞体较大，树突分支较多，其长树突的分支伸向分子层，与平行纤维接触。轴突在颗粒层内形成较多分支，与颗粒细胞的树突形成突触。

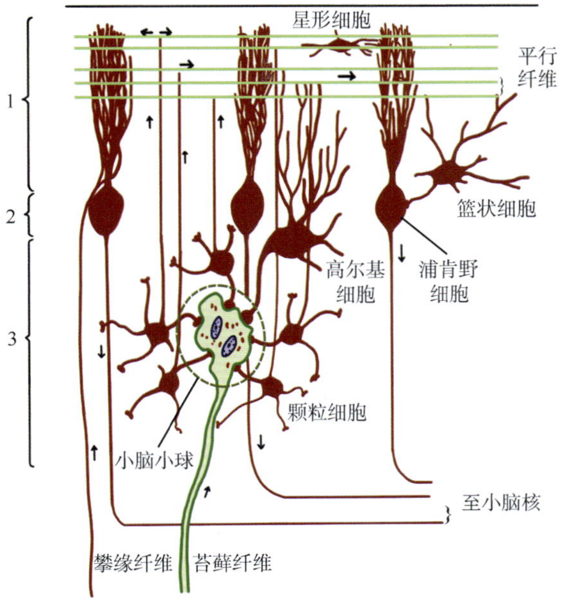

图8-6 小脑皮质神经元与传入纤维的关系模式图

1. 分子层；2. 浦肯野细胞层；3. 颗粒层

二、小脑皮质纤维的联系

小脑的传入纤维有三种：攀缘纤维（climbing fiber）、苔藓纤维（mossy fiber）和单胺能纤维（monoaminergic fiber）。前两者是兴奋性神经纤维，后者则为抑制性神经纤维。攀缘纤维较细，主要起源于延髓的下橄榄核，进入小脑皮质后攀附在浦肯野细胞的树突上，并与之形成突触。一条攀缘纤维与一个浦肯野细胞树突所形成的突触可达300多个，故一条攀缘纤维的神经冲动可引起一个与之相应的浦肯野细胞强烈兴奋。苔藓纤维较粗，起源于脊髓和脑干的神经核，进入小脑皮质后分支末端膨大呈苔藓状。每一膨大的末端可与许多颗粒细胞树突、高尔基细胞轴突及近端树突形成突触群，形似小球，故称小脑小球（cerebellar glomerulus）（图8-6）。一条苔藓纤维的分支可兴奋800多个颗粒细胞，每个颗粒细胞的平行纤维又与400多个浦肯野细胞接触，故一条苔藓纤维可引起几十万个浦肯野细胞兴奋。攀缘纤维和苔藓纤维均可把来自小脑外的神经冲动传到小脑皮质，最终都作用于浦肯野细胞。攀缘纤维直接强烈地兴奋单个浦肯野细胞，而苔藓纤维则通过颗粒细胞的平行纤维间接兴奋几十万个浦肯野细胞。同时，攀缘纤维的侧支及颗粒细胞的平行纤维还可以与小脑皮质的抑制性中间神经元形成突触，这些抑制性中间神经元又与浦肯野细胞形成突触，抑制浦肯野细胞。因此，攀缘纤维和苔藓纤维既可以兴奋浦肯野细胞，也可通过抑制性中间神经元抑制浦肯野细胞，形成兴奋与抑制的不同区域，确保小脑精确调节不同部位肌肉的肌紧张或协调随意运动。此外，来自脑干蓝斑核的单胺能纤维对浦肯野细胞也有抑制调节作用。

第三节　脊髓灰质

脊髓由围绕中央管的灰质和位于外围的白质组成。在横切面上，灰质呈H形，分为前角、后角和侧角（见于胸2至腰1脊髓节段），其中含有大小不一、功能不同的多极神经元；白质主要为有髓神经纤维构成的纵行神经束（图8-7）。

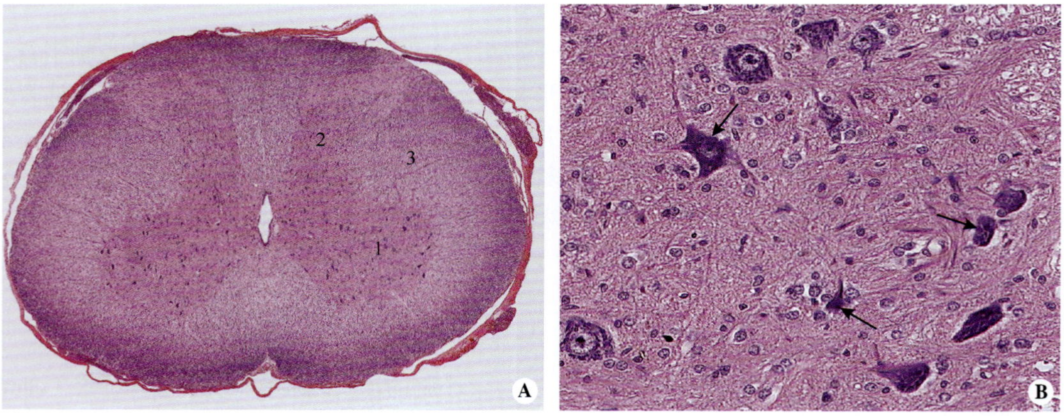

图8-7　脊髓（HE染色；A. 低倍；B. 高倍）

1. 前角；2. 后角；3. 白质；→脊髓前角运动神经元

1. 前角　脊髓灰质前角的神经元主要为躯体运动神经元。体积较大的称α运动神经元，数量多，胞体平均直径在25μm以上，轴突较粗，支配骨骼肌梭外肌纤维。体积中等的称γ运动神经元，数量少，胞体直径为15～25μm，轴突较细，支配肌梭内肌纤维。还有一种小型神经元称闰绍细胞（Ranshaw cell），为中间神经元，其轴突较短，与α运动神经元胞体形成突触，抑制α运动神经元的活动。

2. 后角　脊髓后角内的神经元组成较复杂，多为小型神经元，主要接收感觉神经元中枢突传入的冲动。后角中某些神经元轴突在白质内形成上行传导束，投射至小脑、丘脑和脑干，这些神经元又被称为束细胞（tract cell）。

3. 侧角　脊髓侧角的神经元为内脏运动神经元，主要为中间神经元。其轴突组成交感神经系统的节前纤维，止于交感神经节，并与节细胞建立突触。

此外，脊髓灰质内还有许多轴突长短不一的中间神经元，短轴突只与同节段的束细胞和运动神经元联系，长轴突则在白质内上下穿行至相邻或较远的脊髓节段，终止于同侧或对侧的神经元。

第四节 脑脊膜和血－脑屏障

一、脑 脊 膜

脑脊膜（meninges）是包裹在脑和脊髓外面的结缔组织膜，由外向内分为硬膜（dura mater）、蛛网膜（arachnoid）和软膜（pia mater）三层，起支持、保护脑与脊髓的作用（图8-8）。硬膜由致密结缔组织构成，厚而坚韧，内表面被覆一层间皮。硬膜与颅骨或椎管内面之间的空隙为硬膜外隙（epidural space），临床上进行硬膜外麻醉时，将药物注入此间隙。硬膜与蛛网膜之间的狭窄腔隙，称硬膜下隙（subdural space），内含少量液体。蛛网膜由薄层纤细的疏松结缔组织构成，结缔组织纤维形成蛛网状的小梁与软膜相连，蛛网膜的内、外表面及小梁的表面均被覆间皮。蛛网膜与软膜间有较宽的腔隙，称蛛网膜下隙（subarachnoid space），内含脑脊液（cerebrospinal fluid）。软膜是一层紧贴于脑和脊髓表面的结缔组织，薄而富含血管，外表面被覆间皮。软膜中的血管为脑和脊髓供应营养，并随血管的分支进入脑和脊髓。但软膜并不紧贴血管，而是与之留有空隙，称血管周隙（perivascular space），与蛛网膜下隙相通，内含脑脊液。当血管分支形成毛细血管时，软膜和血管周隙消失，毛细血管由星形胶质细胞突起包裹。

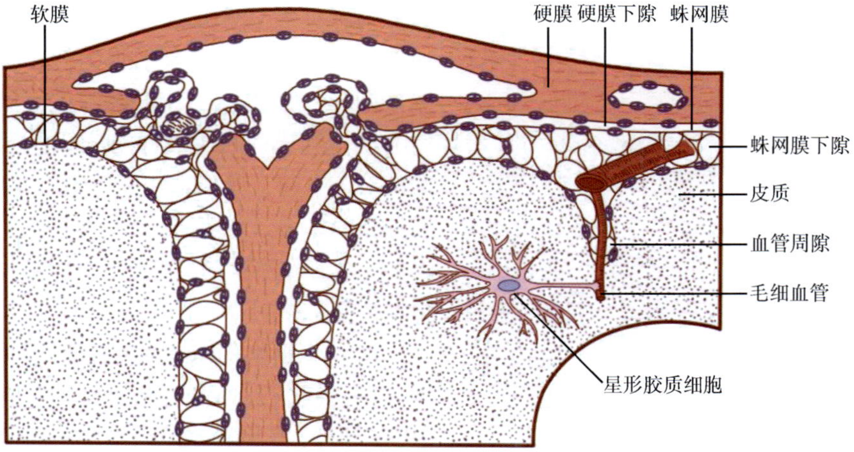

图8-8 脑脊膜结构模式图

二、血-脑屏障

血-脑屏障（blood-brain barrier，BBB）是一种功能性屏障，由连续毛细血管的内皮细胞、基膜和星形胶质细胞脚板围成的神经胶质膜构成（图8-9）。内皮细胞及其间的紧密连接是构成血-脑屏障的主要结构，可阻止血液中的某些物质进入神经组织，又能选择性地让营养物质和代谢产物顺利通过，以维持神经系统内环境的相对稳定。

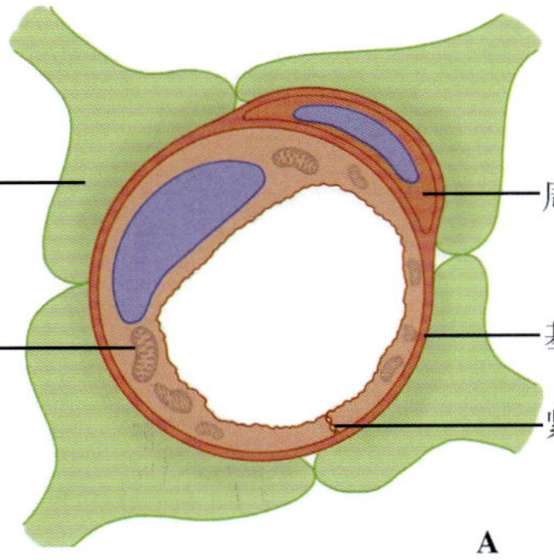

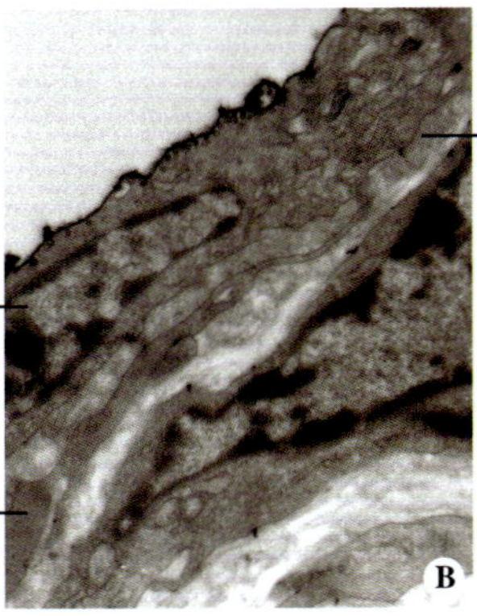

图8-9 血-脑屏障超微结构模式图（A）和电镜图（B）

第五节 神 经 节

神经节（ganglion）为周围神经系统神经元胞体聚集形成的结构，可分为脑脊神经节（cerebrospinal ganglion）和自主神经节（autonomic ganglion）两大类，其中的神经元称节细胞（ganglion cell）。

一、脑脊神经节

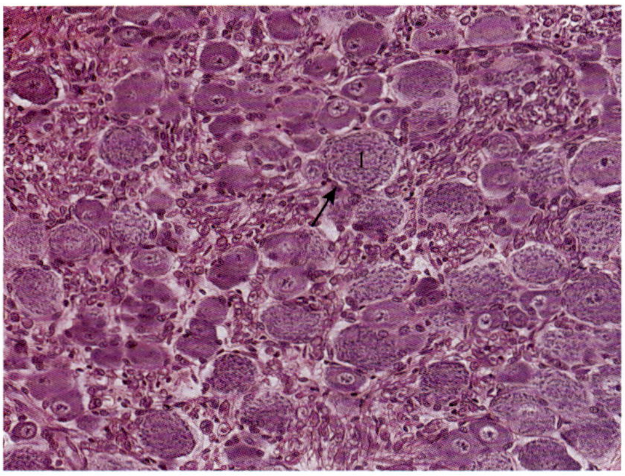

图8-10 脊神经节（HE染色，低倍）

1. 节细胞胞体；→卫星细胞

脑脊神经节位于某些脑神经干和脊神经背根上，为感觉神经节。节细胞为假单极神经元，胞体呈圆形，大小不一；核圆，位于胞体中央，核仁明显；胞质内可见细小分散的尼氏体。从胞体发出一个突起，其根部在胞体附近盘曲，随后呈T形分支，一支（中枢突）进入中枢；另一支（周围突）经脑脊神经分布到外周组织，其终末形成感觉神经末梢。

神经节细胞的胞体和突起根部被卫星细胞包裹，在突起分支处改为施万细胞包裹。脑脊神经节突起形成的有髓神经纤维平行排列，将节细胞胞体分隔成群（图8-10）。

二、自主神经节

自主神经节分为交感和副交感神经节。交感神经节位于脊柱两旁及前方，副交感神经节主要位于器官附近或器官内。自主神经节中的节细胞为自主神经系统的节后神经元，属多极运动神经元，核偏位，部分双核，尼氏体呈细颗粒状均匀分布。卫星细胞较少，不完全包裹节细胞胞体和突起。节前纤维与节细胞形成突触，而节细胞轴突形成的节后纤维（无髓神经纤维）则离开神经节，在相应器官形成内脏运动神经末梢，支配平滑肌、心肌和腺上皮的活动。交感神经节内的大部分节细胞为肾上腺素能神经元，而副交感神经节的节细胞一般是胆碱能神经元。

消化道管壁中的肌间神经丛和黏膜下神经丛共同构成特殊肠神经系统（enteric nervous system），也称肠脑（gut brain）。该系统的神经元数量多达10^7～10^8个，包括一级感觉神经元、中间神经元和支配胃肠效应器的运动神经元。

知识扩展

肌萎缩侧索硬化症的基因治疗

肌萎缩侧索硬化症（amyotrophic lateral sclerosis，ALS）又称渐冻人症，是一种致命的神经退行性疾病，其特征为脑和脊髓的运动神经元进行性退化，导致肌肉无力、瘫痪及死亡，大多数患者在发病5年内因呼吸衰竭而死亡。该疾病可由基因突变或环境因素引起，具有家族性或散发性，迄今尚无有效的治疗方法。在家族性ALS患者中，*SOD1*和*C9ORF72*基因突变被认为是重要的致病因素。因此，通过基因编辑使突变的*SOD1*和*C9ORF72*基因表达失效，被认为是一种很有潜力的治疗手段。近年动物模型研究显示，基因疗法可减缓ALS小鼠的病情进展，改善肌肉功能并延长其寿命。目前，部分针对遗传性ALS的基因疗法已进入早期的临床和临床前阶段。这些研究进展标志着ALS治疗的新开端，为ALS患者带来了新希望。

思考题

1. 大脑的高级神经活动与其皮质内复杂的微环路有密切关系，大脑皮质中哪些神经元参与构成微环路？这些神经元的分布有何特点？
2. 酒精中毒性脑病可导致小脑皮质变性，请结合小脑皮质正常的组织学结构，分析变性的小脑皮质中哪些结构可能发生了病理学改变？
3. 结合血-脑屏障的结构，试述哪些物质能穿过血-脑屏障。

（蔡其燕）

（绘图　翁安莉）

第九章　循 环 系 统

循环系统（circulatory system）是连续而封闭的分支管道系统，由心血管系统和淋巴管系统组成。心血管系统包括心脏、动脉、毛细血管和静脉，主要功能是将营养物质、氧气、激素及其他生物活性物质输送至身体各处的组织和细胞，供机体生长发育和生理活动所需，同时，将机体代谢产物输送至排泄器官排出体外，以维持内环境的稳定。淋巴管系统起始部为盲端，由毛细淋巴管、淋巴管和淋巴导管组成，主要功能是将部分组织液回收形成淋巴，并将其导入静脉。因此，淋巴管系统是心血管系统的辅助系统。

第一节　动脉和静脉管壁的一般结构

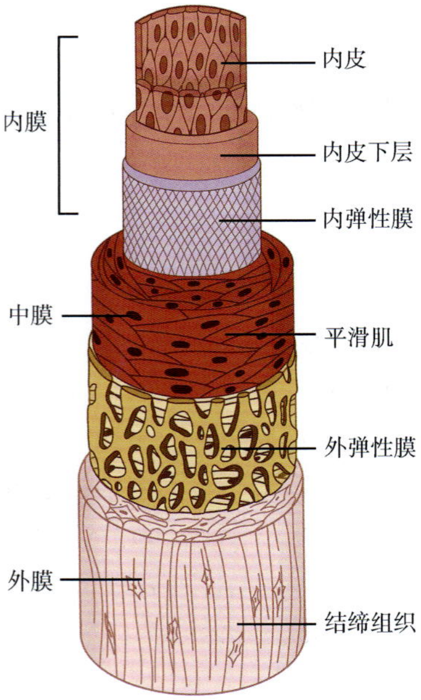

图9-1　血管壁一般结构模式图

除毛细血管外，动脉和静脉的管壁结构由内向外依次分为内膜、中膜和外膜三层（图9-1）。

一、内　　膜

内膜（tunica intima）为血管壁的最内层，由内皮、内皮下层和内弹性膜组成。

（一）内皮

内皮（endothelium）为衬贴于血管腔面的单层扁平上皮。光镜下，内皮细胞扁薄，胞质少，核所在部位明显。电镜下，内皮细胞游离面可见胞质突起，相邻细胞间有紧密连接和缝隙连接；胞质中含有丰富的吞饮小泡，又称质膜小泡（plasmalemmal vesicle），其功能是向血管内外运输物质；胞质内还可见膜包被的长杆状怀布尔-帕拉德小体（Weibel-Palade body，W-P小体），W-P小体是内皮细胞特有的细胞器，外包单位膜，内含6～26根直径约15nm的平行细管和中等致密的基质，参与合成和储存第Ⅷ因子相关抗原。血管内皮损伤时，第Ⅷ因子相关抗原促使血小板黏附于内皮下层，形成血小板栓，参与止血和凝血。

内皮细胞具有多种功能，主要包括：①参与屏障的组成并选择性地透过物质；②维持血管壁完整性，便于血液流动；③参与血管的生成；④合成和分泌多种生物活性物质，如具有舒张血管作用的一氧化氮和强烈收缩血管作用的内皮素等；⑤合成和分泌抗凝分子，如血栓调节蛋白、一氧化二氮和前列环素等，可抑制血小板附着和聚集，防止血液凝固；⑥代谢功能，如内皮细胞表面的血管紧张素转换酶能将血管紧张素Ⅰ转换为收缩血管作用更强的血管紧张素Ⅱ。

（二）内皮下层

内皮下层（subendothelial layer）是位于内皮和内弹性膜之间的薄层结缔组织，内含少量胶原纤维、弹性纤维和平滑肌。

（三）内弹性膜

内弹性膜（internal elastic membrane）由弹性蛋白构成，膜上有许多小孔，HE染色内弹性膜呈均质嗜酸性，折光性强。在血管横切面上，由于血管壁收缩，内弹性膜常呈波浪状，是内膜与中膜的分界。

二、中　膜

中膜（tunica media）位于内膜与外膜之间，主要由平滑肌纤维、弹性膜和结缔组织构成，其厚度及组成成分在不同的血管之间差异较大。大动脉中膜主要由弹性膜构成，其间含少量平滑肌纤维；中动脉的中膜以平滑肌纤维为主，肌纤维间有少量弹性纤维和胶原纤维。弹性纤维可使扩张的血管回缩，胶原纤维具有维持张力的作用。动脉的中膜没有成纤维细胞，其内的平滑肌纤维可能为成纤维细胞的亚型，具有产生胶原纤维、弹性纤维和基质的功能。平滑肌纤维之间有黏着小带和缝隙连接，平滑肌纤维还可与内皮细胞间形成肌-内皮连接，接收血液和内皮细胞的化学信息。

三、外　膜

外膜（tunica adventitia）位于血管壁的最外层，由疏松结缔组织构成，含有成纤维细胞、螺旋状或纵行的胶原纤维和弹性纤维等。血管损伤时，成纤维细胞具有修复外膜的能力。在较大动脉的中膜和外膜交界处，可见外弹性膜，该膜也由弹性蛋白构成。外膜中常含有营养血管壁自身的小血管，称营养血管，为外膜和中膜提供营养。较大血管外膜中还含有淋巴管和神经，其分支可伸入中膜。静脉的外膜通常为三层膜中最厚的一层。

第二节　动　脉

动脉由心脏发出后，由粗至细逐级分支，管壁也逐渐变薄。根据管径大小、管壁的厚度和主要成分的不同，可将动脉分为大动脉、中动脉、小动脉和微动脉。各级动脉逐渐移行，其中以中膜的变化最为显著。

一、大 动 脉

大动脉（large artery）包括主动脉、肺动脉、头臂干、颈总动脉、锁骨下动脉和髂总动脉等，因其管壁中膜富含弹性膜和弹性纤维，平滑肌纤维较少，故又称弹性动脉（elastic artery）

（图9-2）。大动脉管壁具有以下结构特点。

（一）内膜

内膜由内皮、内皮下层和内弹性膜组成。内皮下层较厚，为疏松结缔组织，含有胶原纤维、弹性纤维和少量平滑肌纤维。内膜与中膜无明显界线，邻近内皮下层的第一层弹性膜即为内弹性膜。

（二）中膜

中膜最厚，主要含40～70层环行弹性膜，各层弹性膜之间由弹性纤维相连，弹性膜之间有少量环行平滑肌纤维、胶原纤维和基质（图9-3）。平滑肌纤维可分泌多种蛋白质，参与形成细胞外基质，如弹性膜和基质。病理情况下，大动脉中膜的平滑肌纤维可迁入内皮下层增生，并产生结缔组织成分，使内膜增厚，是动脉粥样硬化的重要病理环节。

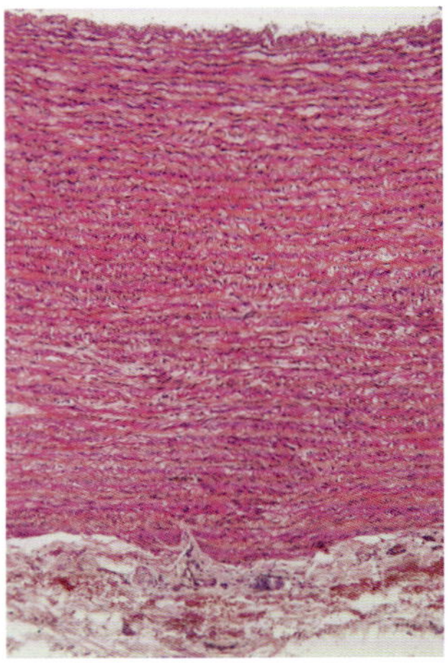

图9-2 大动脉（HE染色，低倍）

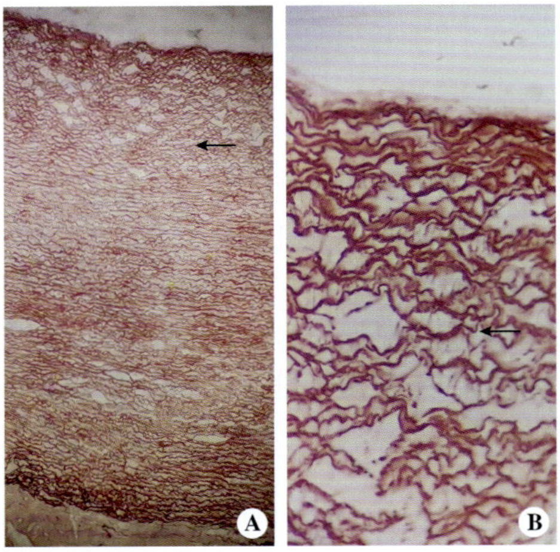

图9-3 大动脉（地衣红染色，A. 低倍；B. 高倍）
→弹性膜

（三）外膜

外膜较薄，由疏松结缔组织构成，含成纤维细胞。外膜中外弹性膜不明显，有小的营养血管和神经束等。外膜的营养血管分布到外膜和中膜，而内膜一般无血管分布，其营养直接由大动脉管腔内的血液渗透供给。

大动脉管壁富有弹性，当心室收缩射血时其管壁扩张，部分血液储存在扩张的大动脉内，心室舒张时大动脉管壁由于弹性势能的作用回缩，推动其内的血液向前流动。因此，大动脉起着心脏辅助泵的作用，在心室舒张期将血液继续向前推进，保持了血流的连续性。

二、中 动 脉

除大动脉外，凡在解剖学中有名称的动脉多属于中动脉（medium-sized artery），管径一般大于1mm。中动脉中膜的成分以平滑肌纤维为主，故又称肌性动脉（muscular artery）。中动脉管壁具有典型的三层结构（图9-4，图9-5）。

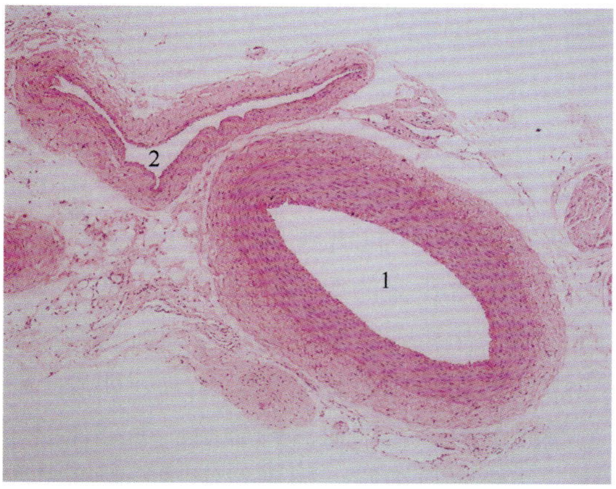

图9-4 中动脉和中静脉（HE染色，低倍）
1. 中动脉；2. 中静脉

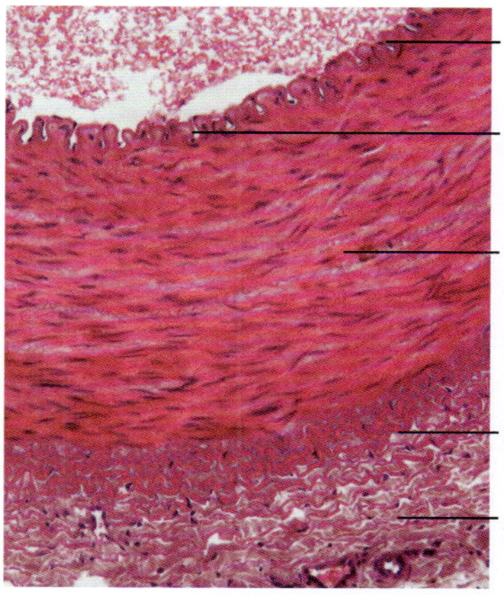

图9-5 中动脉（HE染色，高倍）

1. 内膜 内膜是管壁中最薄的一层。内皮下层薄；内弹性膜明显，横切面呈现明显的波浪状，为内膜和中膜的分界。

2. 中膜 中膜较厚，由10～40层环行排列的平滑肌纤维构成，肌纤维间散在分布少量胶原纤维、弹性纤维和基质，均由平滑肌纤维产生。

3. 外膜 外膜厚度与中膜接近，主要由疏松结缔组织构成。多数中动脉外膜与中膜交界处有外弹性膜。外膜的结缔组织中除含小动脉、小静脉外，还含有较多的神经纤维，可伸入中膜平滑肌，调节血管的舒缩。

中动脉管壁环行平滑肌的收缩和舒张，可改变中动脉管径的大小，对机体内各器官的血量分配起调节作用。

三、小 动 脉

小动脉（small artery）管径多介于0.3～1.0mm之间，结构与中动脉相似，但各层均变薄。较大的小动脉，内弹性膜明显；中膜含3～9层平滑肌纤维，也属于肌性动脉；外膜厚度与中膜相近，一般没有外弹性膜（图9-6）。

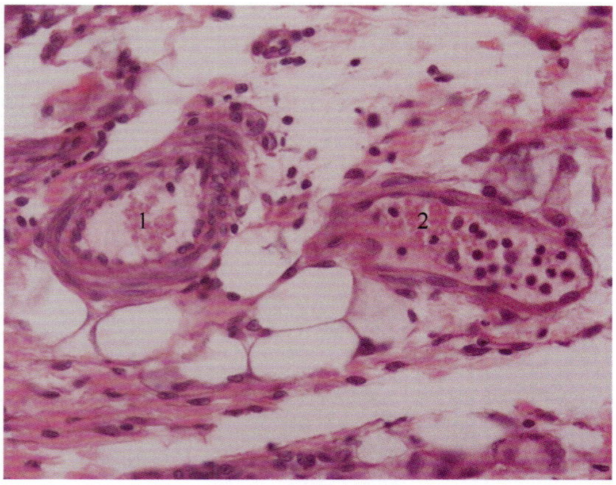

图9-6 小动脉和小静脉（HE染色，高倍）
1. 小动脉；2. 小静脉

四、微 动 脉

管径在0.3mm以下的动脉称微动脉（arteriole），内膜无内弹性膜，中膜仅由1～2层平滑肌纤维构成，外膜很薄。

小动脉和微动脉管壁的平滑肌收缩可使管径缩小，增加血流阻力，调节进入局部组织的血流量，并对血压的调节起重要作用，故小动脉和微动脉又称外周阻力血管。

第三节 毛细血管

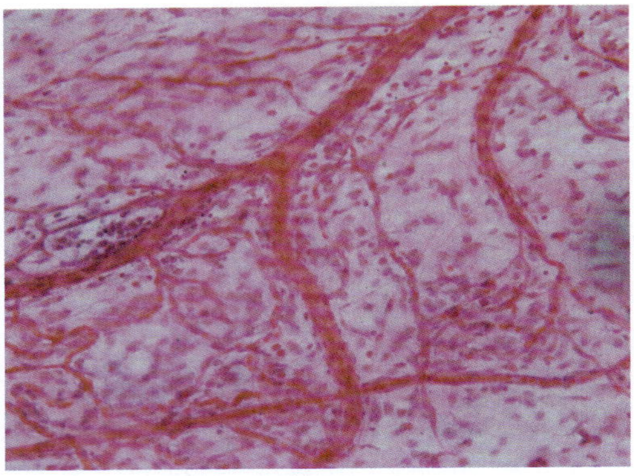

图9-7 毛细血管网铺片（HE染色，低倍）

毛细血管（capillary）是管径最细、分布最广的血管，并相互分支吻合成网（图9-7）。毛细血管网在不同组织和器官内的疏密程度不同。在代谢旺盛的组织和器官内，如骨骼肌、心肌、肺、肾和多数腺体等，毛细血管网很密；在代谢较低的组织和器官内，如骨、肌腱、韧带和平滑肌等处，毛细血管网稀疏。毛细血管管壁很薄，是血液与细胞、周围组织进行物质交换的主要部位。

一、毛细血管的一般结构

毛细血管管径一般为6～8μm，可容许红细胞单行排列通过。毛细血管管壁由内皮细胞和基膜构成，基膜只有基板，在内皮与基膜之间散在分布一种扁平、有突起的周细胞（pericyte），周细胞的突起紧贴在内皮细胞基底面（图9-8）。胞质内除高尔基体、粗面内质网和线粒体等细胞器外，还有较多微丝，散在或成束附着于质膜内面的密体，这些微丝和密体具有机械性支持和收缩功能，可调节毛细血管的血流；毛细血管损伤时，周细胞可增殖、分化为内皮细胞、平滑肌纤维和成纤维细胞。

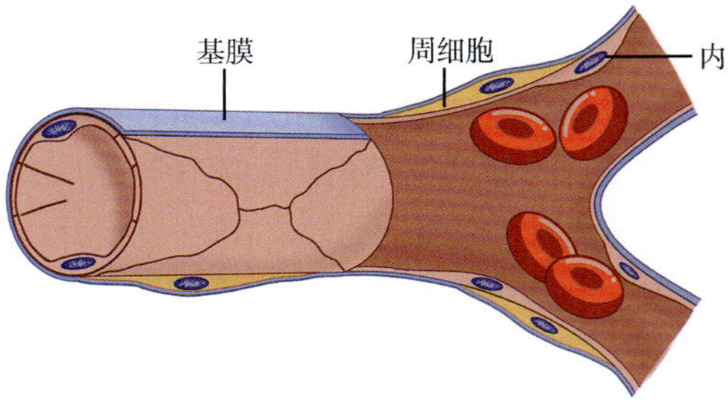

图9-8 毛细血管一般结构模式图

二、毛细血管的分类

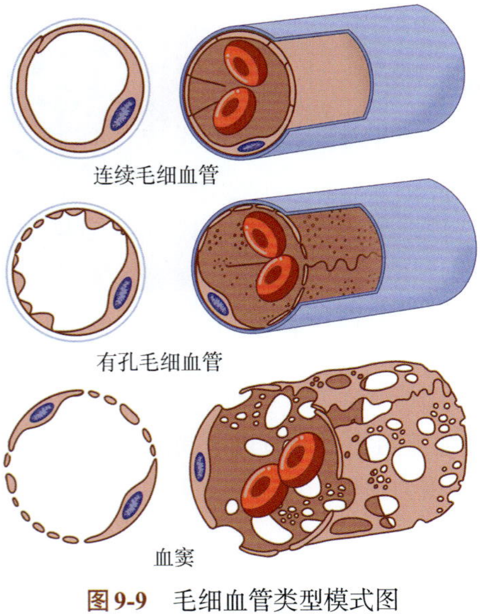

图9-9 毛细血管类型模式图

光镜下，各种组织和器官内的毛细血管结构相似。电镜下，不同部位的毛细血管具有较大的差异。根据电镜下内皮细胞和基膜的结构特点，将毛细血管分为连续毛细血管、有孔毛细血管和血窦三类（图9-9）。

（一）连续毛细血管

连续毛细血管（continuous capillary）管壁由一层连续的内皮细胞组成，内皮细胞间有紧密连接，封闭了细胞间隙，基膜薄而完整（图9-10）；胞质内含大量质膜小泡，质膜小泡在细胞游离面或基底面形成，然后转运到对侧，以胞吐方式释放内容物，是血液与组织液之间进行物质交换的主要方式。连续毛细血管主要分布于肌组织、结缔组织、外分泌腺、中枢神经系统、胸腺、睾丸和肺等处，参与多种屏障性结构的形成。

（二）有孔毛细血管

有孔毛细血管（fenestrated capillary）的结构与连续毛细血管类似，管壁由一层连续的内皮细胞组成，内皮细胞间有紧密连接，基膜完整，但内皮细胞不含核的部分有贯穿胞质的内皮窗孔，直径为60～80nm，孔上一般有厚4～6nm的隔膜，起封闭作用（图9-11）。内皮窗孔有利于血管内外中、小分子进行物质交换。有孔毛细血管多分布于胃肠黏膜、肾血管球和某些内分泌腺等部位。

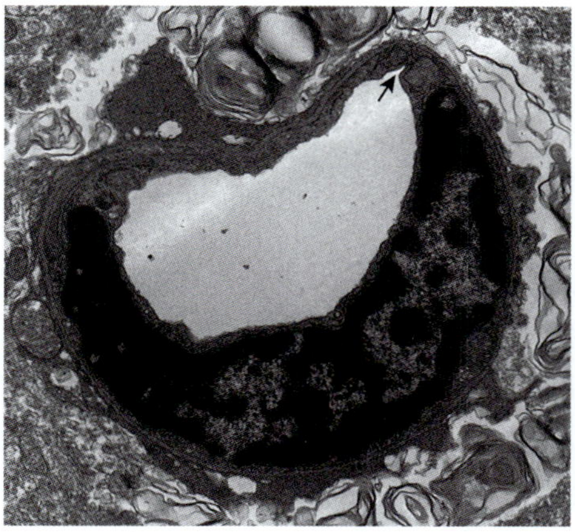

图9-10 连续毛细血管超微结构图（高倍）

→细胞连接

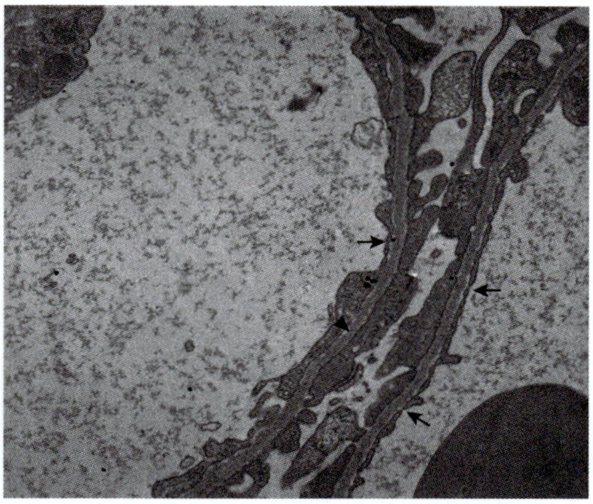

图9-11 有孔毛细血管超微结构图（高倍）

→窗孔；▲基膜

（三）血窦

血窦（sinusoid）又称窦状毛细血管（sinusoid capillary）或不连续毛细血管（discontinuous capillary），管腔较大，直径可达40μm，形状不规则，基膜不完整或缺如（图9-9）。内皮细胞有较大间隙，有利于大分子蛋白和血细胞出入血窦。血窦主要分布于肝、脾、骨髓和某些内分泌腺。

不同器官内血窦的结构常有较大差别。如肝血窦的内皮细胞上有孔，细胞间隙较宽，无基膜。脾血窦的内皮细胞呈杆状，细胞上无孔，细胞间隙大，内皮细胞外有网状纤维环绕成栅栏状结构，基膜不完整。而某些内分泌腺的血窦内皮上有孔，内皮之间有间隙，但基膜完整。

三、毛细血管的物质交换与通透性

毛细血管广泛分布于器官和组织内，具有管壁薄、血流速度缓慢、通透性强等特点，是血液与周围组织进行物质交换的主要部位。H_2O、O_2、CO_2和一些脂溶性物质等以简单扩散的方式直接透过内皮细胞；一些大分子物质，如血浆蛋白、激素、抗体等，可通过质膜小泡、内皮细胞胞质的孔或内皮细胞之间的间隙，由毛细血管的一侧运至另一侧。毛细血管的物质交换能力不仅取决于毛细血管的内皮细胞，也取决于毛细血管的通透性。毛细血管的通透性受许多因素影响，如组胺、5-羟色胺（5-HT）、酸性代谢产物局部堆积及温度升高等，都可使毛细血管通透性增强。

第四节 静 脉

静脉由细至粗，逐级汇合，将血液从身体组织输送回心脏。静脉管壁也分为内膜、中膜和外膜三层。根据管径的大小和管壁的特点，静脉可分为微静脉、小静脉、中静脉和大静脉。中、小静脉常与相应的动脉伴行。与伴行的动脉相比，静脉数量多，管壁薄，管腔大；无内、外弹性膜，三层膜的分界不明显；管壁结缔组织成分多、平滑肌纤维和弹性组织成分少、不承受高压，故在切片中常塌陷变扁或呈不规则形。

管径在2mm以上的静脉常具有静脉瓣（venous valve），静脉瓣为两个彼此相对的半月形薄片状结构，由内膜突向管腔折叠而成，表面覆以内皮，内部的结缔组织含弹性纤维。静脉瓣游离缘朝向血流方向，可防止血液逆流。四肢静脉的静脉瓣较多。静脉血回流的动力主要靠静脉内的压力差，而不是管壁本身的收缩。心脏的收缩力、重力和体位、呼吸运动及静脉周围肌组织的收缩挤压等都是影响静脉压力差的因素。

一、微 静 脉

微静脉（venule）管腔不规则，管径为50～200μm。内膜仅一层内皮，内皮细胞间隙较大，内皮外为薄层结缔组织，随着管径增大，内皮与结缔组织间可出现少量平滑肌纤维，外膜薄。与毛细血管相连的微静脉称毛细血管后微静脉（post capillary venule），其管径一般小于50μm，管壁与毛细血管相似，但内皮呈立方形或柱状，中膜缺如，管壁外有周细胞。毛细血管后微静脉的内皮细胞的间隙较大，故通透性大，某些血管扩张物质，如血清素和组胺等常作用于毛细血管后微静脉，增大相邻内皮细胞的间距，使血管变得“渗漏”。白细胞可优先通过毛细血管后微静脉的内皮间隙进入结缔组织。

二、小 静 脉

小静脉（small vein）管径为0.2～1.0mm，内皮外平滑肌逐渐增多，较大的小静脉中膜有一层至数层平滑肌纤维，外膜逐渐变厚（图9-6）。

三、中 静 脉

中静脉（medium-sized vein）管径为1～10mm，除大静脉以外，凡有解剖学名称的静脉都属中静脉（图9-4）。中静脉接收来自身体大部分部位的血液。中静脉内膜薄，内弹性膜不明显。中静脉内膜常形成静脉瓣，尤其在下肢部位，避免血液逆流；中膜明显薄于伴行的动脉，环行平滑肌纤维分布稀疏；外膜是三层中最厚的，由弹性纤维和Ⅰ型胶原纤维束组成，并含少量纵行平滑肌纤维束。

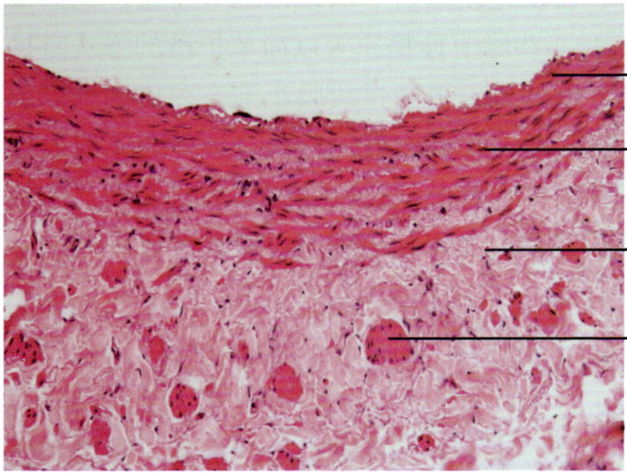

图9-12 大静脉（HE染色，低倍）

四、大 静 脉

大静脉（large vein）包括腔静脉、头臂静脉、颈内静脉、颈外静脉、门静脉、肺静脉和肾静脉等，管径超过10mm。内膜较薄，富含弹性纤维和成纤维细胞；中膜不发达，为几层稀疏排列的环行平滑肌；外膜较厚，结缔组织中常有较多的纵行平滑肌纤维束（图9-12）。

第五节 微 循 环

微循环（microcirculation）是指从微动脉到微静脉之间的血液循环，是血液循环和物质交换的基本结构和功能单位。由于各组织和器官的功能不同，微循环的组成和排列方式各有特点，但一般包括以下几部分（图9-13）。

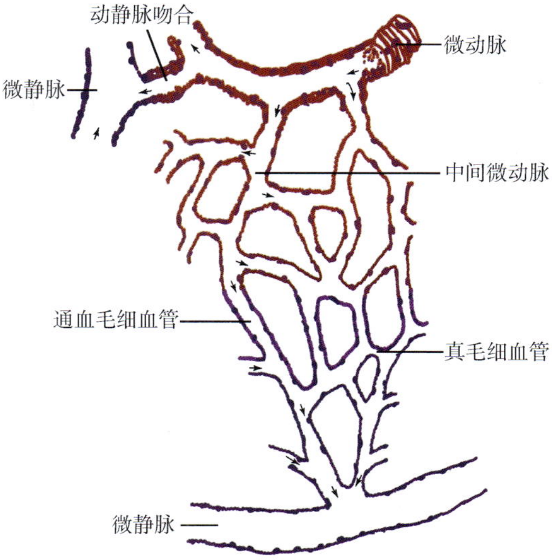

图9-13 微循环模式图

一、微 动 脉

微动脉（arteriole）管壁环行平滑肌的舒缩，可调节微循环的血流量，起到“总闸门”的作用。

二、中间微动脉

中间微动脉（metarteriole）又称后微动脉，是微动脉的分支，由内皮和一层不连续的平滑肌纤维构成，其平滑肌纤维的舒缩可调节整个毛细血管网的血流量。

三、真毛细血管

真毛细血管（true capillary）即通常所称的毛细血管，为中间微动脉分支相互吻合成网的毛细血管，其行程迂曲，血流缓慢，是物质交换的主要部位。生理状态下，约20%的真毛细血管处于轮流开放状态，真毛细血管的起始端通常有1～2个平滑肌纤维，形成环行的毛细血管前括约肌（precapillary sphincter），是调节微循环血流量的分闸门。组织功能活跃时，毛细血管前括约肌开放，大部分血液流经真毛细血管网进行充分的物质交换。

四、通血毛细血管

通血毛细血管又称直捷通路（thoroughfare channel），是中间微动脉直接延伸而与微静脉相通、距离最短的毛细血管。通血毛细血管管径略粗，血液流速较快，与组织之间的物质交换较少。生理状态下，大部分血流通过此通路回流入心，使血流不至于过多滞留于真毛细血管网内，是经常开放的血液通路。通血毛细血管在骨骼肌等组织内较多见，在甲皱襞、皮肤等区域则较少见。

五、动静脉吻合

动静脉吻合（arteriovenous anastomosis）是微动脉发出的侧支并直接与微静脉相通的血管。管壁较厚，管腔较小，有发达的纵行平滑肌纤维和丰富血管运动神经末梢。动静脉吻合处于收缩状态时，血液由微动脉流入毛细血管；动静脉吻合处于舒张状态时，微动脉的血液经此直接流入微静脉。动静脉吻合主要分布于指、趾、鼻和唇等处的皮肤，是调节局部组织血流量的重要结构。

六、微 静 脉

见本章第四节。

第六节 心 脏

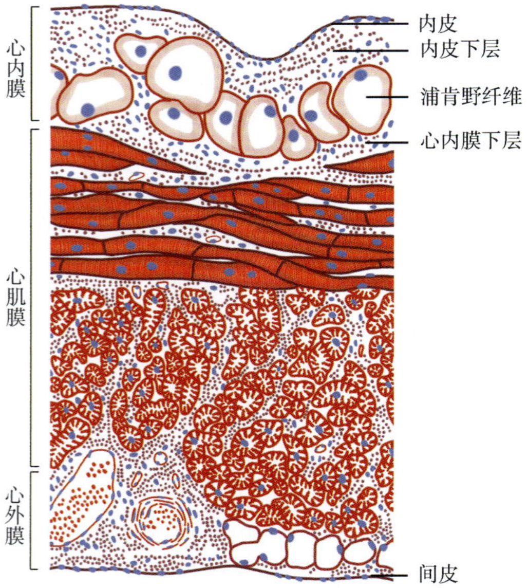

图 9-14 心壁结构模式图

心脏是中空性器官，心壁很厚，主要由心肌构成。心壁内还含有特殊心肌纤维组成的传导系统，其功能是发生冲动并传导至整个心脏，使心肌按一定的节律收缩和舒张。心肌节律性的舒缩，推动血液在血管中循环流动，保证机体各组织和器官的血液供应。此外，心脏还具有内分泌功能。

一、心壁的结构

心壁自内向外分为心内膜、心肌膜和心外膜三层结构（图 9-14）。

（一）心内膜

心内膜（endocardium）由内皮和内皮下层构成。内皮为单层扁平上皮，与出入心腔的大血管内皮相连续。内皮下层为内外两层。内层薄，为疏松结缔组织，含丰富的弹性纤维和少量平滑肌纤维；外层靠近心肌膜，也称心内膜下层（subendocardial layer），为疏松结缔组织，含小血管和神经。心室壁的心内膜下层分布有心脏传导系统的分支——浦肯野纤维（图 9-15）。

位于房室口和动脉口处的心内膜向腔内折叠，形成心瓣膜（cardiac valve），包括二尖瓣、三尖瓣、主动脉瓣和肺动脉瓣。瓣膜表面为内皮，内部为致密结缔组织，心瓣膜的功能为防止血液倒流。患风湿性心脏病时，心瓣膜内胶原纤维增生，使瓣膜变硬、变形或发生粘连，以致瓣膜不能正常关闭和开放。

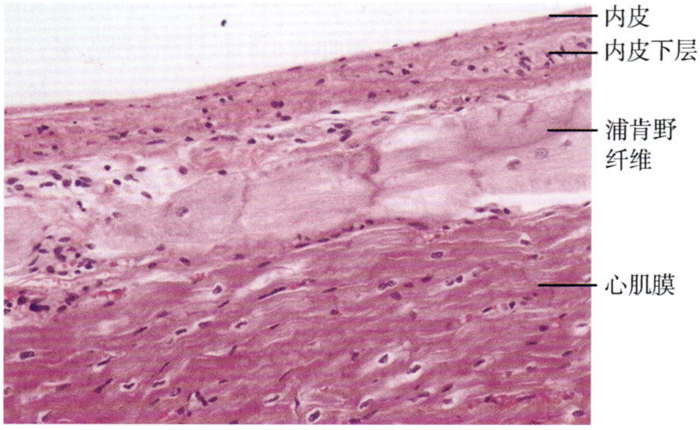

图 9-15 心内膜（HE 染色，高倍）

（二）心肌膜

心肌膜（myocardium）是心壁中最厚的一层，主要由心肌纤维构成。心肌纤维集合成束，呈螺旋状排列，大致可分为内纵行、中环行和外斜行三层，心肌纤维间有少量结缔组织和丰富的毛细血管。心房肌较薄，心室肌较厚，左心室最厚。在心房肌和心室肌交界处，由致密结缔组织构成的支架结构，称心骨骼（cardiac skeleton）。心房肌与心室肌分别附着于心骨骼的纤维环上，两部分心肌并不连续。

心房肌纤维较心室肌纤维短而细，电镜下可见部分心房肌纤维含有电子密度高的膜包颗粒，称心房特殊颗粒（specific atrial granule），颗粒内含心房钠尿肽（atrial natriuretic peptide，ANP），又称心钠素，具有很强的排钠、利尿、扩张血管和降低血压等作用。心肌还能合成和分泌多种其他生物活性物质，如脑钠素、抗心律失常肽、内源性洋地黄素、肾素-血管紧张素等，因此，心脏不仅是循环系统的动力器官，还具有重要的内分泌功能。

（三）心外膜

心外膜（epicardium）即心包的脏层，为浆膜（serosa）。浆膜表面被覆间皮，间皮下为薄层疏松结缔组织，内含血管、淋巴管、神经及脂肪组织。心包的脏、壁两层之间为心包腔，内有少量浆液，可减少摩擦，利于心脏搏动。患心包炎时，心包的脏、壁两层可发生粘连，导致心脏搏动受限。

二、心脏传导系统

心脏传导系统由心壁内特化的心肌纤维组成，能产生节律性的冲动，并快速传导至心脏各处，使心房肌和心室肌按一定的节律收缩。心脏传导系统包括窦房结、房室结、房室束（又称希氏束）及其各级分支（图9-16）。窦房结位于上腔静脉与右心耳交界处的心外膜深面，是心脏的起搏点，房室结、房室束及其主要分支分布于心内膜下层，房室束的进一步分支则伸入心肌膜。心脏传导系统受自主神经系统和肽能神经支配。组成心脏传导系统的细胞有起搏细胞、移行细胞和浦肯野纤维三种。

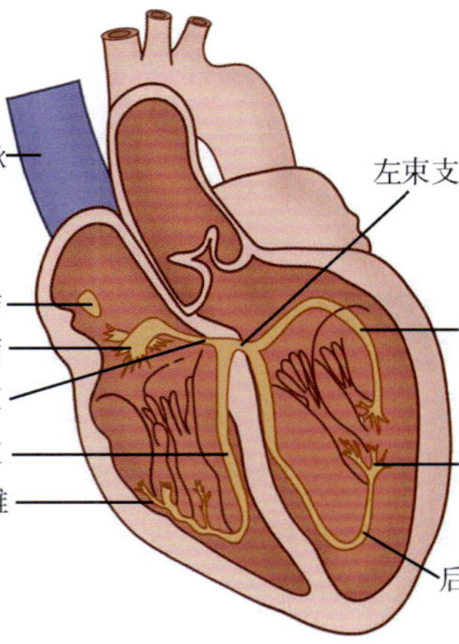

图9-16 心脏传导结构模式图

（一）起搏细胞

起搏细胞（pacemaker cell）存在于窦房结和房室结中心部位的结缔组织内，是心肌兴奋的起搏点。与普通的心肌纤维相比，起搏细胞体积较小，呈梭形或多边形，胞质着色浅淡，核大而圆，位于细胞中央，可见1～2个核仁。电镜下，胞质内细胞器较少，有少量肌原纤维，糖原较多。

（二）移行细胞

移行细胞（transitional cell）主要位于窦房结和房室结的周边及房室束，能够传导冲动。移行细胞的结构介于起搏细胞和普通心肌纤维之间，是二者的过渡类型，较普通心肌纤维细而短，比起搏细胞长，胞质内的肌原纤维比起搏细胞稍多，肌质网也较发达。

（三）浦肯野纤维

浦肯野纤维（Purkinje fiber）位于心室的心内膜下层和心肌膜内，组成房室束及其分支。与普通心肌纤维相比，浦肯野纤维短而粗，形状常不规则，细胞中央有1～2个核。电镜下，细胞之间由发达的闰盘相连，胞质中有丰富的糖原和线粒体，肌原纤维较少，分布在细胞周边。房室束末端的浦肯野纤维穿入心室肌层与普通的心室肌纤维相连，通过缝隙连接将冲动快速传递到心室的心肌细胞，使所有的心室肌纤维产生同步舒缩。

第七节　淋巴管系统

淋巴管系统是输送淋巴的管道。淋巴管系统以毛细淋巴管起始于组织内，逐渐汇集形成粗细不等的淋巴管，最后以淋巴导管汇入大静脉。除中枢神经系统、软骨、骨、骨髓、眼球、牙及胎盘等处没有淋巴管分布外，其余组织或器官大多有淋巴管。

1. 毛细淋巴管　毛细淋巴管（lymphatic capillary）以盲端起始于组织内，互相吻合成网。其主要特点是管腔大而不规则，管壁很薄，仅由一层内皮细胞和极薄的基膜构成，无周细胞。电镜下，毛细淋巴管的内皮细胞间隙较宽，大分子物质如蛋白质、脂类物质、细菌和癌细胞等容易进入毛细淋巴管。

2. 淋巴管　淋巴管（lymphatic vessel）的结构与小静脉相似，但管腔更大，管壁更薄，由内皮、少量平滑肌和结缔组织构成。淋巴管中有较多的瓣膜以防止淋巴逆流。

3. 淋巴导管　淋巴导管（lymphatic duct）由淋巴管逐级汇合而成，包括胸导管和右淋巴导管。淋巴导管的管壁结构与大静脉相似，管壁薄，三层膜分界不明显。内膜由内皮、内皮下层及不明显的内弹性膜组成，中膜由3～6层平滑肌纤维组成，呈纵行和环行排列。外膜的结缔组织中含有纵行平滑肌纤维束、胶原纤维及营养血管。

知识扩展　**组织工程化血管**

血管的修复和置换一直是治疗急性损伤和慢性动脉粥样硬化等疾病的关键环节。随着组织工程的发展，工程化血管将成为血管疾病外科治疗的支柱。组织工程化血管是将自体细胞或同种异体细胞种植在管状的可生物降解支架中，然后去细胞化而成，3D打印技术可以更快地生产组织工程化血管。已经证实，移植入患者体内的组织工程化血管在低压环境（小儿心脏手术）和高压环境（成人外周动脉手术）中具有一定的功能。同时微血管和心脏组织工程也取得了重要进展。这些研究结果都预示实体器官血运重建有着光明前景。

思考题

1. 如何理解大动脉是心脏的辅助泵这一功能？
2. 当患者发生动脉粥样硬化时，血管壁会发生什么变化？
3. 心血管系统与淋巴管系统有什么关系？

（曹佳会）

（绘图　翁安莉）

第十章 免疫系统

免疫系统（immune system）由淋巴器官、淋巴组织、免疫细胞和免疫活性分子构成，主要执行机体的免疫防御功能。淋巴器官分为中枢淋巴器官和外周淋巴器官。中枢淋巴器官是淋巴细胞产生和分化的场所，外周淋巴器官是淋巴细胞进行抗原识别和免疫应答的场所。淋巴组织是构成外周淋巴器官的主要成分，亦广泛分布于消化管和呼吸道等处。免疫细胞包括淋巴细胞、抗原呈递细胞、血液中的各种白细胞及结缔组织中的浆细胞、肥大细胞等，广泛存在于血液、淋巴、淋巴组织或其他组织内。免疫活性分子包括免疫球蛋白、补体、细胞因子等。免疫系统各成分通过血液循环和淋巴循环相互联系，形成一个统一的整体。

免疫系统的主要功能有：①免疫防御：识别和清除侵入机体的抗原，包括病原微生物、异体细胞和大分子物质等抗原性异物；②免疫监视：识别和清除体内表面抗原发生变异的细胞（肿瘤细胞和病毒感染的细胞等）；③免疫稳定：识别和清除体内衰老死亡的细胞和免疫复合物，维持机体内部的稳定。免疫系统功能过高或过低对机体都会造成病理性损伤。

免疫系统行使功能的主要分子基础：①主要组织相容性复合分子（major histocompatibility complex molecules，MHC分子），是细胞自身的标志，具有种属特异性和个体差异性，是介导移植免疫排斥反应的主要抗原，也是临床亲子鉴定和法医学鉴定的标签。MHC分子可分为MHC-Ⅰ类、MHC-Ⅱ类和MHC-Ⅲ类分子。MHC-Ⅰ类分子分布在个体所有有核细胞的表面，主要参与内源性抗原呈递；MHC-Ⅱ类分子主要分布在抗原呈递细胞表面，包括B细胞、树突状细胞、单核吞噬细胞等，主要参与外源性抗原呈递；MHC-Ⅲ类分子包括补体、细胞因子和热休克蛋白，与炎症反应有关。②特异性抗原受体，位于T细胞和B细胞的表面，虽然其种类可超过百万种，但每个细胞上只有一种抗原受体。因此，作为个体，每个淋巴细胞只参与针对一种抗原的免疫应答；但作为群体，淋巴细胞可以针对许多种抗原发生免疫应答反应。

第一节 免疫细胞

一、淋巴细胞

淋巴细胞（lymphocyte）是组成免疫系统的核心成分，也是执行免疫功能的主要成分。根据淋巴细胞来源、表面标志和免疫功能等方面的不同，可将淋巴细胞分为胸腺依赖淋巴细胞（thymus dependent lymphocyte，T细胞）、骨髓依赖淋巴细胞（bone marrow dependent lymphocyte，B细胞）和自然杀伤细胞（nature killer cell，NK细胞）三类。各种淋巴细胞又分为多个亚型，它们寿命长短不一，功能各异。

（一）T细胞

T细胞来源于骨髓，在胸腺内发育分化成熟后转移至外周淋巴器官或淋巴组织，是淋巴细胞中数量最多、功能最复杂的一类。T细胞在没有接触特异性抗原分子前，保持相对静息状态，称初始T细胞（naive T cell）。进入外周淋巴器官或淋巴组织的初始T细胞一旦接触了抗原，便转化为代谢活跃的大淋巴细胞，并增殖和分化。分化成熟的T细胞体积较小，大部分为效应T细胞（effector T cell），小部分形成记忆T细胞（memory T cell）。由于效应T细胞可直接杀伤靶细胞，故T细胞参与的免疫称细胞免疫（cellular immunity）。效应T细胞有显著MHC限制性，只能在近处迅速清除抗原，寿命仅1周左右。记忆T细胞再次遇到相同抗原时，能迅速活化、增殖、分化，形成大量效应T细胞，执行更强有力的免疫应答，记忆T细胞寿命可达数年或终身，使机体长期保持对相同抗原的免疫力。T细胞可分为三个亚群：

1. 细胞毒性T细胞 细胞毒性T细胞（cytotoxic T cell，Tc细胞）具有CD8表面标志物，可直接、连续、特异性地杀伤靶细胞，如病毒感染细胞、肿瘤细胞和移植细胞等。当Tc细胞与靶细胞的抗原结合后，可释放穿孔素（perforin），使靶细胞膨胀破裂而死亡。Tc细胞还可分泌颗粒酶（granzyme），颗粒酶从小孔进入靶细胞，诱发靶细胞凋亡。

2. 辅助性T细胞 辅助性T细胞（helper T cell，Th细胞）具有CD4表面标志物。Th细胞不直接杀死受感染的细胞或病原体，而是通过分泌多种细胞因子，间接促进和激活其他免疫细胞，辅助淋巴细胞发挥免疫功能。例如，Th1细胞参与细胞免疫及迟发型超敏反应，Th2细胞可辅助B细胞分化为浆细胞，参与体液免疫反应。艾滋病病毒能特异性破坏Th细胞，导致患者免疫系统瘫痪。

3. 调节性T细胞 调节性T细胞（regulatory T cell，Tr细胞）数量较少，表达CD4、CD25表面标志物和核转录因子Foxp3分子，对机体免疫应答具有负调节功能。Tr细胞通过接触方式，或通过分泌抑制性细胞因子IL-10和TGF-β等，直接或间接抑制T细胞的增殖、分化及其活性，进而下调机体的免疫应答。Tr数量和功能异常往往导致自身免疫性疾病。

（二）B细胞

B细胞起源于骨髓中的淋巴干细胞，在骨髓中变成初始B细胞后，迁移至周围淋巴器官和初级淋巴小结。在抗原刺激下，B细胞转化为大淋巴细胞，并增殖、分化，大部分的子细胞为效应B细胞，即浆细胞，可分泌抗体。抗原与抗体结合后，可中和毒素、激活补体、阻止病原体黏附细胞，加速巨噬细胞对抗原的吞噬和清除。由于B细胞以分泌可溶性抗体进入体液来执行免疫功能，因此，B细胞介导的免疫称体液免疫（humoral immunity）。小部分激活的B细胞转化为记忆B细胞，其作用与记忆性T细胞相同。

（三）NK细胞

NK细胞由骨髓中的淋巴干细胞分化而成，为大颗粒淋巴细胞。NK细胞不需抗原呈递细胞的介导，也不借助抗体的存在，即可直接杀伤靶细胞，如病毒感染细胞和肿瘤细胞。NK细胞属于固有免疫细胞，其杀伤靶细胞没有MHC限制，是机体抗肿瘤和抗感染免疫的第一道防线。

二、单核吞噬细胞系统

单核吞噬细胞系统（mononuclear phagocytic system，MPS）由单核细胞及其分化而来的具有吞噬功能的细胞组成。结缔组织和淋巴组织中的巨噬细胞、肝巨噬细胞（库普弗细胞）、肺巨噬细胞（尘细胞）、神经组织的小胶质细胞和骨组织的破骨细胞等都属于单核吞噬细胞系统的成员。巨噬细胞由血液中的单核细胞穿出血管进入结缔组织后分化而成，是广泛分布于机体的终末细胞，一般不再返回血液。与单核细胞相比，巨噬细胞的形态和功能均发生显著变化，体积增大5～10倍，溶酶体大量增加，功能更加复杂，能分泌大量的可溶性因子，吞噬能力增强。单核吞噬细胞系统细胞数量多，在体内分布广泛，其主要功能为吞噬细菌、异物，清除衰老的红细胞和组织碎片，合成和分泌多种免疫活性分子，抑制肿瘤生长，作为抗原呈递细胞参与和调节免疫应答。

三、抗原呈递细胞

抗原呈递细胞（antigen-presenting cell，APC）是指能有效捕获、加工和处理抗原，形成抗原肽-MHC分子复合物，将抗原肽呈递给T细胞，并激发T细胞活化、增殖的一类免疫细胞。抗原呈递细胞包括巨噬细胞、树突状细胞、朗格汉斯细胞和B细胞等。

第二节 淋巴组织

淋巴组织（lymphoid tissue）多分布于全身易与抗原相接触的部位，以网状组织为支架，网孔内充满大量的淋巴细胞及巨噬细胞、浆细胞等免疫细胞，是免疫应答的场所。根据淋巴组织的形态、细胞成分和功能特点分为弥散淋巴组织和淋巴小结。

一、弥散淋巴组织

弥散淋巴组织（diffuse lymphoid tissue）与周围组织无明显的界线，含有T细胞及少量B细胞，此外还有浆细胞、巨噬细胞、肥大细胞等。弥散淋巴组织中除有一般的毛细血管和毛细淋巴管外，还含有内皮呈杆状的高内皮微静脉（high endothelial venule），即毛细血管后微静脉，是淋巴细胞从血液进入淋巴组织的重要通道（图10-1）。当弥散淋巴组织受抗原刺激后，可出现淋巴小结。

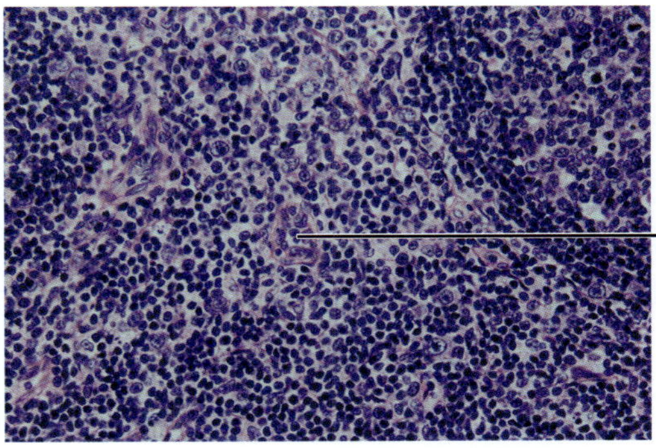

图10-1 弥散淋巴组织（HE染色，高倍）

二、淋巴小结

淋巴小结（lymphoid nodule）又称淋巴滤泡（lymphoid follicle），呈圆形或椭圆形，与周围组织界线较明显，含大量B细胞、少量Th细胞和巨噬细胞等。淋巴小结受抗原刺激后增大，并产生生发中心（germinal center）。无明显生发中心的淋巴小结较小，称为初级淋巴小结。有生发中心的淋巴小结较大，称为次级淋巴小结。

生发中心（germinal center）可分为暗区（dark zone）和明区（light zone）（图10-2）。暗区较小，主要含经转化后体积较大的B细胞和部分Th细胞，该区细胞体积大、嗜碱性强、着色深，故称暗区。明区较大，除中等大小的B细胞和Th细胞外，还多见滤泡树突状细胞和巨噬细胞。生发中心的周边有一层密集的小淋巴细胞，着色较深、呈新月形，尤以顶部最厚，称小结帽，主要由幼浆细胞和记忆B细胞组成（图10-3）。

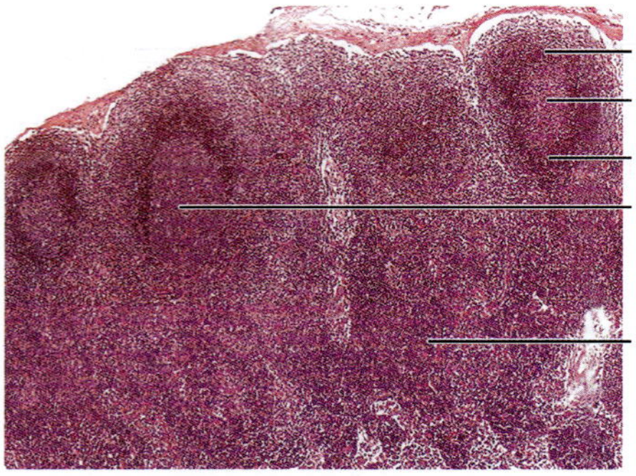

图10-2 淋巴小结（HE染色，高倍）

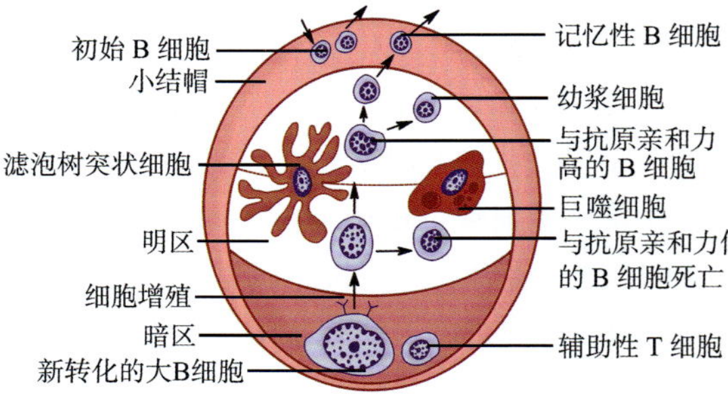

图10-3 淋巴小结细胞组成及分布示意图

生发中心的形成过程如下：初始B细胞或记忆性B细胞识别抗原并与Th细胞相互作用后，迁移至初级淋巴小结并分裂、增殖，形成大而幼稚的生发中心母细胞（centroblast）并紧密聚集，形成暗区。生发中心母细胞继续增殖分化，形成体积较小的生发中心细胞（centrocyte），生发中心细胞排列不紧密，其间夹杂着滤泡树突状细胞，构成明区。部分B细胞经过不断分化发育，形成体积比较小的幼浆细胞及记忆性B细胞。幼浆细胞迁移至邻近的弥散淋巴组织，或进入淋巴后迁移至其他部位的淋巴组织或结缔组织，转化为浆细胞，分泌抗体。不发生增殖的B细胞被推向外侧，形成小结帽。

次级淋巴小结的发育一般在接触抗原后2周达高峰。淋巴小结增大、增多是体液免疫应答的标志，抗原被清除后淋巴小结又逐渐消失。

滤泡树突状细胞（follicular dendritic cell，FDC）与一般的树突状细胞在来源和功能上有很大区别。滤泡树突状细胞虽然也有很多树枝状突起，但并非来源于骨髓细胞，也不表达MHC-Ⅱ类分子，其细胞表面有丰富的抗体受体，可与抗原结合形成抗原-抗体复合物。

第三节 淋巴器官

淋巴器官是以淋巴组织为主要成分构成的器官，分为中枢淋巴器官（central lymphoid organ）和外周淋巴器官（peripheral lymphoid organ）两类。中枢淋巴器官包括胸腺和骨髓，是培育淋巴细胞的场所。中枢淋巴器官在胚胎时期发生早，其发生和功能不受抗原刺激的影响，人在出生前数周，产生的初始淋巴细胞就已源源不断地输送至外周淋巴器官和淋巴组织。外周淋巴器官较中枢淋巴器官发育晚，出生数月后才逐渐发育完善，包括淋巴结、脾和扁桃体等。在抗原刺激下，初始淋巴细胞在外周淋巴器官内增殖分化为相应的效应细胞和记忆细胞，外周淋巴器官是淋巴细胞行使功能、进行免疫应答的重要场所。

一、胸 腺

胸腺（thymus）是培育初始T细胞的场所，位于上纵隔内。胸腺发生早，0～4岁达到高峰，持续生长到青春期，最后退化，大部分被脂肪组织代替。

（一）胸腺的结构

胸腺分为左右两叶，表面包有薄层结缔组织被膜（capsule）。被膜伸入胸腺实质形成小叶间隔，将实质分隔为许多不完全分离的胸腺小叶（thymic lobule）。每个胸腺小叶均由皮质和髓质构成；胸腺小叶周边部的胸腺细胞密集，染色较深，为皮质；中央染色较浅，为髓质；由于小叶间隔分隔不完整，相邻小叶的髓质相互通连（图10-4）。

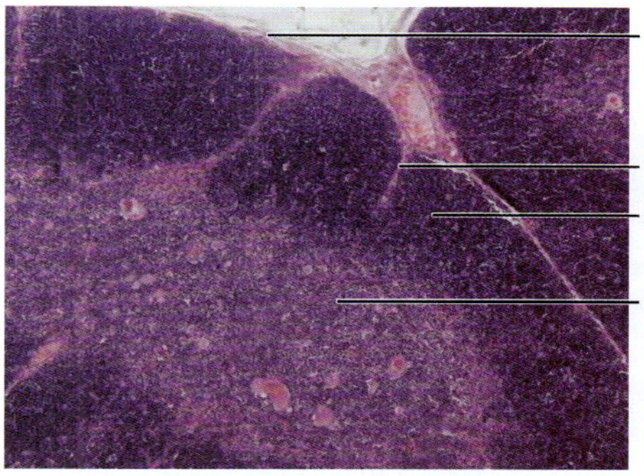

图10-4 儿童胸腺（HE染色，低倍）

1. 皮质 皮质（cortex）细胞密集，以胸腺上皮细胞（thymic epithelial cell）为支架，间隙内含大量的胸腺细胞和少量基质细胞（图10-5）。胸腺上皮细胞又称上皮性网状细胞，多呈星形，有突起，相邻的上皮细胞突起之间以桥粒相连成网状。某些被膜下上皮细胞胞质丰富，包绕胸腺细胞，称哺育细胞（nurse cell）。胸腺上皮细胞表达大量的MHC分子，能分泌胸腺素（thymosin）、胸腺肽（thymulin）和胸腺生成素（thymopoietin），为胸腺细胞发育所必需。胸腺细胞（thymocyte）即T细胞的前身，占胸腺皮质细胞总数的85%～90%。由骨髓来的淋巴性造血干细胞进入胸腺皮质并向髓质迁移，迁移过程中，在胸腺基质细胞参与下，胸腺细胞经历两次选择，即阳性选择和阴性选择。阳性选择发生在皮质外层，赋予T细胞分别具有MHC-Ⅰ类和MHC-Ⅱ类分子限制性识别的能力。阴性选择发生在皮质深层和髓质，淘汰了能与机体自身发生反应的T细胞。发育中的胸腺细胞，最终只有5%左右发育成熟，成为初始T细胞，具有正常的免疫应答潜能。绝大部分胸腺细胞发生凋亡，被巨噬细胞吞噬清除。

2. 髓质 髓质（medulla）含有大量胸腺上皮细胞、少量初始T细胞和巨噬细胞等。髓质胸腺上皮细胞呈多边形，体积较大，细胞间以桥粒相连，也可分泌胸腺素。髓质内常见特征性的胸腺小体（thymic corpuscle）结构（图10-6）。胸腺小体散在分布，由胸腺上皮细胞呈同心圆状排列而成，圆形或卵圆形，直径为30～150μm。胸腺小体外周的上皮细胞核明显，细胞可分裂；近小体中心的上皮细胞核逐渐退化，胞质中含较多角蛋白；小体中心的上皮细胞则完全角化，呈强嗜酸性，有的已破碎，呈均质透明状。胸腺小体内还常见巨噬细胞、嗜酸性粒细胞和淋巴细胞。胸腺小体随年龄增加而增多，其功能尚未完全阐明。

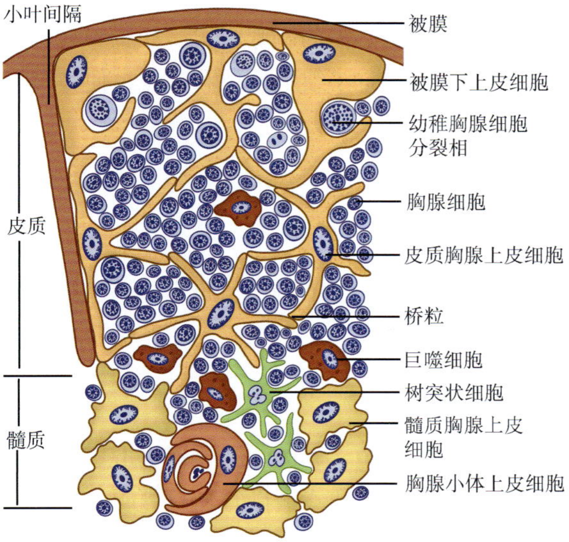

图10-5 胸腺内的细胞分布模式图

3. 血-胸腺屏障 胸腺皮质内的毛细血管均为连续毛细血管，在皮、髓质交界处汇合为毛细血管后微静脉，该处内皮细胞为立方形，是初始T细胞进入血流的重要通道。髓质的毛细血管常为有孔毛细血管，汇入微静脉后也经小叶间隔和被膜离开胸腺。胸腺皮质的毛细血管及其周围结构可阻挡血液内抗原等的侵入，具有屏障作用，称血-胸腺屏障（blood-thymus barrier）。血-胸腺屏障的组成：①连续毛细血管内皮，内皮间有紧密连接；②内皮周围连续的基膜；③血管周隙内的巨噬细胞；④胸腺上皮细胞的基膜；⑤一层连续的胸腺上皮细胞及突起（图10-7）。血-胸腺屏障可阻止血液内的抗原物质和药物通过，保持胸腺内环境的稳定，有利于胸腺细胞的正常发育。

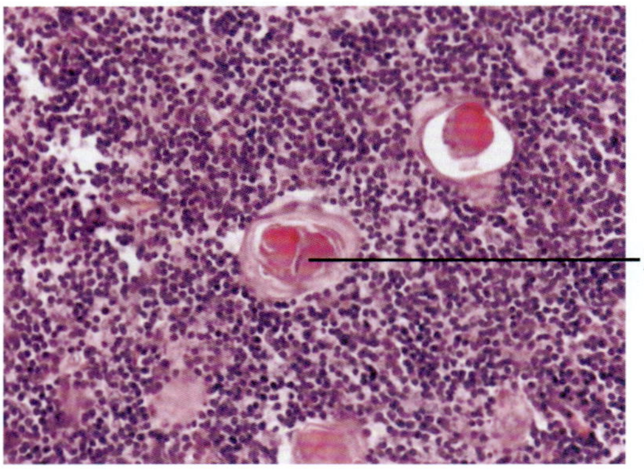

图10-6 胸腺小体（HE染色，高倍）

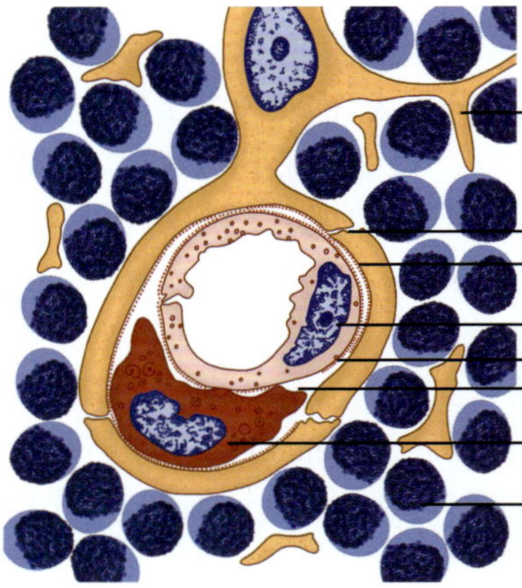

图10-7 血-胸腺屏障模式图

（二）胸腺的功能

1. 产生初始T细胞 胸腺内幼稚的胸腺细胞不断分裂、分化为成熟的初始T细胞，经皮、髓质交界处的毛细血管后微静脉入血，进而分布于外周淋巴器官或淋巴组织的胸腺依赖区。若切除新生小鼠的胸腺，则小鼠缺乏T细胞，不能排斥异体移植物，周围淋巴器官及淋巴组织内无次级淋巴小结出现，机体产生抗体的能力也下降。若在动物出生后数周切除胸腺，此时已有大量初始T细胞迁移至周围淋巴器官和淋巴组织内，已能行使一定的免疫功能，短期内看不出影响，但机体的免疫力仍下降。若给切除胸腺的新生小鼠移植胸腺，则可明显改善小鼠的免疫缺陷状态。

2. 分泌胸腺激素 胸腺上皮细胞能分泌多种胸腺细胞发育所必需的胸腺激素，如胸腺素和胸腺生成素、胸腺血清因子和胸腺体液因子等，能诱导淋巴干细胞向T细胞分裂和分化，使其具有免疫应答的能力。

二、淋 巴 结

淋巴结（lymph node）成串珠样分布于淋巴循环的通路上，全身有500～600个，淋巴结是滤过淋巴和进行免疫应答的重要场所。

（一）淋巴结的结构

淋巴结多呈蚕豆形，表面有薄层结缔组织构成的被膜。淋巴结一侧凹陷，有输出淋巴管、血管和神经等经此进出淋巴结，称为淋巴结门部；淋巴结凸面有数条输入淋巴管穿过被膜与被膜下淋巴窦相通。被膜和门部的结缔组织伸入实质，称为小梁（trabecula），小梁内有血管和神经，相互连接形成支架。淋巴结的实质分为靠近被膜的皮质和中央的髓质（图10-8）。皮质染色较深，髓质染色较浅。

1. 皮质 皮质位于被膜下，由浅层皮质、副皮质区及皮质淋巴窦三部分构成（图10-9）。

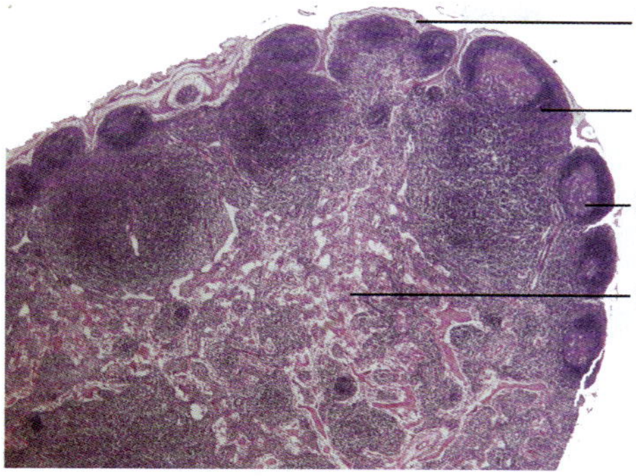

图10-8 淋巴结（HE染色，低倍）

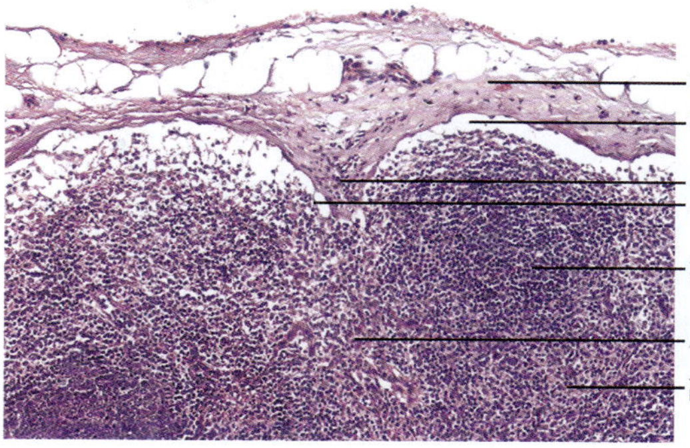

图10-9 淋巴结皮质（HE染色，高倍）

（1）浅层皮质（superfacial cortex）：位于被膜下方，由淋巴小结及小结间区构成，小结间区为淋巴小结之间的弥散淋巴组织，浅层皮质为B细胞区（图10-9）。受抗原刺激后，浅层皮质内淋巴小结增多、增大，且多为次级淋巴小结，有明显的生发中心和小结帽。

（2）副皮质区（paracortex zone）：位于皮质深层，由弥散淋巴组织构成，以Th细胞为主。新生动物切除胸腺后，副皮质区不发育，故又称胸腺依赖区（thymus dependent area），还含有较多的交错突细胞、巨噬细胞和少量B细胞等。副皮质区有较多毛细血管后微静脉，是淋巴细胞由血液进入淋巴结的重要部位。

（3）皮质淋巴窦（cortical sinus）：分为被膜下窦和小梁周窦，里面流动着淋巴。被膜下窦为包绕整个淋巴结实质的扁囊，被膜侧有输入淋巴管通入。窦壁衬有很薄的内皮，外有薄层基膜、少量网状纤维和一层扁平的网状细胞。窦腔内有星状内皮细胞支撑，其上附有许多巨噬细胞，腔内含有淋巴细胞（图10-10）。淋巴在窦内流动缓慢，利于巨噬细胞清除异物和处理抗原。小梁周窦位于小梁周围，与被膜下窦相延续，末端常为盲端，仅部分与髓质淋巴窦直接相通，其结构、功能与被膜下窦相似。

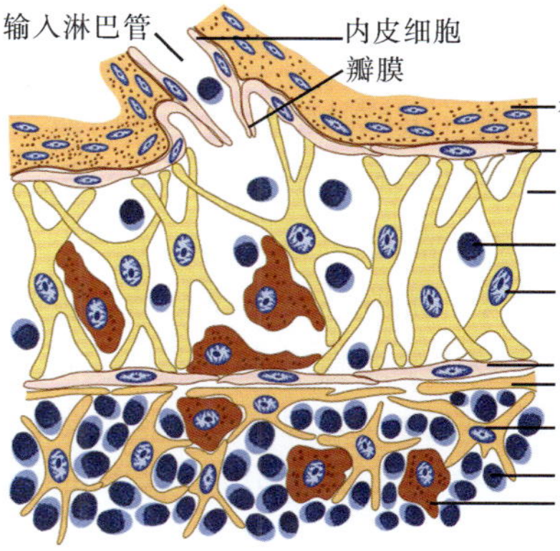

图10-10 被膜下窦模式图

2. 髓质 髓质位于淋巴结的中央，由髓索和髓窦组成（图10-11、图10-12）。

（1）髓索（medullary cord）：是相互连接成条索状的淋巴组织，以B细胞为主，同时有浆细胞和巨噬细胞。淋巴小结产生的幼浆细胞在此转变为浆细胞，并分泌抗体。

（2）髓窦（medullary sinus）：即髓质淋巴窦。结构与皮质淋巴窦相似，但窦腔较宽大，巨噬细胞较多，故有较强的滤过作用。

（二）淋巴结内的淋巴通路

淋巴由数条输入淋巴管进入被膜下窦，部分经小梁周窦流入髓窦，部分渗入皮质淋巴组织后再进入髓窦，汇成数条输出淋巴管，从淋巴结门部离开淋巴结。因此，经淋巴结过滤后，输出的淋巴中细菌等抗原即被清除，而淋巴细胞和抗体增多。

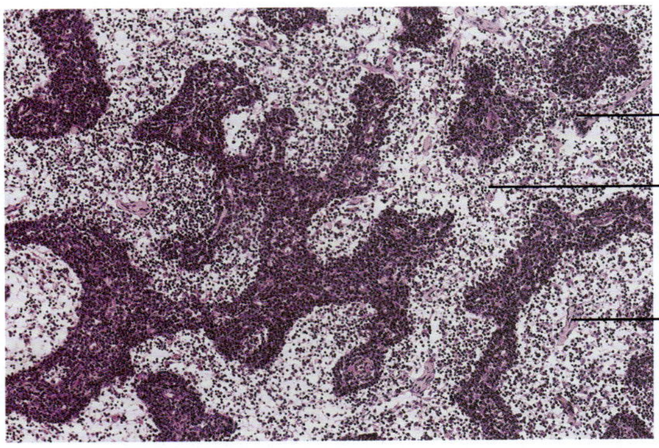

图10-11　淋巴结髓质（HE染色，高倍）

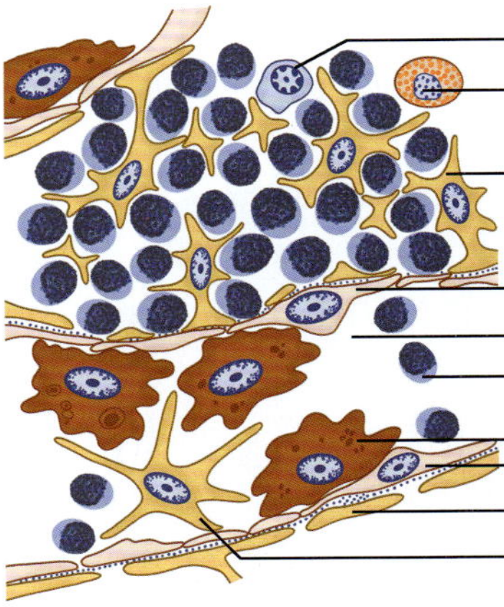

图10-12　淋巴结髓质模式图

（三）淋巴细胞再循环

淋巴细胞从淋巴组织、淋巴器官或其他组织经各级淋巴管进入血液循环，又通过毛细血管后微静脉再进入到淋巴组织或淋巴器官内，如此周而复始地从一处迁移到另一处，这种现象称淋巴细胞再循环（recirculation of lymphocyte）。参加再循环的淋巴细胞主要是T细胞，也有少量B细胞，记忆性T细胞循环一次需要18～24小时，B细胞再循环需要约30小时。淋巴细胞再循环有利于识别抗原，沟通信息，促进细胞间的相互协作，使全身的免疫细胞成为一个功能整体，大大提高了机体的免疫能力。参加淋巴细胞再循环的细胞主要存在于淋巴器官和淋巴组织内，是血液中淋巴细胞总数的数十倍。

（四）淋巴结的功能

1. 滤过淋巴　抗原等物质进入淋巴液，在流经淋巴窦时，细菌等抗原、异物即被巨噬细胞清除，而淋巴细胞和抗体数量增加。淋巴结对细菌的滤过清除率较高，一般为99.5%，但对病毒与癌细胞的清除率却非常低。

2. 免疫应答　抗原进入淋巴结后，巨噬细胞和交错突细胞可捕获和处理抗原，并呈递给T细胞，Th细胞和效应T细胞增多，深层皮质明显增宽，引发细胞免疫。同时B细胞在接触抗原后，淋巴小结增多、增大，髓索内浆细胞增多，输出淋巴管内抗体数量明显上升，引发体液免疫。淋巴结内细胞免疫应答和体液免疫应答常同时发生。

三、脾

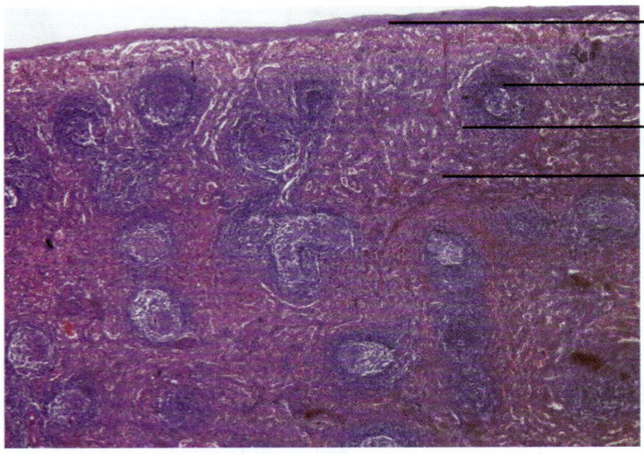

图10-13　脾（HE染色，低倍）

脾（spleen）位于血液循环的通路上，是最大的淋巴器官，是机体滤过血液和产生免疫应答的重要器官。

（一）脾的结构

脾的表面被一层厚厚的致密结缔组织被膜覆盖。脾的实质分为白髓、红髓和边缘区三部分（图10-13）。

1. 被膜与小梁　被膜为较厚的致密结缔组

织，内有大量的弹性纤维和平滑肌，表面覆盖间皮。被膜伸入实质形成小梁。脾动脉和脾静脉从脾门进出，其分支随小梁走行，称小梁动脉和小梁静脉。被膜和小梁内的平滑肌和弹性纤维的伸缩可调节脾的血量。

2. 实质 在新鲜脾的切面上，大部分区域为深红色，即红髓；其间有散布的灰白色小点，即白髓；在两个区域的交界处为边缘区。

（1）白髓（white pulp）：由动脉周围淋巴鞘和淋巴小结构成（图10-14）。动脉周围淋巴鞘（periarterial lymphatic sheath）即中央动脉周围的弥散淋巴组织。由大量T细胞和少量巨噬细胞及交错突细胞构成，也称为胸腺依赖区。细胞免疫应答时，鞘内T细胞分裂增殖，鞘增厚。中央动脉旁有一条伴行的小淋巴管，是鞘内T细胞经淋巴迁出脾的重要通道。动脉周围淋巴鞘内无毛细血管后微静脉。淋巴小结又称脾小体（splenic corpuscle），位于动脉周围淋巴鞘的一侧，主要由大量的B细胞构成。抗原刺激后的淋巴小结可发育成次级淋巴小结。

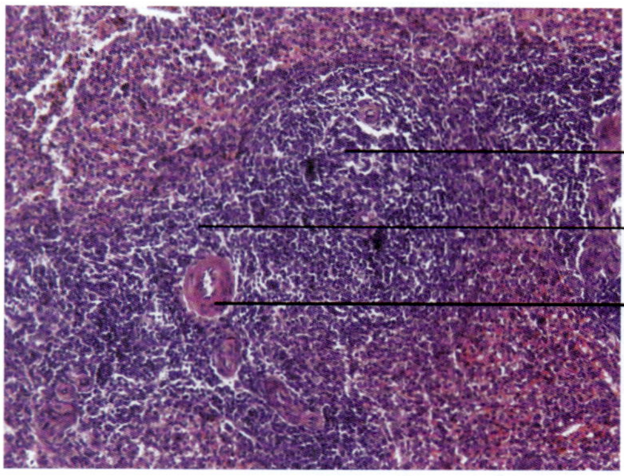

图10-14 脾白髓（HE染色，高倍）

（2）边缘区（marginal zone）：是白髓与红髓交界处的狭窄区域，宽80～100μm，由淋巴组织和边缘窦组成。边缘区有T细胞和B细胞、少量红细胞和大量的巨噬细胞。中央动脉主干分支形成的毛细血管进入边缘区，有的膨大形成血窦即边缘窦，是血液内淋巴细胞进入淋巴组织的重要通道；有的直接开口于边缘区的淋巴组织内。白髓内的淋巴细胞也可经此区进入血窦，参与再循环。边缘区是脾捕获、识别抗原和诱发免疫应答的重要部位。

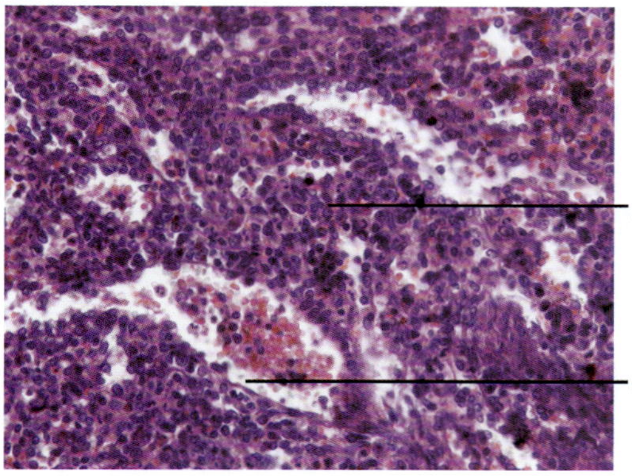

图10-15 脾红髓（HE染色，高倍）

（3）红髓（red pulp）：由脾索和脾血窦组成（图10-15）。因含大量血细胞，红髓在新鲜脾切面上呈红色。脾索（splenic cord）是主要含B细胞、浆细胞、巨噬细胞和树突状细胞等的索状淋巴组织，富含血细胞，相互连接成网，脾索之间即为脾血窦。脾索内巨噬细胞、树突状细胞可捕获处理血液中的抗原，激发免疫应答。脾索是滤过血液、产生抗体的重要场所。脾索内的血细胞可通过内皮间隙进入血窦。脾血窦（splenic sinus）简称脾窦，为相互连接成网的不规则的血窦，宽12～50μm。窦壁由与血窦长轴平行排列的长杆状内皮细胞围成，内皮排列呈栅栏状，细胞之间具有0.2～0.5μm的间隙，内皮基膜不完整，外有网状纤维环绕，有利于血细胞的穿越（图10-16）。

（二）脾的血液通路

脾动脉从脾门入脾后分支形成小梁动脉。小梁动脉分支进入动脉周围淋巴鞘内形成中央动脉。中央动脉沿途发出一些小分支形成毛细血管供应白髓，最后终止在边缘区，其末端膨大形成边缘窦。中央动脉主干在穿出白髓进入脾索时分支形成许多较短、直的笔毛微动脉（图10-17），其末端大部分开放于脾索后汇入脾血窦，小部分直接连于脾血窦。脾血窦汇入由扁平内皮细胞构成的髓微静脉，再汇入小梁静脉，最后汇成脾静脉出脾。

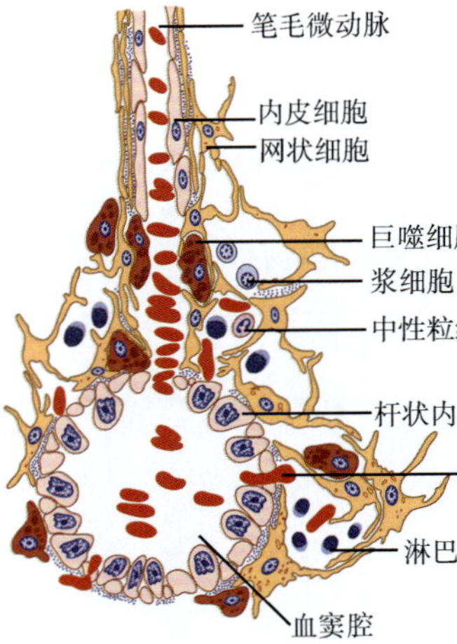

图10-16 脾血窦模式图

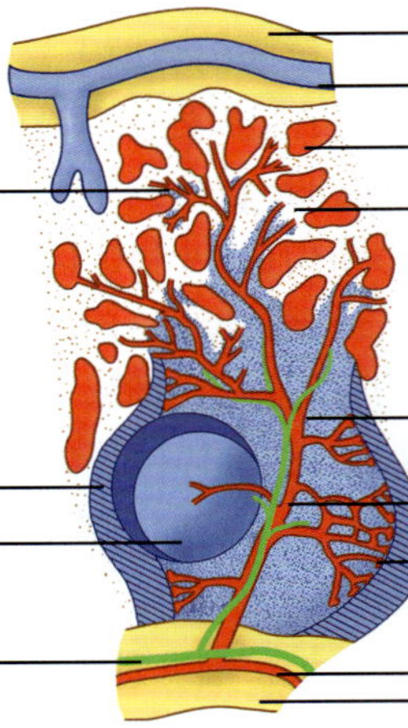

图10-17 脾血流通路模式图

（三）脾的功能

1. 滤血 脾能有效地清除血液中的细菌、病毒、异物以及衰老的血细胞和血小板等。血细胞进入脾索后，衰老的血细胞因膜骨架蛋白变性，细胞变形性降低，不能穿越血窦内皮间隙而滞留在脾索内，被此处的巨噬细胞清除（主要是红细胞）。当脾功能亢进时，红细胞破坏过多，容易导致贫血。脾切除后，血液内的异形衰老红细胞会大量增多。

2. 免疫应答 脾是对血源性抗原物质产生免疫应答的重要场所。进入血液的病原体，如细菌、疟原虫和血吸虫等，可引发脾内发生免疫应答：细胞免疫应答时，动脉周围淋巴鞘增厚，细胞有丝分裂象增多；体液免疫应答时，脾小体增多、增大，脾索内浆细胞增多。

3. 造血 脾在胚胎第四五个月时为造血器官，自骨髓开始造血后，便演变为淋巴器官。成年后，脾内仍含有少量造血干细胞，当机体严重缺血或某些病理状态下，脾可以恢复造血功能。

4. 储血 正常人脾内能储备一定量的血，且为浓缩血。当机体紧急情况如急性失血时，可将储存的血液释放入血液循环。

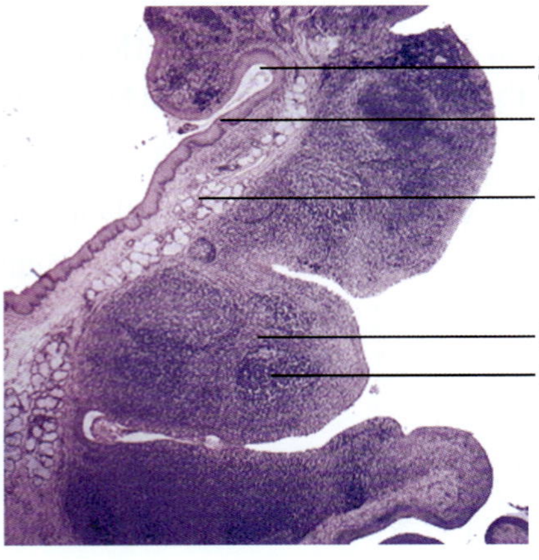

图10-18 腭扁桃体（HE染色，低倍）

四、扁　桃　体

扁桃体（tonsil）包括腭扁桃体、咽扁桃体和舌扁桃体，是产生免疫效应的重要部位。腭扁桃体呈扁卵圆形，表面覆盖复层扁平上皮，上皮向固有层内陷形成10～30个隐窝。隐窝周围固有层有许多淋巴小结及弥散淋巴组织（图10-18）。隐窝深部的上皮内含有大量的淋巴细胞、浆细胞、巨噬细胞、交错突细胞和朗格汉斯细胞。咽扁桃体和舌扁桃体较小，结构与腭扁桃体相似。

知识扩展

艾　滋　病

艾滋病是一种致命的传染性疾病，起因是感染了人类免疫缺陷病毒（human immunodeficiency virus，HIV），亦称艾滋病病毒。主要的传播途径是通过性传播、血液传播及母婴传播。艾滋病病毒极其微小，仅以核酸RNA为内核，外有包膜外壳。侵入人体后，主要进攻CD4 T淋巴细胞，并寄生于该细胞内与染色体融合，在辅酶的作用下利用其DNA以芽生方式，不断复制出大量病毒颗粒危害人体，使体内的多种免疫细胞受到损害，最终并发各种严重的感染疾病及恶性肿瘤，所以也称获得性免疫缺陷综合征（acquired immunodeficiency syndrome，AIDS）。目前在全世界范围内仍缺乏根治HIV感染的有效药物，现阶段的治疗目标是：最大限度和持久地降低病毒载量；获得免疫功能重建和维持免疫功能；提高生活质量；降低HIV相关的发病率和死亡率。

思考题

1. 单核吞噬细胞系统的组成及功能是什么？
2. 胸腺的组织结构和功能是什么？
3. 淋巴结的组织结构和功能是什么？
4. 脾的组织结构和功能是什么？

（王　旭）

（绘图　翁安莉）

第十一章 内分泌系统

内分泌系统（endocrine system）由独立的内分泌腺和散在于其他器官内的内分泌组织和细胞组成。内分泌腺包括甲状腺、甲状旁腺、肾上腺、垂体和松果体等，腺细胞排列成团状、索状或围成滤泡状，无输送分泌物的导管，细胞间有丰富的有孔或窦状毛细血管。分布于其他器官的内分泌细胞有的成团分布，如胰腺的胰岛、卵巢的黄体、睾丸间质细胞等；而消化道和呼吸道上皮内的内分泌细胞则散在分布。

内分泌细胞的分泌物称激素（hormone），激素主要通过血液循环到达远处特定的细胞发挥作用。少部分细胞分泌的激素可直接作用于邻近的细胞和分泌细胞本身。某种激素作用的特定器官或特定细胞，称为这种激素的靶器官（target organ）或靶细胞（target cell）。靶细胞上具有与相应激素特异结合的受体，激素与受体结合后产生生理效应。

根据激素的化学性质，可将内分泌细胞分为含氮激素分泌细胞和类固醇激素分泌细胞两类。机体绝大部分内分泌细胞为含氮激素分泌细胞，包括甲状腺、甲状旁腺、垂体和肾上腺髓质等，而类固醇激素分泌细胞仅分布于肾上腺皮质和性腺。电镜下，含氮激素分泌细胞的胞质中粗面内质网和高尔基体发达，有膜被分泌颗粒；而类固醇激素分泌细胞的胞质内有丰富的滑面内质网和管状嵴线粒体，含较多脂滴（为合成激素的原料），无分泌颗粒，激素具有脂溶性，可直接通过胞膜扩散出细胞。

第一节 甲 状 腺

甲状腺（thyroid gland）呈H形，分左、右两叶和中间连接两叶的甲状腺峡。表面被薄层结缔组织被膜包裹，被膜伸入实质将其分为若干小叶。实质由大量甲状腺滤泡及滤泡旁细胞构成，滤泡间有少量结缔组织，含有丰富的有孔毛细血管。

一、甲状腺滤泡

甲状腺滤泡（thyroid follicle）大小不一，呈不规则球形或卵圆形，由单层立方的滤泡上皮细胞围成，滤泡腔内充满均质、呈嗜酸性的胶质（colloid）（图11-1）。滤泡上皮细胞核圆居中，胞质呈弱嗜碱性，功能活跃时呈矮柱状，滤泡腔内胶质减少；反之，细胞变为扁平形，腔内胶质增多。电镜下，细胞表面有微绒毛，胞质内有丰富的粗面内质网、发达的高尔基体，以及较多的线粒体和溶酶体（图11-2），在胞质顶部常见分泌颗粒和胶质小泡，基底面有完整的基膜。胶质是滤泡上皮细胞的分泌物，即碘化甲状腺球蛋白。

甲状腺滤泡上皮细胞合成和分泌甲状腺激素（thyroid hormone）。甲状腺激素的形成经历合成、储存、碘化、重吸收、分解和释放等过程。滤泡上皮细胞从血液中摄取氨基酸，粗面内质网合成甲状腺球蛋白前体，高尔基体加工后形成分泌颗粒胞吐释放入滤泡腔内；滤泡上皮细胞从血液中摄取的碘离子被过氧化物酶活化后也进入滤泡腔，与甲状腺球蛋白结合形成碘化甲状腺球蛋白，储存于腔内；在腺垂体分泌的促甲状腺激素的作用下，碘化甲状腺球蛋白以胞吞方式被滤泡上皮细胞重吸收入胞质内，形成胶质小泡，并与溶酶体融合，碘化甲状腺球蛋白被水解为大量的四碘甲腺原氨酸（T_4，即甲状腺素）及少量的三碘甲腺原氨酸（T_3），T_4、T_3经细胞基底部释放入血（图11-2）。

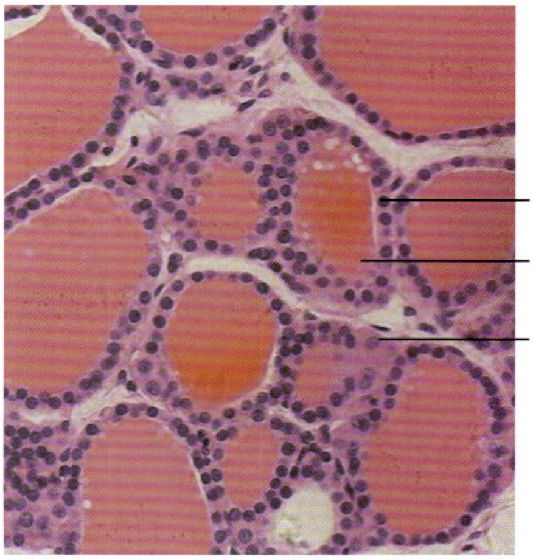

图11-1　甲状腺（HE染色，高倍）

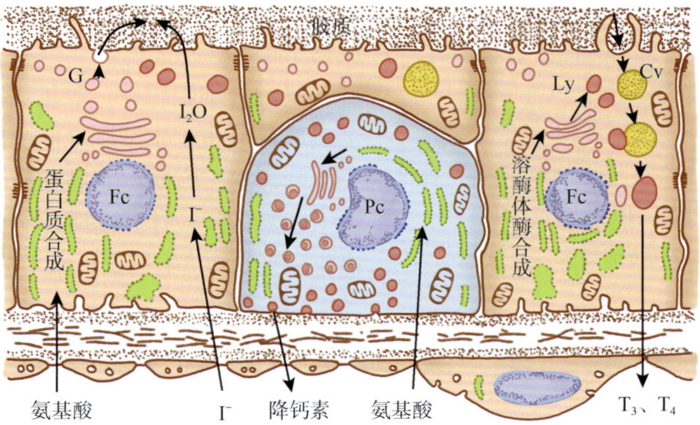

图11-2　甲状腺滤泡上皮细胞（Fc）和滤泡旁细胞（Pc）超微结构及激素合成与分泌模式图

Cv. 胶质小泡；G. 分泌颗粒；Ly. 溶酶体

甲状腺激素作用于机体的多种细胞，其主要功能包括促进新陈代谢、提高神经兴奋性、促进生长发育，尤其是婴幼儿骨骼和神经系统发育。甲状腺功能低下时，影响婴幼儿的骨骼及脑发育，导致呆小症，而在成人常表现为精神呆滞、记忆力减退、毛发稀少及黏液性水肿；甲状腺功能亢进时，机体新陈代谢加快，出现消瘦、乏力等症状，同时出现中枢神经系统兴奋性增高的表现，即临床上的甲状腺功能亢进症。

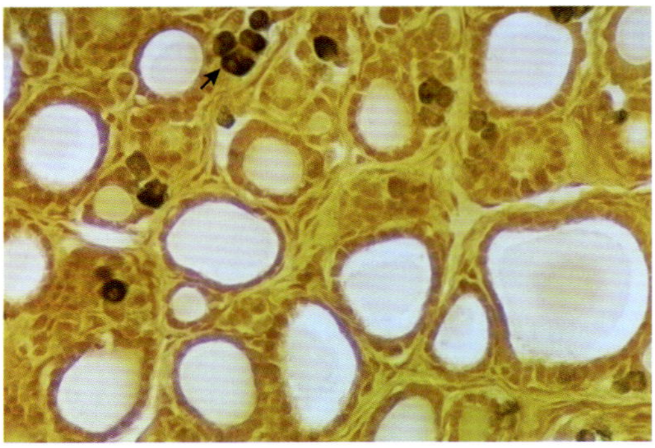

图11-3　甲状腺（镀银染色，高倍）

↓滤泡旁细胞

二、滤泡旁细胞

滤泡旁细胞（parafollicular cell）位于甲状腺滤泡之间和滤泡上皮细胞之间，数目较少、细胞较大。HE染色胞质着色较淡（图11-1），镀银染色可见胞质内有棕黑色嗜银颗粒（图11-3）。电镜下可见滤泡上皮细胞间的滤泡旁细胞顶部被相邻的滤泡上皮细胞覆盖，不与滤泡腔接触。滤泡旁细胞主要分泌降钙素（calcitonin，CT）。降钙素是一种多肽，可促进成骨细胞的活动，使钙盐沉着于类骨质，并抑制胃肠道及肾小管吸收钙，使血钙浓度降低。

第二节 甲状旁腺

甲状旁腺为黄褐色扁椭圆形小腺体，有上、下两对，分别位于甲状腺左、右叶后方。腺体表面有包有薄层结缔组织被膜，实质内腺细胞呈团索状排列，细胞间有少量结缔组织和丰富的有孔毛细血管。腺细胞有主细胞和嗜酸性细胞（图11-4）。

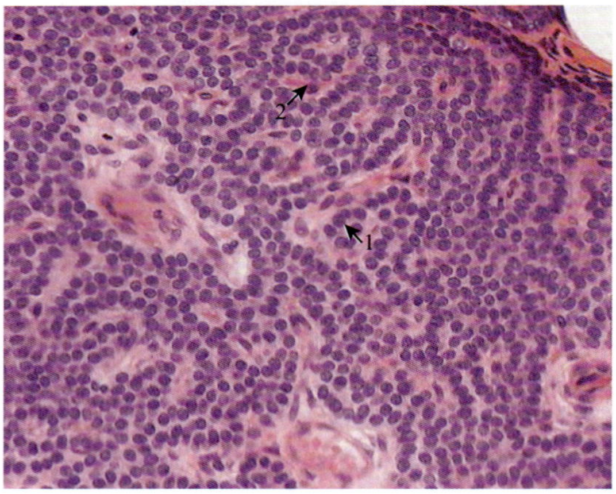

图11-4 甲状旁腺（HE染色，高倍）
1. 主细胞；2. 嗜酸性细胞

主细胞（chief cell）数量最多，构成腺实质的主体。细胞小，呈多边形或圆形，核圆居中，HE染色胞质着色浅淡。主细胞分泌甲状旁腺激素，主要作用于骨细胞和破骨细胞，使骨盐溶解，同时还能促进胃肠道、肾小管吸收钙，从而使血钙升高。甲状旁腺激素与降钙素相互拮抗，共同维持机体血钙平衡。

嗜酸性细胞较少，数量随年龄增长而增多，单个或成群分布于主细胞之间。胞体比主细胞大，核小，着色深，胞质内充满嗜酸性颗粒，此颗粒即电镜下密集的线粒体。嗜酸性细胞功能不明，可能是退化的主细胞，有时会低水平分泌甲状旁腺激素。

第三节 肾上腺

肾上腺（adrenal gland）表面有结缔组织被膜，实质由周边的皮质和中央的髓质构成（图11-5）。

一、皮质

肾上腺皮质来源于中胚层，约占肾上腺体积的80%，由腺细胞、血窦及少量结缔组织构成。根据细胞的形态结构和排列特征，皮质由外至内可分为球状带、束状带和网状带。

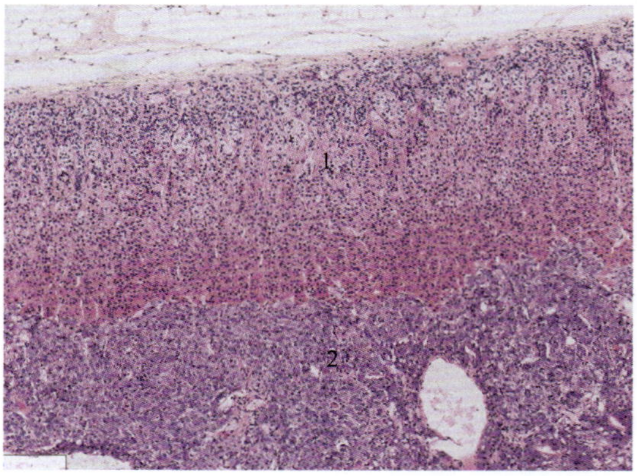

图11-5 肾上腺（HE染色，低倍）
1. 皮质；2. 髓质

（一）球状带

球状带（zona glomerulosa）位于被膜下方，较薄。腺细胞排列成球状或团状，细胞较小，呈锥形，核小染色深，胞质嗜酸性，含少量脂滴（图11-6）。球状带细胞分泌盐皮质激素（mineralocorticoid），主要是醛固酮（aldosterone），能促使肾远端小管和集合管重吸收Na^+并排出K^+，并能刺激胃黏膜等吸收Na^+，起到“保钠排钾储水”的作用，调节水盐代谢，维持血容量。

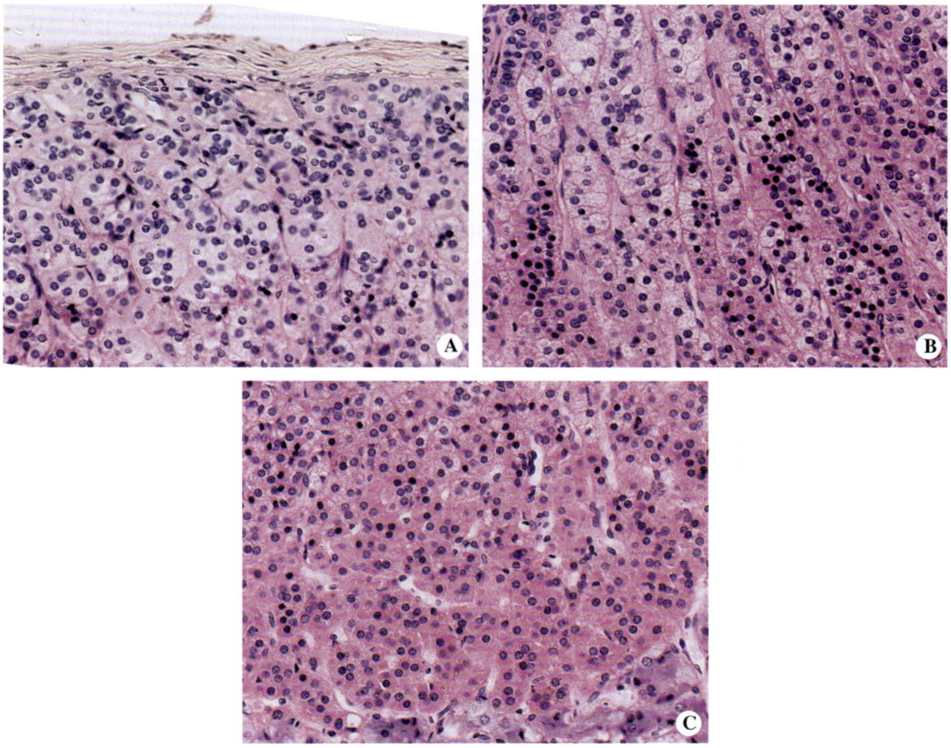

图 11-6　肾上腺皮质（HE染色，高倍）

A. 球状带；B. 束状带；C. 网状带

（二）束状带

束状带（zona fasciculata）是皮质中最厚的部分。腺细胞呈单行或双行索状排列，细胞较大，呈多边形，核大而圆、着色浅，胞质内富含脂滴，HE染色时因脂滴溶解，胞质浅染，呈泡沫状或空泡状（图11-6）。束状带细胞分泌糖皮质激素（glucocorticoid），主要是皮质醇，可促使蛋白质和脂肪分解并转化为糖，还有抑制免疫应答和抗炎等作用。

（三）网状带

网状带（zona reticularis）位于皮质的最内层，最薄。腺细胞排列成索状，并吻合成网（图11-6），细胞较小，核小、着色深，胞质呈嗜酸性，内含脂褐素和少量脂滴。网状带细胞主要分泌雄激素，也分泌少量雌激素和糖皮质激素。

肾上腺皮质各带细胞均具有类固醇激素分泌细胞的超微结构特点，尤其以束状带细胞最为典型。球状带的盐皮质激素的合成释放由肾素-血管紧张素系统调节，而束状带和网状带的细胞分泌活动由腺垂体分泌的促肾上腺皮质激素调控。

二、髓　　质

髓质位于肾上腺的中央，来源于外胚层。髓质主要由排列成索状或团状的髓质细胞组成，细胞间有血窦和少量结缔组织，髓质中央有中央静脉。髓质细胞呈多边形，核圆，着色浅，胞质呈嗜碱性（图11-7）。若用铬盐处理标本，胞质内可见棕黄色的嗜铬颗粒，故髓质细胞又称嗜铬细胞。电镜下，髓质细胞最显著的特征是含有膜包被的致密颗粒（嗜铬颗粒）。80%髓质细胞的颗粒内含肾上腺素（adrenaline），称肾上腺素细胞，少部分细胞的颗粒内含去甲肾上腺素（noradrenaline），称去甲肾

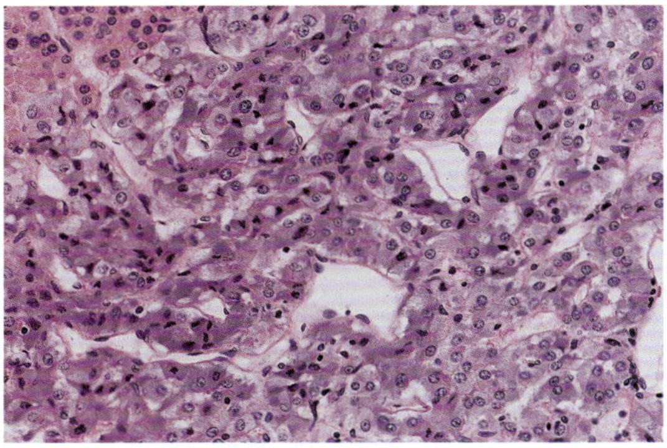

图11-7 肾上腺髓质（HE染色，高倍）

上腺素细胞。肾上腺素和去甲肾上腺素均为儿茶酚胺类物质。肾上腺素能提高心肌兴奋性，使心率加快，心输出量增加，心脏和骨骼肌的血管扩张；去甲肾上腺素能使小血管收缩而升高血压。

除髓质细胞外，髓质内散在分布少量的交感神经节细胞，胞体较大。髓质细胞的分泌活动受交感神经节前纤维调控，当交感神经兴奋时，神经末梢释放乙酰胆碱，引起髓质细胞释放肾上腺素和去甲肾上腺素。

肾上腺动脉大部分分支进入皮质，形成与髓质的血窦相连续的窦状毛细血管，血液由皮质流向髓质，再汇入中央静脉离开肾上腺。血液从皮质流向髓质时，含有较高浓度的糖皮质激素，其可增强嗜铬细胞所含的N-甲基转移酶的活性，使去甲肾上腺素甲基化为肾上腺素，故在髓质中肾上腺素细胞远多于去甲肾上腺素细胞。因而肾上腺皮质对髓质细胞的激素生成有很大的影响。

第四节 垂 体

垂体位于颅底蝶鞍垂体窝内，呈椭圆形，借漏斗连于下丘脑。垂体由腺垂体（adenohypophysis）和神经垂体（neurohypophysis）两部分组成（图11-8）。腺垂体分为远侧部、中间部和结节部三部分；神经垂体分为神经部和漏斗部。远侧部最大，中间部位于远侧部与神经部之间，漏斗部包括正中隆起和漏斗柄，上方与下丘脑相连，周围有结节部包绕。远侧部又称垂体前叶，神经部和中间部又合称垂体后叶。

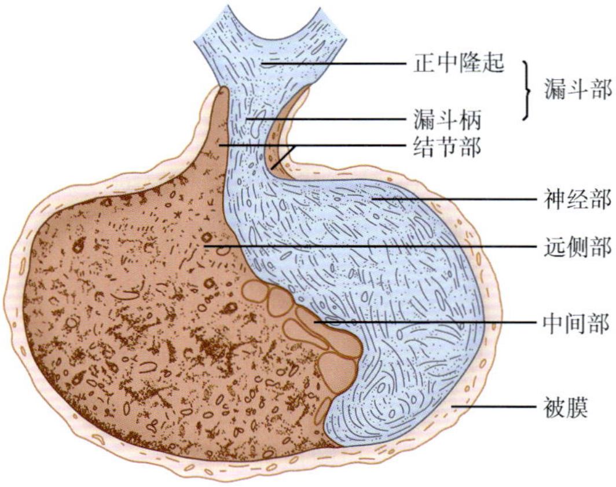

图11-8 垂体矢状切面模式图

一、腺 垂 体

（一）远侧部

远侧部（pars distalis）的腺细胞多排列成团索状，少数围成滤泡，细胞间有丰富的血窦和少量结缔组织。HE染色标本中，腺细胞根据染色特征不同，被分为嗜色细胞和嫌色细胞两类，嗜色细胞又分为嗜酸性细胞和嗜碱性细胞两种（图11-9）。细胞均具有含氮激素分泌细胞的超微结构特点。

1. 嗜酸性细胞（acidophilic cell） 数量较多。光镜下，细胞呈圆形或椭圆形，胞质嗜酸性。根据分泌激素的不同，嗜酸性细胞分为两种：①生长激素细胞（somatotroph），数量较多，分泌生长激素（growth hormone，GH）。生长激素可促进机体的生长发育和物质代谢，尤其是促进骨骼的生长。幼年时期若缺乏生长激素，可致垂体性侏儒症；若分泌过多，可致巨人症。成人生长激素分泌亢进则致肢端肥大症。②催乳激素细胞（mammotroph，prolactin cell），男女性都有，但在女性更多，尤其是在妊娠期和哺乳期细胞增多变大，细胞功能旺盛。此类细胞分泌催乳素（prolactin，PRL），促进乳腺发育和乳汁分泌。

2. 嗜碱性细胞（basophilic cell）　数量最少。光镜下，细胞呈多边形或卵圆形，胞质嗜碱性。嗜碱性细胞有三种：①促甲状腺激素细胞（thyrotroph，thyroid stimulating hormone cell，TSH cell），分泌促甲状腺激素（thyroid stimulating hormone，TSH），能促进甲状腺发育及甲状腺激素的合成和释放。②促肾上腺皮质激素细胞（corticotroph，ACTH cell），分泌促肾上腺皮质激素（adrenocorticotropic hormone，ACTH）和促脂素（lipotropin，lipotrophic hormone，LPH）。ACTH主要促进肾上腺皮质束状带分泌糖皮质激素；LPH作用于脂肪细胞，促进甘油三酯分解产生脂肪酸。③促性腺激素细胞（gonadotroph），分泌卵泡刺激素（follicle stimulating hormone，FSH）和黄体生成素（luteinizing hormone，LH）。FSH在女性促进卵泡发育和雌激素分泌，在男性则刺激生精小管的支持细胞合成雄激素结合蛋白，以促进精子的发生。LH在女性促进排卵和黄体形成，在男性则刺激睾丸间质细胞分泌雄激素，故又称间质细胞刺激素（interstitial cell stimulating hormone，ICSH）。

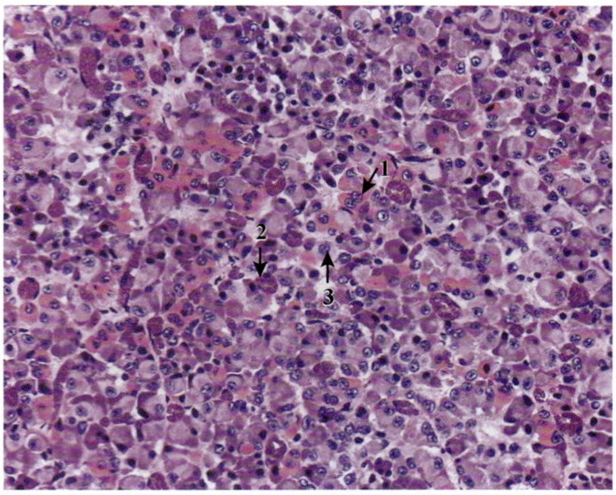

图11-9　腺垂体远侧部（HE染色，高倍）

1. 嗜酸性细胞；2. 嗜碱性细胞；3. 嫌色细胞

3. 嫌色细胞（chromophobe cell）　数量最多。光镜下，细胞体积小，胞质少，着色浅淡，细胞界线不清。电镜下，部分细胞的胞质内可见少量分泌颗粒，因此认为嫌色细胞可能是脱颗粒的嗜色细胞，或是嗜色细胞的初级阶段。

（二）中间部

中间部（pars intermedia）位于远侧部与神经部之间，仅占垂体的2%，由滤泡、嗜碱性细胞和嫌色细胞组成。滤泡由单层立方或柱状上皮细胞围成，大小不等，内含少量胶质，功能不明。嗜碱性细胞能分泌黑素细胞刺激素（melanocyte stimulating hormone，MSH），促进皮肤黑素细胞合成黑色素并促进黑色素扩散，使皮肤颜色变深。

（三）结节部

结节部（pars tuberalis）包围在神经垂体漏斗柄的周围，含有丰富的纵行毛细血管，腺细胞较小，排列成索状，纵向分布于血管间，主要为嫌色细胞。

（四）下丘脑与腺垂体的联系

下丘脑主要通过垂体门脉系统调节腺垂体细胞的功能。垂体门脉系统（hypophyseal portal system）由垂体门微静脉及其两端的毛细血管网共同构成。来自大脑基底动脉环的垂体上动脉，穿结节部上端进入神经垂体的漏斗，在此形成第一级毛细血管网；第一级毛细血管网下行在结节部汇成数条垂体门微静脉；后者继续下行入远侧部，再度分支形成第二级毛细血管网。第二级毛细血管网最后汇集成小静脉，注入垂体周围的静脉窦（图11-10）。

下丘脑的弓状核等核团的神经元具有内分泌功能，属于神经内分泌细胞，分泌的激素可分为两类，即释放激素（releasing hormone，RH）和释放抑制激素（release inhibiting hormone，RIH）。已知的释放激素有：生长激素释放激素（GRH）、催乳素释放激素（PRH）、促甲状腺激素释放激素（TRH）、促肾上腺皮质激素释放激素（CRH）、促性腺激素释放激素（GnRH）及黑素细胞刺

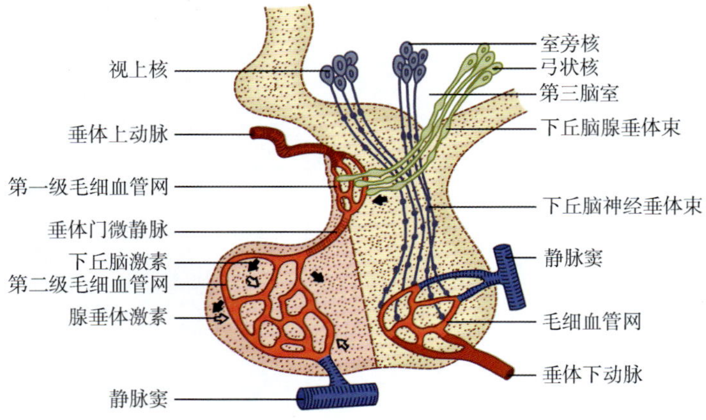

图11-10 垂体门脉系统及其与下丘脑的关系

激素释放激素（MSRH）等。释放抑制激素有：生长激素释放抑制激素（SOM）、催乳素释放抑制激素（PIH）和黑素细胞刺激素释放抑制激素（MSIH）等。这些激素经神经内分泌细胞轴突形成的下丘脑腺垂体束运输至神经垂体漏斗并释放入第一级毛细血管网，再经垂体门微静脉转运至第二级毛细血管网，促进或抑制远侧部腺细胞的分泌活动。

腺垂体分泌的各种激素调节相应靶细胞的功能活动，靶细胞产生的效应反馈至下丘脑及腺垂体，又能影响二者的分泌活动。下丘脑-垂体-靶细胞的这种联系，使神经系统和内分泌系统相互协调，共同调节生理功能，维持机体内环境的相对稳定。

二、神经垂体

神经垂体与下丘脑直接相连，二者在结构和功能上密切相关。神经垂体主要由无髓神经纤维和神经胶质细胞构成，含有丰富的有孔毛细血管。神经部无髓神经纤维来源于下丘脑视上核和室旁核的大型神经内分泌细胞，其轴突组成下丘脑神经垂体束，经漏斗下行到达神经部。神经胶质细胞又称垂体细胞（pituicyte）（图11-11），是星形胶质细胞的一种亚型，常分布于无髓神经纤维周围，具有支持和营养神经纤维的作用。视上核和室旁核的神经内分泌细胞分泌抗利尿激素（antidiuretic hormone，ADH）和催产素（oxytocin，OT）。其分泌颗粒常在轴突的沿途和终末聚集成团，使轴突呈串珠样膨大，光镜下为大小不等的嗜酸性团块，称赫林体（Herring body）（图11-11）。轴突终末终止于毛细血管，将沿轴突运输的分泌颗粒释放入血。抗利尿激素能促进肾远端小管和集合管重吸收水，浓缩尿液，还可使小动脉平滑肌收缩，血压升高，故又称血管升压素（vasopressin，VP）。催产素又称缩宫素，可引起妊娠子宫平滑肌收缩，有助于分娩，还可促进乳腺分泌。

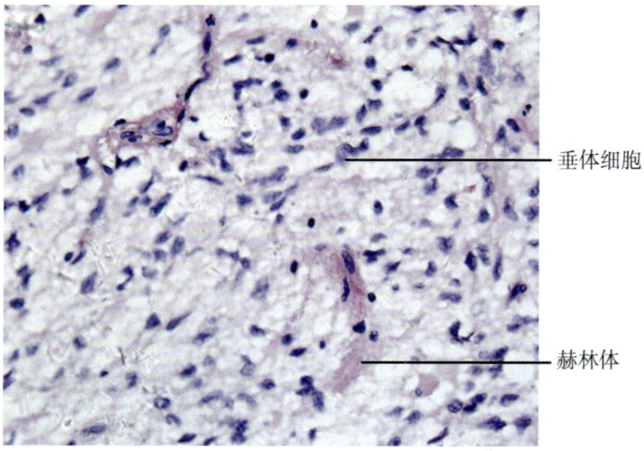

图11-11 垂体神经部（HE染色，高倍）

由此可见，下丘脑与神经垂体在结构和功能上是一个整体。下丘脑的神经内分泌细胞合成激素，而神经垂体是运输、储存和释放激素的场所。

第五节 松 果 体

松果体（pineal body）为位于背侧丘脑后上方的椭圆形小体，以细柄与间脑相连。松果体表面有软脑膜包被，腺实质主要由松果体细胞、神经胶质细胞和无髓神经纤维构成。

松果体细胞（pinealocyte）占腺实质细胞的绝大部分，类似于神经内分泌细胞，胞体呈圆形或不规则形，核大而圆，胞质少，呈弱嗜碱性（图11-12）。电镜下，可见丰富的游离核糖体和线粒体，发达的高尔基体。松果体细胞分泌褪黑素（melatonin），此激素调节机体的昼夜节律、睡眠、性成熟等。在成人松果体内常见细胞分泌物钙化而成的同心圆结构，称脑砂，其功能不明。

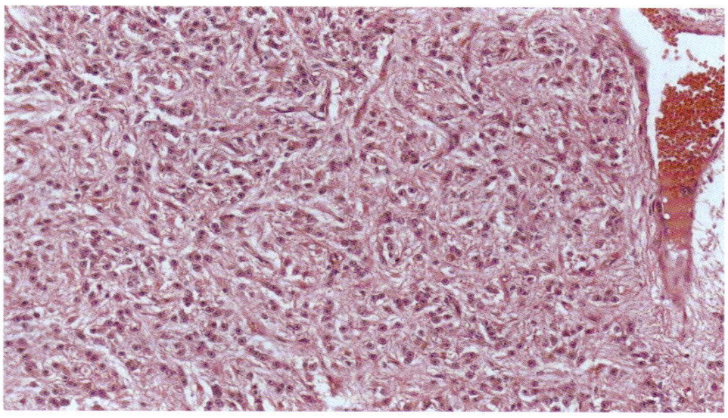

图11-12　松果体（HE染色，高倍）

第六节　弥散神经内分泌系统

除上述内分泌腺外，体内还广泛存在弥散的内分泌细胞。20世纪60年代，英国学者Pearse发现上述内分泌细胞有一个共同特点，即都能摄取胺的前体物质，经脱羧后转变为胺类产物，因而又称摄取胺前体脱羧细胞（amine precursor uptake and decarboxylation cell，APUD细胞）。随着研究的不断深入，发现许多APUD细胞不仅产生胺类，而且还产生肽类物质，有的细胞则只产生肽类，而某些神经细胞也可分泌这些物质。由于APUD细胞与这些神经细胞在形态、生理、生化等方面密切相关，将APUD细胞和这些具有内分泌功能的神经细胞统称为弥散神经内分泌系统（diffuse neuroendocrine system，DNES）。DNES分为中枢和周围两部分。中枢部包括下丘脑的细胞（如室旁核和视上核的神经内分泌细胞）和松果体细胞；周围部主要分布于胃肠道和胰腺内，泌尿生殖管道、呼吸道、心血管等处也有分布。DNES将神经系统和内分泌系统联系起来，构成一个整体，共同调节机体的生理活动。

知识扩展

抑郁症与内分泌系统

抑郁症是精神系统的常见疾病，主要表现为厌世、情绪低落等，是由生物、心理和社会因素共同作用所致。抑郁症中有大约50%为神经内分泌相关疾病。神经内分泌系统包括下丘脑-垂体-肾上腺轴（HPA轴）、下丘脑-垂体-甲状腺轴（HPT轴）和下丘脑-垂体-性腺轴（HPG轴）等。研究表明，部分抑郁症患者HPA轴功能亢进，造成皮质醇分泌过多，同时男性TSH含量与焦虑水平呈正相关；抑郁症可能发生在雌激素和雄激素水平降低的男性和女性身上，表明抑郁症与性激素水平密切相关。由此可见，调节内分泌系统功能也是治疗抑郁症的策略之一。中医认为，抑郁症的发生与情绪密切相关。临床治疗抑郁症疗效较好的复方有柴胡疏肝散、越鞠丸和归脾汤等，实验证实以上复方可分别通过调节HPA轴、HPT轴和HPG轴缓解抑郁症症状。

思考题

1. 甲状腺和甲状旁腺中调节血钙的两种细胞及其对血钙的影响是什么？
2. 试分析肾上腺疾病将导致哪些内分泌功能紊乱？
3. 脑垂体肿瘤经常导致生长激素分泌异常，请分析其机制。

（杨　岚）

（绘图　翁安莉）

第十二章 皮　肤

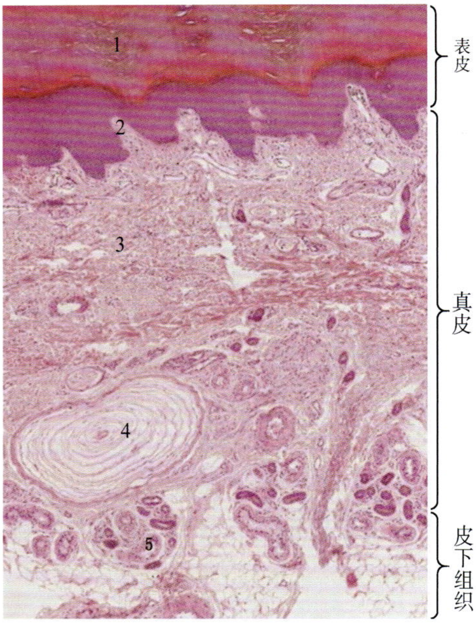

图12-1 人皮肤（HE染色，低倍）

1. 表皮；2. 真皮乳头层；3. 真皮网织层；4. 环层小体；5. 汗腺

皮肤（skin）覆盖在人体表面，是人体面积最大的器官。皮肤由表皮和真皮构成，以皮下组织与深层组织相连（图12-1）。身体不同部位皮肤的厚度有差异，随着年龄的不同，皮肤的厚度也发生变化，变化范围为0.5～4.0mm。毛、皮脂腺、汗腺和指（趾）甲等均为皮肤附属器，都由胚胎时期的表皮衍生而来。皮肤直接与外界环境接触，具有耐摩擦、能阻挡异物和病原体侵入、防止体液丢失等功能。皮肤内的感觉神经末梢丰富，可感受外界多种刺激。此外，皮肤还具有吸收、分泌、排除代谢产物，调节体温及合成维生素D等功能。

第一节 表　皮

表皮（epidermis）是皮肤的浅层，由角化复层扁平上皮构成。根据表皮的厚度，分为厚皮和薄皮。厚皮仅位于手掌和足底，其他部位为薄皮。表皮细胞分为两大类：一类是角质形成细胞（keratinocyte），是表皮的主要细胞，占表皮细胞的90%以上，可形成角蛋白，参与表皮的角化；另一类是非角质形成细胞（nonkeratinocyte），数量少，约占表皮细胞的10%，分散在角质形成细胞之间，包括黑素细胞、朗格汉斯细胞和梅克尔细胞。

一、表皮的分层和角化

手掌和足底的表皮，从基底面到游离面可分为基底层、棘层、颗粒层、透明层和角质层五层（图12-2）。薄皮的表皮中颗粒层和透明层不明显，且角质层较薄。

（一）基底层

基底层（stratum basale）附着于基膜上，由一层矮柱状或立方形的基底细胞（basal cell）组成，胞质呈嗜碱性，核圆居中，染色浅（图12-2）。电镜下，胞质内富含游离核糖体，以及散在或成束的角蛋白丝（keratin filament）。角蛋白丝直径约10nm，属中间丝，具有很强的张力，又称张力丝（tonofilament）。基底细胞与相邻细胞之间以桥粒相连，基底面与基膜以半桥粒相连

（图12-3，图12-4）。基底细胞是表皮的干细胞，不断分裂增殖，增殖后的部分子代脱离基膜进入棘层，分化为棘细胞。在皮肤的创伤愈合中，基底细胞发挥着重要的再生修复作用。

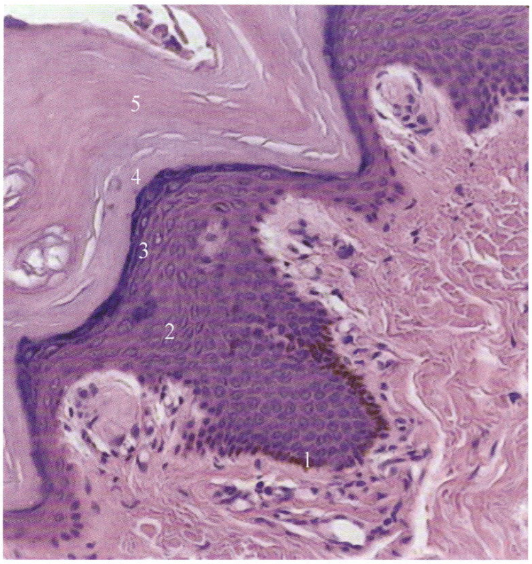

图12-2 人皮肤（HE染色，高倍）

1. 基底层；2. 棘层；3. 颗粒层；4. 透明层；5. 角质层

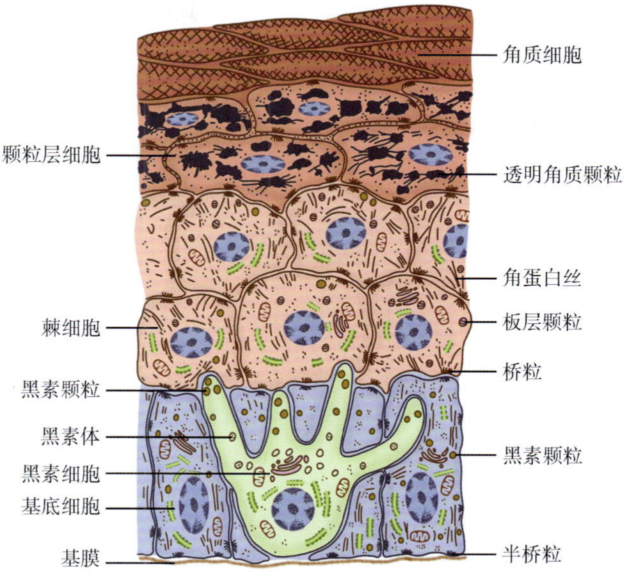

图12-3 表皮超微结构模式图

（二）棘层

棘层（stratum spinosum）位于基底层上方，由4～10层多边形的棘细胞（spinous cell）构成，棘细胞体积大，核圆形，胞质丰富，呈弱嗜碱性（图12-2）。电镜下，相邻棘细胞表面有许多短小的棘突，棘突之间相互嵌合，并以桥粒相连（图12-5），胞质内游离核糖体较多，合成的角蛋白丝常成束分布，从核周呈放射状延伸附着于桥粒内侧；合成的外皮蛋白（involuvrin）沉积在细胞膜内侧，使细胞膜增厚；胞质中还合成一种含糖脂的膜被颗粒，呈明暗相间的板层状，称板层颗粒（lamellar granule），分布在细胞周边（图12-3），以胞吐方式将糖脂排放到细胞间隙，形成膜状物，可阻止外界物质，尤其是水透过表皮，还可防止组织液外渗等功能。棘细胞短暂分裂几次后，失去增殖能力，并形成颗粒层。

（三）颗粒层

颗粒层（stratum granulosum）位于棘层上方，由3～5层梭形细胞组成，颗粒层细胞的核和细胞器已退化，胞质内含有许多形态不规则的、强嗜碱性透明角质颗粒（keratohyalin granule）（图12-2），颗粒内为富含组氨酸的蛋白质。电镜下，透明角质颗粒无膜包裹，呈致密均质状，并包绕角蛋白丝（图12-3）。颗粒层细胞内板层颗粒增多，板层颗粒内的糖脂分泌至上皮细胞间，构成阻止物质透过的重要屏障。

（四）透明层

透明层（stratum lucidum）位于颗粒层浅层，由2～3层扁平细胞组成，细胞界线不清，细胞核和细胞器均消失，HE染色标本上呈强嗜酸性，折光性强（图 12-2）。细胞的超微结构与角质层相似。

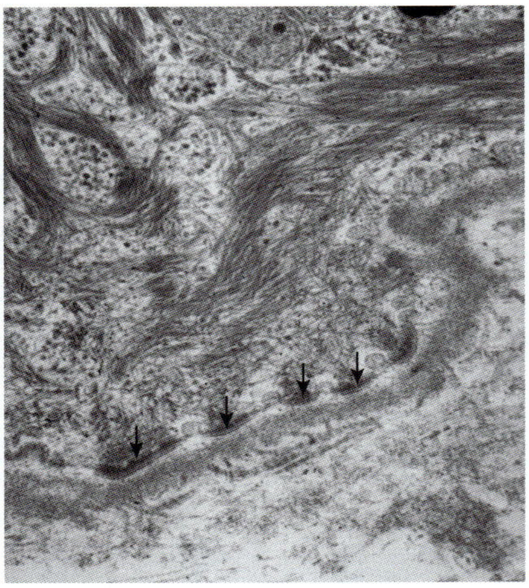

图12-4 人前臂皮肤基底细胞超微结构图（三峡大学肖长义提供）

↓半桥粒

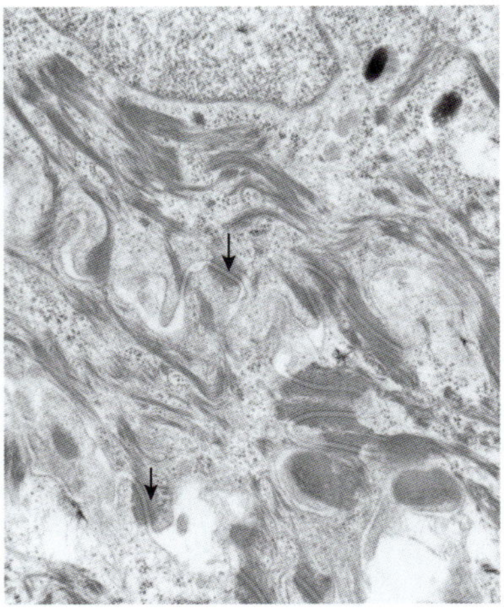

图12-5 人前臂皮肤棘细胞超微结构图（三峡大学肖长义提供）

↓桥粒

（五）角质层

角质层（stratum corneum）为表皮的表层，由多层扁平的角质细胞（horny cell）组成，是完全角化的死细胞，无核和细胞器，干硬，光镜下呈嗜酸性均质状（图12-2）。电镜下，细胞内充满粗大的角蛋白丝，浸埋在透明角质颗粒内均质状的富含组氨酸的蛋白质中，二者所形成的复合体称角蛋白（keratin）。细胞膜内面有一层不溶性外皮蛋白而变得坚固。细胞间隙充满由糖脂构成的膜状物。角质层近表层细胞间的桥粒消失，细胞连接松散，脱落后成为皮屑。

表皮细胞由基底细胞向角质层迁移的过程称为表皮的角化（keratinization），这个过程是角质形成细胞的增殖、迁移、分化直至脱落的新陈代谢过程，同时也伴随角蛋白及其他成分合成的量与质的变化。干硬坚固的角质细胞使表皮对多种物理和化学性刺激有很强的耐受力。角质形成细胞不断地脱落和更新，周期为3～4周。

二、非角质形成细胞

（一）黑素细胞

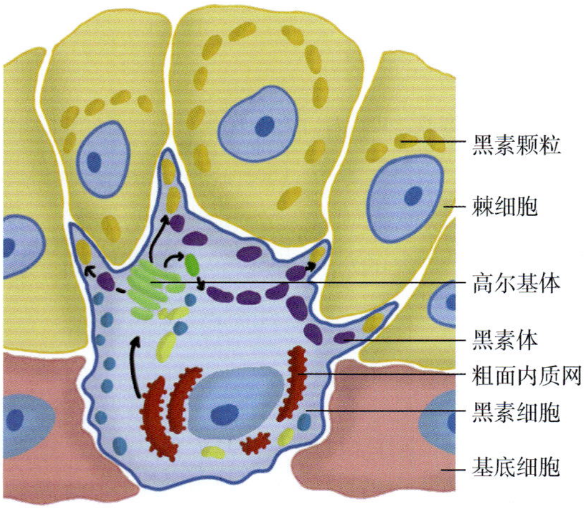

图12-6 黑素细胞超微结构模式图

黑素细胞（melanocyte）分散于基底细胞之间，胞体较大，有许多突起伸入基底细胞和棘细胞之间，HE染色切片中，核深染，胞质透亮。电镜下，胞质内有丰富的核糖体、粗面内质网和发达的高尔基体，胞质中有特征性的圆形或卵圆形小体，有界膜包被，称黑素体（melanosome）（图12-6），由高尔基体形成。黑素体内含酪氨酸酶，能将酪氨酸转化成黑色素。黑素体充满黑色素后，改称为黑素颗粒（melanin granule），光镜下呈黄褐色。黑素颗粒形成后聚集于细胞突起末端，以胞吐方式释放，被邻近的角质细胞吞入，黑素颗粒便转移至角质形成细胞内，故黑素细胞内黑素颗粒极少，而角质形成细胞中较多。黑色素能吸收紫外线，防止对角质形成细胞胞核中的DNA产生辐射损伤。紫外线可使酪氨酸酶活性增强，增加黑色素的合成和释放。

不同人种间黑素细胞的数量无明显差异，肤色的深浅主要由黑素颗粒的大小、数量及在皮肤内的分布部位所决定。黑色人种的黑素颗粒多而大，分布于表皮全层；白色人种的黑素颗粒少而小，主要分布于基底层；黄色人种的黑素颗粒则介于两者之间。此外，肤色与表皮的厚度、血液供应量等有关。

表皮中的黑素细胞与眼球壁血管膜中的黑素细胞有所不同，后者内含大量黑素颗粒。黑素细胞均由胚胎时期的神经嵴细胞增殖分化而来（见第二十一章），除极少量进入眼球壁血管膜外，大部分细胞迁入表皮和毛球，但有少数黑素细胞滞留于真皮或表皮与真皮交界处，并局部增殖为团状，称色素痣或黑痣，几乎每个人都有。如果滞留在真皮中的黑素细胞较多、范围较大，形成的青斑称胎记。

（二）朗格汉斯细胞

朗格汉斯细胞（Langerhans cell）散在于棘细胞之间，光镜下不易辨认。用ATP酶组织化学染色，可显示其多个树突状突起穿插在棘细胞之间。电镜下可见胞质内有特征性的网球拍状小体，称伯贝克颗粒（Birbeck granule），有膜包裹。伯贝克颗粒参与处理抗原，是皮肤的抗原呈递细胞，能参与免疫应答，并在免疫监视细胞癌变中起重要作用。

（三）梅克尔细胞

梅克尔细胞（Merkel cell）多位于表皮基底细胞之间，数量很少，在指尖、口腔和生殖道黏膜上皮中较多，能感受轻触觉和机械刺激（图12-7）。HE染色切片上梅克尔细胞不易辨认。电镜下可见梅克尔细胞核较小，呈不规则形，基底部胞质内含许多有膜包被的致密核心颗粒，50%～70%的梅克尔细胞基底面与感觉神经末梢形成突触结构，也有一些梅克尔细胞不与神经末梢形成突触，故该细胞具有明显的异质性。由于梅克尔细胞表达突触素和多种神经多肽类物质，因此也被认为是一种神经内分泌细胞，其在皮肤中通过旁分泌和自分泌方式产生不同的功能，可调节角质形成细胞的增殖，影响朗格汉斯细胞的抗原呈递功能等。

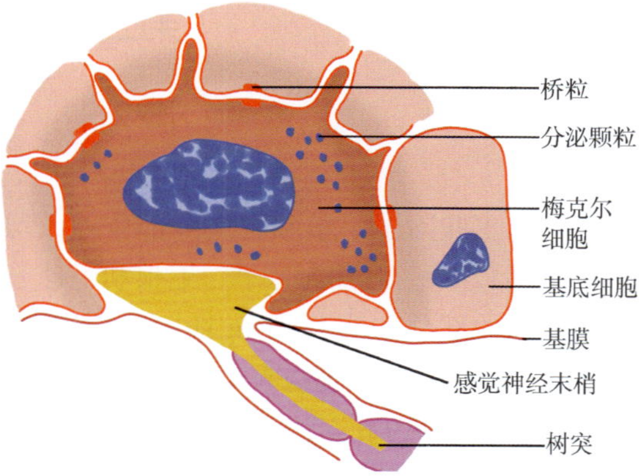

图12-7 梅克尔细胞超微结构模式图

第二节 真 皮

真皮（dermis）是位于表皮下方的结缔组织，真皮深部与皮下组织连接，两者之间没有明显的界线。身体各部真皮的厚度不等，一般为1～2mm。真皮可分为乳头层和网织层（图12-1）。

一、乳 头 层

乳头层（papillary layer）是与表皮相连的薄层结缔组织，向表皮突出形成许多乳头状结构，

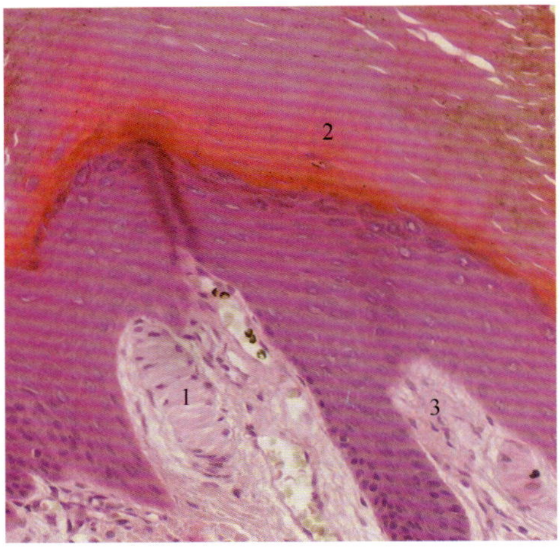

图12-8 触觉小体（HE染色，高倍）
1. 触觉小体；2. 表皮；3. 真皮乳头层

由于表皮的基底层凹凸不平，使表皮与真皮的连接面积增大，增强了两者间连接的牢固性，并有利于表皮从真皮中获得营养。乳头层含丰富的毛细血管和游离神经末梢，手指掌侧的真皮乳头层内可见触觉小体（图12-8）。

二、网 织 层

网织层（reticular layer）位于乳头层下方，较厚，为真皮的主要部分，与乳头层无明显的分界（图12-1）。网织层含粗大、交织成网的胶原纤维和许多弹性纤维，使皮肤有较大的韧性和弹性。此层内有许多血管、淋巴管和神经束，毛囊、皮脂腺和汗腺也多存在于此层内，深部常见环层小体（图12-1）。

真皮的下方为皮下组织（hypodermis），由疏松结缔组织和脂肪组织组成（图12-1），解剖学所称的浅筋膜就是此层，一般认为它不是皮肤的组成部分。皮下组织将皮肤与深部的组织相连，使皮肤有一定的活动性，还具有缓冲、保温、储存能量等作用。皮下组织的厚薄随个体、年龄、性别和部位而有所差异。

第三节 皮肤的附属器

一、毛

人体皮肤除了手掌和足底等部位外，均有毛（hair）分布（图12-9）。毛分为毛干、毛根和毛球三部分，露在皮肤表面的部分称毛干（hair shaft），埋在皮肤内的部分称毛根（hair root），包绕在毛根周围的结构称毛囊（hair follicle）（图12-10），毛由呈同心圆排列的角化上皮细胞构成，细胞内充满角蛋白并含黑色素。毛囊分内、外两层，内层为上皮性鞘，包裹毛根，与表皮相连续，其结构也与表皮相似；外层为结缔组织性鞘，与真皮相连续，由薄层致密结缔组织构成。毛根和上皮性鞘的下端合为一体，并形成膨大的毛球。毛球的上皮细胞称毛母质细胞，为干细胞，其不断增殖和分化为毛根和上皮性鞘的细胞，因此，毛球是毛和毛囊的生长点。毛球基部的黑素细胞生成黑色素，并将黑色素输入新生的毛根上皮细胞中。毛球底部形成一个凹陷，有结缔组织突入其内，形成毛乳头，毛乳头内富含毛细血管和神经末梢，对毛的生长起诱导和营养作用（图12-11）。毛根和毛囊斜长在皮肤内，在毛囊与皮肤表面成钝角的一侧，有一束平

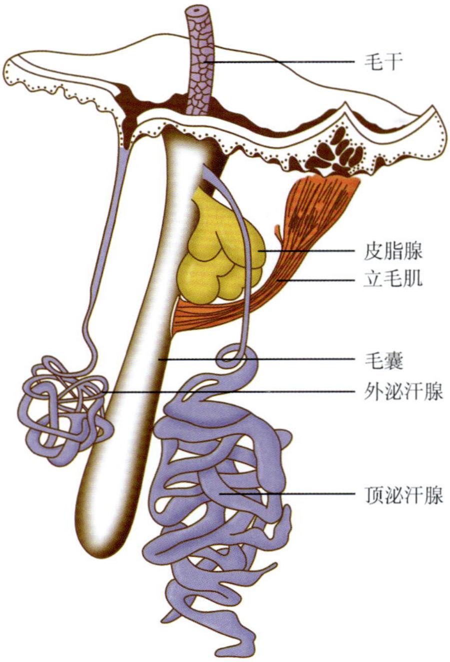

图12-9 皮肤附属器模式图

滑肌连接毛囊和真皮，称立毛肌（arrector pilli muscle）（图12-9，图12-10）。立毛肌受交感神经支配，在寒冷或惊恐刺激可使立毛肌收缩，导致毛竖立，皮肤呈现“鸡皮疙瘩”现象。

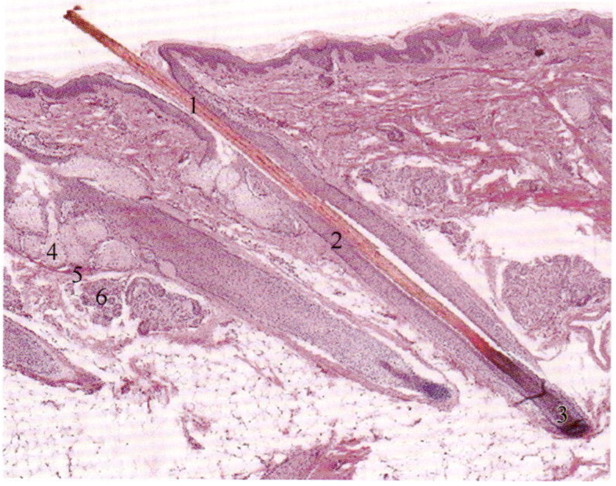

图12-10 人头皮（HE染色，低倍）

1. 毛根；2. 毛囊；3. 毛球；4. 皮脂腺；5. 立毛肌；6. 汗腺

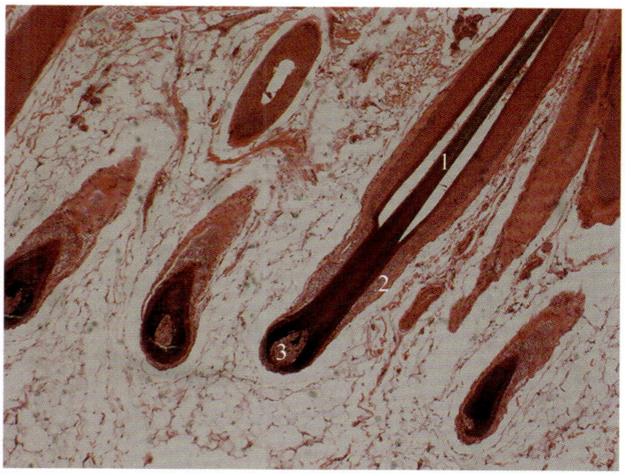

图12-11 人头皮（HE染色，高倍）

1. 毛根；2. 毛囊；3. 毛乳头

毛有一定的生长周期，身体各部位毛的生长周期长短不等。头发的生长周期一般为3～5年。生长期，毛球膨大，毛乳头血流丰富，毛母质细胞增殖旺盛。转入静止期后，毛球和毛乳头变小萎缩，毛母质细胞停止增殖，毛根与毛球、毛囊连接不牢，毛易脱落。进入下一个生长周期时，在毛囊基部形成新的毛球和毛乳头，新毛开始生长并将旧毛推出。新生的毛囊和毛由毛囊干细胞增殖、分化而形成，毛囊干细胞位于毛囊隆突部，即皮脂腺开口处与立毛肌毛囊附着处。

二、皮 脂 腺

皮脂腺（sebaceous gland）除手掌、足底和足侧部外，其余部位皮肤具有皮脂腺。在有毛的皮肤，皮脂腺位于毛囊和立毛肌之间（图12-9，图12-12）；在无毛的皮肤，皮脂腺位于真皮浅层。皮脂腺为泡状腺，分泌部由一个或几个腺泡组成，腺泡周边细胞较小，有很强的分裂增殖能力，中心细胞较大，呈多边形，核固缩，胞质内充满脂滴。导管为复层扁平上皮，大多开口于毛囊上段，也可直接开口于皮肤表面。分泌时，整个腺细胞解体，连同脂滴一起排出即为皮脂，这种分泌方式称为全浆分泌，皮脂具有滋润皮肤和杀菌作用。皮脂腺的分泌受性激素调节，青春期分泌活跃。如果皮脂分泌过多可导致导管阻塞，引起炎症，形成痤疮。

三、汗 腺

根据分泌方式、分泌物的性质及腺所在的部位，汗腺（sweat gland）可分为外泌汗腺和顶泌汗腺两种。

（一）外泌汗腺

外泌汗腺（eccrine sweat gland）又称小汗腺，遍布全身的皮肤，不同部位皮肤内的汗腺数目有差别，以手掌和足底最多。小汗腺为单曲管状腺，分泌部盘曲成团，位于真皮深层和皮下组织（图12-9，图12-13）。腺上皮由1～2层淡染的立方形或锥形细胞组成，在腺细胞与基膜之间有肌上皮细胞，其收缩有助于分泌物排出，导管的腔较细而直，管壁由两层较小、染色较深的立方上皮细胞围成（图 12-13），开口于皮肤表面。汗腺的功能是分泌汗液，汗液除含大量水分外，还含钠、钾、氯、乳酸盐和尿素。汗腺分泌汗液是身体散热的主要方式，对调节体温、湿润皮肤、排泄机体代谢产物等有重要作用。

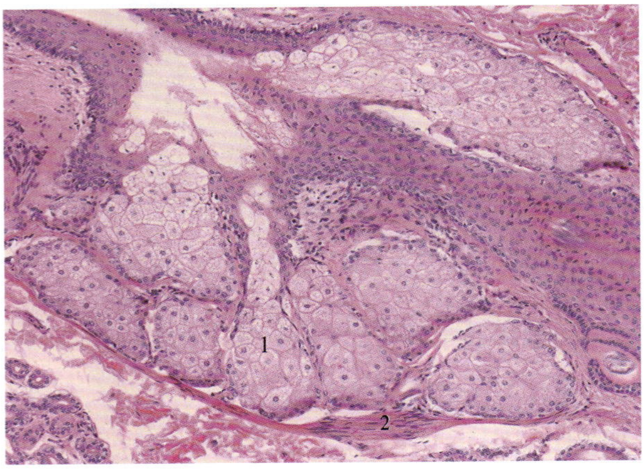

图 12-12 皮脂腺（HE 染色，高倍）

1. 皮脂腺；2. 立毛肌

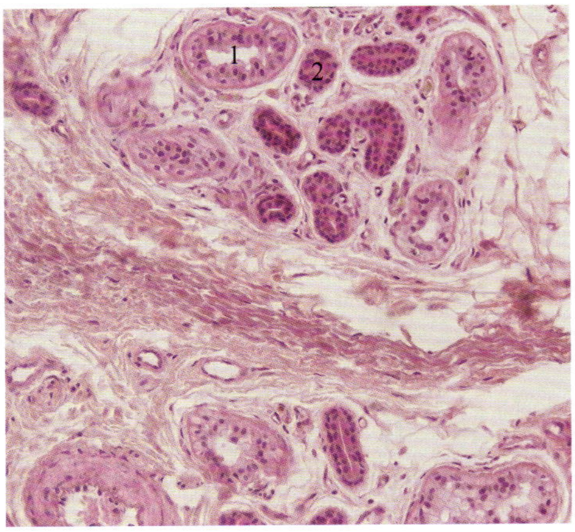

图 12-13 汗腺（HE 染色，高倍）

1. 分泌部；2. 导管

（二）顶泌汗腺

顶泌汗腺（apocrine sweat gland）又称大汗腺，分布在腋窝、乳晕、肛门和会阴等处，以顶浆分泌的方式分泌汗液。大汗腺分泌部管径粗，管腔大，盘曲成团，腺细胞呈嗜酸性，分泌时顶部胞质连同分泌颗粒一起脱落进入腺腔，导管开口于毛囊上端。顶泌汗腺的分泌物为黏稠的乳状液，含蛋白质、碳水化合物和脂类等。如果分泌过盛，分泌物被细菌分解后产生特别的气味，则称狐臭。腺体的分泌活动受性激素影响，青春期分泌旺盛。

四、指（趾）甲

指（趾）甲（nail）由甲体及其周围和下方的组织组成。甲体（nail body）是长在指（趾）末端的外露部分，由多层连接牢固的角质细胞构成。甲体的近端称甲根（nail root），埋在皮肤所成的深凹内。甲体下面的组织称甲床（nail bed），由未角化复层扁平上皮和真皮组成。甲体周缘的皮肤称甲襞。甲体与甲襞之间的沟为甲沟。甲根附着处的甲床上皮的基底层细胞称甲母质（nail matrix），甲母质细胞增殖活跃，是甲体的生长区（图 12-14）。指（趾）甲受损或拔除后，只要甲母质保留，甲仍能再生。

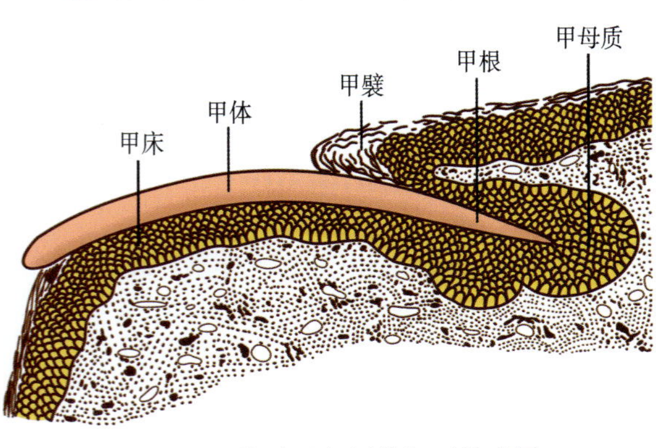

图 12-14 指（趾）甲纵切面模式图

知识扩展

皮肤屏障与相关皮肤病

皮肤屏障是指皮肤所具有的维持机体内环境稳定及抵御外环境有害因素的防御功能。皮肤屏障一般是指物理屏障。皮肤相当于人体的天然外衣，角质层作为“护肤卫士”，位于皮肤最外层，是皮肤物理屏障的重要结构。1983年美国学者提出皮肤屏障结构的“砖墙学说”。人体角质层的纵切面就像一堵墙，里面的砖头就是角质形成细胞，灰浆就是分布在细胞间隙中的脂质。灰浆和砖块紧密地结合在一起，形成皮肤的稳定结构。皮肤物理屏障受损将引起以下疾病：皮肤干燥、皮肤老化、色素沉着、湿疹、银屑病、鱼鳞病等；皮肤敏感，刺激性皮炎、激素依赖性皮炎等；皮肤油腻，皮脂溢出性疾病，如痤疮。因此，保证皮肤屏障的健康格外重要。

思考题

1. 皮肤的结构与功能是什么？
2. 皮肤的附属器有几种类型？
3. 简述毛的结构。

（李迎秋）

（绘图　翁安莉）

第十三章 眼 和 耳

眼和耳属于人体的特殊感觉器官。眼为视觉器官，耳为听觉及位觉器官。

第一节 眼

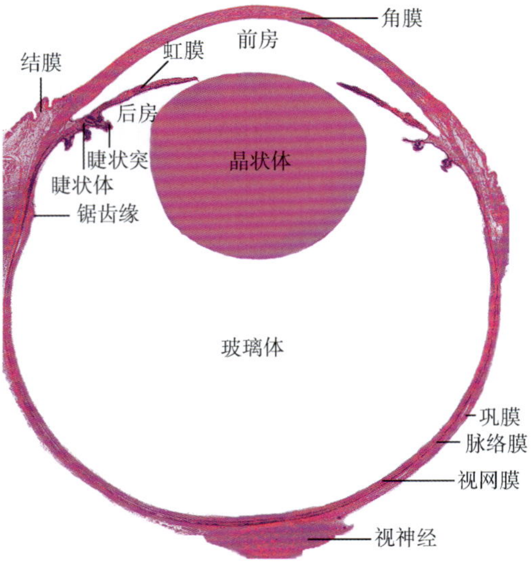

图13-1 眼球（HE染色，低倍）

眼（eye）是高度发达的感光器官，由眼球和眼附属器组成。眼球近似球形，包括眼球壁和眼球内容物两部分，具有感光功能（图13-1）；眼附属器包括眼睑、眼外肌和泪腺等，起辅助作用。

一、眼 球 壁

眼球壁分为三层，由外向内依次为纤维膜、血管膜和视网膜。

（一）纤维膜

纤维膜主要由致密结缔组织构成，前1/6为透明的角膜，后5/6为白色的巩膜，两者的过渡区域称角膜缘。

1. 角膜 角膜（cornea）位于眼球的前方，为透明圆盘状结构，稍向前凸。角膜不含血管、淋巴管，有丰富的游离神经末梢，营养主要由房水和角膜缘的毛细血管以渗透的方式供应。角膜的组织结构从前至后可分为五层：角膜上皮、前界层、角膜基质、后界层与角膜内皮（图13-2）。

（1）角膜上皮（corneal epithelium）：为未角化复层扁平上皮，由5～6层排列整齐的细胞组成，基底部平坦，无黑素细胞。上皮基底层的矮柱状细胞具有一定的增殖分裂能力，使上皮每7天更新一次；中间为2～3层多边形细胞；表层为1～2层扁平细胞，最浅层的细胞表面有0.5～0.8μm的微皱褶，可固定表面泪液膜。上皮内有丰富的游离神经末梢，因此角膜感觉敏锐。

（2）前界层（anterior limiting lamina）：是一层不含细胞的透明均质膜，由基质和胶原原纤维构成。此层损伤后不能再生。

（3）角膜基质（corneal stroma）：又称角膜固有层，约占角膜全厚的90%，主要由多层与表面平行的胶原板层构成，内含大量平行排列的胶原原纤维。相邻板层的纤维排列方向相互垂直。胶原板层间散在分布有角膜细胞，细胞扁平、多突起，结构功能与成纤维细胞相似，可产生纤维和基质，参与角膜损伤的修复。角膜基质内胶原原纤维规则排列、无血管，是角膜透明的重要原因。

（4）后界层（posterior limiting lamina）：结构与前界层相似，但更薄，由角膜内皮的分泌物所形成。

（5）角膜内皮（corneal endothelium）：为单层扁平上皮，不能再生，参与后界层的形成与更新。

2. 巩膜 巩膜（sclera）呈乳白色，由致密结缔组织构成，内含大量的胶原纤维，质地坚韧，有保护眼球内容物的作用。与角膜交界处，巩膜组织向前内侧突出，称巩膜距（scleral spur），是小梁网和睫状肌附着的部位（图 13-3）。

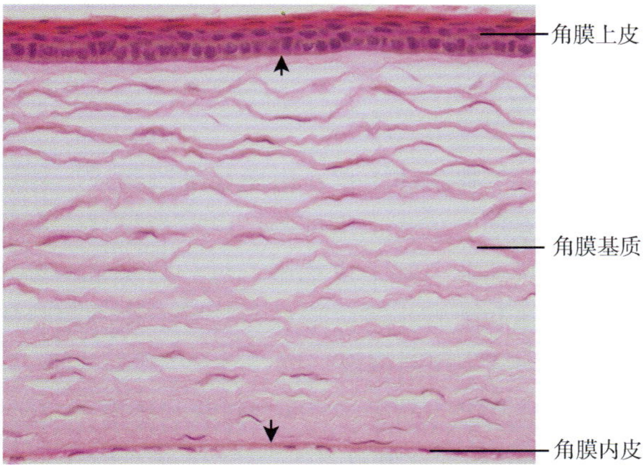

图 13-2 角膜（HE 染色，高倍）

↑前界膜；↓后界膜

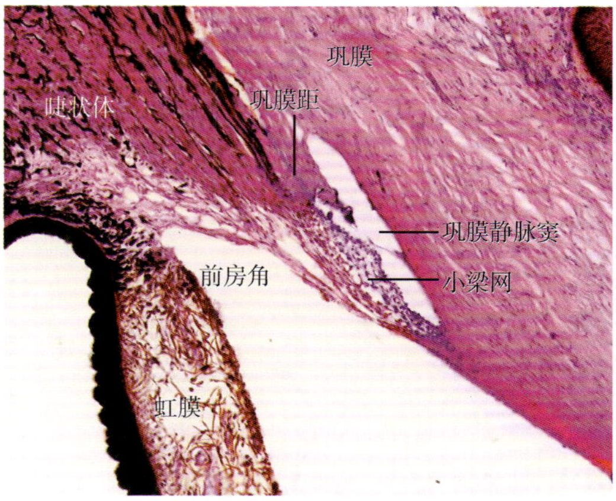

图 13-3 角膜缘（HE 染色，高倍）

3. 角膜缘 角膜缘（corneal limbus）为巩膜与角膜之间的带状移行区域。角膜缘上皮较厚，其基底层细胞分裂增殖能力较强，称角膜缘干细胞（limbal stem cell），可增殖并向角膜中央移行，补充角膜基底层。

角膜缘内侧有环行的巩膜静脉窦（scleral venous sinus）（图 13-3），窦壁为内皮，基膜不连续，基膜外有薄层结缔组织，腔内充满房水，是房水回流的通道。巩膜静脉窦内侧为小梁网（trabecular meshwork），包括小梁和小梁间隙两部分。小梁内部为胶原纤维，表面覆以内皮，小梁间隙充满房水，与巩膜静脉窦相通。

（二）血管膜

血管膜位于纤维膜内面，是富含血管和黑素细胞的疏松结缔组织，从前向后分为虹膜、睫状体和脉络膜三部分。

1. 虹膜 虹膜（iris）位于角膜与晶状体之间，为环状薄膜，周边与睫状体相连，中央为瞳孔（pupil）。虹膜由前向后分为三层：前缘层、虹膜基质和虹膜上皮（图 13-4）。

（1）前缘层（anterior border layer）：为一层不连续的成纤维细胞和黑素细胞。

（2）虹膜基质（iris stroma）：为富含血管和黑素细胞的疏松结缔组织，黑素细胞中含大量的色素颗粒。

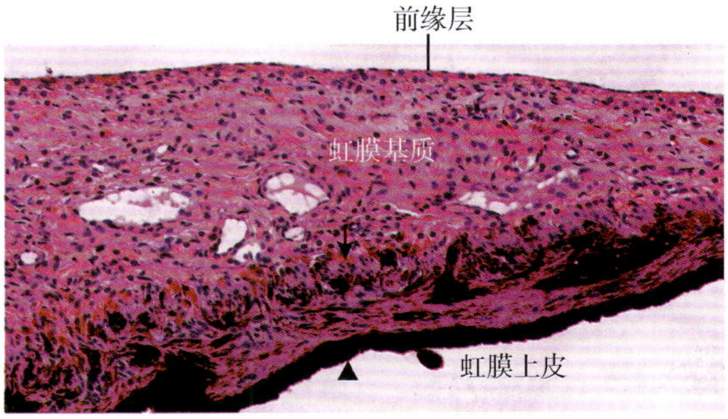

图 13-4 虹膜（HE 染色，高倍）

▲色素上皮细胞；↓肌上皮细胞

（3）虹膜上皮（iris epithelia）：由前、后两层细胞组成。前层为肌上皮细胞，形成瞳孔括约肌和瞳孔开大肌，瞳孔括约肌近瞳孔缘分布，呈环行排列，受副交感神经支配，收缩时使瞳孔缩小；瞳孔开大肌在瞳孔括约肌外侧呈放射状排列，受交感神经支配，收缩时使瞳孔开大。后层细胞呈立方形，胞质内充满色素颗粒。

2. 睫状体 睫状体（ciliary body）位于虹膜与脉络膜之间，在眼球矢状切面上呈三角形。前部向内侧增厚形成许多放射状的睫状突（ciliary process），后部逐渐平坦变薄，与脉络膜相接。睫状体由睫状肌、基质与睫状体上皮组成（图13-1）。

（1）睫状肌（ciliary muscle）：为平滑肌，是睫状体的主要组成成分，分布于睫状体的外2/3。肌纤维有环行、放射状和纵行三种走行方向。环行的睫状肌分布于睫状体前部，放射状和纵行的睫状肌起于巩膜距，分别止于睫状体内侧和后端的脉络膜。

（2）基质：为富含血管和色素细胞的结缔组织。

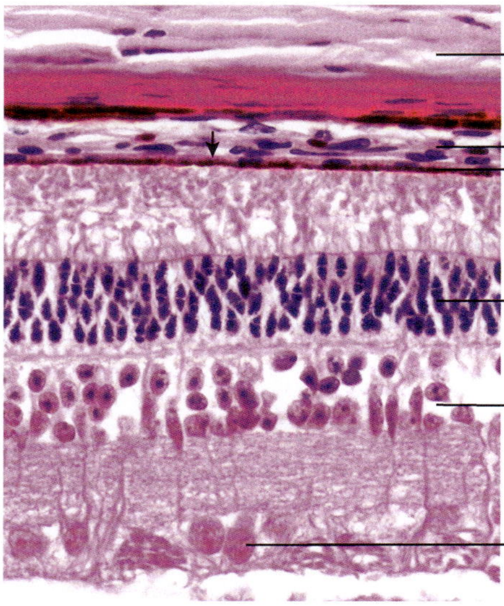

图13-5 视网膜（HE染色，高倍）
↓玻璃膜

（3）睫状体上皮：由两层细胞组成。外层为立方形的色素上皮细胞；内层为呈立方形或矮柱状的非色素上皮细胞，可分泌房水，参与玻璃体和睫状小带的形成。虹膜上皮与睫状体上皮均属视网膜盲部。

睫状突与晶状体之间通过睫状小带（ciliary zonule）相连。睫状小带呈纤维状，由微原纤维与蛋白多糖黏合构成。睫状小带一端连于睫状体，一端插入晶状体囊内，悬挂固定晶状体。视近物时，睫状肌收缩，睫状体突向前方内侧，睫状小带松弛，晶状体变凸；眼处于休息状态或视远物时，睫状肌松弛，睫状小带拉紧，晶状体被拉平。睫状肌通过调节晶状体的位置和屈度，从而调节焦距与视力。

3. 脉络膜 脉络膜（choroid）占血管膜的后2/3，位于巩膜与视网膜之间，为富含血管和色素细胞的疏松结缔组织。与视网膜相贴的最内层为一均质透明薄膜，称玻璃膜（图13-5）。

（三）视网膜

视网膜（retina）位于血管膜的内面，可分为视网膜盲部和视部。视网膜盲部包括虹膜上皮和睫状体上皮，无感光作用。视部位于脉络膜内侧。视网膜视部是高度特化的神经组织，由外向内依次是色素上皮层、视细胞层、双极细胞层和节细胞层（图13-5）。

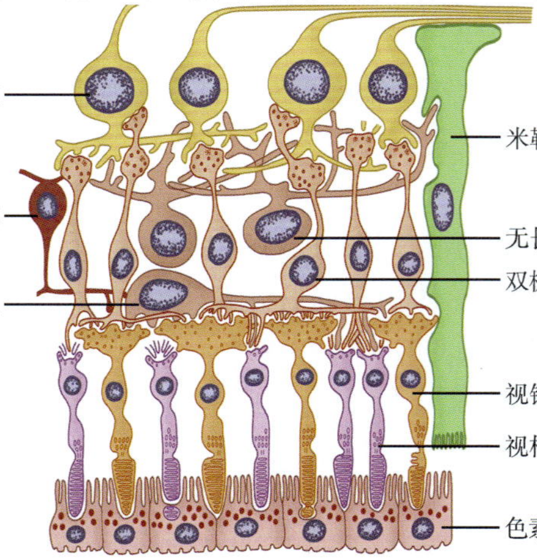

图13-6 视网膜超微结构模式图

1. 色素上皮层 由单层立方的色素上皮细胞（pigment epithelial cell）构成，细胞基底面紧贴玻璃膜（图13-6）。细胞顶部有突起伸入视细胞的外节之间。胞质内含有大量黑素颗粒和吞噬体，黑素颗粒可防止强光对视细胞的损伤，吞噬体内为视杆细胞脱落的膜盘，参与视细胞外节的更新。色素上皮细胞还可储存维生素A，参与视紫红质的合成。

2. 视细胞层 视细胞（visual cell）是感受光线的感觉神经元，又称感光细胞（photoreceptor cell）。细胞分为胞体、内突（轴突）和外突（树突）三部分。胞体是细胞核所在的部位。内突（inner segment）紧邻胞体，是合成感光蛋白的部位，其内富含线粒体、粗面内质网和高尔基体，内突末端主要与双极细胞形成突触联系。外突中段有一缩窄，将其分为内节与外节两段，外节（outer segment）为感光部位，含大量平行排列的扁平状膜盘（membranous disc）。膜盘是由外节基部一侧的胞膜向胞质内陷、折叠形成，膜中镶嵌有感光蛋白。根据外突形状和感光性质不同，视细胞分为视杆细胞和视锥细胞两种（图13-6）。

（1）视杆细胞（rod cell）：主要分布在视网膜黄斑以外的周围部。细胞数量多，核小、染色深，外突呈杆状（视杆），内突末端膨大呈小球状（图 13-6）。膜盘与细胞膜分离形成独立的膜盘，并不断更新，向外节顶部推移，顶部老化的膜盘则不断脱落，被色素上皮细胞吞噬消化。膜盘上镶嵌的感光蛋白称视紫红质（rhodopsin），感受弱光。视紫红质由11-顺视黄醛和视蛋白组成。由于维生素A是合成11-顺视黄醛的原料，所以当人体维生素A不足时，视紫红质缺乏，导致感受弱光障碍，即夜盲症。

（2）视锥细胞（cone cell）：数量少，主要分布于视网膜黄斑中部。细胞核较大，染色较浅。外突呈圆锥形（视锥）；内突末端膨大呈足状。膜盘大多与细胞膜不分离，顶端膜盘也不脱落。其感光物质称视色素，感受强光和颜色。视色素也由11-顺视黄醛和视蛋白组成，但视蛋白的结构与视紫红质的不同。人类和绝大多数哺乳动物有三种不同的视锥细胞，分别含红敏色素、蓝敏色素和绿敏色素。如缺少感红光（或绿光）的视锥细胞，则不能分辨红（或绿）色，为红（或绿）色盲。

3. 双极细胞层 双极细胞（bipolar cell）是连接视细胞和节细胞的纵向中间神经元，其树突与视细胞内突形成突触，轴突与节细胞的树突形成突触（图13-6）。大多数双极细胞可与多个视细胞和节细胞形成突触；只有少数细胞与一个视细胞和一个节细胞联系，称侏儒双极细胞，位于视网膜中央凹边缘。

双极细胞层还有以下三种中间神经元（图 13-6）。

（1）水平细胞（horizontal cell）：胞体位于双极细胞层外侧，其突起呈水平走向，与视杆细胞、双极细胞及网间细胞的突起形成突触，相邻的水平细胞之间有缝隙连接。

（2）无长突细胞（amacrine cell）：胞体较大，位于双极细胞层内侧部，2～3层，突起兼有树突和轴突的特点，与双极细胞的轴突、节细胞的树突及网间细胞的突起形成突触。

（3）网间细胞（interplexiform cell）：胞体位于无长突细胞之间，突起向周围广泛伸展，与无长突细胞和水平细胞形成突触。

中间神经元通过广泛的突触连接，构成局部环路，参与视觉信号的传导与调控。

4. 节细胞层 节细胞（ganglion cell）是有长轴突的多极神经元，胞体较大，常为单层排列，其树突主要与双极细胞形成突触（图13-6）。轴突向眼球后极汇聚形成视神经穿出眼球。大多数节细胞为弥散节细胞，与多个双极细胞形成突触；侏儒节细胞胞体较小，仅与一个侏儒双极细胞形成突触。

视网膜中的神经胶质细胞主要是其特有的放射状胶质细胞，又称米勒细胞（Müller cell）。细胞狭长，几乎贯穿除色素上皮外的视网膜全层，细胞核位于双极细胞层，突起呈叶片状，具有营养、支持、绝缘和保护作用（图13-6）。

（四）黄斑和视神经乳头

在接近眼球后极处，视网膜上有一浅黄色区域，称黄斑（macula lutea），正对视轴处，直径约3mm，其中央的凹陷称中央凹（central fovea）。中央凹的视网膜最薄，只有视锥细胞和色素上皮（图13-7）。此处的视锥细胞与侏儒双极细胞和侏儒节细胞之间形成一对一的联系，能精确地传导视觉信号。近中央凹的双极细胞和节细胞均向外周倾斜，从而形成局部凹陷，光线可直接落在视锥细胞上，故中央凹是视觉最敏感区域。

在黄斑鼻侧，所有节细胞的轴突汇集形成视神经穿出眼球壁，该部位形成一圆形隆起，称视神经乳头（papilla of optic nerve）或称视盘（optic disc），视网膜中央动脉和中央静脉也在此穿过（图13-8）。此处无感光细胞，为生理盲点。

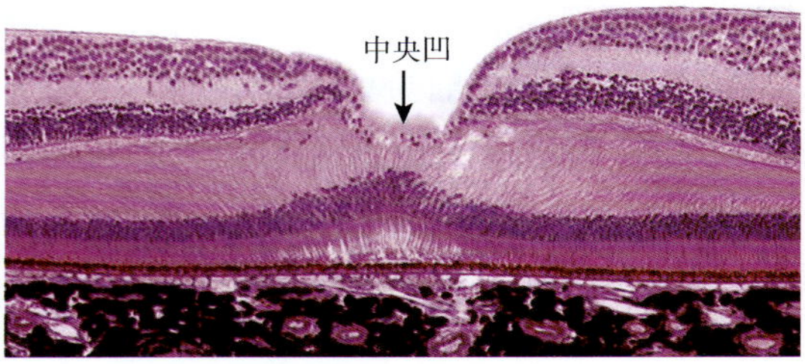

图13-7 黄斑中央凹（HE染色，高倍）

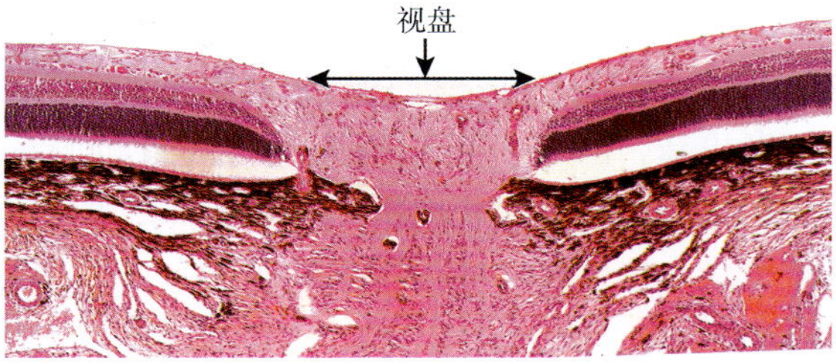

图13-8 视盘（HE染色，低倍）

二、眼球内容物

眼球内容物包括晶状体、玻璃体和房水，与角膜共同组成眼球的屈光系统，对维持正常视力有重要作用。

（一）晶状体

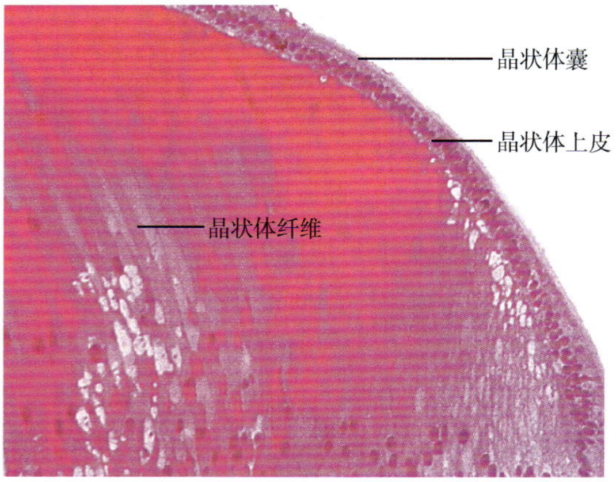

图13-9 晶状体（HE染色，高倍）

晶状体（lens）为具有弹性的双凸透明体，后面较前面隆凸，前后面交界处为赤道部，无血管神经分布。晶状体外面包裹着一层由基膜和胶原原纤维构成的晶状体囊，内为晶状体实质。实质分为外周的皮质和中央的晶状体核。皮质前表面为一层立方形细胞构成的晶状体上皮，在赤道部，细胞渐变为长柱状，称晶状体纤维（lens fiber），纵轴与表面平行，呈环层排列（图13-9）。新形成的纤维构成皮质，老的纤维被推向中心，细胞核消失，含水量减少，构成晶状体核。老年人晶状体弹性减退，透明度降低甚至混浊，形成老年性白内障。

（二）玻璃体

玻璃体（vitreous body）位于晶状体和视网膜之间，是无色透明的胶状体，水分占99%，其余为透明质酸、玻璃蛋白及胶原原纤维等。

（三）房水

房水（aqueous humor）为充满于眼房内的无色透明液体，由睫状体毛细血管内的血液渗出和非色素上皮细胞分泌共同产生。房水从后房经瞳孔至前房，然后沿虹膜角膜角经小梁网进入巩膜静脉窦，最终汇入眼静脉。房水具有屈光作用，并可营养晶状体和角膜，以及维持眼压。房水的产生和排出保持动态平衡，如果房水产生过多或回流受阻，眼内压增高，导致青光眼。

三、眼附属器

眼附属器包括眼睑、泪腺和眼外肌等。眼睑对眼球起遮盖和保护作用。泪腺分泌的泪液有润滑和清洁角膜的作用。眼外肌属于骨骼肌，参与支配眼球运动。

（一）眼睑

眼睑（eyelid）覆盖于眼球前方，由浅至深分为皮肤、皮下组织、肌层、睑板和睑结膜五层。①皮肤：薄而柔软。睑缘有2～3行睫毛，睫毛根部有小的皮脂腺称睑缘腺，又称Zeis腺。睫毛附近有一种螺旋状腺腔较大的汗腺称睫腺，又称Moll腺。两种腺体在发生炎症时形成睑腺炎，称麦粒肿。②皮下组织：为薄层疏松结缔组织，易水肿和淤血。③肌层：主要为骨骼肌。④睑板；由致密结缔组织构成，质硬如软骨，是眼睑的支架。睑板内有垂直睑缘的分支管泡状皮脂腺，称睑板腺，导管开口于睑缘，分泌的皮脂有润滑睑缘和保护角膜的作用。若导管阻塞形成囊肿，称霰粒肿。⑤睑结膜：为薄而透明的黏膜。由复层柱状上皮和固有层的薄层结缔组织构成。

（二）泪腺

泪腺（lacrimal gland）位于眶外侧上方的泪腺窝内，为浆液性复管状腺，被结缔组织分隔成若干小叶。腺上皮为单层立方或柱状，胞质内有分泌颗粒。腺上皮外有基膜和肌上皮细胞。泪腺分泌的泪液经导管排至结膜上穹窿部，可润滑和清洁角膜。

第二节 耳

耳由外耳、中耳和内耳三部分组成。外耳和中耳收集、传导声波，内耳内有听觉感受器和位觉感受器。

1. 外耳 外耳由耳郭、外耳道和鼓膜组成。耳郭以弹性软骨为支架，外覆皮肤和少量皮下组织。外耳道的皮肤内有耵聍腺，结构类似大汗腺，可分泌耵聍。鼓膜为椭圆形的半透明膜，分隔外耳道和中耳。鼓膜由外向内分三层：外层为复层扁平上皮，中间层主要由胶原纤维束组成，内层为黏膜层，由单层扁平上皮和疏松结缔组织构成。鼓膜的功能是将外界声波的振动传递至中耳。

2. 中耳 中耳包括鼓室和咽鼓管。鼓室内有三块听小骨，鼓室内表面和听小骨表面均覆盖有薄层黏膜。听小骨彼此形成关节，关节面为透明软骨。咽鼓管近鼓室段的黏膜上皮为单层柱状上皮，近鼻咽段为假复层纤毛柱状上皮，固有层内分布有混合性腺。

3. 内耳 内耳位于颞骨岩部的骨质内，由构造复杂的管腔组成，故又称迷路。内耳分为骨迷路（osseous labyrinth）和膜迷路（membranous labyrinth）两部分。骨迷路从前至后分为耳蜗、前庭和骨半规管。膜迷路为悬系在骨迷路内的封闭膜性管或囊，基本形态与骨迷路相似，也相应分为膜蜗管、膜前庭（椭圆囊和球囊）和膜半规管三部分。膜迷路内壁衬以单层上皮，一些部位的骨膜与上皮增厚，特化形成感受器。

膜迷路腔内充满内淋巴，膜迷路与骨迷路之间的腔隙内充满外淋巴。内淋巴由膜蜗管的血管纹产生，外淋巴可能来自蛛网膜下隙内的脑脊液，也可能由骨膜毛细血管渗出产生。内、外淋巴互不交通，有营养内耳和传递声波等作用。

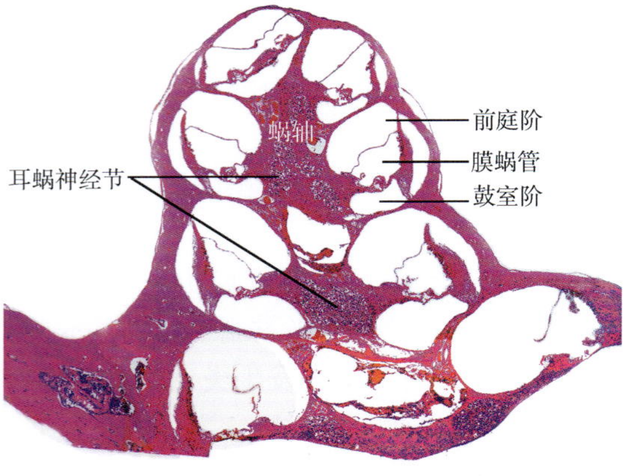

图13-10 耳蜗（HE染色，低倍）

（一）耳蜗、膜蜗管及螺旋器

1. 耳蜗 耳蜗（cochlea）为骨蜗管（蜗螺旋管）环绕圆锥形蜗轴两圈半构成，外形似蜗牛壳。蜗轴由松质骨组成，内有耳蜗神经节。骨蜗管被其内的膜蜗管分隔为上下两部分，上部为前庭阶（scala vestibuli），下部为鼓室阶（scala tympani），二者均含外淋巴，在蜗顶以蜗孔相通（图13-10）。

2. 膜蜗管 膜蜗管是套于骨蜗管内的盲管，含内淋巴。横切面呈三角形，有三个壁。上壁为前庭膜，由两层单层扁平上皮中间夹基板组成，呈外高内低走向。外侧壁的骨膜增厚，称螺旋韧带（spiral ligament），其表面是特殊的含有毛细血管的复层柱状上皮，称血管纹（stria vascularis），可产生内淋巴。下壁由内侧的骨螺旋板和外侧的基底膜（也称膜螺旋板）组成。骨螺旋板（osseous spiral lamina）是蜗轴的骨组织向外延伸形成的螺旋形薄骨片，基底膜内侧与骨螺旋板相连，外侧与螺旋韧带相连，由两层上皮夹一层基底膜组成。基底膜鼓室阶面为单层扁平上皮，膜蜗管面为单层柱状上皮，局部隆起形成螺旋器（spiral organ）。骨螺旋板起始处的骨膜增厚，突入膜蜗管形成螺旋缘（spiral limbus），并分泌形成胶质性盖膜（tectorial membrane），覆盖于螺旋器上（图13-11）。

3. 螺旋器 螺旋器又称科蒂器（organ of Corti），是基底膜上感受听觉的高度分化结构（图13-12），由支持细胞和毛细胞组成。

（1）支持细胞：主要有柱细胞和指细胞两种。柱细胞（pillar cell）中部细长，基部较宽大，排列为内、外两行，分别称内柱细胞和外柱细胞。内、外柱细胞在基底部和顶部彼此连接，中部分离，围成一个三角形的内隧道（inner tunnel）（图13-13，图13-14）。指细胞（phalangeal cell）也分内指细胞和外指细胞。内指细胞有1列，位于内柱细胞的内侧，外指细胞有3～4列，位于外柱细胞的外侧。指细胞呈柱状，顶部凹陷内托着一个毛细胞，一侧伸出一个指状突起抵达螺旋器的游离面，与邻近细胞形成薄板连接（图13-14）。支持细胞的胞质富含张力丝，对稳定螺旋器的结构、固定毛细胞的位置具有支持作用。

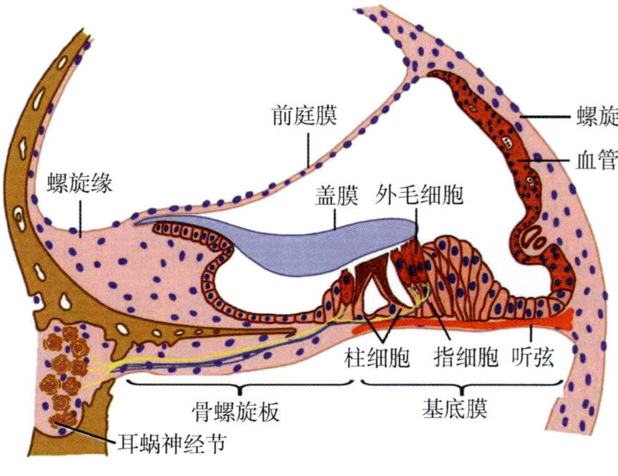

图13-11 膜蜗管模式图

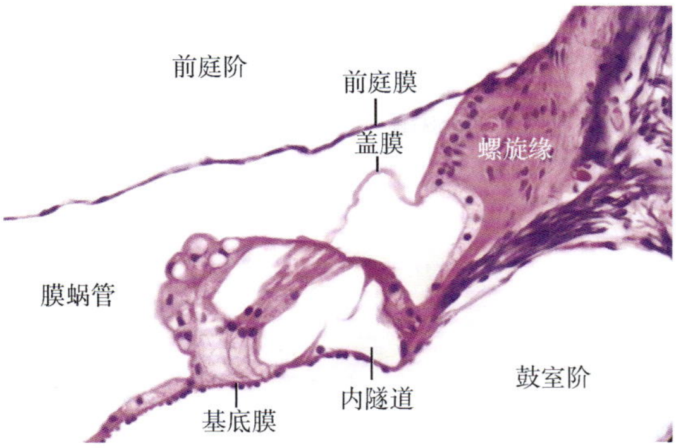

图13-12 螺旋器（HE染色，高倍）

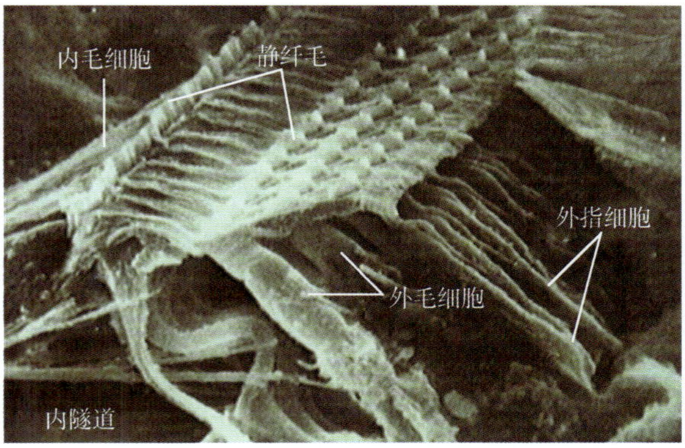

图13-13 螺旋器扫描电镜图（高倍）

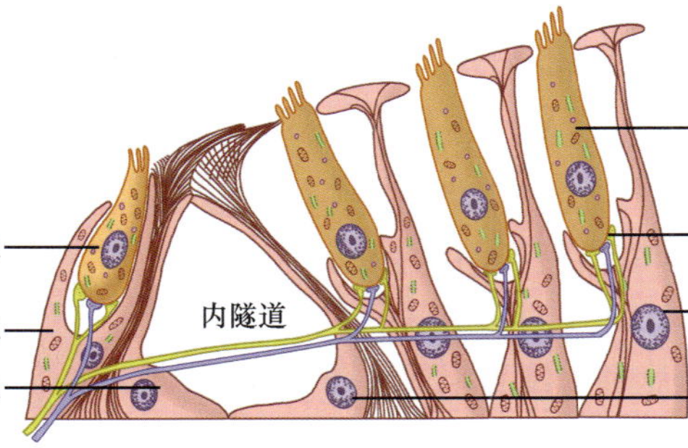

图13-14 螺旋器模式图

（2）毛细胞（hair cell）：是感受听觉的上皮细胞，分内毛细胞和外毛细胞，分别坐落在内、外指细胞顶部的凹陷内，故有1列内毛细胞，3～4列外毛细胞；内毛细胞呈烧瓶形，外毛细胞呈高柱状。细胞游离面有粗而长的微绒毛，称静纤毛，W或V形排列，呈内低外高的阶梯状（图13-14）。外毛细胞中较长的静纤毛插入盖膜的胶质中。毛细胞底部与来自耳蜗神经节的双极神经元树突末端形成突触。

基底膜中除有神经和血管外，还含有大量的胶原样细丝束，称听弦（auditory string），呈由内向外的放射状排列。从蜗底至蜗顶，基底膜由窄变宽，听弦由短变长，故蜗底的基底膜与高频声波共振，蜗顶的基底膜与低频声波共振。因此，蜗底受损导致高音感受障碍，蜗顶受损则导致低音感受障碍。

螺旋器是听觉感受器。由外耳道传入的声波使鼓膜振动，经听小骨传至前庭窗，引起前庭阶外淋巴振动，使膜蜗管的内淋巴也发生振动，引起基底膜振动。同时前庭阶外淋巴的振动也经蜗孔传至鼓室阶，增强基底膜的振动。基底膜振动带动螺旋器振动，使毛细胞静纤毛与盖膜的位置发生变化而不断弯曲伸直，引起毛细胞兴奋。神经兴奋经毛细胞底部的突触传递给耳蜗神经，传入中枢，产生听觉。

（二）前庭、膜前庭及位觉斑

前庭为不规则的卵圆形腔，连接骨半规管和耳蜗（图13-10）。膜前庭由椭圆囊和球囊组成。椭圆囊外侧壁和球囊前壁的增厚，呈斑块状，分别称椭圆囊斑（macula utriculi）和球囊斑（macula sacculi），为位觉感受器，故又统称位觉斑（maculae acustica）。椭圆囊斑长轴为水平位，球囊斑长轴为垂直位，两斑互相垂直。

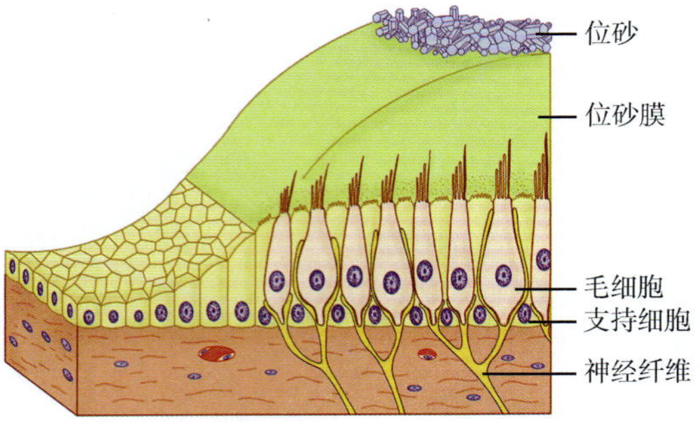

图13-15 位觉斑模式图

位觉斑表面平坦，上皮由支持细胞和毛细胞组成。支持细胞为高柱状，分泌糖蛋白在位觉斑表面形成胶质膜，称位砂膜（otolithic membrane），内有细小的碳酸钙结晶，即位砂（图13-15）。毛细胞位于支持细胞之间，细胞顶部有数十根静纤毛和一根动纤毛，均插入位砂膜。毛细胞基底面与前庭神经末梢形成突触联系。

位觉斑感受身体的直线变速运动和静止状态。由于位砂的比重大于内淋巴，重力和直线变速运动均会引起位砂膜与毛细胞的相对移动，故位觉斑感受头部静止的位置和直线变速运动的刺激，毛细胞产生兴奋经突触传递传入中枢。

（三）半规管、膜半规管及壶腹嵴

半规管为三个互相垂直的半环行骨管，每个半规管与前庭连接处膨大形成壶腹。相应的膜半规管及其壶腹嵌套其内，膜性壶腹部的黏膜局部增厚，形成横行的嵴状隆起，称壶腹嵴（crista ampullaris）。

壶腹嵴的上皮也由支持细胞和毛细胞组成（图13-16）。支持细胞分泌的糖蛋白形成圆锥形的胶质壶腹帽（cupula），覆盖在壶腹嵴上皮表面。毛细胞的静纤毛和动纤毛均插入壶腹帽内。前庭神经的纤维末梢分布于毛细胞的基部并形成突触。壶腹嵴也是位觉感受器，感受头部或身体的旋转变速运动。由于3个半规管互相垂直排列，当头部或身体做任何方向的旋转，都会引起半规管内淋巴流动，使壶腹帽倾斜，从而刺激毛细胞产生兴奋，通过前庭神经传入中枢。

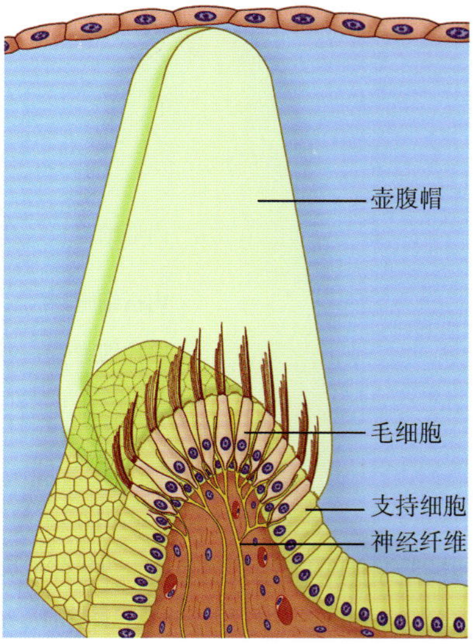

图13-16 壶腹嵴模式图

知识扩展

准分子激光术治疗近视

准分子激光是一种气体脉冲产生的超紫外线光波，波长为193nm。其特性为光子能量大，对组织的穿透力极弱，每个脉冲只能在细胞水平极精确切削0.2～0.25μm厚度的生物组织，对周围其他组织几乎无损伤。准分子激光原位角膜磨镶术（LASIK）是用角膜板层刀掀开一个角膜瓣，在瓣下角膜基质层上用准分子激光根据近视、散光度数进行精确切削，然后将角膜瓣复位。医生在治疗前将患者术前检查的数据通过智能病历卡输入计算机，由计算机来控制激光在角膜中心削出一个光滑的曲面，使光线能够直接聚焦于视网膜上，视力变得清晰。LASIK术中、术后无疼痛，视力恢复快，角膜不遗留瘢痕，是目前安全性、准确性、稳定性，以及疗效的预测性最好的屈光矫治术。

思考题

1. 光线进入眼球、产生感光的神经冲动的传导途径是什么？
2. 通过对眼球组织结构的学习，分析近视和远视的成因。
3. 声波在耳内的传导途径是什么？

（冯　英）

（绘图　翁安莉）

第十四章 消 化 管

消化系统（digestive system）由消化管和消化腺组成。消化管是从口腔、咽、食管、胃、小肠、大肠直至肛门的连续性管道，主要功能为摄取食物并在食物通过时进行物理性和化学性的消化，将大分子物质分解为小分子的氨基酸、单糖、甘油酯等物质并被吸收，食物残渣被排出。消化管黏膜是机体的一个重要屏障结构，黏膜内富含淋巴组织和免疫细胞，对病原微生物等有害物质具有重要的防御作用。消化管上皮内有多种内分泌细胞，具有内分泌功能。消化管的管壁结构具有某些共同的分层规律，又具有与该器官功能密切相关的组织学特征。

第一节 消化管壁的一般结构

消化管壁（除口腔与咽外）由内向外依次分为黏膜、黏膜下层、肌层和外膜四层（图14-1）。

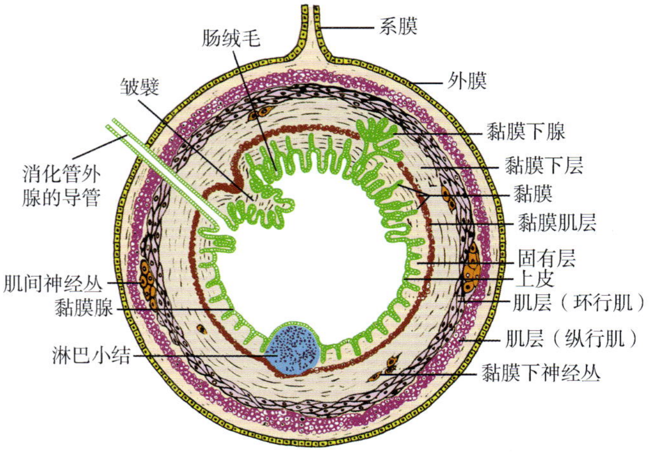

图14-1 消化管一般结构模式图

一、黏 膜

黏膜（mucosa）由上皮、固有层和黏膜肌层组成，是消化管各段结构差异最大、功能最重要的部分。

1. 上皮 在消化管的两端，包括口腔、咽、食管与肛门部位的上皮为复层扁平上皮，具有耐摩擦的功能；中段胃、小肠和大肠的上皮为单层柱状上皮，以消化吸收功能为主。上皮与管壁内的腺体相连续。

2. 固有层 固有层（lamina propria）为结缔组织，有大量的结缔组织细胞，纤维较细密，有丰富的小血管、淋巴管及淋巴组织，胃肠固有层还富含小消化腺。

3. 黏膜肌层 黏膜肌层（muscularis mucosa）为薄层平滑肌，多为内环行和外纵行两层，是黏膜和黏膜下层的分界线。黏膜肌层收缩可促进黏膜活动，加速固有层内腺体分泌物的排出和血液、淋巴的流动，利于物质吸收和腺体分泌。

二、黏 膜 下 层

黏膜下层（submucosa）为疏松结缔组织，内含小动脉、小静脉和淋巴管。在食管及十二指肠的黏膜下层内分别含有食管腺和十二指肠腺。黏膜下层中还有黏膜下神经丛（图14-1），可调节黏膜肌层平滑肌的收缩和腺体分泌。

在食管、胃和小肠等部位，黏膜和黏膜下层共同向管腔内突起，形成皱襞（plica），可扩大黏膜表面积。

三、肌　　层

消化管的肌层（muscularis）包括骨骼肌和平滑肌两种。消化管的两端（口腔、咽、食管上段及肛门等）为骨骼肌；消化管的中段（胃、小肠、大肠等）为平滑肌。肌层一般分为内环行和外纵行两层，胃的肌层较厚，分为内斜、中环和外纵三层。肌层间有肌间神经丛，可支配和控制肌层的收缩运动，使食物与消化液充分混合，利于消化，并将食物向下推移。

四、外　　膜

大部分消化管的外膜（adventitia）由薄层结缔组织与其表面的间皮共同构成，称浆膜（serosa），见于腹膜内位器官；间皮可产生润滑液，减少器官相互运动过程中的摩擦。消化管的上段（咽和食管）和下段（直肠）的外膜仅由薄层结缔组织构成，称纤维膜（fibrosa），与周围组织无明显分界。

第二节　口腔与咽

一、口腔黏膜的一般结构

口腔黏膜由上皮和固有层组成，无黏膜肌层。上皮为复层扁平上皮。固有层结缔组织突向上皮形成乳头，其内富含毛细血管，故黏膜呈红色。乳头及上皮内富含感觉神经末梢。口腔底部上皮菲薄，通透性高，有利于某些化学物质吸收；内有黏液性和浆液性的小唾液腺，可润滑口腔。

二、舌

舌是肌性器官，具有感受味觉、搅拌食物、辅助发音等功能。舌主要由表面的黏膜和深部的纵、横和垂直交错排列的舌肌（骨骼肌）构成，无黏膜下层。舌黏膜由复层扁平上皮和固有层组成。舌根部固有层内有许多淋巴小结，构成舌扁桃体；舌底黏膜薄而光滑；舌背黏膜厚而粗糙。舌背黏膜形成许多乳头状突起，称舌乳头（lingual papillae）。根据形态和结构的不同，人舌乳头可分为丝状乳头、菌状乳头和轮廓乳头三种（图14-2）。

1. 丝状乳头　数目最多，高2～3mm，遍布于舌背，乳头呈圆锥形，浅层上皮细胞角化，并不断脱落，呈白色小点，与食物残渣、唾液和细菌等成分共同形成舌苔，正常人的舌苔为薄白苔，一般无味蕾。

2. 菌状乳头　数量较少，散布于舌尖和舌边缘部的丝状乳头之间。乳头呈蘑菇状，上皮不角化，顶部上皮内有少量味蕾。固有层富含毛细血管，肉眼观察乳头呈红色点状。

3. 轮廓乳头　有10余个，位于舌界沟前方。形体较大，顶部宽而平坦。乳头周围的黏膜凹陷形成环沟，沟两侧的上皮内有较多的味蕾。

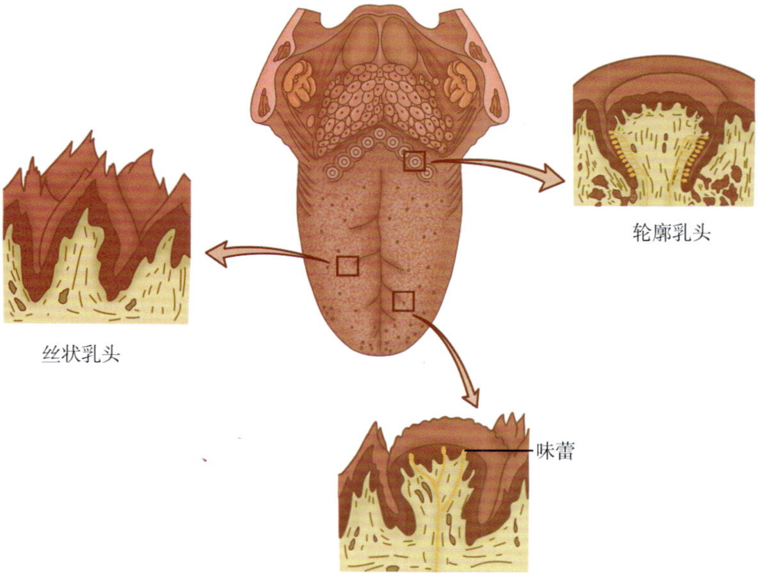

图 14-2 舌乳头模式图

味蕾（taste bud）是味觉感受器，为卵圆形小体，直径为50～80μm，高70～100μm，主要分布于菌状乳头和轮廓乳头，埋在复层上皮内，少数散在于软腭、会厌、咽及喉等处的上皮内，其顶端有味孔通于口腔。味蕾由味细胞、支持细胞和基细胞等三种细胞构成（图14-3）。味细胞属于感觉上皮，根据染色深浅分为明细胞和暗细胞。味细胞呈长梭形，聚集成团，游离面有微绒毛（味毛）伸入味孔，基底部胞质内含突触小泡样颗粒，基底面与味觉神经末梢形成突触。支持细胞位于味细胞间，数量较多，也呈梭形。基细胞位于味蕾基底部，呈多角形，属未分化细胞，能分化为其他味蕾细胞。进入老年期后，味蕾退化，味觉功能减退。

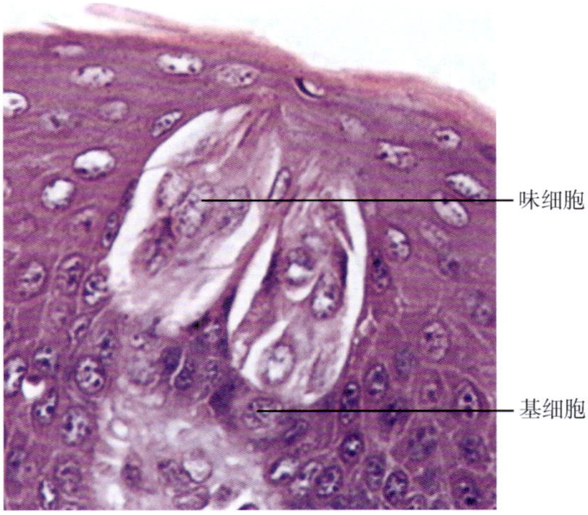

图 14-3 味蕾（HE 染色，高倍）

三、牙

牙由牙冠、牙根、牙颈组成。暴露在外面的为牙冠，埋在牙槽骨内的为牙根，两者交界部为牙颈。牙的中央有牙髓腔，内含牙髓，开口于牙根底部的牙根孔。牙由牙本质、牙釉质、牙骨质三种坚硬的钙化组织和牙髓软组织构成。牙根周围的牙周膜、牙槽骨骨膜及牙龈统称为牙周组织（图14-4）。

1. 牙本质 牙本质（dentin）包绕牙髓腔，构成牙的主体，主要由牙本质小管和间质构成。牙本质内表面有一层成牙本质细胞（odontoblast），多突起。牙本质小管自牙髓腔面向周围呈放射状排列，愈向周边愈细，且有分支吻合，成牙本质细胞的突起伸入其中。间质位于牙本质小管之间，由胶原原纤维与钙化的基质构成。有机成分由成牙本质细胞合成；无机成分与骨质相似，但占比

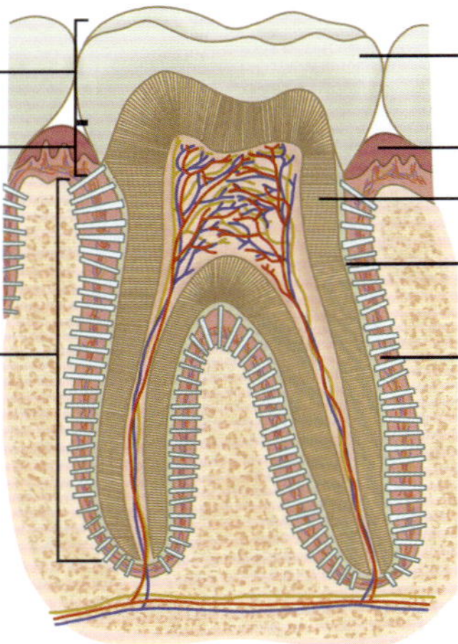

图14-4 牙结构模式图

更高，约80%，故较骨质更坚硬。牙本质对冷、酸和机械刺激极其敏感，可引起酸痛感。

2. 牙釉质 牙釉质（enamel）包在牙冠部的牙本质表面，是体内最坚硬的组织，可与石英媲美，但是脆性很大。成熟的牙釉质中无机物约占96%，有机物极少。牙釉质由釉柱和极少量的间质构成。釉柱呈细长棱柱状，从与牙本质交界处向牙冠表面呈放射状紧密排列，主要成分为羟基磷灰石结晶。间质是釉柱之间钙化的粘连物质。

3. 牙骨质 牙骨质（cementum）包在牙根部的牙本质外面，其组成及结构与骨组织相似，由细胞与钙化的细胞外基质构成，不形成骨单位，不含血管。近牙颈部的牙骨质较薄，内无骨细胞。

4. 牙髓 牙髓（dental pulp）为疏松结缔组织，内含自牙根孔进入的血管、淋巴管和神经纤维，主要功能是营养牙本质和牙釉质。感觉神经末梢包绕成牙本质细胞，并有极少量进入牙本质小管。

5. 牙周膜 牙周膜（peridental membrane）为致密结缔组织，位于牙根与牙槽骨之间，含较粗的胶原纤维束，其一端埋入牙骨质，另一端伸入牙槽骨，使两者牢固连接。老年人的牙周膜常萎缩，引起牙松动或脱落。

6. 牙龈 牙龈（gingiva）为包绕着牙颈的口腔黏膜，由复层扁平上皮及固有层组成。随着年龄增长，牙龈常萎缩而致牙颈外露。

四、咽

咽分为口咽、鼻咽和喉咽三部分。结构特点为：

1. 黏膜 黏膜由上皮与固有层组成，无黏膜肌层。口咽与喉咽处为未角化复层扁平上皮，鼻咽上皮为假复层纤毛柱状上皮。固有层的结缔组织内有黏液性腺或混合性腺，以及丰富的淋巴组织。固有层深部弹性纤维丰富，形成厚而致密的弹性纤维层。

2. 肌层 肌层由内纵行与外斜行或环行的骨骼肌组成，其间可见黏液性腺。

3. 外膜 外膜为纤维膜。

第三节 食 管

食管壁具有消化管壁的典型结构（图14-5）。食管腔面有7～10条纵行皱襞，食物通过时皱襞消失。

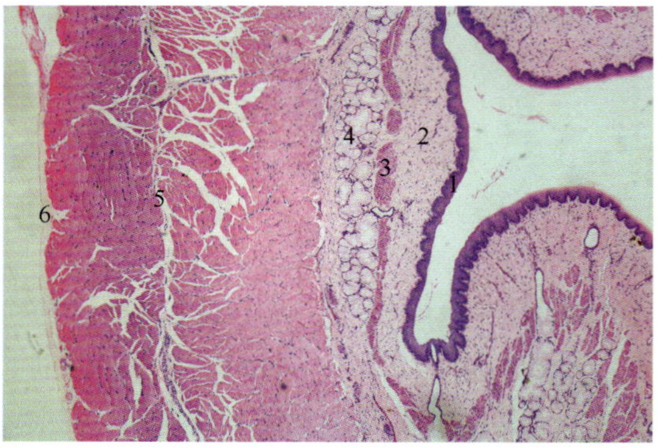

图14-5 食管（HE染色，低倍）

1. 上皮；2. 固有层；3. 黏膜肌层；4. 黏膜下层；5. 肌层；6. 外膜

1. 黏膜 上皮为未角化复层扁平上皮，下端的上皮与胃贲门部的单层柱状上皮移行，是食管癌的易发部位。固有层为细密的结缔组织。黏膜肌层由一层纵行平滑肌束组成。

2. 黏膜下层 黏膜下层为疏松结缔组织，含黏液性食管腺，其导管穿过黏膜开口于食管腔，有利于食物通过。食管腺周围常有较密集的淋巴细胞和浆细胞，甚至还有淋巴小结。

3. 肌层 肌层分为内环行和外纵行两层。上1/3段为骨骼肌，下1/3段为平滑肌，中1/3段既有骨骼肌也有平滑肌。食管两端的内环行肌增厚，分别形成食管上、下括约肌。

4. 外膜 外膜为纤维膜。

第四节 胃

胃是一个囊状器官，可暂时储存食物，将食物与胃液混合，可初步消化蛋白质，吸收部分水、无机盐和醇类。胃可分为贲门部、胃底、胃体和幽门部四部分。胃空虚时腔面可见许多纵行皱襞，充盈时皱襞几乎消失。

一、黏 膜

黏膜表面有许多浅沟，将黏膜分成许多直径为2～6mm的胃小区。黏膜表面还遍布约350万个不规则的小凹陷，称胃小凹（gastric pit），由上皮向深部凹陷形成，胃小凹底部是3～5个胃腺的共同开口（图14-6）。

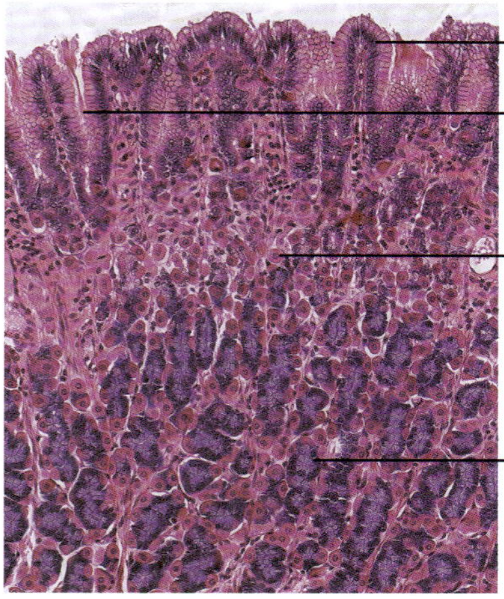

图14-6 胃黏膜（HE染色，低倍）

（一）上皮

胃黏膜表面的上皮为单层柱状上皮，主要由大量的表面黏液细胞（surface mucous cell）组成。细胞呈柱状，细胞核呈椭圆形，位于细胞基底部；顶部胞质内充满PAS反应阳性的黏原颗粒，HE染色黏原颗粒着色浅淡而使细胞顶部呈透明状（图14-6）。表面黏液细胞分泌的不可溶性黏蛋白覆盖于上皮表面，形成一层保护性黏液膜，可防止盐酸与胃蛋白酶对胃黏膜的消化及食物对上皮的磨损，有重要的保护作用。细胞间有紧密连接，起屏障作用。胃上皮2～6天更新一次，脱落的细胞由胃小凹底部的干细胞增殖补充。

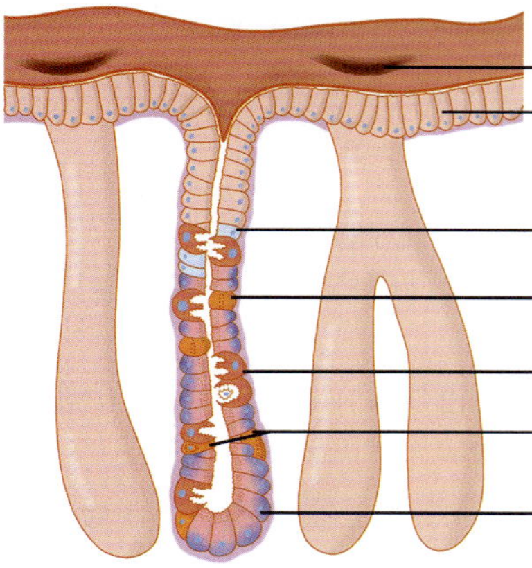

图14-7 胃底腺模式图

（二）固有层

有大量紧密排列的胃腺，根据其所在部位与结构的不同，分为胃底腺、贲门腺和幽门腺。

1. 胃底腺 胃底腺（fundic gland）分布于胃底和胃体，是胃黏膜中数量最多、功能最重要的腺体。胃底腺呈分支管状，分为颈部、体部和底部，由主细胞、壁细胞、颈黏液细胞、干细胞和内分泌细胞组成（图14-7）。越接近贲门部的胃底腺中主细胞越多，越接近幽门部的胃底腺中壁细

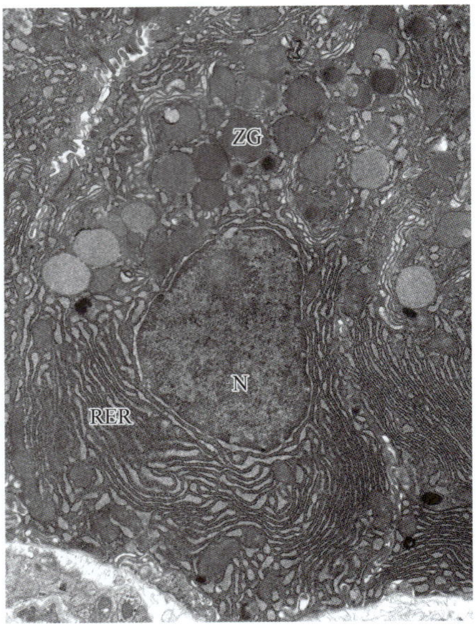

图14-8 主细胞超微结构图（高倍）（四川大学郑翔提供）

N. 细胞核；RER. 粗面内质网；ZG. 酶原颗粒

胞越多。

（1）主细胞（chief cell）：又称胃酶细胞（zymogenic cell），数量最多，主要分布于腺的体部和底部。细胞呈柱状，核呈圆形位于基底部；胞质基底部呈强嗜碱性，胞质顶部充满酶原颗粒，但在HE染色的标本上，颗粒多溶解，致顶部呈泡沫状。电镜下，胞质基底部有大量粗面内质网，核上方有发达的高尔基体和许多圆形的酶原颗粒（图14-8）。主细胞分泌胃蛋白酶原（pepsinogen）。婴儿的主细胞还分泌利于乳汁分解的凝乳酶。

（2）壁细胞（parietal cell）：又称泌酸细胞（oxyntic cell），多位于胃底腺的颈部和体部。细胞体积较大，多呈圆锥形；核圆，位于细胞中央，可有双核，胞质呈强嗜酸性。电镜下，可见壁细胞顶面的细胞膜向胞质内凹陷，形成迂曲分支的小管，称细胞内分泌小管（intracellular secretory canaliculus），小管腔面有微绒毛。细胞内分泌小管周围有管泡状滑面内质网，膜结构与细胞内分泌小管相同，称微管泡系统（tubulovesicular system）。壁细胞功能静止时，细胞内分泌小管少，多不与腺腔相通，微绒毛少而短，微管泡系统发达；壁细胞分泌时，微管泡系统转变为细胞内分泌小管，微绒毛增多、增长，使细胞游离面面积扩大约5倍，而微管泡系统的管泡数量剧减。这表明微管泡系统实为细胞内分泌小管膜的储备形式。壁细胞胞质中还有丰富的线粒体，为细胞的分泌活动提供充足的能量（图14-9）。

壁细胞能分泌盐酸，其过程是：细胞内分泌小管膜上有大量质子泵（H^+/K^+-ATP酶）和Cl^-通道，能分别把壁细胞内形成的H^+和从血液摄取的Cl^-输入细胞内分泌小管，两者结合成盐酸后进入腺腔。盐酸能激活胃蛋白酶原，使之转变为胃蛋白酶，并为其活性提供所需的酸性环境，以对蛋白质进行初步分解；盐酸还有杀菌作用。人的壁细胞还分泌内因子（intrinsic factor），在胃腔内能与食物中的维生素B_{12}结合成复合物，使其在肠道内不被酶分解，并能促进回肠吸收维生素B_{12}，供红细胞生成所需。在萎缩性胃炎等疾病，由于壁细胞减少，内因子缺乏，致维生素B_{12}吸收障碍，可引起恶性贫血。

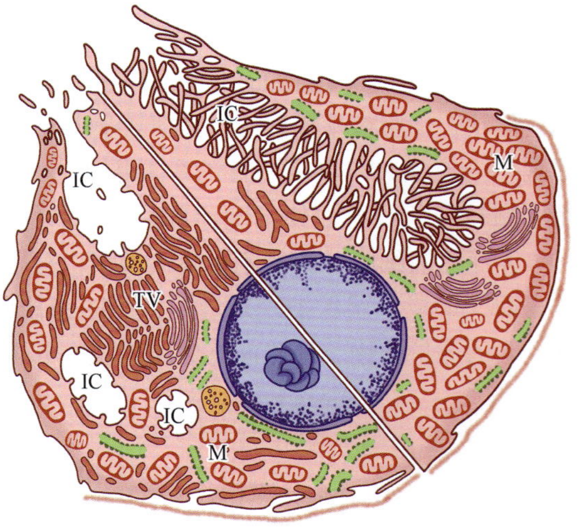

图14-9 壁细胞超微结构模式图

IC. 细胞内分泌小管；M. 线粒体；TV. 微管泡系统

（3）颈黏液细胞（mucous neck cell）：数量少，位于胃底腺颈部，常呈楔形夹于其他细胞之间。核扁平，位于细胞基底部；核上方有很多黏原颗粒，HE染色着色浅淡（图14-7）。其分泌物为含酸性黏多糖的可溶性黏液。

（4）干细胞（stem cell）：位于从腺颈部至胃小凹底部一带，胞体小，呈低柱状，在普通标本上不易辨认（图14-7）。该细胞处于活跃的增殖状态，可不断分裂、分化为表面黏液细胞及胃底腺的其他细胞。

（5）内分泌细胞：详见本章第八节。

2. 贲门腺 贲门腺（cardiac gland）分布于近贲门处宽1～3cm的狭窄区域，为单管状或分支管状黏液性腺。

3. 幽门腺 幽门腺（pyloric gland）分布于幽门部宽4～5cm的区域，此区胃小凹很深。幽门腺为分支多而弯曲的管状黏液性腺，内有很多G细胞，可分泌胃泌素（gastrin），刺激壁细胞分泌盐酸，还可促进胃肠黏膜细胞增殖。

上述三种腺体的分泌物混合组成胃液。成人每日胃液的分泌量为1.5～2.5L，pH为0.9～1.5，除含有盐酸、胃蛋白酶、黏液外，还有大量水、Na^+、K^+、Cl^-等。

胃液中含高浓度、强腐蚀力的盐酸，胃蛋白酶能分解蛋白质，但正常情况下胃黏膜耐腐蚀而不受破坏，这是由于其有自我保护机制，即黏液-碳酸氢盐屏障（mucous-HCO_3^- barrier）。该屏障位于黏膜表面，主要由含大量HCO_3^-的不可溶性黏液凝胶构成，厚0.25～0.50mm。黏液凝胶和HCO_3^-均由表面黏液细胞分泌。黏液凝胶层将上皮与胃蛋白酶相隔离，并减缓H^+向黏膜方向弥散；HCO_3^-可中和H^+，形成H_2CO_3，后者被胃上皮细胞的碳酸酐酶迅速分解为H_2O和CO_2。此外，胃上皮细胞间的紧密连接也具有屏障作用，而上皮细胞的快速更新也使胃黏膜能及时修复损伤。正常情况下，胃酸的分泌量和黏液-碳酸氢盐屏障保持平衡。

（三）黏膜肌层

黏膜肌层由内环行和外纵行两层平滑肌组成（图14-10）。

二、黏膜下层

黏膜下层为内含较大的血管、淋巴管和神经的结缔组织（图14-10）。

三、肌　　层

肌层较厚，由内斜、中环、外纵三层平滑肌构成（图14-10）。贲门部和幽门部的环行肌增厚，分别形成贲门括约肌和幽门括约肌。

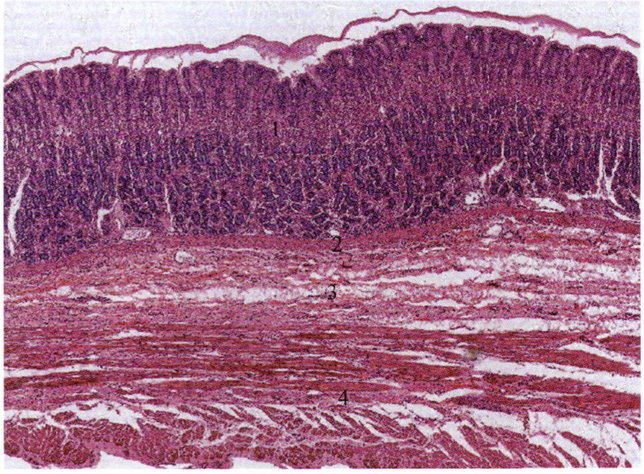

图14-10 胃体部（HE染色，低倍）

1. 固有层；2. 黏膜肌层；3. 黏膜下层；4. 肌层

四、外　　膜

外膜为浆膜。

第五节 小　　肠

小肠是消化和吸收的主要场所。小肠可分为十二指肠、空肠和回肠三部分。

一、黏　　膜

小肠腔面有许多环行皱襞，由黏膜和黏膜下层突向肠腔形成。皱襞从距幽门约5cm处开始出现，在十二指肠末段和空肠头段极其发达，向下逐渐减少、变矮，至回肠中段以下基本消失。黏膜表面有许多细小的肠绒毛（intestinal villus），由上皮和固有层向肠腔突起而成，为小肠特有的结构，长0.5～1.5mm，以十二指肠和空肠头段最发达。小肠各段绒毛形状不一，在十二指肠为宽大的叶状（图14-11），空肠如长指状（图14-12），回肠则呈短的锥形（图14-13）。环行皱襞与肠绒毛一起使小肠内表面积扩大约30倍，有利于物质的消化、吸收与运送。

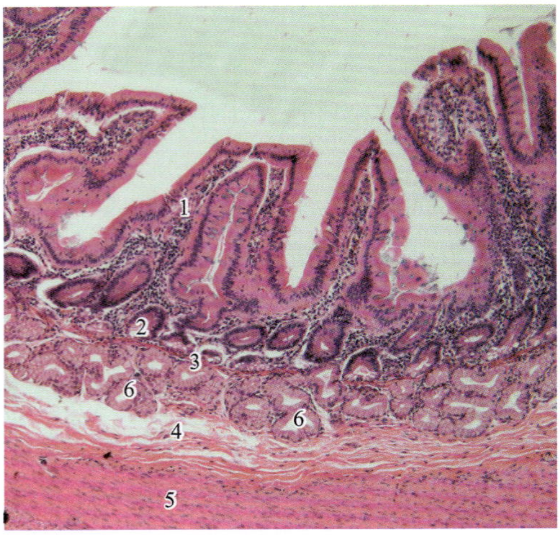

图14-11　十二指肠（HE染色，低倍）

1. 小肠绒毛；2. 小肠腺；3. 黏膜肌层；4. 黏膜下层肌层；6. 十二指肠腺

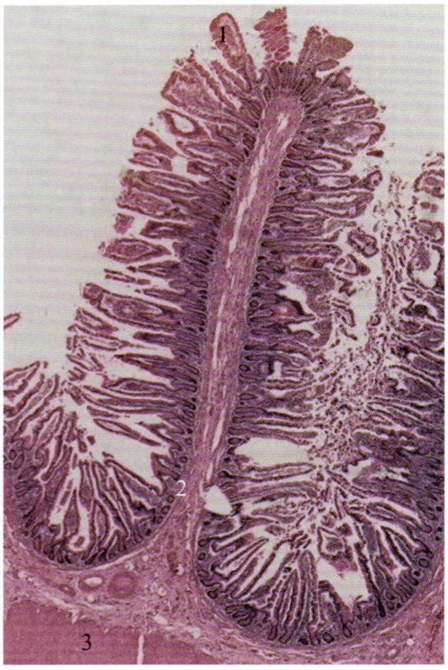

图14-12　空肠黏膜（HE染色，低倍）

1. 肠绒毛；2. 皱襞；3. 肌层

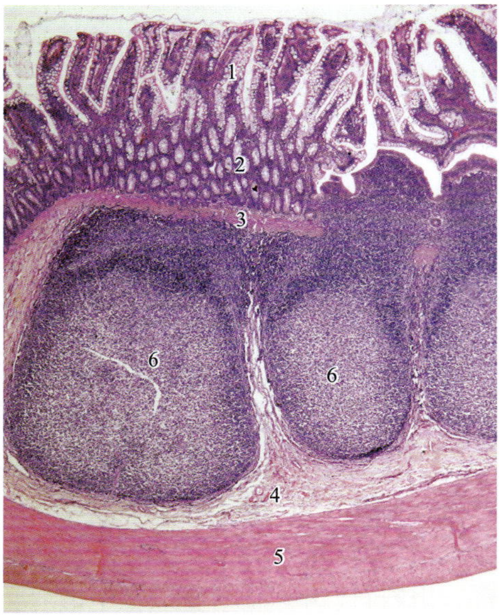

图14-13　回肠（HE染色，低倍）

1. 小肠绒毛；2. 小肠腺；3. 黏膜肌层；4. 黏膜下层；5. 肌层；6. 集合淋巴小

（一）上皮

小肠的上皮为单层柱状上皮。肠绒毛上皮由吸收细胞、杯状细胞（图14-14）和少量内分泌细胞组成。绒毛根部的上皮向固有层下陷形成单管状的小肠腺（small intestinal gland），直接开口于肠腔，小肠腺上皮除上述细胞外，还有帕内特细胞和干细胞。

1. 吸收细胞　吸收细胞（absorptive cell）数量最多，呈高柱状，核椭圆形，位于基底部。游离面在光镜下可见纹状缘，电镜下由大量密集而规则排列的微绒毛构成。每个吸收细胞有2000～3000根微绒毛，使细胞游离面的面积扩大约20倍。微绒毛表面有一层厚0.1～0.5μm的细胞衣，由细胞膜镶嵌蛋白的胞外部分构成，其中有参与消化糖类和蛋白质的双糖酶和肽酶，还有吸附的胰蛋白酶、胰淀粉酶等，故细胞衣是消化的重要部位。吸收细胞表面有某些特殊受体，同时相邻吸收细胞的顶部有紧密连接，可阻止肠腔内物质由细胞间隙进入组织，保证选择性吸收的进行。吸收细胞的胞质内有丰富的滑面内质网，内含多种酶，可将细胞吸收的甘油一酯、脂肪酸、甘油合成甘油三酯，后者与载脂蛋白结合后，在高尔基体形成乳糜微粒，然后通过细胞侧面进入中央乳糜管，这是脂肪吸收和转运的方式。

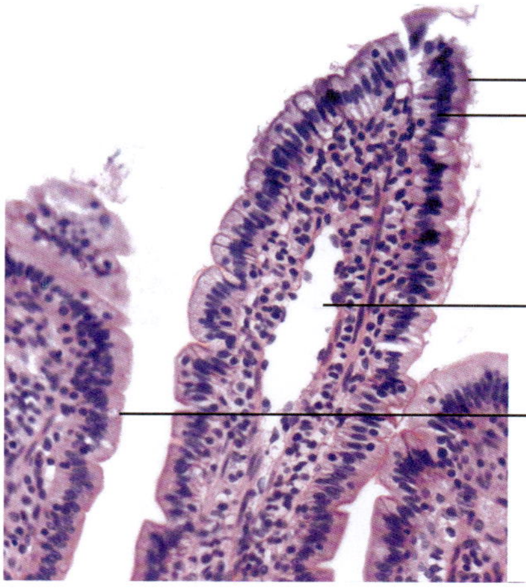

图14-14 肠绒毛（HE染色，高倍）

2. 杯状细胞 杯状细胞散布于吸收细胞之间，分泌黏液，对肠黏膜有润滑和保护作用。从十二指肠至回肠末段，杯状细胞逐渐增多。

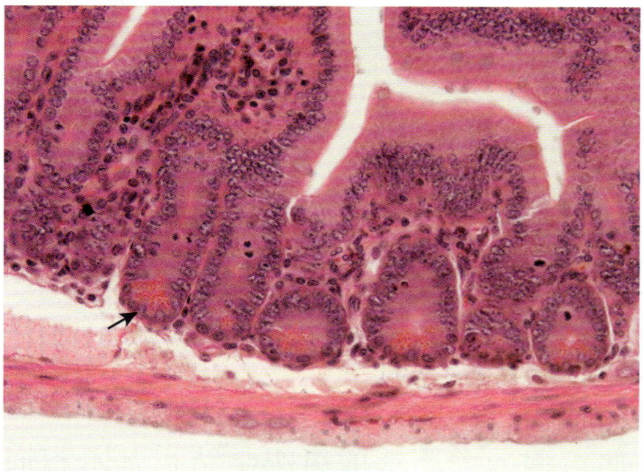
图14-15 小肠腺（HE染色，高倍）
↑帕内特细胞

3. 帕内特细胞 帕内特细胞（Paneth cell）是小肠腺的特征性细胞，分布于腺的底部，以回肠最多。细胞常三五成群，细胞呈锥形，核圆、位于基部，基部胞质嗜碱性，顶部胞质内充满了粗大的嗜酸性分泌颗粒（图14-15），其内含防御素、溶菌酶，可杀灭肠道的微生物。

4. 内分泌细胞 详见本章第八节。

5. 干细胞 干细胞位于小肠腺的下半部，细胞较小、呈柱状，胞质呈嗜碱性。该细胞能不断增殖、分化并向上迁移，补充在绒毛顶端脱落的吸收细胞和杯状细胞，也可分化为帕内特细胞和内分泌细胞。绒毛上皮更新周期一般为3～6天。

（二）固有层

固有层由疏松结缔组织组成，除有大量小肠腺外，还有丰富的淋巴细胞、浆细胞、巨噬细胞、嗜酸性粒细胞和肥大细胞。绒毛中轴的结缔组织内有1～2条纵行的毛细淋巴管，称中央乳糜管（central lacteal），其以盲端起始于绒毛的顶部，向下穿过黏膜肌层，进入黏膜下层淋巴管丛（图14-14）。中央乳糜管管腔较大，内皮细胞间隙宽，无基膜，故通透性大，能运送吸收细胞释出的乳糜微粒。中央乳糜管的周围有丰富的有孔毛细血管，肠上皮吸收的氨基酸、单糖等水溶性物质主要经此入血。在绒毛中轴结缔组织内还有少量散在的平滑肌纤维，其收缩使绒毛变形，有利于淋巴液和血液的运行。此外，固有层内还有较多的免疫细胞，如淋巴细胞、浆细胞、巨噬细胞、嗜酸性粒细胞等，在某些部位形成弥散淋巴组织和淋巴小结。在十二指肠和空肠多为孤立淋巴小结，在回肠（尤其是下段）多为由若干淋巴小结聚集而成的集合淋巴小结。

（三）黏膜肌层

由内环行和外纵行两层平滑肌组成。

二、黏膜下层

黏膜下层的结缔组织中含有丰富的弹性纤维及较多的血管和淋巴管。在十二指肠的黏膜下层内有大量的黏液性十二指肠腺（duodenal gland），其导管穿过黏膜肌层开口于小肠腺的底部（图14-11）。此腺分泌黏稠的碱性黏液，以保护十二指肠免受胃酸的侵蚀。在回肠，可见穿过黏膜肌层抵达黏膜下层的集合淋巴小结。

三、肌　　层

由内环行和外纵行两层平滑肌组成。环行肌较厚，纵行肌较薄。

四、外　　膜

外膜除十二指肠后壁为纤维膜外，其余均为浆膜。

第六节　大　　肠

大肠与小肠相比直径较大，包括盲肠、阑尾、结肠、直肠和肛管，是消化管的最后一段，主要功能是吸收水分和电解质，还可以形成、储存和排出粪便。

一、盲肠、结肠和直肠

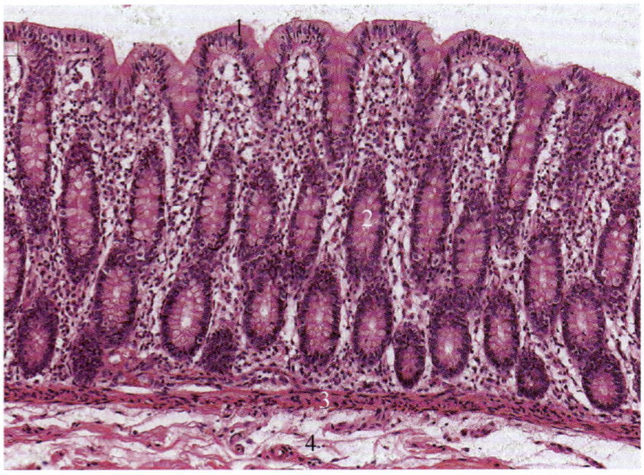

图14-16　结肠黏膜（HE染色，低倍）

1. 上皮；2. 大肠腺；3. 黏膜肌层；4. 黏膜下层

此三部分大肠壁的组织学结构基本相同（图14-16）。

1. 黏膜　表面光滑，无绒毛，有半环行皱襞。上皮为单层柱状上皮，由吸收细胞与大量的杯状细胞组成。固有层内充满大量的单管状大肠腺，含吸收细胞、大量杯状细胞、少量干细胞和内分泌细胞，无帕内特细胞。杯状细胞分泌的黏液可润滑保护黏膜。固有层内可见孤立淋巴小结。黏膜肌层同小肠。

2. 黏膜下层　在结缔组织内有血管和淋巴管，还有较多的脂肪细胞。

3. 肌层　由内环行和外纵行两层平滑肌组成。纵行肌局部增厚形成三条结肠带，带间的纵行肌很薄甚至缺如。环行肌呈节段性增厚，形成结肠袋。

4. 外膜　外膜在盲肠、横结肠、乙状结肠为浆膜；在升结肠与降结肠的前壁为浆膜，后壁为纤维膜；在直肠上1/3段的大部分、中1/3段的前壁为浆膜，其余部分为纤维膜。外膜的结缔组织中常有脂肪细胞聚集而成的肠脂垂。

二、阑 尾

阑尾结构与大肠相似，但阑尾管腔小而不规则，大肠腺短而少。固有层内有极丰富的淋巴组织，可见大量淋巴小结及弥散淋巴组织，并突入黏膜下层，致使黏膜肌层不完整。肌层很薄，外膜为浆膜（图14-17）。

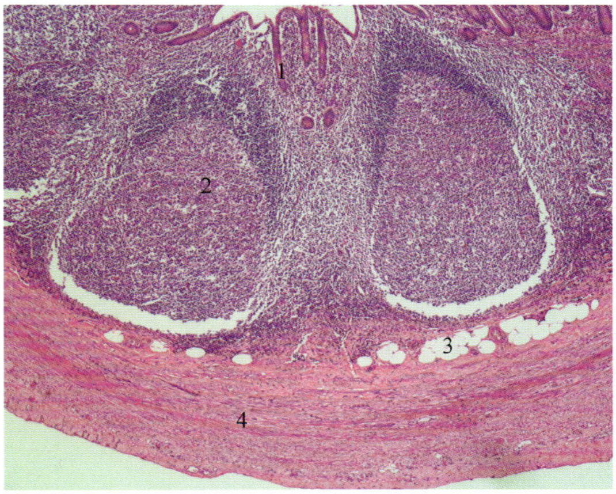

图14-17 阑尾（HE染色，低倍）

1. 大肠腺；2. 淋巴小结；3. 黏膜下层；4. 肌层

三、肛 管

在齿状线以上的肛管黏膜结构与直肠相似，但在肛管上段出现了纵行皱襞（肛柱）。在齿状线处，单层柱状上皮骤然变为复层扁平上皮，大肠腺和黏膜肌层消失。齿状线以下的上皮为与皮肤相同的角化复层扁平上皮，含有很多黑色素；固有层内出现环肛腺（大汗腺）和丰富的皮脂腺。肛管黏膜下层内有密集的静脉丛，易发生淤血扩张而形成痔。肌层由两层平滑肌组成，其内环行肌增厚形成肛门内括约肌。近肛门处，外纵行肌周围有由环行骨骼肌形成的肛门外括约肌。

第七节 消化管的淋巴组织

消化管与体外环境直接相通，各种细菌、病毒、寄生虫（卵）等病原微生物随饮食进入，大多能被胃酸、消化酶及帕内特细胞分泌的防御素和溶菌酶所破坏，其余或以原形排出体外，或受到消化管的淋巴组织的免疫抵御。消化管的淋巴组织又称为肠相关淋巴组织（gut-associated lymphoid tissue，GALT），主要包括上皮内的淋巴细胞，固有层中弥散分布的淋巴细胞、浆细胞、巨噬细胞、间质树突状细胞、淋巴小结等，在咽、回肠和阑尾等处尤其丰富。消化管淋巴组织能接受消化管内病原微生物的抗原刺激，主要通过产生和向消化管腔分泌免疫球蛋白作为应答，与上皮共同形成机体的第一道防线。

在肠集合淋巴小结处，无肠绒毛和小肠腺，局部黏膜向肠腔呈圆顶状隆起，其上皮内有散在的微皱褶细胞（microfold cell，M细胞）。M细胞基底面的质膜内陷形成一较大的穹隆状凹腔，内含多个淋巴细胞和少量巨噬细胞，在光镜下细胞形态不易分辨，只能根据其基底部是否包含淋巴细胞来推断。电镜下，细胞游离面有微皱褶和短而少的微绒毛，胞质内有丰富的囊泡。M细胞能摄取肠腔内的抗原物质，以囊泡的形式转运并传递给其包含的巨噬细胞，经抗原处理后呈递给淋巴细胞。淋巴细胞进入黏膜的淋巴小结和肠系膜淋巴结内增殖分化为幼浆细胞，然后经淋巴细胞再循环，大部分返回消化管黏膜，并转化为浆细胞。浆细胞除产生少量免疫球蛋白G（IgG）进入血液循环外，主要产生免疫球蛋白A（IgA）。IgA能与吸收细胞基底面和侧面细胞膜中的分泌片（一种镶嵌糖蛋白）相结合，形成分泌性IgA（secretory IgA，SIgA）。SIgA被吸收细胞内吞后释入肠腔，特异性地与抗原结合，从而抑制或杀灭细菌、中和病毒、防止抗原黏附进入上皮细胞（图14-18）。部分幼浆细胞还可经血液进入唾液腺、呼吸道黏膜、女性生殖道黏膜和乳腺等处，产生SIgA，发挥相似的免疫应答作用，构成黏膜免疫系统（mucosal immune system，MIS）。

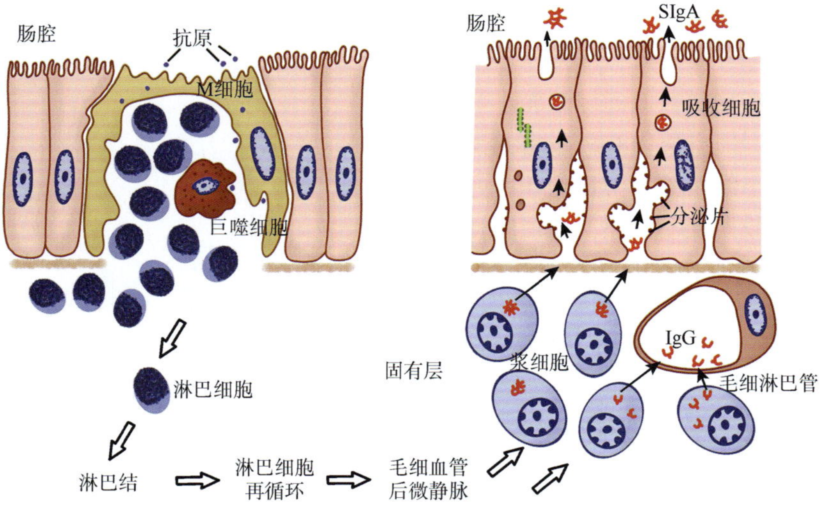

图 14-18 消化管黏膜的免疫功能示意图

第八节 胃肠的内分泌细胞

胃肠道内散在分布着数十种内分泌细胞，数量达3×10^9个，故胃肠道又被认为是体内最大、功能最复杂的内分泌器官。这些内分泌细胞分泌的激素主要调节胃肠道的消化、吸收与分泌功能，也参与调节机体其他器官的生理活动（表14-1）。

表 14-1 主要的胃肠内分泌细胞

细胞名称	分布部位	分泌激素	主要作用	
			促进	抑制
D 细胞	幽门部、十二指肠、胰岛	生长抑素		附近的内分泌细胞
EC 细胞	胃、小肠、大肠	5-HT、P 物质	肠道蠕动	
G 细胞	幽门部	胃泌素	胃酸分泌	
I 细胞	小肠	胆囊收缩素	胰酶分泌，胆囊收缩	胃酸分泌
K 细胞	十二指肠、空肠	胃抑素		胃酸分泌
L 细胞	回肠、结肠	胰高血糖素样肽	胰岛素分泌	胃酸分泌、饥饿感
		酪酪肽（PYY）	水、电解质吸收	胃酸分泌
M0 细胞	小肠	胃动素	肠道蠕动	
N 细胞	回肠	神经降压素		胃酸分泌
PP 细胞	胃、小肠、大肠、胰岛	胰多肽		胰酶分泌
S 细胞	小肠	促胰液素	胰腺 HCO_3^- 和水分泌	胃酸分泌、胃排空

胃肠内分泌细胞散在分布于各部位上皮细胞之间，以胃幽门部和十二指肠上段最多。细胞呈不规则的锥形，基底部附于基膜，基底部胞质中有大量的分泌颗粒。不同类型内分泌细胞的颗粒大小、形状与电子密度等不同，故可作为鉴别的指征。然而内分泌细胞HE染色不易分辨，主要用免疫组织化学方法显示。根据细胞的分布，可分为开放型和封闭型两种（图14-19）。绝大多数胃肠内分泌细胞为开放型，其游离面朝向管腔，并有微绒毛伸向管腔，感受管腔内食物和pH等化学信息，从而引起其内分泌活动的变化。封闭型细胞顶部被相邻细胞覆盖，数量较少（主要是D细胞），主要受胃肠运动的机械刺激或其他激素的调节而改变其内分泌状态。

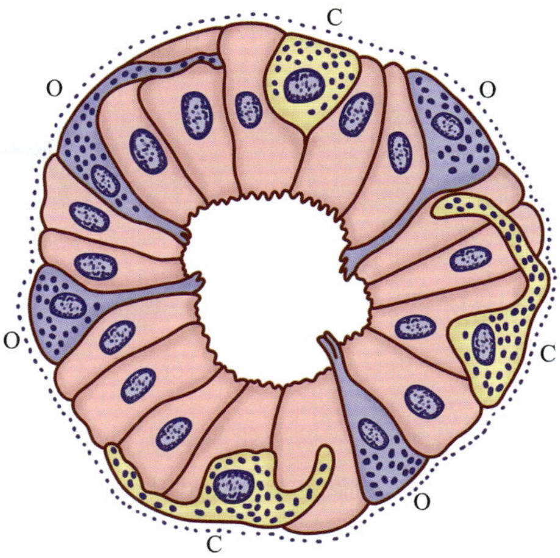

图14-19 胃肠内分泌细胞模式图

知识扩展

肠道菌群

人体的胃肠道内寄居着种类繁多的微生物，有约10万亿个细菌，统称为肠道菌群。肠道菌群是一个多样而复杂的生态环境系统，种类不同的肠道菌群按一定的比例组合，各菌间互相拮抗、互相协同，在质和量上形成一种动态生物平衡。肠道菌群失调与肠炎、高血压、冠心病、糖尿病、阿尔茨海默病、抑郁症、肿瘤等多种疾病有关。同时，肠道菌对于天然产物的代谢和吸收具有调节作用。肠道菌产生各种药物代谢酶，多种中药有效成分被肠道菌代谢后发生转化，产生具有较强药理活性的代谢产物，并增加其生物利用度。肠道菌群的研究对于揭示传统中草药的作用机制、中药现代化研究及中药新药开发具有重要意义。

思考题

1. 消化管各段上皮有何不同？试联系各段的功能解释为什么会有不同的上皮。
2. 俗话说“病从口入”，食物中的有害物质进入机体需要经过哪些结构？
3. 小肠扩大吸收面积的结构有哪些？小肠还有哪些结构与其功能密切相关？
4. 消化管壁与血管壁有何不同？

（龚艳菊）

（绘图 翁安莉）

第十五章　消　化　腺

消化腺分为小消化腺和大消化腺。小消化腺位于消化管壁内，如小唾液腺、食管腺、胃腺和肠腺等。大消化腺位于消化管壁之外，其分泌产物通过导管输送到消化道，如唾液腺、胰腺和肝。消化腺分泌的消化液中含有各种酶，对食物进行化学性消化，有的消化腺还有内分泌或其他重要功能。

第一节　大唾液腺

大唾液腺包括腮腺、下颌下腺和舌下腺各一对，分泌唾液并排入口腔。唾液的主要成分是水，占99%，此外，还含Na^+、K^+、Cl^-、HCO_3^-等离子成分，以及黏蛋白、唾液淀粉酶、溶菌酶和IgA等。唾液由唾液腺中的浆液细胞和黏液细胞产生，其主要功能是润滑食物，初步分解淀粉，并参与免疫。

一、大唾液腺的一般结构

大唾液腺表面有结缔组织构成的被膜，结缔组织伸入腺内将腺实质分隔成许多小叶。大唾液腺均为复管泡状腺，腺实质由腺泡和导管组成。

（一）腺泡

腺泡（acinus）为腺的分泌部，由单层排列的腺细胞围成，腺细胞为立方形或锥形。在腺细胞与基膜之间有肌上皮细胞（myoepithelial cell），肌上皮细胞的收缩有助于腺泡分泌物的排出。根据腺细胞的结构和分泌物的性质不同，腺泡可分为浆液性腺泡、黏液性腺泡和混合性腺泡三类。

（二）导管

导管（duct）为反复分支的上皮性管道，与腺泡腔相通，可分为下列几段。

1. 闰管　闰管（intercalated duct）为导管的起始段，直接与腺泡相连。其管径细，管壁为单层立方或单层扁平上皮。

2. 纹状管　纹状管（striated duct）又称分泌管（secretory duct），与闰管相连，位于小叶内。其管径较粗，管壁为单层高柱状上皮。上皮细胞核圆形，位于细胞顶部（图 15-1），细胞基部有明显的纵纹，电镜下可见大量的质膜内褶及褶间纵行排列的线粒体。

3. 小叶间导管和总导管　小叶间导管由纹状管汇合而成，位于小叶间结缔组织内，管壁由单层柱状上皮逐渐移行为假复层柱状上皮。小叶间导管逐级汇合，最终形成一条或几条总导管开口于口腔，近开口处的管壁渐变为复层扁平上皮，与口腔上皮相延续。

二、三对大唾液腺的组织结构特点

1. 腮腺 腮腺（parotid gland）是人体最大的唾液腺，为纯浆液性腺；闰管长，纹状管较短；分泌物富含唾液淀粉酶（图 15-1）。

2. 下颌下腺 下颌下腺（submandibular gland）为混合性腺，以浆液性腺泡为主，混合性及黏液性腺泡较少；闰管短，纹状管长；分泌物含唾液淀粉酶较少，黏液较多（图 15-1）。

3. 舌下腺 舌下腺（sublingual gland）为混合性腺，以黏液性和混合性腺泡为主，浆半月较多；无闰管，纹状管也短；分泌物以黏液为主（图 15-1）。

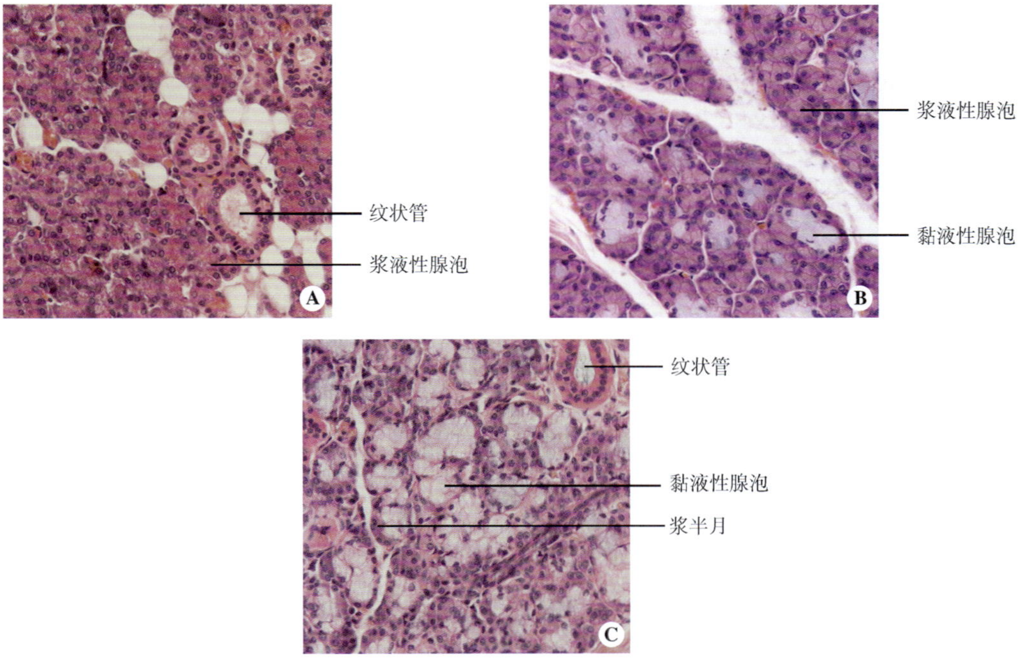

图 15-1 腮腺、下颌下腺和舌下腺（HE 染色，高倍）

A. 腮腺；B. 下颌下腺；C. 舌下腺

第二节 胰 腺

胰腺（pancreas）表面覆盖薄层结缔组织构成的被膜，结缔组织伸入腺内将腺实质分隔成许多小叶。胰腺的实质由外分泌部和内分泌部两部分构成。外分泌部的分泌物称胰液，胰液经导管进入十二指肠，胰液中富含多种消化酶，在食物的消化中起重要作用。内分泌部称胰岛，胰岛的分泌物为激素，这些激素被释放到血液或淋巴中，主要参与糖代谢的调节（图 15-2）。

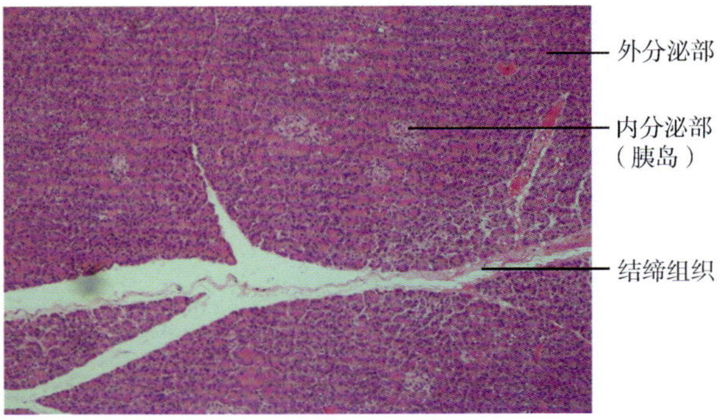

图 15-2 胰腺（HE 染色，低倍）

一、外分泌部

外分泌部为纯浆液性复管泡状腺，由腺泡和导管组成。

（一）腺泡

每个腺泡含40～50个腺细胞，细胞附着于基膜上，二者之间无肌上皮细胞，腺泡腔面可见小的扁平或立方形细胞，称泡心细胞（centroacinar cell），胞质染色浅，核呈圆形或卵圆形，核仁明显。泡心细胞实际上是延伸到腺泡腔内的闰管起始部上皮细胞。腺泡细胞属浆液性腺细胞，细胞呈锥形，核呈圆形，靠近基部；基部胞质呈嗜碱性，顶部胞质含嗜酸性的分泌颗粒（图15-3）。电镜下可见基部胞质含丰富的粗面内质网和核糖体，核上区有发达的高尔基体，分泌颗粒位于细胞顶部。颗粒的数量随细胞的功能状态而变化，饥饿时颗粒增多，进食后颗粒被释放，数量减少。腺泡细胞分泌多种消化酶，包括胰蛋白酶原、胰糜蛋白酶原、胰淀粉酶、胰脂肪酶和核酸酶等。胰蛋白酶原和胰糜蛋白酶原进入小肠后，被肠激酶激活为有活性的胰蛋白酶和胰糜蛋白酶。腺泡细胞还分泌一种胰蛋白酶抑制因子，能防止胰蛋白酶原在胰腺内被激活。在胰腺损伤或导管阻塞等病理情况下，胰蛋白酶原在胰腺内被激活并分解胰腺组织，导致急性胰腺炎。

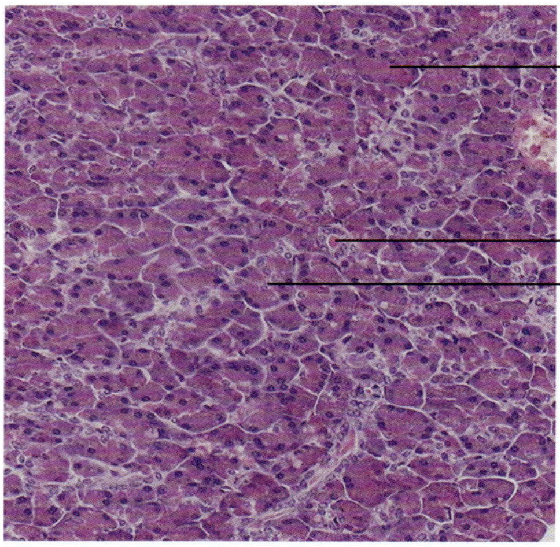

图15-3 胰腺外分泌部（HE染色，高倍）

（二）导管

导管包括闰管、小叶内导管、小叶间导管和主导管。主导管贯穿胰腺全长，在胰头部与胆总管汇合，开口于十二指肠大乳头。从小叶内导管至主导管，管腔逐渐增大，上皮由单层立方逐渐变为单层柱状，主导管为单层高柱状上皮，上皮内可见杯状细胞。胰腺导管上皮可分泌水和碳酸氢盐等电解质。

（三）胰液

外分泌部分泌胰液，成人每天分泌1000～2000ml，为弱碱性液体。胰液中的有机物由腺泡细胞分泌，含有多种消化酶；无机物主要有水、钠和碳酸氢盐等，主要由导管细胞分泌。胰液主要成分包括水、钠、碳酸氢根离子、胰蛋白酶原、胰糜蛋白酶原、羧基肽酶原、淀粉酶、脂肪酶、胆固醇酯酶、磷脂酶和核酸酶。胰腺消化酶最初由腺泡细胞合成时，处于非活性阶段，进入十二指肠后被激活。

二、内分泌部

内分泌部又称胰岛（pancreas islet），是散在分布于胰腺外分泌部之间的内分泌细胞团，HE染色较浅（图15-2）。人胰腺约有100万个胰岛，约占胰腺体积的1.5%，于胰尾较多。胰岛大小不等，直径为75～500μm，由几个到数百个细胞组成。胰岛细胞间有丰富的有孔毛细血管。人胰岛内主要有A、B、D和PP四种细胞。HE染色不易区分胰岛的细胞类型，目前主要用特殊染色或免疫组织化学染色法进行鉴别。

（一）A细胞

A细胞又称甲细胞、α细胞，位于胰岛的周边，约占胰岛细胞总数的20%。光镜下，A细胞较大，呈多边形，核圆、居中，胞质中含有粗大的分泌颗粒（图15-4）。电镜下，分泌颗粒呈圆形，有致密核心，胞质中还含有粗面内质网和游离核糖体等细胞器。A细胞分泌胰高血糖素（glucagen）。胰高血糖素能促进糖原分解，抑制糖原合成，使血糖升高，以满足机体活动的能量需要。

（二）B细胞

B细胞又称乙细胞、β细胞，位于胰岛中央，数量最多，约占胰岛细胞总数的75%。光镜下，B细胞体积小，胞质内含细小的颗粒，因其溶解于水，故HE染色不易显示，核圆形、较小（图15-4）。电镜下，B细胞的分泌颗粒大小不等，分布不均，颗粒中心有一个或多个结晶体。B细胞分泌胰岛素（insulin），胰岛素主要参与调节糖代谢，能加速葡萄糖合成为糖原，或转变为脂肪酸，抑制糖原分解，从而下调血糖水平。胰岛素和胰高血糖素的相互拮抗和协调作用使血糖水平保持相对稳定。若B细胞受到损伤，胰岛素分泌不足，或细胞对胰岛素不敏感，均可致血糖升高，并从尿中排出，即为糖尿病。

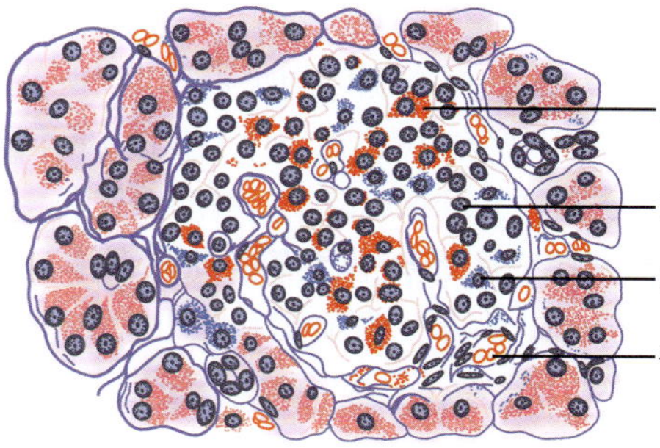

图15-4 胰岛Mallory染色模式图

（三）D细胞

D细胞又称丁细胞、δ细胞，分散于胰岛周边，约占胰岛细胞总数的5%。D细胞分布在A、B细胞之间，与A、B细胞间有缝隙连接。D细胞的分泌颗粒较大，呈圆形或卵圆形（图15-4）。D细胞分泌生长抑素（somatostatin），以旁分泌方式或经缝隙连接直接作用于邻近的A细胞、B细胞和PP细胞，抑制这些细胞的分泌活动。

（四）PP细胞

PP细胞数量很少，主要存在于胰岛周边，在外分泌部的导管上皮内和腺细胞间也有分布。PP细胞的分泌颗粒较小。PP细胞分泌胰多肽（pancreatic polypeptide），具有抑制胃肠运动、胰液分泌及胆囊收缩的作用。

第三节　肝

肝（liver）是人体最大的腺体，约占成人体重的2%。肝脏具有复杂多样的生物化学功能。肝合成和释放多种血浆蛋白进入血液循环，如纤维蛋白原、凝血酶原、脂蛋白和白蛋白等。肝合成

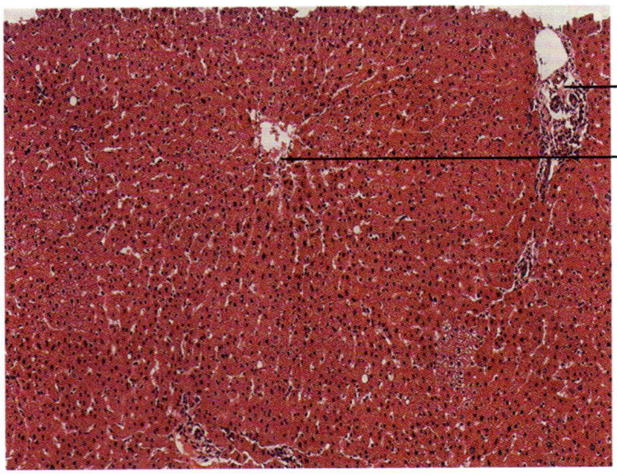

图 15-5 肝小叶和门管区（HE 染色，低倍）

和分泌的胆汁可将脂肪乳化和降解成更小的分子，参与脂类食物的消化，故将肝列为消化腺。肝还参与糖、脂类、激素和药物的代谢。

肝表面覆以致密结缔组织构成的被膜，大部分为浆膜。肝门处的结缔组织随肝门静脉、肝动脉和肝管的分支伸入肝实质，将实质分隔成许多肝小叶。相邻肝小叶之间的结缔组织区称为门管区，内有肝门静脉、肝动脉和肝管的分支（图 15-5）。人肝小叶之间的结缔组织很少，相邻肝小叶分界不清。

一、肝 小 叶

肝小叶（hepatic lobule）是肝的基本结构和功能单位，典型的肝小叶呈多边形棱柱状，长约 2mm，宽约 1mm，成人肝有 50 万～100 万个肝小叶（图 15-6）。肝小叶中央有一条贯穿其长轴走行的中央静脉（central vein），肝细胞以中央静脉为中心呈放射状排列成凹凸不平的板状结构，为肝板（hepatic plate），并互相吻合成网，在切片上肝板的断面呈索状，故称肝索（hepatic cord），小叶周边的一层环行肝板称为界板，其肝细胞较小，嗜酸性较强。肝板之间为肝血窦，肝血窦经肝板上的孔相互连通。肝血窦壁与肝板之间还有一狭窄的间隙，称窦周隙。相邻肝细胞的部分细胞膜向细胞内凹陷，形成胆小管。这样，肝板、肝血窦和胆小管在肝内形成各自独立而又密切相关的复杂网络（图 15-7）。

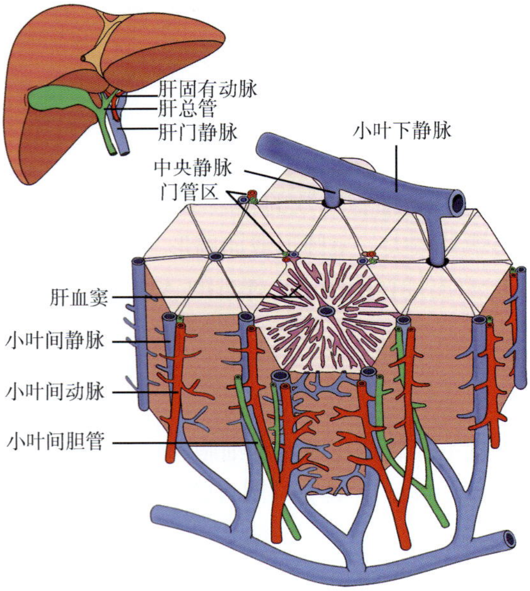

图 15-6 肝小叶立体结构模式图

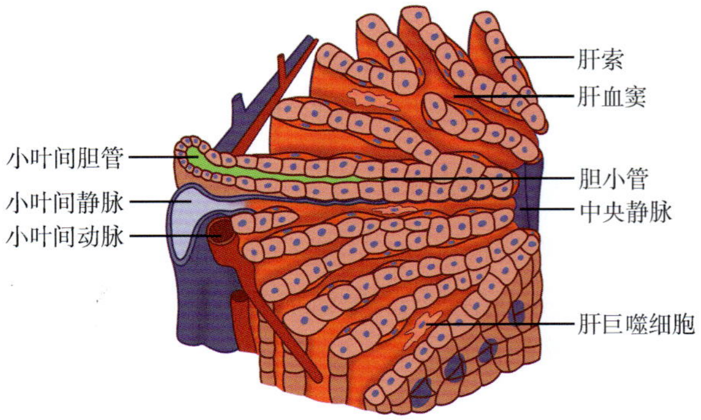

图 15-7 肝板、肝血窦和胆小管模式图

（一）中央静脉

中央静脉（central vein），位于肝小叶的中央，管壁薄，上有肝血窦的开口，管壁不完整，中央静脉汇入小叶下静脉。

（二）肝细胞

肝细胞（hepatocyte）是肝的实质细胞，数量最多，体积较大，直径为15～30μm，呈多面体形（图15-8）。肝细胞有三种不同的功能面，即血窦面、胆小管面和肝细胞连接面。血窦面和胆小管面有发达的微绒毛，增大了细胞的表面积，有利于物质交换和胆汁分泌。在相邻肝细胞之间的连接面上有紧密连接、桥粒和缝隙连接等结构。

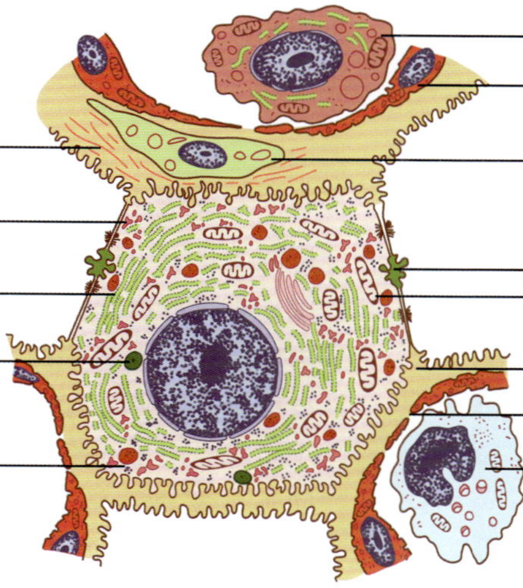

图15-8 肝细胞、肝血窦、窦周隙及胆小管结构模式图

光镜下，肝细胞核大而圆，居中，有1至数个核仁，双核肝细胞较多，多倍体肝细胞数量大，成人肝中4倍体肝细胞约占60%，这可能与肝细胞功能活跃和强大的再生能力有关。肝细胞的胞质呈嗜酸性，当蛋白质合成旺盛时，可有散在的嗜碱性团块（图15-9）。

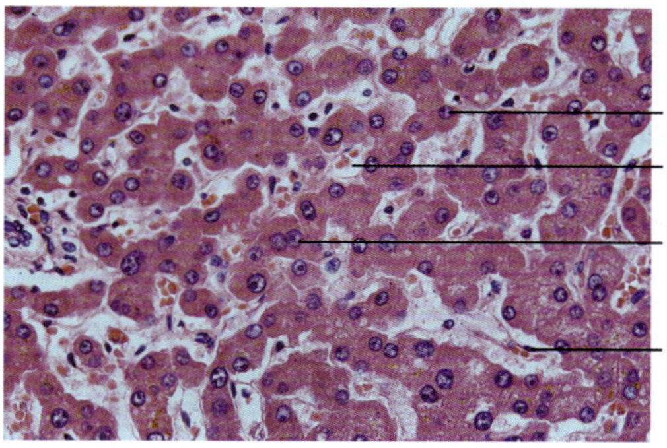

图15-9 肝细胞（HE染色，高倍）

电镜下，胞质内有丰富而发达的各种细胞器，在肝细胞的功能活动中发挥着重要的作用。

1. 线粒体 线粒体遍布于胞质内，每个肝细胞内约有2000个，为肝细胞的功能活动提供能量。

2. 粗面内质网 粗面内质网呈层状排列成群，形成胞质中嗜碱性的团块。能合成多种重要的血浆蛋白，如白蛋白、大部分凝血蛋白、纤维蛋白原、脂蛋白、补体等，还合成肝细胞内膜结构更新所需的蛋白质。

3. 滑面内质网 滑面内质网呈小的管泡状，数量多，散在分布。其膜上有多种酶系规律地分布，如氧化还原酶、水解酶、合成酶和转移酶等。肝细胞摄取的有机物在滑面内质网进行连续的合成、分解、结合、转化等反应，主要功能包括合成胆汁、脂类代谢、糖代谢和激素代谢，以及对从肠道吸收的药物、腐败产物等的生物转化。

4. 高尔基体 每个肝细胞约有50个，近胆小管处的高尔基体特别发达，其与肝细胞的胆汁分泌，蛋白质的加工、浓缩和储存以及溶酶体的形成有关。

5. 溶酶体 溶酶体分布在胆小管和高尔基体的附近，数量和大小不一，功能活跃。进入肝细胞的异物、退化的细胞器等与溶酶体融合并被其内的水解酶消化分解，故溶酶体在肝细胞结构更新及正常功能的维持中起着重要的作用。溶酶体还参与胆色素的转运和铁的储存。

6. 过氧化物酶体 过氧化物酶体（微体）数量较多，体积较大，多为圆形小体，主要含过氧化氢酶和过氧化物酶。过氧化氢酶可将过氧化氢还原成氧和水，以消除其对细胞的毒性作用。

此外，肝细胞内还含有糖原、脂滴和色素等，其数量因机体的生理和病理状态而异。糖原在进食后增多，饥饿时减少。正常时脂滴少，疾病状态下或中毒时脂滴可增多。脂褐素可随年龄增长而增多。

（三）肝血窦

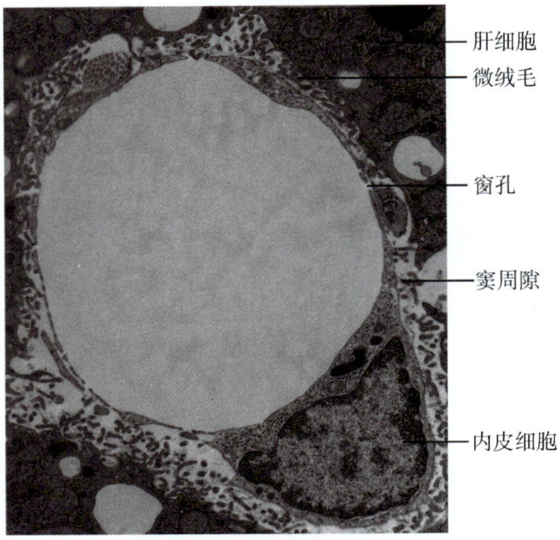

图 15-10 肝血窦超微结构图（高倍）

肝血窦（hepatic sinusoid）位于肝板之间，经肝板上的孔互相连通成网。肝血窦腔大而不规则，腔内可见肝巨噬细胞和大颗粒淋巴细胞，窦壁主要由内皮细胞构成（图 15-8，图 15-10）。肝血窦的内皮细胞扁而薄，有许多窗孔，孔上无隔膜，窗孔大小不等。内皮细胞胞质内有大量的质膜小泡。细胞间连接松散，常有0.1～0.5μm的间隙，有的可达1μm。内皮外无基膜，仅有少量的网状纤维。因此，肝血窦的通透性很大，除血细胞和乳糜微粒外，血浆的各种成分均可自由出入，有利于肝细胞与血液间的物质交换。

肝巨噬细胞又称库普弗细胞（Kupffer cell），是定居肝内的巨噬细胞（图 15-8），属于单核吞噬细胞系统。肝巨噬细胞形态不规则，常以许多板状和丝状伪足附着在内皮上，或穿过内皮窗孔和细胞间隙伸入窦周隙内。其胞质内有发达的溶酶体，并常见吞噬体和质膜小泡。肝巨噬细胞有很强的吞噬功能，可吞噬、清除从肠道经肝门静脉入肝的细菌及各种异物，还能吞噬和清除衰老或损伤的血细胞。肝巨噬细胞具有识别、抑制和杀伤肿瘤细胞（如肝癌细胞）的功能。此外，肝巨噬细胞能分泌多种物质，影响和调节肝细胞或其本身的代谢和功能。

肝内特有的 NK 细胞称大颗粒淋巴细胞，附着在内皮细胞或肝巨噬细胞上。细胞核偏位，有齿状凹陷。胞质中有较多的致密颗粒。大颗粒淋巴细胞在抗肝癌和抗肝内转移性肿瘤方面有重要作用，此外，该细胞还能抵御病毒感染。

（四）窦周隙

窦周隙（perisinusoidal space）又称Disse间隙，是位于肝血窦内皮细胞与肝细胞之间的狭小间隙（图 15-8，图 15-10），宽约0.4μm，光镜观察几乎难以辨认。由于肝血窦通透性大，故窦周隙内充满来自肝血窦的血浆，肝细胞血窦面的微绒毛漂浮其中。因此，窦周隙是肝细胞和血液进行物质交换的场所。

窦周隙内有一种形态不规则的贮脂细胞（fat-storing cell），有突起附于内皮细胞外表面及肝细胞表面，或伸入肝细胞之间（图 15-8）。HE 染色下贮脂细胞不易鉴别，用氯化金或硝酸银浸染法或苏丹红染色可清楚显示。贮脂细胞内含有许多脂滴，是细胞储存和代谢维生素A的结构，人体摄取的维生素A有70%～85%储存在贮脂细胞内。贮脂细胞的另一功能是产生细胞外基质和纤维。在慢性肝病时，活化的贮脂细胞增殖活跃，产生细胞外基质功能增强，肝内纤维增多，可导致肝硬化。

（五）胆小管

胆小管（bile canaliculi）是相邻两侧的肝细胞对应的细胞膜局部向内凹陷并对接形成的微细管道，在肝板内相互连接成网（图15-8）。HE染色不易看到，用银染法、ATP酶或碱性磷酸酶组化染色法均可清楚显示。肝细胞在胆小管面有微绒毛突入管腔，以扩大表面积。胆小管附近的肝细胞膜之间有由紧密连接、桥粒等组成的连接复合体（图15-11），可封闭胆小管周围的细胞间隙，防止胆汁溢入窦周隙内。当胆小管的正常结构遭到破坏，胆汁则溢入窦周隙，再通过肝血窦进入血液循环，称为黄疸。

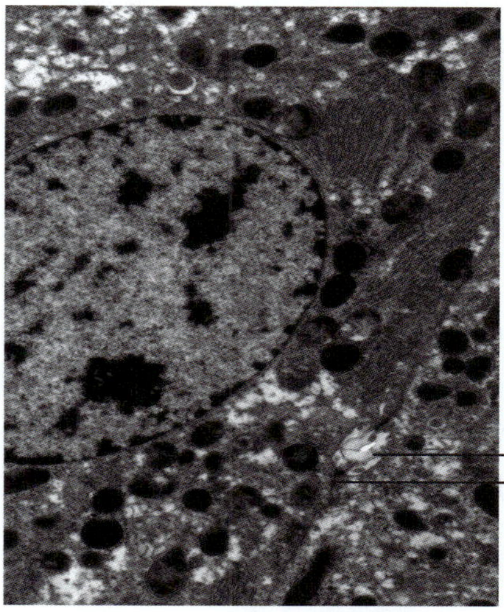

图15-11 胆小管超微结构图（高倍）

二、门 管 区

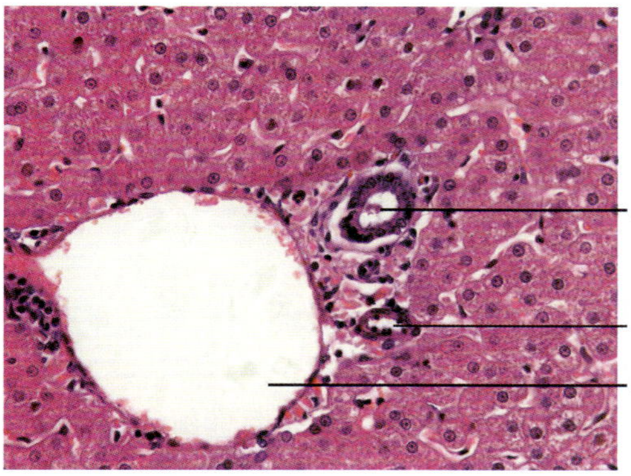

图15-12 肝门管区（HE染色，高倍）

相邻肝小叶之间呈三角形或不规则形的结缔组织小区，其中有3种伴行的管道，即小叶间静脉、小叶间动脉和小叶间胆管，称门管区（portal area）（图15-12）。每个肝小叶周围有3～4个门管区。小叶间静脉是肝门静脉的分支，是小静脉，管腔大而不规则，管壁薄；小叶间动脉是肝动脉的分支，是小动脉，管腔小，管壁相对较厚；小叶间胆管，是肝管的分支，管壁为单层立方或低柱状上皮。

三、肝的血液循环

肝的血供非常丰富，由肝门静脉和肝动脉双重供血。肝门静脉是肝的功能血管，将胃肠道吸收的营养毒物质输入肝内进行代谢和转化。肝门静脉在肝门入肝后逐级分支，形成小叶间静脉，再分支与肝血窦相通，并将肝门静脉血输入其内。肝动脉血含氧量高，是肝的营养血管。肝动脉入肝后与肝门静脉伴行分支，形成小叶间动脉。小叶间动脉最终也分支将血液注入肝血窦。因此，肝血窦内含有来自肝门静脉和肝动脉的混合血液。肝血窦的血液从小叶周边流向中央，汇入中央静脉。若干中央静脉汇合成小叶下静脉，小叶下静脉单独走行于小叶间结缔组织内。小叶下静脉再汇集成2～3支肝静脉，肝静脉于第二肝门出肝后汇入下腔静脉。

四、肝内胆汁排出途径

肝细胞分泌的胆汁经胆小管从肝小叶中央流向周边，汇入小叶边缘处若干短小的闰管或称黑林（Hering）管，闰管汇入小叶间胆管，再汇合成左、右肝管于肝门处出肝，经肝总管、胆囊管进入胆囊或经胆总管入十二指肠。

第四节 胆　囊

胆囊（gall bladder）是一个梨形、囊状的器官，与肝脏密切相关。它储存、浓缩和释放胆汁。当胆囊的平滑肌（肌层）收缩时，胆汁从胆囊通过胆囊管释放到胆总管中。这与肝胰壶腹相连，并在十二指肠大乳头处汇入十二指肠。胆囊分底、体和颈三部分，胆囊颈与胆囊管相连。胆囊壁由黏膜、肌层和外膜3层组成，黏膜包括上皮和固有层，黏膜上皮为单层柱状上皮，固有层为薄层结缔组织，有丰富的血管、淋巴管和弹性纤维。肌层包含交错的平滑肌束，胆囊的平滑肌从体部延伸到颈部，称为螺旋瓣。外膜为结缔组织，含血管和淋巴管等（图15-13）。胆囊的外表面大部分被浆膜覆盖。

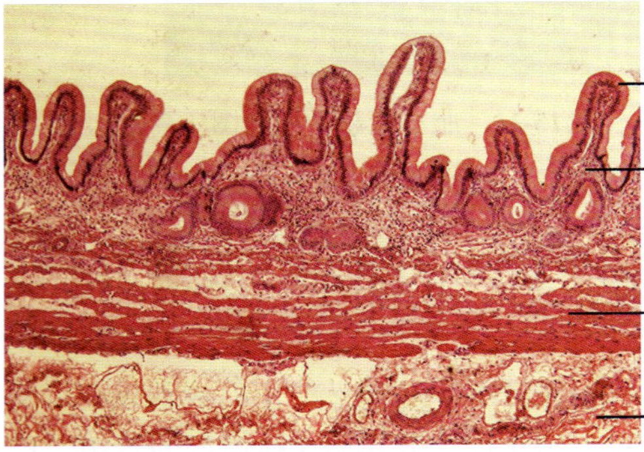

图15-13 胆囊（HE染色，低倍）

胆囊的功能是储存和浓缩胆汁，其容量为40～60ml。胆囊上皮细胞能主动吸收胆汁中的水和无机盐，使胆汁浓缩。进食后，尤其是进高脂肪食物后，在小肠内分泌细胞分泌的胆囊收缩素作用下，胆囊持续收缩30～60分钟，将胆汁排入肠腔，参与脂肪的消化过程。

知识扩展　**肝巨噬细胞、大颗粒淋巴细胞与肝癌**

肝癌是最常见的恶性肿瘤之一，早期临床症状不明显，出现临床症状时多进展为晚期。肝巨噬细胞、大颗粒淋巴细胞与肝癌的发展关系密切。肝巨噬细胞又称库普弗细胞，具有识别肿瘤细胞特异性抗原及抑制和杀伤肿瘤细胞的功能，在肿瘤微环境中浸润的巨噬细胞称为肿瘤相关巨噬细胞，分为M1型和M2型，M1型通过吞噬和细胞毒性有效识别破坏癌细胞，发挥抗肿瘤特性。M2型可调控肿瘤生长、血管生成、免疫逃逸等，与肿瘤发展相关。大颗粒淋巴细胞是肝特有的NK细胞，不受MHC限制，其毒力是外周血NK细胞的5～8倍，能杀伤多种肿瘤细胞，具体机制包括依赖穿孔素来传递杀伤因子、诱导表面有Fas表达的肿瘤细胞凋亡等。

思考题

1. 试述胰腺外分泌部的结构特点、分泌物的主要成分及功能。
2. 试述胰腺内分泌部的细胞组成及功能。
3. 试述肝小叶的结构组成。
4. 何为肝血窦、窦周隙、胆小管？它们有何功能？
5. 试述肝内血液循环的路线。

（张　娜）

（绘图　翁安莉）

第十六章　呼 吸 系 统

呼吸系统（respiratory system）由鼻、咽、喉、气管、主支气管和肺等器官组成，可分为输送气体的导气部和进行气体交换的呼吸部。导气部包括鼻、咽、喉、气管、主支气管、肺内各级支气管分支至终末细支气管。呼吸部包括呼吸性细支气管、肺泡管、肺泡囊和肺泡。呼吸系统的主要功能是进行气体交换，即吸入氧气，呼出二氧化碳，还具有维持机体正常的pH、进行免疫防御等功能。此外，鼻有嗅觉功能，鼻和喉与发音有关。

第一节　鼻　和　喉

一、鼻

鼻是呼吸道的起始部，也是嗅觉产生的器官。鼻腔内表面的黏膜由上皮和固有层构成，黏膜深面与软骨、骨或骨骼肌相连。依据鼻黏膜的部位和功能分为前庭部、呼吸部和嗅部。

（一）前庭部

前庭部（vestibular region）是鼻翼内表面的黏膜，其上皮为未角化复层扁平上皮，近外鼻孔处的上皮为角化复层扁平上皮，与皮肤表皮相移行，固有层结缔组织中含有毛囊、皮脂腺和汗腺。鼻毛有滤过和净化空气的作用。

（二）呼吸部

呼吸部（respiratory region）包括下鼻甲、中鼻甲、鼻道及鼻中隔中下部的黏膜，占鼻黏膜的大部分，活体观察时，黏膜因富含血管而呈粉红色。呼吸部黏膜上皮为假复层纤毛柱状上皮，杯状细胞较多。固有层结缔组织内含混合性腺，腺的分泌物与杯状细胞的分泌物共同形成黏液层覆盖于上皮表面，直径较大的异物、细菌、灰尘等可吸附于此。柱状细胞的纤毛向咽部定向摆动，将吸附的细菌及异物颗粒推向咽部而被咳出。固有层还含有丰富的静脉丛和淋巴组织，丰富的血流对吸入的空气有加温和加湿的作用。此处黏膜损伤容易出血。

（三）嗅部

嗅部（olfactory region）位于鼻中隔上部两侧、上鼻甲及鼻腔顶部，活体观察黏膜呈棕黄色。人嗅部黏膜面积共计$2cm^2$，狗嗅部黏膜面积达$100cm^2$，故狗的嗅觉比较发达。嗅部黏膜由上皮和固有层组成（图16-1）。嗅部黏膜的上皮称嗅上皮，为假复层柱状上皮，含嗅细胞、支持细胞（图16-2）和基细胞等。

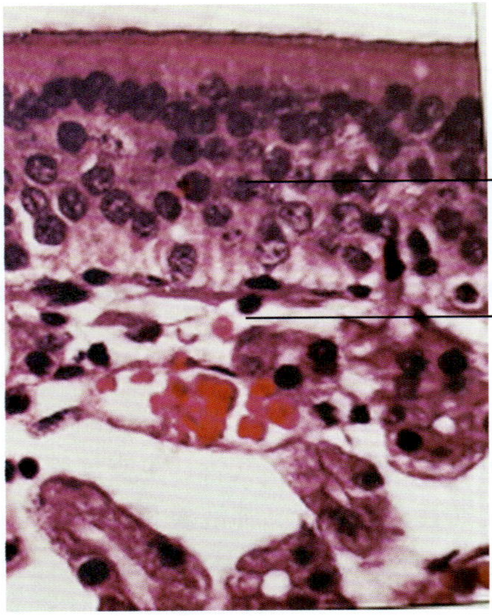

图16-1 嗅黏膜（HE染色，高倍）

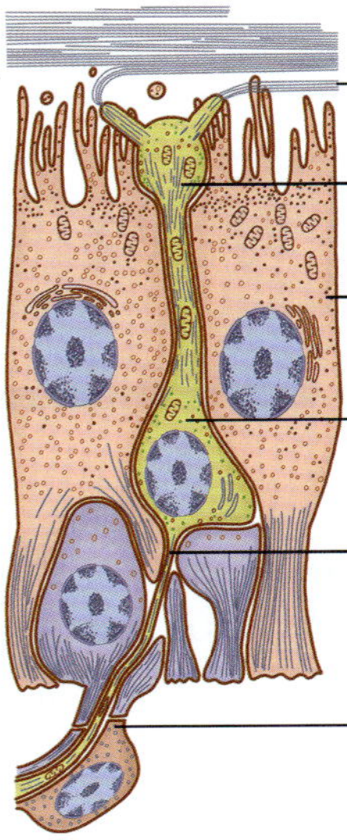

图16-2 嗅上皮超微结构模式图

1. 嗅细胞 嗅细胞（olfactory cell）为双极神经元，是体内唯一存在于上皮中的感觉神经元。嗅细胞呈长梭形，夹在支持细胞之间，核呈圆形、位于细胞中部；树突伸至上皮游离面，终端膨大成球状，称嗅泡；从嗅泡发出10～30根较长的嗅毛。嗅毛是特殊结构的纤毛，其内的单微管缺乏动力臂，故不能摆动，而是倒伏、浸埋于上皮表面的嗅腺分泌物中，感受化学物质的刺激。嗅细胞的轴突细长，穿过上皮基膜进入固有层时，被一种称为嗅鞘细胞的神经胶质细胞所包裹，形成无髓神经纤维，并聚集成束，组成嗅神经。嗅毛的细胞膜内有多种受体，分别接收不同化学物质的刺激，使嗅细胞产生冲动，传入中枢，产生嗅觉。

2. 支持细胞 支持细胞（supporting cell）呈高柱状，位于嗅细胞之间；核呈椭圆形，染色较浅，位于细胞上部；细胞顶部宽大，基部细小，游离面有较多微绒毛，胞质内可见色素颗粒。支持细胞有支持、保护和分隔嗅细胞的作用。

3. 基细胞 基细胞（basal cell）位于上皮基底部，呈锥形，胞体较小，可增殖分化为嗅细胞或支持细胞，是干细胞。

二、喉

喉是气体的通道和发声的器官，上接咽腔，下连气管。喉以软骨为支架，软骨之间借韧带和肌肉相连。会厌表面为黏膜，会厌舌面及喉面的黏膜覆以复层扁平上皮，舌面上皮内有味蕾，会厌喉面基部的上皮为假复层纤毛柱状上皮。会厌各部黏膜的固有层均为疏松结缔组织，富含弹性纤维、混合腺和淋巴组织，深部与会厌软骨（弹性软骨）的软骨膜相连。

喉侧壁黏膜形成两对皱襞，上为室襞，下为声襞，二者之间为喉室。室襞与喉室的黏膜和黏膜下层结构相似，上皮为假复层纤毛柱状上皮，夹有杯状细胞。固有层和黏膜下层为疏松结缔组织，含有许多混合腺和淋巴组织。声襞即声带，分为膜部和软骨部，较薄的游离缘为膜部，基部为软骨部。膜部覆有复层扁平上皮，固有层较厚，浅层疏松，深层为致密结缔组织，含大量弹性纤维与表面平行排列，形成致密的板状结构，称声韧带；固有层下方的骨骼肌为声带肌。声带的震动主要发生在膜部。软骨部黏膜结构与室襞相似，表面覆以假复层纤毛柱状上皮，黏膜下层含有混合腺，外膜中有软骨和骨骼肌。喉黏膜炎症时，发生水肿，致喉痛，严重时声音嘶哑。

第二节　气管和主支气管

气管由16～20个呈C形的透明软骨环构成的支架，左、右主支气管是气管的延续和分支，经肺门入肺后分支为叶支气管。气管和主支气管管壁结构相似，由内向外依次为黏膜、黏膜下层和外膜（图16-3）。

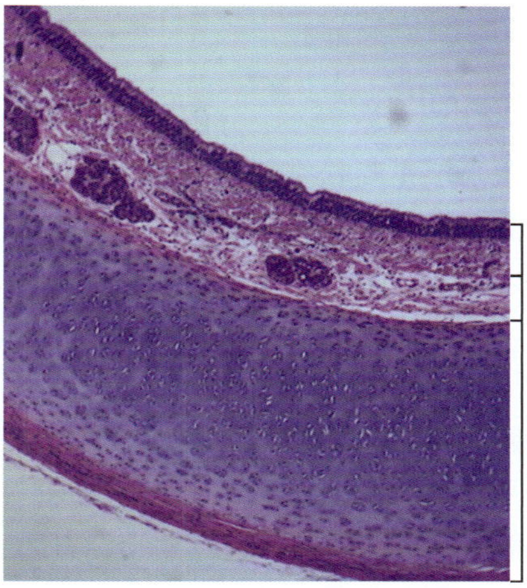

图16-3　气管（HE染色，低倍）

一、黏　　膜

黏膜由上皮和固有层构成，上皮下方基膜明显。

（一）上皮

上皮为假复层纤毛柱状上皮，由纤毛细胞、杯状细胞、刷细胞、基细胞和小颗粒细胞组成（图16-4）。

（1）纤毛细胞（ciliated cell）：数量最多。细胞呈柱状，游离面有密集排列的纤毛，纤毛向咽部有规律地定向摆动，有利于管腔面黏液及其黏附的细菌和异物的排出。纤毛运动能力的减弱、纤毛数量的减少和消失，都将影响其净化空气的功能，从而导致疾病发生。

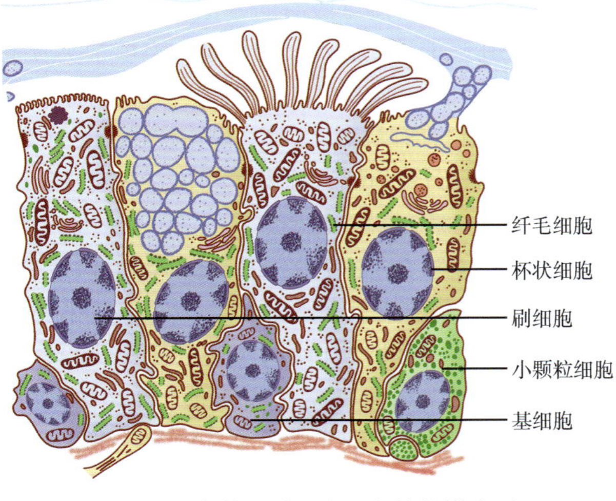

图16-4　气管黏膜上皮超微结构模式图

（2）杯状细胞（goblet cell）：数量较多，形态与肠黏膜杯状细胞相同。细胞分泌的黏蛋白与黏膜下层混合腺的分泌物在上皮表面共同形成黏液层，黏附吸入空气中的尘粒、细菌等颗粒状物质，还可溶解SO_2等有毒气体。慢性支气管炎患者，由于杯状细胞和黏膜下层腺细胞分泌增多，加之纤毛运动能力减弱，导致黏液潴留于管腔，易造成气道阻塞。

（3）刷细胞（brush cell）：数量较少，散在分布。细胞呈柱状，游离面有排列整齐而密集的微绒毛。目前刷细胞的功能尚未完全清楚。有报道称在刷细胞基部与感觉神经末梢形成突触，故认为该细胞可能有感受刺激的作用。

（4）基细胞：位于上皮基部，细胞呈锥形，较小。基细胞是一种干细胞，可增殖分化为上皮中其他各种细胞。

（5）小颗粒细胞（small granule cell）：数量少，散在或成团分布于呼吸道上皮细胞之间。细胞呈锥形，胞质内含有大量分泌颗粒。此种细胞能分泌5-羟色胺等物质，可调节呼吸道平滑肌的舒缩和腺体的分泌。

（二）固有层

固有层为结缔组织，含有较多弹性纤维、淋巴细胞、浆细胞和肥大细胞等。浆细胞能合成和分泌IgA，当IgA通过黏膜上皮时，与上皮细胞产生的分泌片结合成为SIgA，释放至上皮表面，能破坏或抑制吸入的细菌、病毒等抗原性物质。

二、黏膜下层

黏膜下层由疏松结缔组织构成，与固有层之间无明显界线。黏膜下层含血管、淋巴管、神经和较多混合腺，还有淋巴组织和浆细胞等。

三、外　膜

外膜主要由透明软骨环构成。透明软骨环呈C形，缺口处为气管和主支气管的后壁，由结缔组织和平滑肌束填充，可缩小气管和支气管管径，既可以保持气道通畅，也可使其有一定弹性。咳嗽反射时平滑肌收缩，管腔缩小，有助于清除痰液。

主支气管与气管相比，管腔变小，管壁变薄，三层分界不明显；透明软骨环逐渐变为不规则的软骨片，环行平滑肌逐渐增多，呈螺旋状排列。

第三节　肺

肺表面被覆浆膜，即胸膜的脏层，可分泌少量浆液，以减少肺呼吸时的摩擦。肺组织分为实质和间质两部分。实质是指支气管在肺内的各级分支及其终末端的肺泡，间质是指充填于实质之间的结缔组织、血管、神经和淋巴管等。

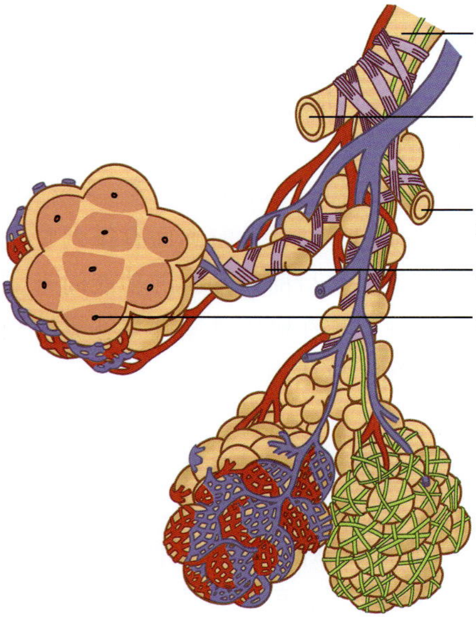

图16-5　肺小叶立体结构模式图

主支气管从肺门入肺后呈树枝状反复分支，形似一棵倒置的树，称支气管树，逐级分为叶支气管（第2级）、段支气管（第3～4级）、小支气管（第5～10级）、细支气管（第11～13级）、终末细支气管（第14～16级）、呼吸性细支气管（第17～19级）、肺泡管（第20～22级）、肺泡囊（第23级）和肺泡（第24级）。从叶支气管至终末细支气管称为肺导气部；从呼吸性细支气管至肺泡，具有气体交换的功能，称为肺呼吸部。每一细支气管连同其分支和肺泡构成一个肺小叶（pulmonary lobule），是肺的结构单位（图16-5）。每叶肺有50～80个肺小叶。肺小叶呈锥形，尖指向肺门，底朝向肺表面，各小叶间由结缔组织相隔，肺表面可见肺小叶底的轮廓，直径1.0～2.5cm。临床上将累及若干肺小叶的炎症称为小叶性肺炎。

一、肺导气部

肺导气部包括叶支气管、段支气管、小支气管、细支气管和终末细支气管。各级支气管管壁仍具有气管、主支气管管壁的三层结构，但随着支气管不断分支，管径逐渐变细，管壁也逐渐变薄，三层结构分界不清，结构渐趋简单。

（一）叶支气管至小支气管

叶支气管至小支气管的管壁结构与主支气管相似，随着管径逐渐变小，管壁也相应变薄，三层结构分界不明显。上皮仍为假复层纤毛柱状，但逐渐变薄，杯状细胞、腺体和软骨片逐渐减少；固有层外的平滑肌纤维逐渐增多，呈现断续的环行平滑肌（图16-6）。

（二）细支气管和终末细支气管

细支气管（bronchiole）管径约1.0mm，上皮由假复层纤毛柱状逐渐演变为单层纤毛柱状，杯状细胞、腺体和软骨片很少或消失，环行平滑肌增多，皱襞明显。终末细支气管（terminal bronchiole）管径约0.5mm，上皮为单层柱状，杯状细胞、腺体和软骨片完全消失，有完整的环行平滑肌（图16-7）。环行平滑肌的收缩和舒张受自主神经支配，可调节进出肺小叶的气流量。若平滑肌痉挛性收缩，则管腔变细，气流量减少，引起呼吸困难。

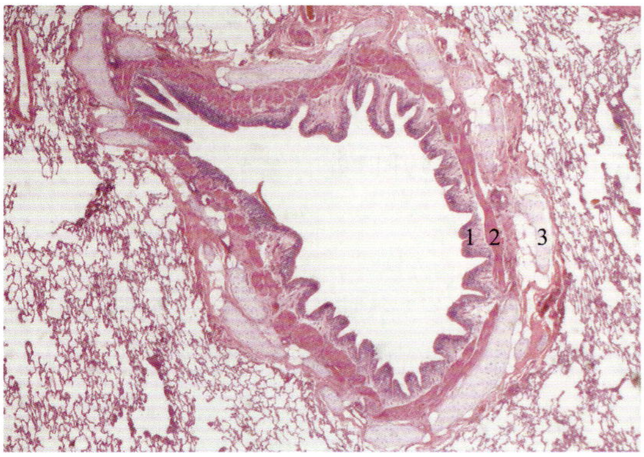

图16-6　小支气管（HE染色，低倍）

1. 假复层纤毛柱状上皮；2. 平滑肌；3. 软骨片

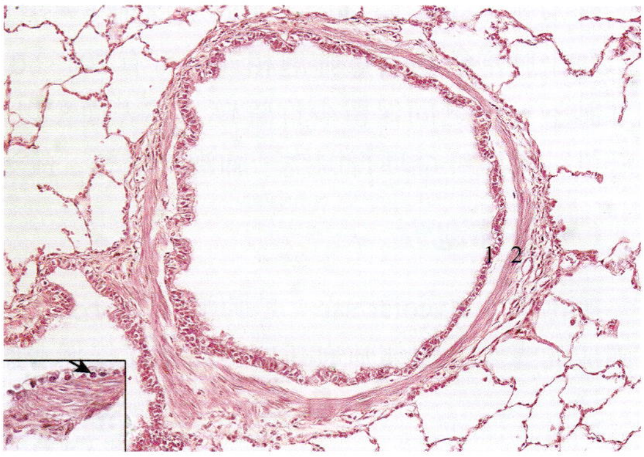

图16-7　终末支气管（HE染色，高倍）

1. 单层柱状上皮；2. 环行平滑肌；↑克拉拉细胞

终末细支气管上皮中纤毛细胞较少，主要细胞为无纤毛的克拉拉细胞（Clara cell）。光镜下，克拉拉细胞为柱状，游离面呈圆顶状突向管腔，胞质着色浅（图16-7）。电镜下，克拉拉细胞胞质内有丰富的滑面内质网和许多分泌颗粒（图16-8）。克拉拉细胞有三种功能：①分泌物参与构成黏液层，因其分泌物内含有蛋白水解酶，能降低黏液黏度，便于分泌物的排出，以保持气道通畅；②克拉拉细胞内含较多氧化酶，可对吸入的毒物或某些药物进行转化和解毒；③当细支气管上皮受损时，克拉拉细胞能

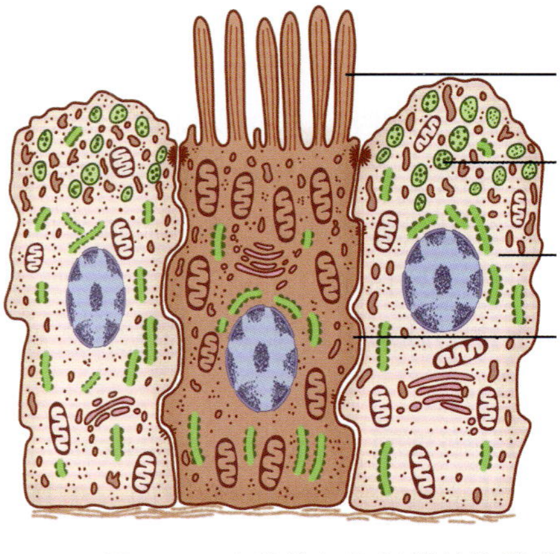

图16-8　克拉拉细胞超微结构模式图

增殖分化为纤毛细胞。

二、肺呼吸部

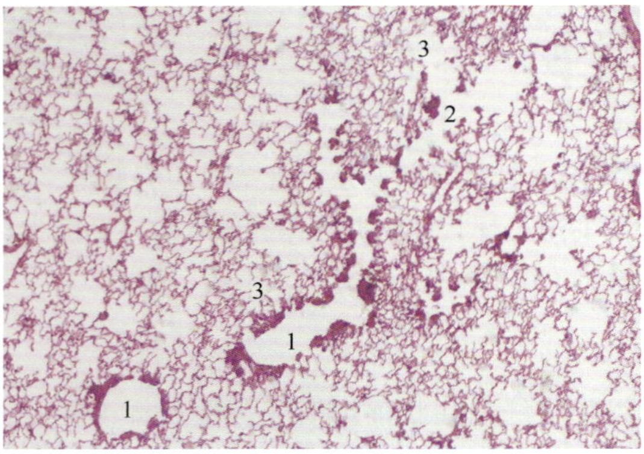

图16-9 肺呼吸部（HE染色，低倍）
1. 呼吸性细支气管；2. 肺泡管；3. 肺泡囊

肺呼吸部包括呼吸性细支气管、肺泡管、肺泡囊和肺泡（图16-9），因各段都与肺泡相通，具有气体交换功能，故称为呼吸部。

（一）呼吸性细支气管

呼吸性细支气管（respiratory bronchiole）是终末细支气管的分支，管壁不完整，可见散在的肺泡开口。每个终末细支气管可分支形成2～3个呼吸性细支气管，黏膜上皮由单层柱状渐变为单层立方，在肺泡开口处移行为单层扁平上皮。上皮外面有少量平滑肌及弹性纤维。

（二）肺泡管

肺泡管（alveolar duct）是呼吸性细支气管的分支，每个呼吸性细支气管分支形成2～3个肺泡管。每个肺泡管与大量肺泡相连，可有20～60个肺泡开口于管腔，故管壁自身的结构很少，仅在相邻肺泡开口之间保留少许管壁，其表面覆以单层立方或扁平上皮，其下方为少量平滑肌束和弹性纤维，因肌纤维环行围绕于肺泡开口处，故光镜下可见相邻肺泡开口处有结节状膨大。

（三）肺泡囊

肺泡囊（alveolar sac）是肺泡管的分支，一个肺泡管分为2～3个肺泡囊，是数个肺泡共同开口围成的囊腔，相邻肺泡开口之间无环行平滑肌，故光镜下相邻肺泡间隔的末端无结节状膨大。

（四）肺泡

肺泡（pulmonary alveolus）是支气管树的终末端，呈多面囊泡状，开口于呼吸性细支气管、肺泡管或肺泡囊，是肺进行气体交换的场所。肺泡直径约0.2mm，成人每侧肺有肺泡3亿～4亿个，深度呼吸时总面积可达140m^2。肺泡壁薄，由肺泡上皮和基膜构成；相邻肺泡之间的薄层结缔组织称肺泡隔；相邻肺泡之间的小孔称肺泡孔（图16-10）。

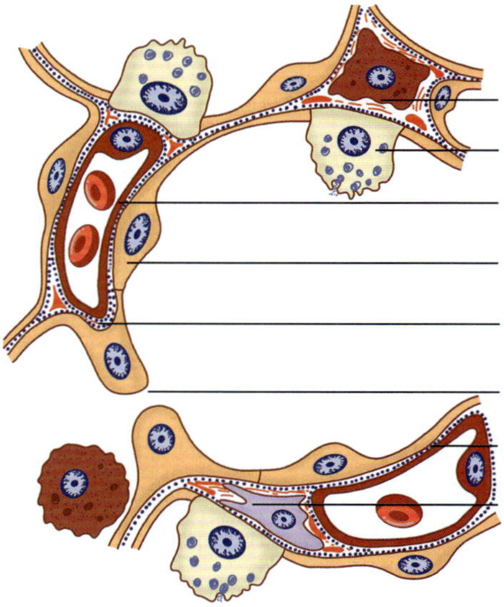

图16-10 肺泡结构模式图

1. 肺泡上皮 肺泡上皮由Ⅰ型肺泡细胞和Ⅱ型肺泡细胞组成。

（1）Ⅰ型肺泡细胞（type Ⅰ alveolar cell）：形态扁平，核小而致密，突向肺泡腔面；无核部分扁平菲薄，厚约0.2μm，光镜下不易辨认

（图16-11）。电镜下，胞质内细胞器较少，质膜小泡较多。小泡内有细胞吞入的粉尘、表面活性物质等，这些物质被转运到肺间质清除。相邻肺泡细胞之间有紧密连接，以防止组织液渗入肺泡腔内。Ⅰ型肺泡细胞无分裂增殖的能力，损伤后由Ⅱ型肺泡细胞增殖分化补充。Ⅰ型肺泡细胞数量较少，但表面积大，覆盖肺泡约95%的表面积，是进行气体交换的部位。

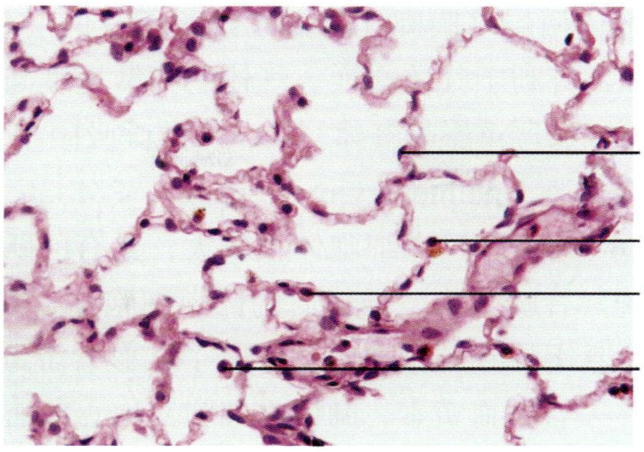

图16-11 肺泡（HE染色，高倍）

（2）Ⅱ型肺泡细胞（type Ⅱ alveolar cell）：数量较Ⅰ型肺泡细胞多，散在于Ⅰ型肺泡细胞之间。细胞呈圆形或立方形，核呈圆形，胞质着色较淡，呈泡沫状（图16-11）。电镜下，细胞游离面有少量微绒毛，胞质内有丰富的线粒体、溶酶体、发达的粗面内质网和高尔基体，核上方有许多大小不等的高电子密度分泌颗粒，颗粒内有平行排列或同心圆状排列的板层状结构，称嗜锇性板层小体（osmiophilic lamellar body），小体内含磷脂（主要为二棕榈酰卵磷脂）（图16-12）。细胞以胞吐方式将颗粒内容物释放至肺泡表面并铺展成薄膜，称肺泡表面活性物质（pulmonary surfactant），可降低肺泡表面张力，对维持肺泡大小稳定起着非常重要的作用。呼气时肺泡缩小，表面活性物质密度增高，肺泡表面张力减小，避免肺泡塌陷；吸气时肺泡扩大，表面活性物质密度降低，肺泡表面张力增大，避免肺泡过度膨胀。早产儿由于Ⅱ型肺泡细胞发育不全，出生后不能产生表面活性物质，致使肺泡不能扩张，呼吸困难。Ⅱ型肺泡细胞可自我更新，并能增殖分化为Ⅰ型肺泡细胞。

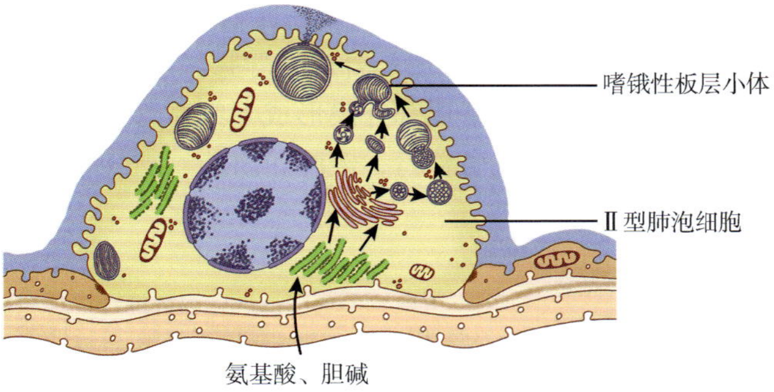

图16-12 Ⅱ型肺泡细胞超微结构模式图

2. 肺泡隔 肺泡隔（alveolar septum）是相邻肺泡之间的薄层结缔组织，含有密集的连续毛细血管网、丰富的弹性纤维、大量的巨噬细胞，以及成纤维细胞、浆细胞、肥大细胞等。

弹性纤维使肺泡具有弹性（图16-13）。吸气末，弹性纤维的回缩，有助于肺泡缩小，肺泡内气体排出。如果由于疾病或衰老的原因，弹性纤维退化变性或受损，肺泡回缩能力减弱，影响肺泡呼气功能，最终可导致肺泡过度扩张形成肺气肿。

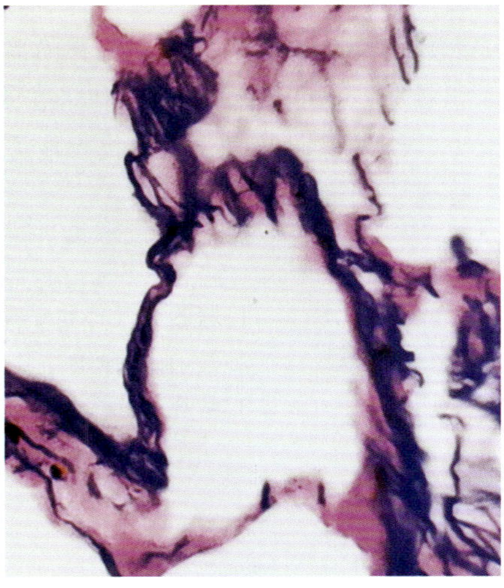
图16-13 肺泡隔内弹性纤维（弹性染色，高倍）

连续毛细血管网包绕在肺泡周围，与Ⅰ型肺泡细胞共同形成气-血屏障。气-血屏障（blood-air barrier）也称呼吸膜（respiratory membrane），是肺泡与血液之间进行气体交换所通过的结构。由肺泡表面活性物质层、Ⅰ型肺泡细胞与基膜、薄层结缔组织、连续毛细血管基膜与内皮构成。有的部位两层基膜间无薄层结缔组织，两层基膜融合（图16-10）。气-血屏障很薄，总厚度0.2～0.5μm，有利于气体交换。气体的弥散速度与呼吸膜的厚度成反比，如果由于各种原因导致此屏障增厚，会严重影响气体交换，导致呼吸困难。

肺巨噬细胞（pulmonary macrophage，PM）广泛分布于肺间质，肺泡隔内最多，可游走至肺泡腔（图16-11）。肺巨噬细胞体积较大，具有活跃的吞噬、参与免疫和分泌等功能，属于单核吞噬细胞系统。吞噬灰尘、异物后的巨噬细胞称尘细胞（dust cell），光镜下可见其胞质内有棕黑色颗粒。心力衰竭导致肺淤血时，吞噬了从血管游走出来的红细胞后，因胞质内含有大量血红蛋白分解产物——含铁血黄素，肺巨噬细胞又称心衰细胞。

3. 肺泡孔

肺泡孔（alveolar pore）是相邻肺泡之间气体流通的小孔，可沟通和平衡相邻肺泡间气体压力（图16-10）。当某一终末细支气管或呼吸性细支气管阻塞时，可经肺泡孔建立侧支通气，防止阻塞部位以下的肺泡萎陷。但在肺感染时，病菌也可经肺泡孔蔓延。

三、肺的血液供应

肺的血液来源有两个，肺动脉是肺的功能性血管，支气管动脉是肺的营养性血管。肺动脉携带静脉血入肺后沿支气管树不断分支，在肺泡隔内形成连续毛细血管网，在此通过气-血屏障完成气体交换，把静脉血变成动脉血，毛细血管网汇集成小静脉，最后汇合成肺静脉，经肺门出肺。支气管动脉随支气管入肺，沿支气管树不断分支并在管壁黏膜下层和外膜形成毛细血管，营养支气管和肺组织。毛细血管大部分汇集形成支气管静脉，与支气管伴行，经肺门出肺。支气管动脉分支还供应肺淋巴结和胸膜等器官。

知识扩展　**新型冠状病毒感染**

新型冠状病毒感染（corona virus disease 2019，COVID-19）简称“新冠感染”，是近百年来全球发生的最严重的传染性疾病。新冠感染具有传播速度快、感染范围广、防控难度大等特点。患者以发热、乏力、干咳等为主要表现，重症患者多在1周后出现呼吸困难，严重者发展为急性呼吸窘迫综合征。在抗击新冠感染疫情中，我国采用中西医协同互补的治疗方案，进行大规模的免费核酸检测、免费隔离、免费治疗，有效地控制了疫情。为了构筑免疫屏障，国家积极推广全民免费疫苗接种。在这场疫情大考中，我国自上而下展现出了非凡的组织动员能力、统筹协调能力、贯彻执行能力。中国人民抗击新冠感染疫情的胜利充分体现了中国特色社会主义制度的优越性。

思考题

1. 肺的导气部和呼吸部的变化规律是什么？
2. 气-血屏障的结构和功能是什么？
3. 结合气管壁的组织结构特点，思考气管异物时如何实施急救？

（袁　衡）

（绘图　翁安莉）

第十七章　泌尿系统

泌尿系统（urinary system）由肾、输尿管、膀胱和尿道等组成。肾产生尿液，输尿管、膀胱和尿道为排尿管道，输尿管将尿液输送至膀胱，膀胱暂时储存尿液并通过尿道将尿液排出体外。除了泌尿功能，泌尿系统还具有其他重要功能，包括调节机体的水盐代谢和电解质平衡、维持血液酸碱平衡、排泄代谢废物和药物成分、分泌激素、产生活化的维生素D等。

第一节　肾

肾（kidney）是位于脊柱两侧后腹部区域的豆形器官，表面有由致密结缔组织构成的被膜。肾实质可分为皮质和髓质，皮质位于外周，髓质大部分位于深部。髓质由10～18个肾锥体（renal pyramid）组成，锥体的顶端突起称肾乳头（图17-1）。肾锥体底部朝向周边皮质，底部呈放射状伸入皮质的线条称髓放线（medullary ray），髓放线之间的皮质称皮质迷路（cortical labyrinth），肾锥体之间的皮质部分称肾柱。每个肾乳头周围的膜性管即肾小盏，几个肾小盏联合形成一个肾大盏，肾大盏汇集成肾盂，肾盂出肾门后下行，逐渐移行为输尿管。髓放线、皮质迷路与肾柱构成肾皮质。每条髓放线及其周围的皮质迷路构成一个肾小叶（renal lobule），每个肾锥体及其周围的皮质构成一个肾叶（renal lobe）。

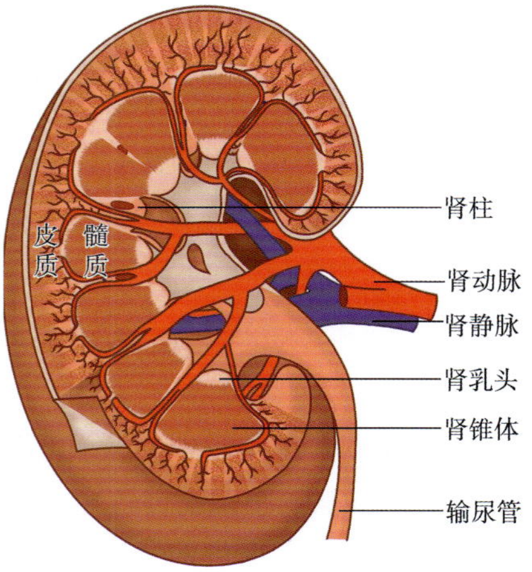

图17-1　肾冠状切面模式图

肾实质含大量肾单位和集合管，其间分布的少量结缔组织、血管和神经等构成肾间质。每个肾单位由一个肾小体和一条与其相连的肾小管组成。肾小管末端与集合管相接，二者均为单层上皮性管道，统称泌尿小管。肾单位和集合管在肾实质内的分布和走行具有一定规律性，肾小体及肾小管的曲部位于皮质迷路与肾柱内，肾小管的直部与集合管则位于髓放线和肾锥体内（图17-2，图17-3）。

一、肾单位

肾单位（nephron）是肾的结构和功能单位，每侧肾约有150万个肾单位，由肾小体和肾小管组成（图17-2，图17-3）。肾单位与集合管共同行使泌尿功能。

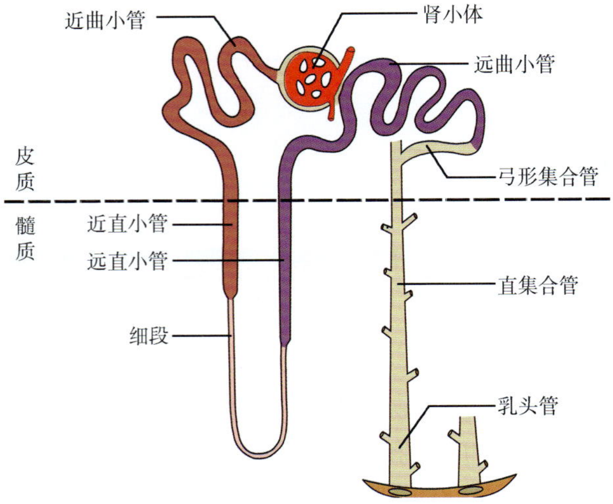

图17-2 肾单位和集合管模式图

肾小体位于皮质迷路和肾柱内，一端与肾小管相连。肾小管分为近端小管、细段和远端小管。近端小管的起始段盘曲走行在肾小体附近，称近端小管曲部或近曲小管；继而进入髓放线或髓质向下直行，称近端小管直部或近直小管；随后至髓质内管径变细，称细段；细段之后反折上行，管径又增粗，在髓质或髓放线内直行上升，称远端小管直部或远直小管；远直小管上升至肾小体附近时，离开髓放线进入皮质迷路，盘曲走行于肾小体附近，称远端小管曲部或远曲小管，其末端汇入髓放线内的集合管。近直小管、细段和远直小管构成的U形袢称为髓袢（medullary loop）。

- 泌尿小管
  - 肾单位
    - 肾小体
      - 血管球（皮质迷路、肾柱）
      - 肾小囊
    - 肾小管
      - 近端小管
        - 近曲小管（皮质迷路、肾柱）
        - 近直小管
      - 细段
      - 远端小管
        - 远直小管
        - 远曲小管（皮质迷路、肾柱）
      - （近直小管、细段、远直小管）髓袢（髓放线、肾锥体）
  - 集合管
    - 弓形集合管（皮质迷路）
    - 直集合管（髓放线、肾锥体）
    - 乳头管（肾乳头）

图17-3 肾单位和集合管的组成及各段在肾内的分布

根据肾小体在皮质中的位置不同，可将肾单位分为两种。浅表肾单位的肾小体位于皮质浅层和中层，体积较小，髓袢较短，数量多，约占肾单位总数的85%，发生较晚，在尿液形成中起重要作用。髓旁肾单位的肾小体位于皮质深层，体积较大，髓袢较长，数量少，约占肾单位总数的15%，发生较早，对尿液的浓缩有重要意义。

（一）肾小体

肾小体（renal corpuscle）呈球形，直径约为200μm，由血管球和肾小囊组成。肾小体有微动脉出入的一端称血管极，相对的一端与近曲小管相连，称为尿极（图17-4，图17-5）。

1. 血管球 血管球（glomerulus）包裹在肾小囊中，为一团盘曲的毛细血管。入球微动脉从血管极进入肾小囊后，分出4～5支，每支再反复分支形成袢状毛细血管，毛细血管相互吻合成网状，继而在血管极处汇合形成出球微动脉，从血管极出肾小囊（图17-4）。因此，血管球是一种独特的动脉性毛细血管网。由于入球微动脉管径较出球微动脉粗，使毛细血管内压力较高。血管球毛细血管为有孔毛细血管，内皮细胞孔径50～100nm，无隔膜，利于血液中小分子物质滤过。毛细血管内皮游离面的细胞衣富含带负电荷的唾液酸糖蛋白。内皮细胞基底面除与血管系膜相邻的部位外，均有基膜（图17-6）。

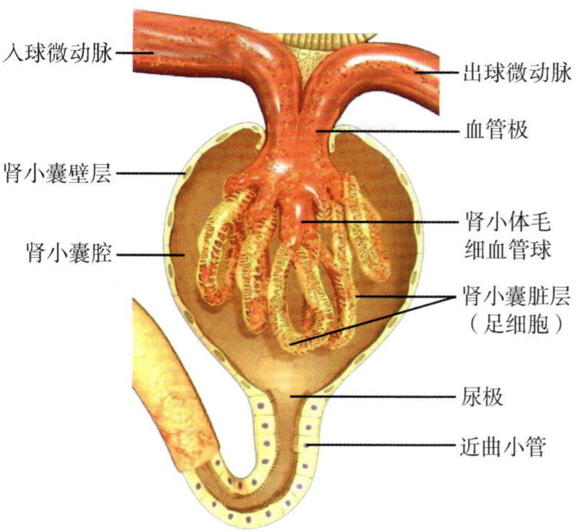

图17-4 肾小体结构模式图

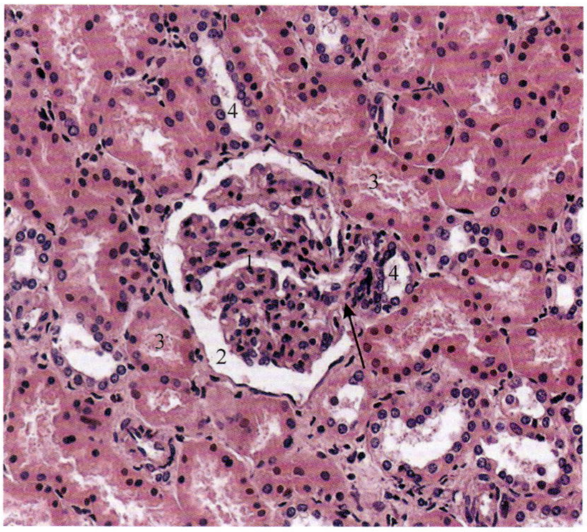

图17-5 肾皮质（HE染色，高倍）

1. 血管球；2. 肾小囊腔；3. 近曲小管；4. 远曲小管；↑血管极

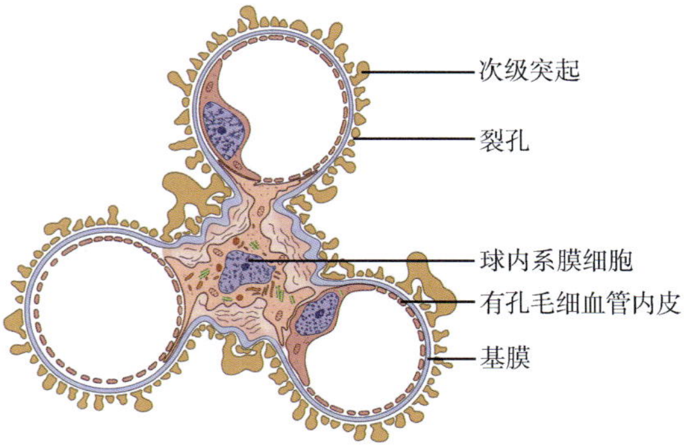

图17-6 血管球毛细血管与血管系膜模式图

血管球毛细血管基膜较厚，成人约为330nm，电镜下分为三层，中层厚而致密，内、外层薄而稀疏。基膜的主要成分为Ⅳ型胶原蛋白、层粘连蛋白和蛋白多糖（其糖胺聚糖以带负电荷的硫酸肝素为主）。Ⅳ型胶原蛋白形成网格状结构，连接其他糖蛋白，共同形成孔径为4～8nm的分子筛，在血液物质滤过中起关键作用。

血管系膜（mesangium）又称球内系膜（intraglomerular mesangium），位于血管球毛细血管之间，主要由球内系膜细胞和系膜基质组成（图17-6）。球内系膜细胞（intraglomerular mesangial cell）形态不规则，光镜下不易区分。电镜下细胞突起可伸至内皮与基膜之间，或经内皮细胞之间伸入毛细血管腔内；细胞核染色深，胞质内含发达的粗面内质网、高尔基体、溶酶体和吞噬体；胞体和突起内有微管、微丝和中间丝。目前认为系膜细胞是特化的平滑肌细胞，其收缩可调节毛细血管的管径，影响血管球的血流量。系膜细胞还具有合成和分泌基质成分、吞噬和清除沉积在基膜上的免疫复合物、维持基膜通透性、合成和分泌多种酶和生物活性物质等功能。系膜基质填充在系膜细胞之间，在血管球内起支持作用。血管系膜内还可见少量巨噬细胞。

2. 肾小囊 肾小囊（renal capsule）是胚胎时期肾小管起始部膨大并凹陷形成的杯状双层囊。肾小囊的外层称壁层，为单层扁平上皮。壁层在血管极处反折成内层，称脏层。壁层和脏层之间的腔隙称肾小囊腔，与近曲小管相通（图17-4）。脏层细胞也称足细胞（podocyte），胞体较大，凸向肾小囊腔，核染色较浅，光镜下，足细胞不易与内皮细胞和球内系膜细胞相区分。扫描电镜下，可见从胞体发出几个较粗的初级突起，初级突起沿着毛细血管长轴走行，垂直于初级突起再分支形成许多指状的次级突起，相邻足细胞的次级突起互相穿插嵌合成栅栏状，紧贴在毛细血管基膜外面（图17-7），其表面由一层带负电荷的唾液酸糖蛋白覆盖。透射电镜下，胞质内含丰富的粗面内质网、游离核糖体、高尔基体、溶酶体及质膜小泡，突起之间有宽约25nm的裂隙，称裂孔（slit pore）（图17-8），裂孔上覆盖着一层厚4～6nm的裂孔膜（slit membrane）。足细胞突起内含较多微丝，其收缩可调节裂孔的大小。

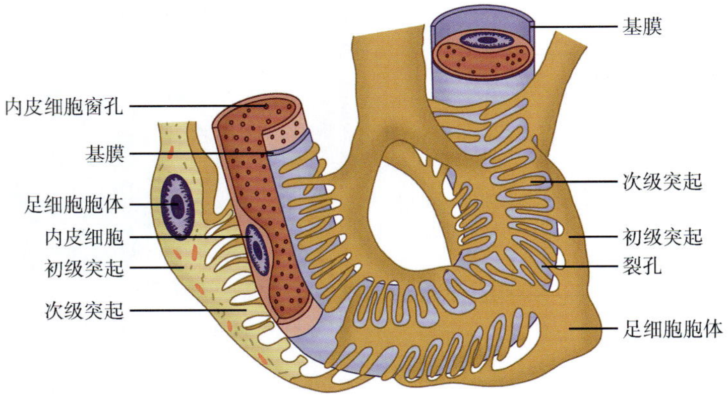

图 17-7 足细胞模式图

3. 滤过屏障 肾小体具有滤过功能。当血液流经血管球毛细血管时，由于血管内压力较高，血浆内的部分物质经有孔毛细血管内皮、基膜和足细胞裂孔膜滤入肾小囊腔，这三层结构组成的结构称滤过屏障（filtration barrier）或滤过膜（filtration membrane）（图 17-9，图 17-10）。滤过屏障对滤过物质的分子大小、形状和电荷等具有选择性通透作用。生理情况下，分子质量在 70kDa 以下、直径在 4nm 以下的物质可通过滤过屏障，其中又以带正电荷的物质易于通过，如葡萄糖、多肽、尿素、电解质和水等。经滤过屏障滤入肾小囊腔的液体称原尿，原尿中除不含大分子蛋白质外，成分与血浆相似。成人两肾每 24 小时可形成原尿约 180L。病理情况下，如滤过屏障受损害，大分子蛋白质甚至血细胞也可滤出，则形成蛋白尿或血尿。如果滤过屏障功能下降，滤过的原尿减少，则易出现少尿的症状。

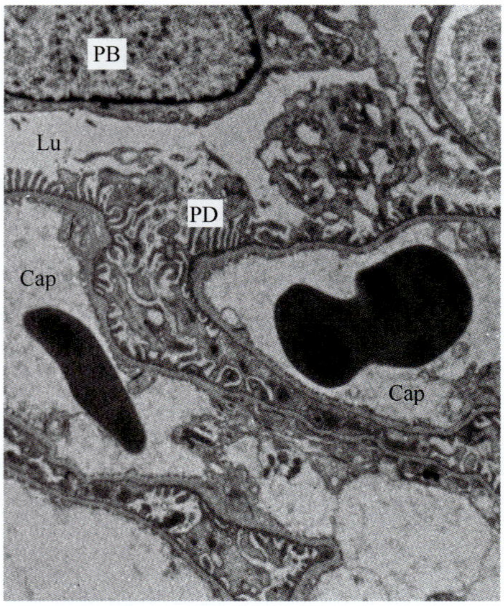

图 17-8 肾小体超微结构图（高倍）

Cap. 毛细血管；Lu. 肾小囊腔；PB. 足细胞胞体；PD. 足细胞突起

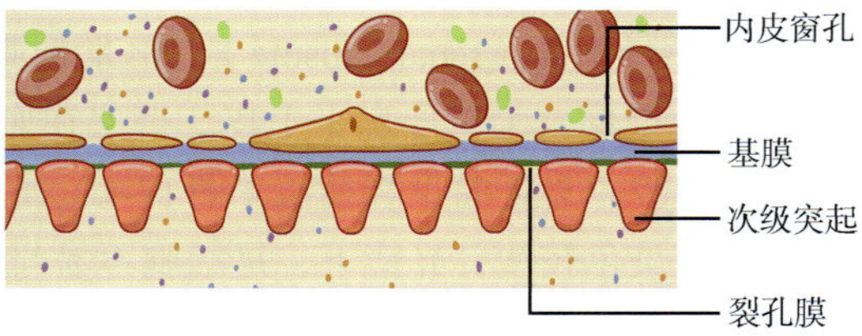

图 17-9 滤过屏障模式图

（二）肾小管

肾小管（renal tubule）是单层上皮细胞围成的管道，具有重吸收、分泌和排泄等作用（图17-2）。肾小管各段在管径、长度和管壁细胞形态上差异均较大（图17-11）。

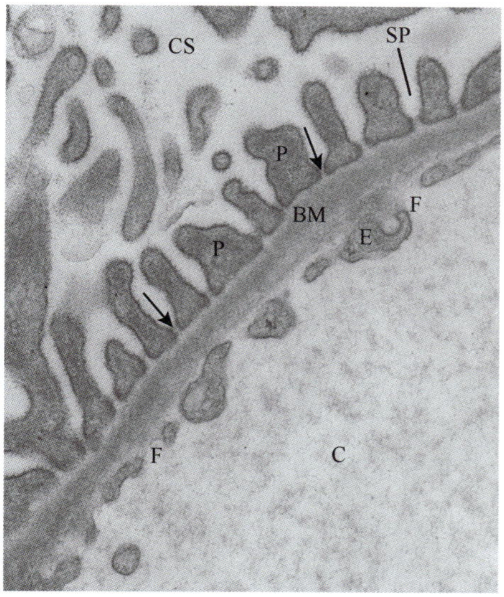

图17-10 滤过屏障超微结构图

C. 毛细血管；CS. 肾小囊腔；E. 毛细血管内皮；F. 内皮窗孔；BM. 基膜；P. 足细胞次级突起；SP. 裂孔；↓裂孔膜

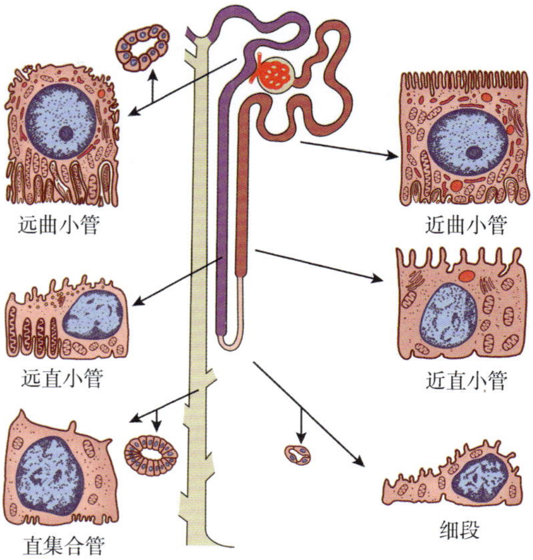

图17-11 泌尿小管各段结构模式图

1. 近端小管 近端小管（proximal tubule）是肾小管中最长最粗的一段，管径为50～60μm，长约14mm，约占肾小管总长的一半。近曲小管（proximal convoluted tubule）与肾小体尿极相连，管腔相对较小而不规则，管壁细胞呈立方形或锥形，细胞游离面有刷状缘（brush border），细胞界线不清，胞核靠近基底部，胞质呈嗜酸性，基底部有基底纵纹（图17-5）。电镜下，近曲小管管壁细胞游离面有密集排列的微绒毛，即光镜下的刷状缘，微绒毛使细胞游离面的表面积明显扩大，有利于重吸收；上皮细胞侧面有许多侧突，相邻细胞的侧突相互嵌合，故光镜下细胞分界不清，细胞基部的胞膜内陷，形成质膜内褶，内褶之间有纵向排列的杆状线粒体（图17-12，图17-13），二者形成光镜下所见的嗜酸性基底纵纹。侧突和质膜内褶使物质交换面积增大。细胞基底部的质膜上含有丰富的Na^+/K^+-ATP酶（钠钾泵），可将细胞内的钠离子泵入间质。

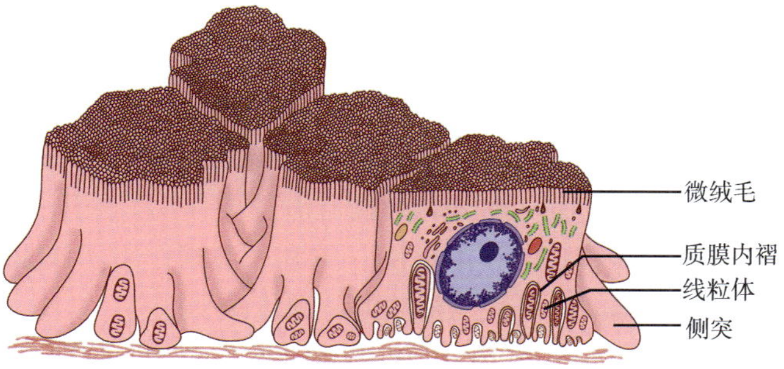

图17-12 近曲小管上皮细胞超微结构立体模式图

近直小管（proximal straight tubule）结构与近曲小管基本相似，但管腔略大，上皮细胞略矮（图17-14），微绒毛、侧突和质膜内褶等不如近曲小管发达。

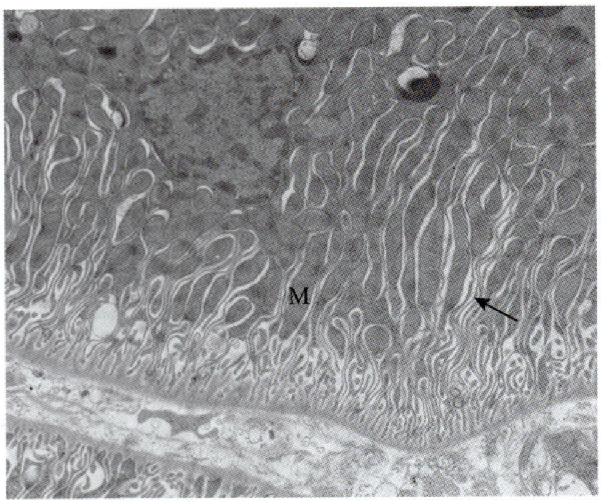

图17-13 近曲小管上皮细胞超微结构图（高倍）（三峡大学肖长义提供）

M. 线粒体；↓质膜内褶

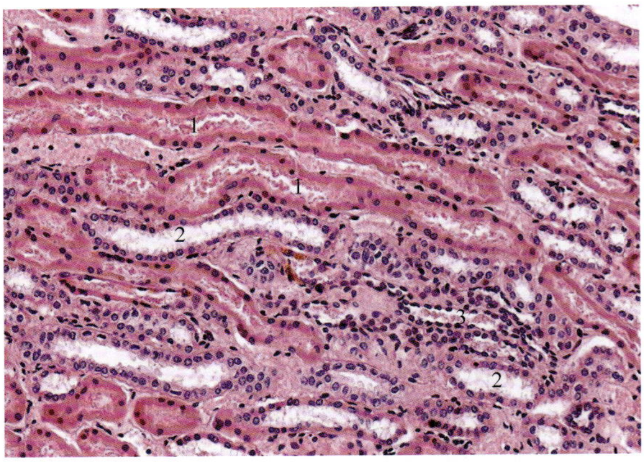

图17-14 肾髓质浅部（HE染色，低倍）

1. 近直小管；2. 远直小管；3. 细段

近端小管是原尿重吸收的主要场所。原尿中几乎所有的葡萄糖、氨基酸、多肽和小分子蛋白质，大部分的Na^+和水，部分碳酸氢盐、尿素及维生素等均在此重吸收。同时，近端小管还向管腔内分泌或排泄H^+、NH_3、肌酐、有机碘化物和马尿酸等代谢产物，还能转运和排出血液中的酚红、青霉素等。

2. 细段 细段（thin segment）管径较细，直径10～15μm，管壁为单层扁平上皮，含胞核的部分突向管腔，胞质着色较浅，无刷状缘（图17-14）。浅表肾单位的细段较短，髓旁肾单位的细段长。细段上皮薄，易于透过水和电解质。

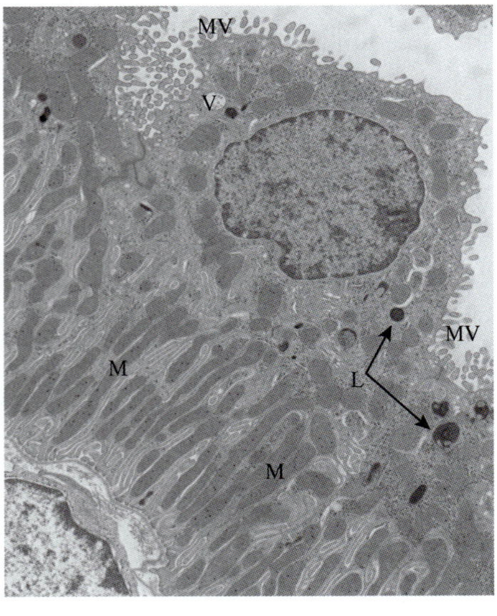

图17-15 远端小管上皮细胞超微结构图（高倍）（三峡大学肖长义提供）

MV. 微绒毛；M. 线粒体；V. 小泡；L. 溶酶体

3.远端小管 远端小管（distal tubule）较近端小管短，故在切片中断面较少。管壁的上皮细胞呈立方形，核圆形、位于中央，胞质弱嗜酸性，无刷状缘（图17-14）。

远直小管（distal straight tubule）直径约30μm，与细段连接，经肾锥体和髓放线上行至皮质。电镜下，游离面微绒毛短而小，基底部质膜内褶发达，长的内褶可伸达细胞顶部（图17-15）。基底部质膜上的Na^+/K^+-ATP酶丰富，能主动向间质转运Na^+。

远曲小管（distal convoluted tubule）直径35～45μm，较直部稍粗。其结构与直部相似，但质膜内褶和线粒体不如直部发达。远曲小管是离子交换的重要部位，管壁上皮细胞能重吸收水、Na^+，排出K^+、H^+和NH_3，对维持体液的酸碱平衡起着重要作用。醛固酮可促进该段重吸收Na^+和排出K^+；抗利尿激素作用于该段，促进对水的重吸收，使尿液浓缩，尿量减少。

二、集 合 管

集合管（collecting duct system）全长20～38mm，分为弓形集合管、直集合管和乳头管（图17-2）。弓形集合管很短，位于皮质迷路内，一端连接远曲小管，另一端呈弧形弯入髓放线，与直集合管相通。直集合管沿髓放线直行，直达肾乳头处，在肾乳头处称乳头管，开口于肾小盏。从皮质到肾乳头，集合管的管径逐渐变粗，管壁的上皮细胞由单层立方逐渐增高为单层柱状，至乳头管处呈高柱状。集合管上皮细胞核呈圆形，位于细胞中央，光镜下胞质染色浅淡，细胞分界清晰（图17-16）。电镜下游离面有少量短小的微绒毛，质膜内褶和侧突均不发达（图17-11）。集合管能进一步重吸收水和Na^+，并排出K^+；分泌H^+和NH_3，重吸收HCO_3^-，参与尿液浓缩和机体酸碱平衡的调节，其功能也受醛固酮和抗利尿激素等的调节。

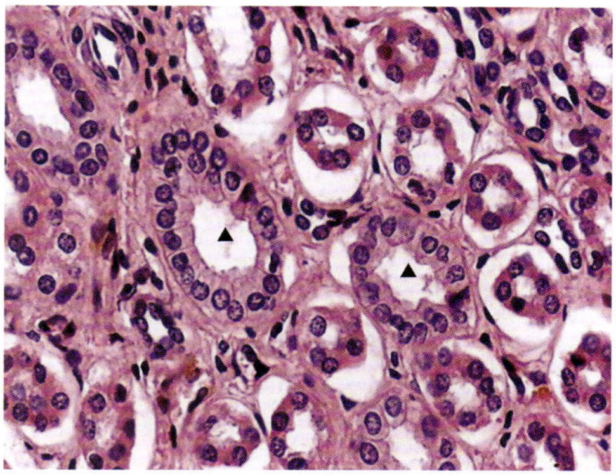

图17-16 肾髓质深部（HE染色，高倍）
▲示集合管

血液流经肾小体血管球时，通过滤过屏障滤入到肾小囊腔内形成原尿，流经肾小管各段和集合管后，绝大部分水、营养物质和无机盐等被重吸收入血，部分离子也在此进行交换；同时，小管上皮细胞还排泄机体部分代谢产物，最终形成的浓缩液体称终尿，经乳头管排入肾小盏。终尿量仅为原尿的1%，每天排出1～2L。因此，肾在泌尿过程中不仅排出了代谢产物，也维持了机体的水盐平衡和内环境稳定。

三、球旁复合体

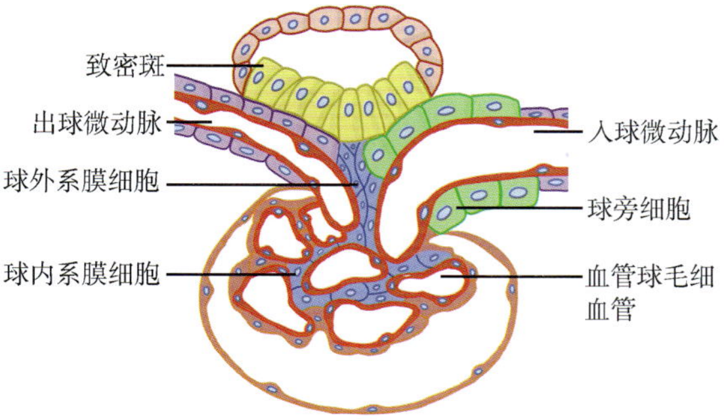

图17-17 球旁复合体模式图

球旁复合体（juxtaglomerular complex）又称肾小球旁器（juxtaglomerular apparatus），位于肾小体血管极的三角形区域，由球旁细胞、致密斑和球外系膜细胞组成。致密斑构成三角形的底，入球微动脉和出球微动脉分别为三角形的两条侧边，球外系膜细胞位于三角区中心（图17-17）。

（一）球旁细胞

入球微动脉行至近肾小体血管极处，管壁中膜的平滑肌细胞转化为上皮样细胞，称球旁细胞（juxtaglomerular cell）。细胞胞体较大，呈立方形，核大而圆，胞质呈弱嗜碱性（图17-18）。电镜下，粗面内质网和核糖体丰富，高尔基体发达。胞质内还含有丰富的PAS反应阳性的分泌颗粒，颗粒内含肾素（renin）。肾素是一种蛋白水解酶，能使血浆中的血管紧张素原变成血管紧张素Ⅰ，后者在肺血管内皮细胞分泌的转换酶作用下转变为血管紧张素Ⅱ。血管紧张素Ⅱ可使血管平滑肌收缩，血压升高，增强滤过作用。血管紧张素还可刺激肾上腺皮质分泌醛固酮，促进肾远曲小管和集合管吸收Na^+和水，扩大血容量，升高血压。

（二）致密斑

致密斑（macula densa）为肾远曲小管靠近血管极一侧的管壁上皮细胞增高呈高柱状、排列紧密特化而成的椭圆形斑块，直径40～70μm。致密斑由20～30个细胞构成，细胞质色浅，核呈椭圆形，靠近细胞顶部（图17-19）。致密斑处的基膜常不完整，细胞基部有细小而分支的突起，主要与球外系膜细胞接触，少量与入球微动脉和出球微动脉连接。致密斑是一种离子感受器，能感受远曲小管腔内液体Na^+浓度变化，并把信息传递给球旁细胞，促使其分泌肾素，调节水盐代谢。

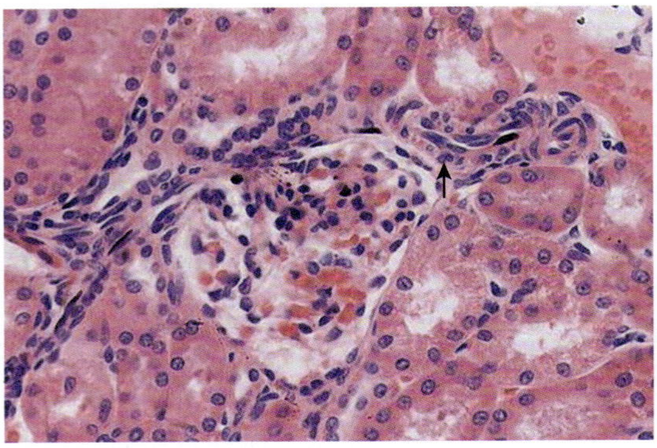

图17-18 球旁细胞（HE染色，高倍）

→球旁细胞

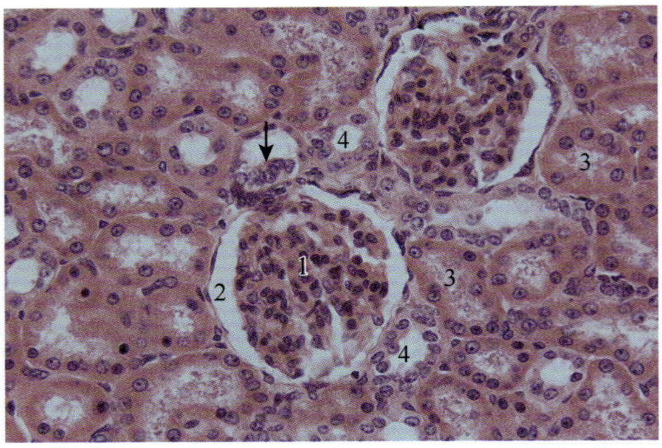

图17-19 致密斑（HE染色，高倍）

1. 血管球; 2. 肾小囊腔; 3. 近曲小管; 4. 远曲小管; ↓示致密斑

（三）球外系膜细胞

球外系膜细胞（extraglomerular mesangial cell）又称极垫细胞（polar cushion cell），是位于肾小体血管极三角区内的细胞群，细胞的形态结构与球内系膜细胞相似，并与球内系膜细胞相延续（图17-17）。球外系膜细胞与球旁细胞、球内系膜细胞之间有缝隙连接，在球旁复合体功能活动中可能承担信息传递作用。

四、肾 间 质

肾间质是指分布于泌尿小管间的少量结缔组织、血管和神经等，从皮质到肾乳头，间质逐渐增多。肾间质细胞包括成纤维细胞、骨髓源性细胞、载脂间质细胞和周细胞。载脂间质细胞是髓质间质内的主要细胞成分，细胞呈不规则形或星形，有许多条长突起，胞质内含特征性的嗜锇性脂滴，该细胞具有产生肾髓质血管降压脂和分泌前列腺素、合成分泌间质内纤维和基质的功能。间质细胞还产生促红细胞生成素，刺激骨髓中红细胞生成。因此，肾病晚期常伴有贫血。

五、肾的血液循环

肾动脉直接起自腹主动脉，血管阻力低，经肾门入肾后分为前支和后支，再分为数支叶间动脉，后者在肾锥体之间上行至皮质与髓质交界处，随后横向分支为弓形动脉，弓形动脉又分支成若干小叶间动脉。小叶间动脉呈放射状走行于皮质迷路内，沿途分支发出入球微动脉进入肾小体，形成血管球（图17-20），继而汇合成出球微动脉。出球微动脉离开肾小体后再次分支形成球后毛细血管网，分布于肾小管周围。毛细血管网汇成小叶间静脉，再依次汇入弓形静脉和叶间静脉，最后由肾静脉经肾门出肾（图17-21）。髓旁肾单位的出球微动脉不仅形成球后毛细血管网，还发出若干直小动脉直行进入髓质，然后反折上升为直小静脉，形成U形血管袢与髓袢伴行，构成尿液浓缩的结构基础。直小静脉汇入弓形静脉。

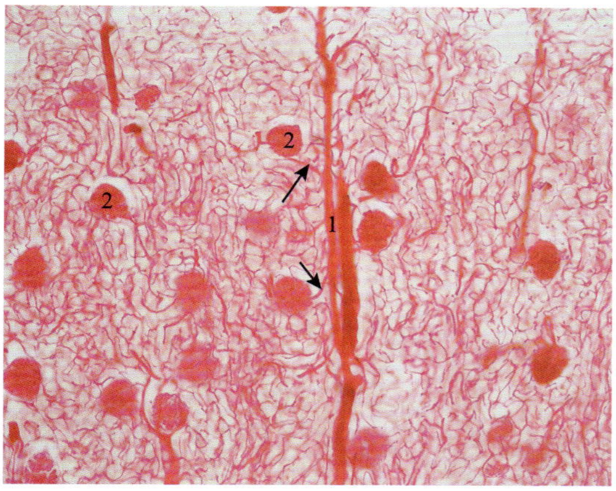

图17-20　肾皮质血管（特染）

1. 小叶间动脉；2. 血管球；→入球微动脉

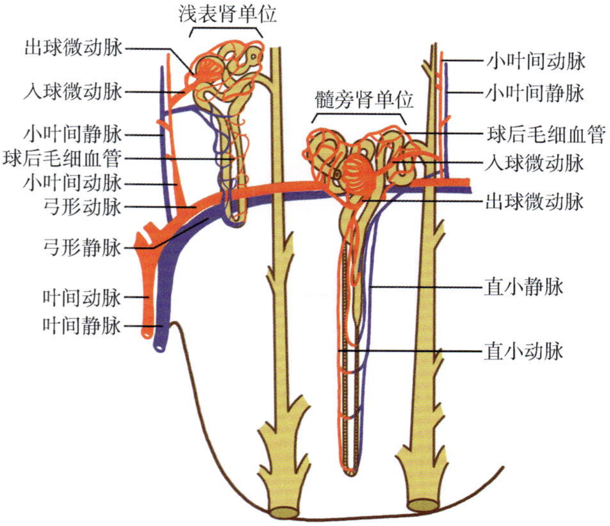

图17-21　肾血液循环模式图

肾的血液循环与尿液的形成和浓缩有密切关系，有以下特点：①肾动脉血流量大且流速快，占全身血量的1/4。②肾皮质血流量大，流速快，肾总血流量约90%流经肾皮质，有利于滤过；肾髓质血流量小，流速慢；③肾小体出球微动脉管径较入球微动脉细，使血管球内压力较高，有利于滤过。④在肾内血管通路中两次形成毛细血管网，即血管球毛细血管网和球后毛细血管网，血管球的作用是滤过，球后毛细血管有利于重吸收。⑤髓质内直小血管袢与髓袢伴行，有利于肾小管和集合管的重吸收和尿液浓缩。

第二节　排尿管道

肾产生的终尿经输尿管、膀胱及尿道构成的排尿管道排至体外。排尿管道各部分的组织结构相似（尿道除外），管壁由内至外均由黏膜、肌层和外膜构成。

一、输　尿　管

输尿管（ureter）黏膜形成许多纵行皱襞，管腔呈星形（图17-22），黏膜上皮为变移上皮。输尿管上2/3段的肌层为内纵行、外环行两层平滑肌，下1/3段肌层增厚为内纵行、中环行和外纵行三层。外膜为疏松结缔组织。

二、膀　　胱

膀胱（urinary bladder）为储存尿液的器官，其结构与输尿管相似。膀胱黏膜形成许多皱襞，皱襞在膀胱充盈时减少或消失。膀胱黏膜分为上皮和固有层，上皮细胞的层数和形态随膀胱的功能状态而发生变化。膀胱空虚时，变移上皮较厚，有8～10层细胞，表层细胞大；膀胱充盈时上皮变薄，仅有3～4层细胞，细胞变扁。固有层含较多胶原纤维、弹性纤维和丰富的血管，常见弥散淋巴组织和淋巴小结。肌层厚，由内纵行、中环行和外纵行三层平滑肌组成，各层肌纤维相互交错，分界不清，其间有较多的疏松结缔组织和血管。中层环行肌在尿道内口处增厚为括约肌。外膜多为疏松结缔组织，膀胱顶部外膜为浆膜（图17-23）。

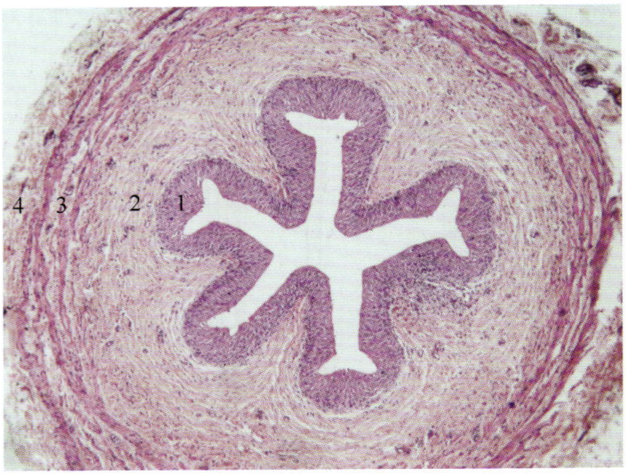

图17-22 输尿管（HE染色，低倍）

1. 变移上皮；2. 固有层；3. 肌层；4. 外膜

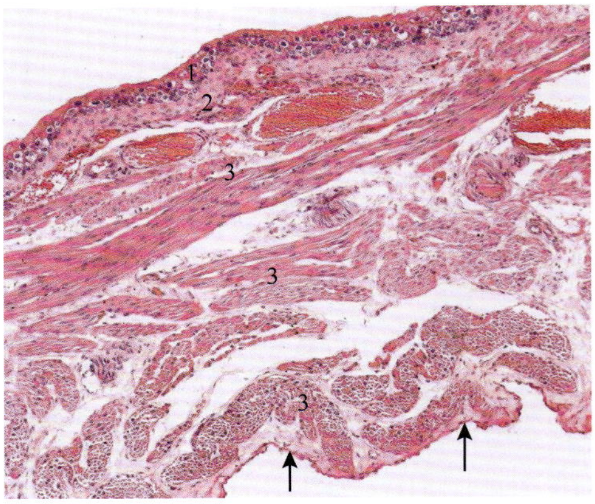

图17-23 膀胱（HE染色，低倍）

1. 变移上皮；2. 固有层；3. 肌层；↑外膜的间皮

知识扩展 **间充质干细胞与急性肾损伤**

急性肾损伤（acute kidney injury，AKI）是由各种病因引起短时间内肾功能快速减退而导致的临床综合征。AKI是常见危重病症，几乎影响到所有年龄、性别和种族的人群。间充质干细胞（mesenchymal stem cell，MSC）具有自我更新、多向分化的特点，以及血管生成及免疫调节等潜能，在再生医学领域中已被证实，MSC可通过多种机制改善AKI模型中的肾脏损伤，促进肾功能的恢复，成为防止AKI进展为终末期肾病的理想治疗策略。MSC治疗AKI的作用机制涉及：①特异性归巢到受损部位并分化为特定功能的细胞，直接参与受损部位细胞和组织的再生；②通过促进机体内促炎状态向抗炎状态转化来调节机体的免疫炎症反应；③促进线粒体功能的恢复，保护肾脏细胞免受线粒体相关的凋亡和氧化损伤；④MSC分泌的细胞外囊泡通过多种复杂的营养机制参与肾脏的修复。

思考题

1. 请结合原尿的形成过程描述肾小体的结构。
2. 试比较肾小管各段的结构特点及功能。
3. 急性肾小球肾炎时，结合所学知识分析为什么会出现血尿或蛋白尿？
4. 球旁复合体的结构与功能是什么？

（韩　艺）

（绘图　翁安莉）

第十八章　男性生殖系统

男性生殖系统（male reproductive system）由睾丸、生殖管道、附属腺及外生殖器组成。睾丸能产生精子和分泌雄激素。生殖管道包括附睾、输精管、射精管和尿道，是运输精子的通道，附睾还具有储存精子及促进精子成熟的作用。附属腺包括前列腺、精囊和尿道球腺，附属腺和生殖管道的分泌物共同构成精浆，与精子一起构成精液。外生殖器为阴囊和阴茎，阴囊为精子的发生提供适宜的温度，阴茎有勃起功能。

第一节　睾　丸

睾丸（testis）是椭圆形的实质性器官，位于阴囊内，表面覆以浆膜（鞘膜脏层），深部为致密结缔组织构成的白膜（tunica albuginea）。白膜在睾丸后缘局部增厚形成睾丸纵隔（mediastinum testis），纵隔处的结缔组织呈放射状伸入睾丸实质，将睾丸实质分隔成约250个锥形小叶，每个小叶内含1～4条细长弯曲的生精小管。生精小管在睾丸纵隔处变为短而直的直精小管（straight tubules），在睾丸纵隔内相互吻合形成睾丸网（rete testis）。生精小管之间的疏松结缔组织为睾丸间质（图18-1）。

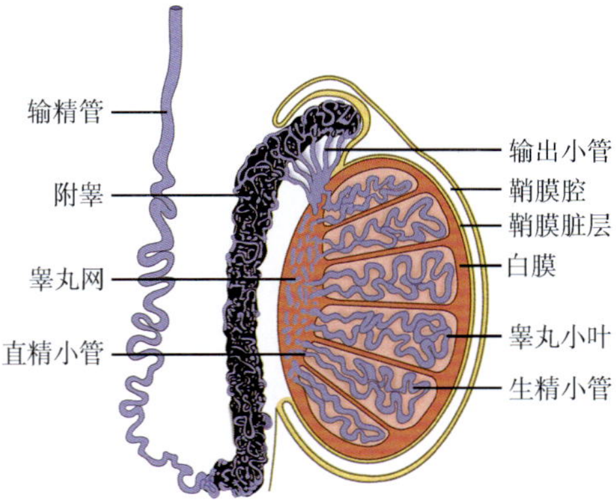

图18-1　睾丸模式图

一、生精小管

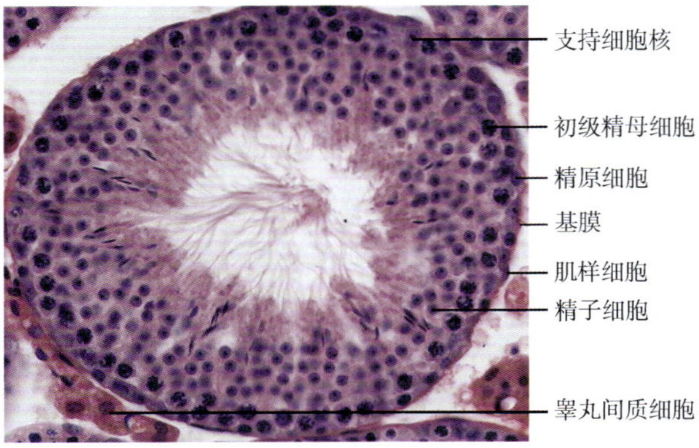

图18-2　生精上皮（HE染色，高倍）

生精小管（seminiferous tubules）是睾丸的主要功能结构，高度盘曲分布于睾丸小叶内。成人的生精小管长30～70cm，直径150～250μm，管壁由生精上皮（spermatogenic epithelium）构成。生精上皮为一种特殊的复层上皮，由支持细胞和5～8层生精细胞（spermatogenic cell）组成，生精上皮基膜明显，基膜外侧有胶原纤维和一些梭形的肌样细胞（myoid cell），肌样细胞收缩有助于生精小管内的分泌物和精子排出（图18-2）。

（一）生精细胞

生精细胞（spermatogenic cell）包括精原细胞、初级精母细胞、次级精母细胞、精子细胞和精子，从基底面向腔面依次紧密排列。青春期前，生精小管管腔不明显，管壁中只有精原细胞和支持细胞。自青春期开始，在垂体分泌的促性腺激素的作用下，精原细胞不断增殖、分化，形成精子，这一过程称为精子发生（spermatogenesis）（图18-3）。人类此过程需（64±4.5）天。

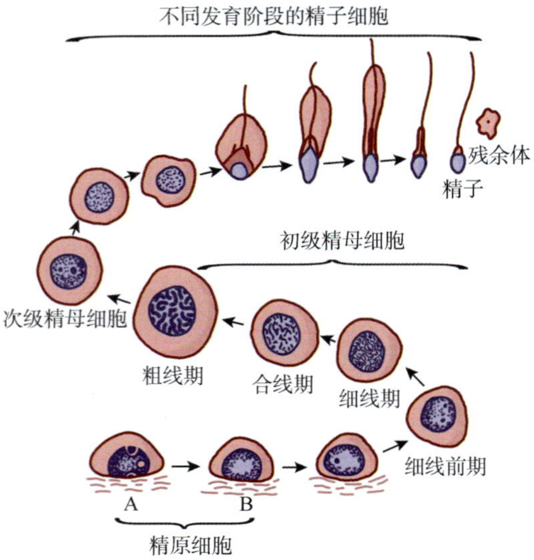

图18-3 精子发生过程示意图

1. 精原细胞 精原细胞（spermatogonium）紧贴生精上皮基膜，呈圆形或椭圆形（图18-2）。精原细胞直径约12μm，分为A、B两型。A型精原细胞核呈圆形或椭圆形，染色质深染。A型精原细胞是干细胞，在自我复制的同时一部分继续作为干细胞，另一部分分化为B型精原细胞。B型精原细胞核呈圆形，染色质颗粒较粗大并沿核膜分布。B型精原细胞可进一步分裂为初级精母细胞（图18-3）。

2. 初级精母细胞 初级精母细胞（primary spermatocyte）位于精原细胞近腔侧，细胞呈圆形，体积较大，直径约18μm，核大而圆，含染色质丝（图18-2），核型为46，XY（4*n* DNA）。由于在第一次减数分裂前期历时较长，约持续22天，因此在生精小管的切面中易见到不同分裂时期的初级精母细胞。初级精母细胞完成第一次减数分裂后可形成2个次级精母细胞（图18-3）。

3. 次级精母细胞 次级精母细胞（secondary spermatocyte）更靠近管腔，直径约12μm，核较小，呈圆形，染色较深，核型为23，X或23，Y（2*n* DNA）。次级精母细胞形成后迅速进行第二次减数分裂，形成两个精子细胞，核型为23，X或23，Y（1*n* DNA）（图18-3）。由于第二次减数分裂历时较短，为6～8个小时，故次级精母细胞在切片中不易见到。

4. 精子细胞 精子细胞（spermatid）位于近腔面，直径约8μm，核圆，染色质细密。精子细胞是单倍体，不再分裂，经过复杂的形态变化，圆形的精子细胞逐渐转变为蝌蚪形的精子，这个过程称精子形成（spermiogenesis）。精子形成的主要变化为：①核染色质高度浓缩，核呈扁椭圆形并移向细胞的一侧，构成精子头部的主要结构；②高尔基体形成顶体泡，逐渐增大并凹陷，呈双层帽状覆盖在核头端，形成顶体（acrosome）；③中心粒迁移到细胞核的尾侧即顶体对侧，其中一个中心粒的微管延长，形成轴丝，参与形成精子尾部（或称鞭毛）；④线粒体聚集，盘绕在轴丝近核段周围，形成螺旋形的线粒体鞘，为尾部运动提供能量；⑤多余的胞质汇集于尾侧，形成残余体，最后脱落，被支持细胞吞噬（图18-4）。

5. 精子 精子（spermatozoon）形似蝌蚪，长约60μm，分头、尾两部分（图18-5）。头部嵌入支持细胞顶部的胞质中，尾部游离于生精小管管腔。精子头部正面观呈卵圆形，侧面观呈梨形，长4～5μm，头部由一个高度浓缩的细胞核及覆盖于核前端2/3区域的顶体构成（图18-6）。顶体内含多种水解酶，如顶体素、透明质酸酶、磷酸酯酶等。受精开始时这些水解酶释放出来，分解卵子周围的放射冠和透明带，有助于精子进入卵子内。尾部是精子的运动装置，分为颈段、中段、主段和末段四部分；中心粒发出的轴丝由9+2排列的微管组成，贯穿整个尾部的轴心，是尾部运动的结构基础；中段轴丝外包裹9根纵行的外周致密纤维和线粒体鞘，可为鞭毛运动提供能量；主段最长，轴丝外周包裹纤维鞘；末段短，仅有轴丝（图18-6）。

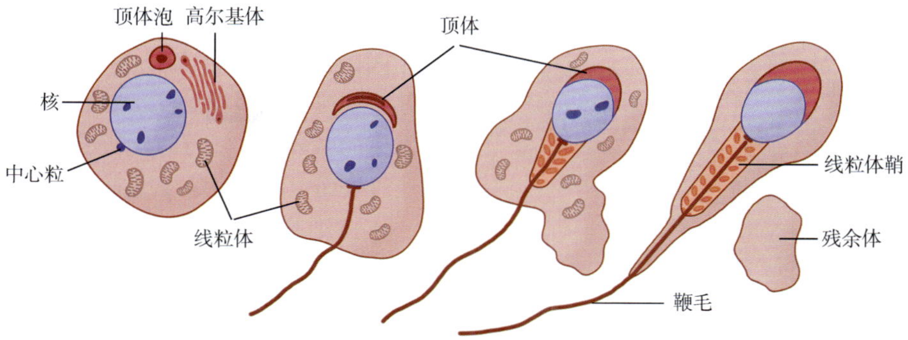

图 18-4 精子形成模式图

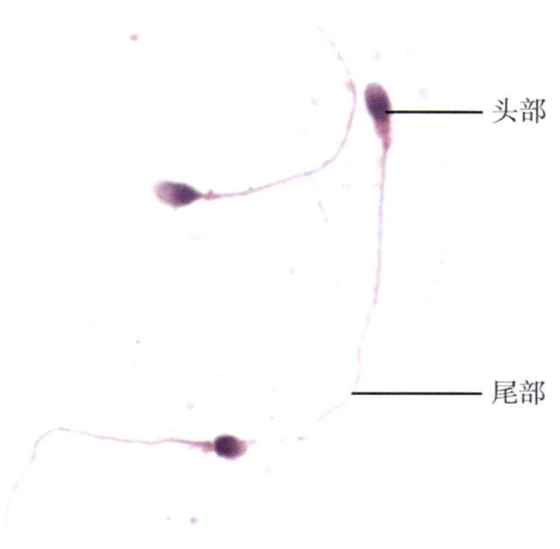

图 18-5 精子涂片（HE 染色，高倍）

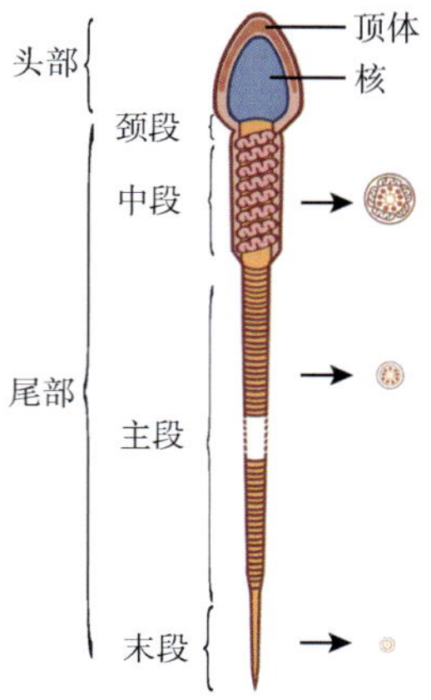

图 18-6 精子超微结构模式图

精子发生过程中，经过多次减数分裂后，各级生精细胞胞质并未完全分开，由胞质桥（intercellular cytoplasmic bridge）相连，胞质桥的存在有利于细胞间传递信息，保证形成同步发育的同源细胞群。但是，从生精小管的全长来看，精子发生是不同步的。不同区域生精小管上生精细胞的组合不同，因此，在一条生精小管不同节段的切面上可见到处于不同发育阶段的生精细胞。

精子发生和形成须在低于体温2～3℃的环境中进行，故隐睾患者可因精子发生障碍而不育。精子发生和形成过程中，常形成一些畸形精子，如光镜下可见的双头、双核、大头、小头、不规则头、无尾、双尾、断尾等；电镜下可见的无顶体或小顶体，以及线粒体鞘结构异常等。机体感染、创伤、辐射、内分泌失调等可增加畸形精子数量，严重者可导致不育。

（二）支持细胞

支持细胞（sustentacular cell）又称Sertoli细胞，呈不规则长锥形，基底面附于基膜，顶部伸达管腔，侧面镶嵌着各级生精细胞，光镜下细胞轮廓不清。每个生精小管的横切面上有8～11个支持细胞。核多靠近基底面，常呈三角形或不规则形，染色浅，核仁明显（图18-2）。电镜下，胞质内有丰富的高尔基体、滑面内质网、粗面内质网、线粒体、溶酶体、糖原、微丝和微管。相邻支持细胞间在侧面靠近基部的胞膜形成紧密连接，将生精上皮分成基底室（basal compartment）和近腔室（adluminal compartment）两部分（图18-7）。基底室位于生精上皮基膜和支持细胞紧密连接之间，内有精原细胞和少量早期的初级精母细胞；近腔室位于紧密连接上方，与生精小管管腔相通，内有精母细胞、精子细胞和精子。生精小管与血液间存在有血-睾屏障（blood-testis barrier），由毛细血管

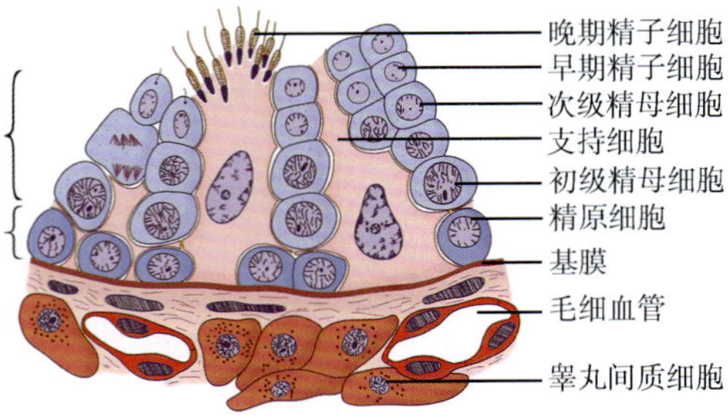

图 18-7 生精上皮与支持细胞关系模式图

内皮及其基膜、结缔组织、生精上皮基膜和支持细胞间的紧密连接组成。血-睾屏障可阻止血液中某些物质接触生精上皮，形成并维持有利于精子发生的微环境，还可防止精子抗原物质逸出生精小管外而引发自身免疫反应。

支持细胞具有多种功能。①支持和营养不同阶段的生精细胞：支持细胞微管和微丝的收缩可使不断成熟的生精细胞向生精小管管腔面移动，并释放精子；生精上皮中无血管，基底室内的精原细胞可直接经基膜从生精小管外获得营养，近腔室内的生精细胞则需通过支持细胞转运而获得营养。②保护功能：血-睾屏障可阻止血液中某些物质接触生精上皮，形成稳定的精子发生微环境，还可防止精子抗原物质逸出生精小管外，避免引发自身免疫反应。③吞噬功能：支持细胞可吞噬精子形成过程中脱落的残余体。④分泌功能：在卵泡刺激素的作用下分泌雄激素结合蛋白（androgen binding protein，ABP），维持生精小管中较高的雄激素水平，促进精子发生；分泌抑制素（inhibin），可负反馈调节垂体卵泡刺激素的分泌；分泌少量睾丸液进入生精小管管腔，有利于将精子从生精小管运送到附睾。

二、睾丸间质

睾丸间质位于生精小管之间，为富含血管和淋巴管的疏松结缔组织，其中有睾丸间质细胞（testicular interstitial cell），又称Leydig细胞。睾丸间质细胞直径约20μm，常成群分布，圆形或多边形，核呈圆形或椭圆形，居中，胞质嗜酸性（图18-2）。电镜观察，具有类固醇激素细胞的超微结构特点。从青春期开始，睾丸间质细胞在黄体生成素刺激下合成并分泌雄激素（androgen），包括睾酮、雄烯二酮、双氢睾酮等，血液中90%以上的睾酮由睾丸间质细胞分泌。雄激素可参与并维持精子发生，促进男性生殖器官发育，维持男性第二性征和性功能。

三、直精小管和睾丸网

生精小管近睾丸纵隔处短而细的直行管道为直精小管，管壁上皮细胞呈单层立方或矮柱状，无生精细胞。直精小管在睾丸纵隔内分支吻合成睾丸网，其管壁由单层立方上皮组成，管腔大而不规则。精子经直精小管和睾丸网运送离开睾丸，进入附睾（图18-8）。

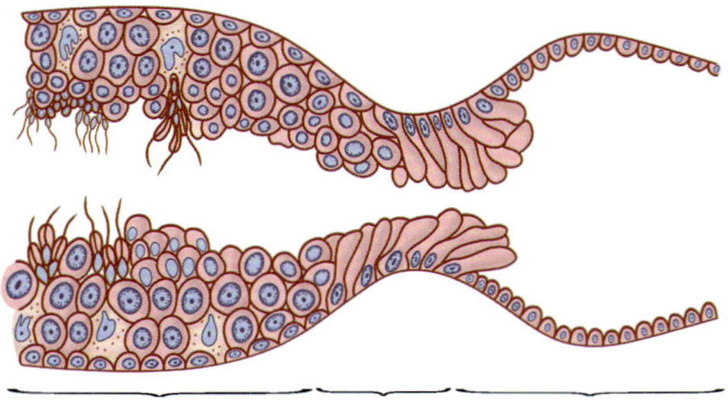

图 18-8 直精小管和睾丸网模式图

第二节　生殖管道

男性生殖管道包括附睾、输精管及尿道，为精子的成熟、储存和输送提供有利的环境。

一、附　睾

附睾（epididymis）紧贴睾丸后外侧，分头、体、尾三部分，头部主要由输出小管组成，体部和尾部由附睾管组成。

（一）输出小管

输出小管（efferent duct）是与睾丸网连接的8～12根弯曲小管，远端汇合至附睾管。管壁上皮由高柱状纤毛细胞及低柱状无纤毛细胞相间排列构成，腔面高低不平。高柱状细胞游离面有大量纤毛，纤毛摆动有助于管腔内液体和精子向附睾管方向移动。低柱状细胞含大量溶酶体及质膜小泡，可消化和吸收腔内物质。

（二）附睾管

附睾管（epididymal duct）为长4～6m的高度盘绕管道，近端连接输出小管，远端连接输精管。附睾管管腔规则，腔内充满精子和分泌物。管壁为假复层纤毛柱状上皮，主要由主细胞和基细胞组成（图18-9）。主细胞在附睾管起始段为高柱状，至末段逐渐移行为立方形，细胞游离面有簇状分布的粗而长的静纤毛，该细胞具有吞饮、分泌和重吸收功能。相邻主细胞近腔面间有紧密连接，可参与构成血-附睾屏障（blood epididymis barrier），保护成熟中的精子不受外界干扰，并将精子与免疫系统隔离。基细胞矮小，呈圆形或锥形，位于相邻主细胞基部之间，是上皮中的干细胞。上皮基膜外侧有薄层平滑肌围绕，其收缩有助于管腔内的精子向输精管方向缓慢移动（图18-9）。

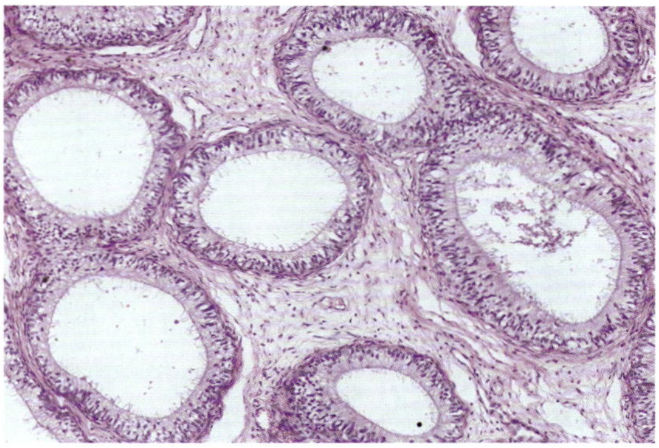

图18-9　附睾管（HE染色，低倍）

精子在附睾内运行8～17天，并经历一系列成熟变化才能获得运动能力，达到功能上的成熟。此过程不仅与雄激素有关，还依赖于附睾上皮细胞（主要是主细胞）分泌的离子、肉毒碱、甘油磷酸胆碱和唾液酸等物质。附睾功能异常会影响精子的成熟。

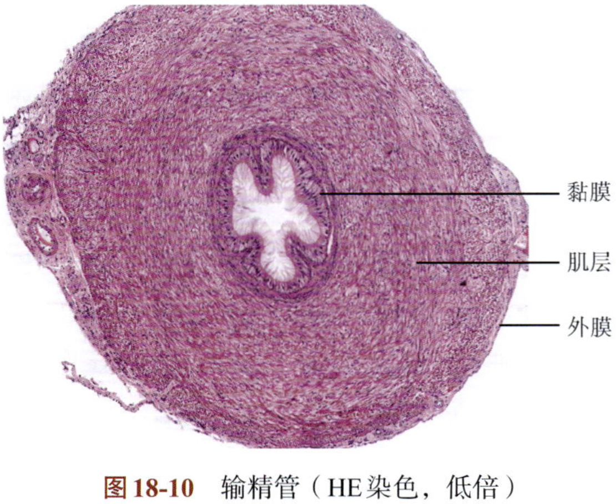

图18-10　输精管（HE染色，低倍）

二、输　精　管

输精管为壁厚、腔小的肌性管道，管壁由黏膜、肌层和外膜构成。黏膜表面被覆假复层柱状上皮，固有层结缔组织中富含弹性纤维，黏膜可形成皱襞伸入管腔。肌层厚，包含内纵、中环和外纵三层平滑肌，射精时肌层强力收缩，可将精子快速排出（图18-10）。

第三节 附 属 腺

附属腺和生殖管道的分泌物连同精子共同组成精液（semen）。正常成年男性每次射精量为2～6ml，每毫升精液含0.2亿～2亿个精子。若精液量少于1ml，或每毫升精液内的精子数低于400万个，常可导致男性不育。

一、前 列 腺

前列腺呈栗子形，环绕尿道起始段。腺的被膜与支架组织均由富含平滑肌和弹性纤维的结缔组织组成。腺实质主要由30～50个复管泡状腺组成，导管开口于尿道精阜两侧。腺实质由内向外分三个带：尿道周带又称黏膜腺，最窄，位于尿道黏膜内；内带又称黏膜下腺，位于黏膜下层；外带又称主腺，是构成前列腺的主要部分（图18-11）。腺的分泌部由单层立方、单层柱状及假复层柱状上皮交错构成，腺腔不规则，部分腺腔内可见分泌物浓缩形成的圆形嗜酸性板层小体，称前列腺凝固体（prostatic concretion），可随年龄的增长而增多，甚至钙化形成前列腺结石（图18-12）。

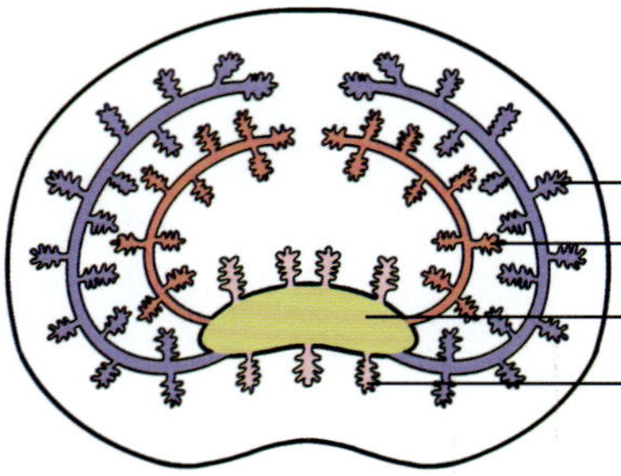

图18-11 前列腺模式图

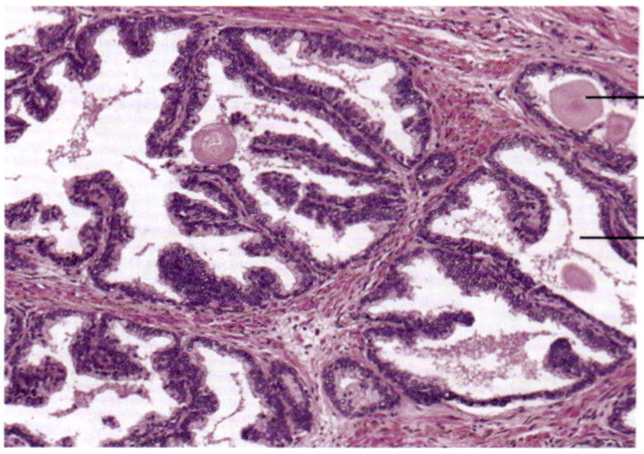

图18-12 前列腺（HE染色，低倍）

前列腺的活动受雄激素调节，从青春期开始，前列腺在雄激素的刺激下分泌富含蛋白酶（酸性磷酸酶、纤维蛋白溶酶）和柠檬酸等稀薄的乳白色液体。青壮年时期，前列腺易发生的疾病主要为急性或慢性前列腺炎。老年人常见由黏膜腺和黏膜下腺增生引起的前列腺增生肥大，可压迫尿道而造成排尿困难。

二、精 囊

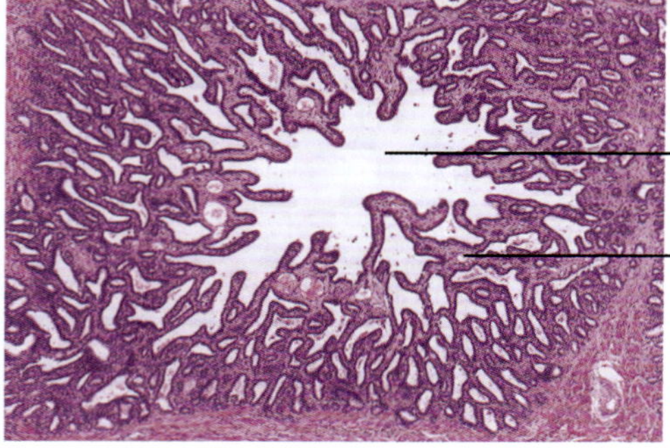

图18-13 精囊（HE染色，低倍）

精囊是一对长椭圆形囊状器官，主要由一条高度盘曲的管状腺组成，黏膜向腔内突起形成高大的皱襞，皱襞彼此融合，将囊腔分隔为许多连通的小腔，增加了黏膜表面积（图18-13）。黏膜表面被覆假复层柱状上皮，上皮细胞胞质内含许多分泌颗粒和黄色的脂色素。外膜是薄层平滑肌和结缔组织。在雄激素刺激下，精囊分泌弱碱性的淡黄色黏稠液体，含果糖、前列腺素等成分，可为精子运动提供能量并参与精液的组成。

三、尿道球腺

尿道球腺是一对黄褐色豌豆状的复管泡状腺。腺泡上皮为单层立方或单层柱状，上皮胞质内富含黏原颗粒，导管开口于尿道球部。腺体分泌的黏液于射精前排出，有润滑尿道的作用。

四、阴　茎

阴茎主要由两条阴茎海绵体、一条尿道海绵体、白膜和皮肤构成（图18-14）。尿道海绵体内有尿道通行。海绵体外被致密结缔组织构成的白膜包绕。内部为勃起组织，是含小梁和大量血窦的海绵状组织，感觉神经末梢丰富。螺旋动脉穿行于小梁中，与血窦通连，静脉多位于海绵体周边部白膜下方。白膜质地坚韧，具有限制海绵体及其内血窦过分扩张的作用。一般情况下，流入血窦的血液少，海绵体柔软。性兴奋时，大量血液流入血窦，血窦充血胀大，白膜下的静脉受压，血液回流受阻，海绵体变硬，阴茎勃起。

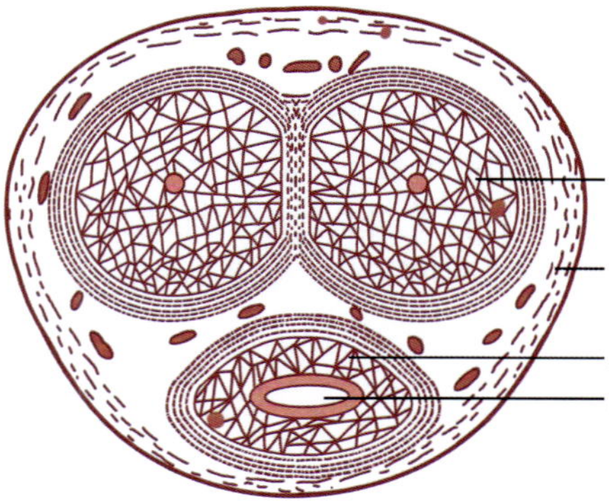

图18-14　阴茎横切面模式图

知识扩展

前列腺炎

前列腺炎是成年男性的常见疾病，50岁以下的成年男性患病率较高，临床表现为前列腺受到致病菌感染和（或）某些非感染因素刺激而出现的骨盆区域疼痛或不适、排尿异常、性功能障碍等。目前，前列腺炎的发病机制、病理生理改变尚不清楚。1995年美国国立卫生研究院将前列腺炎分为急性细菌性前列腺炎、慢性细菌性前列腺炎、慢性前列腺炎、慢性盆腔疼痛综合征和无症状性前列腺炎四型。

思考题

1. 血-睾屏障的结构与功能是什么？
2. 精子形成的意义是什么？
3. 精子的生成受哪些因素影响？

（范　妤）

（绘图　翁安莉）

第十九章　女性生殖系统

女性生殖系统（female reproductive system）包括卵巢、输卵管、子宫、阴道和外生殖器。卵巢是女性重要的内分泌和生殖器官，具有分泌性激素和产生卵细胞的作用。输卵管能捕获和运输卵细胞，是受精的正常部位。子宫是产生月经和孕育胎儿的器官。外生殖器在人体解剖学中有详细讲述，故本章不再赘述。乳腺产生乳汁和哺育婴儿，故也列入本章叙述。

女性生殖器官有明显的年龄性变化。青春期前生殖器官生长迟缓；至青春期，生殖器官迅速发育，第二性征出现，月经来潮，开始具有生殖能力；45～55岁进入更年期，卵巢功能逐渐减退，月经逐渐停止，生殖器官逐渐萎缩，进入绝经期。

第一节　卵　　巢

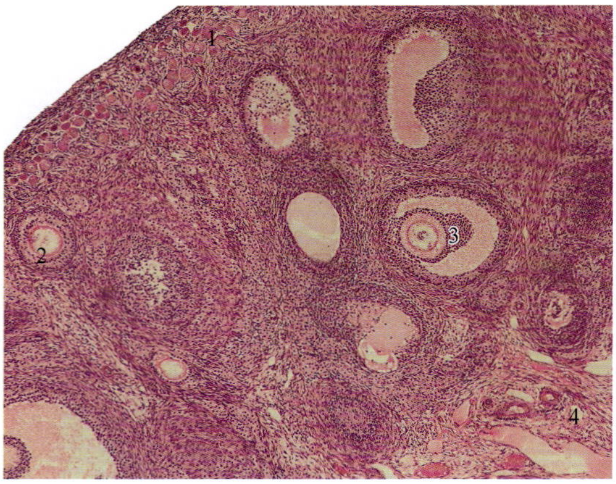

图19-1　卵巢（HE染色，低倍）

1. 原始卵泡；2. 初级卵泡；3. 次级卵泡；4. 髓质

卵巢（ovary）为成对实质性器官，表面覆有单层扁平或单层立方形的表面上皮，上皮深部有薄层致密结缔组织构成的白膜。卵巢实质分为周围的皮质和中央的髓质。皮质较厚，含有处于不同发育阶段的卵泡以及排卵后的结构，如黄体和白体，其间的结缔组织内含有较多低分化、呈梭形的基质细胞（stroma cell）、网状纤维和散在的平滑肌纤维等。髓质较少，与皮质无明显界线，由含有血管、淋巴管和神经的疏松结缔组织构成（图19-1）。在近卵巢门处的结缔组织内含有结构和功能类似于睾丸间质细胞的门细胞（hilus cell），可分泌雄激素。若门细胞增生或发生肿瘤时，患者可出现男性化症状。

一、卵泡的发育和成熟

卵泡（ovarian follicle）呈球形，由一个卵母细胞（oocyte）和包围在其周围的多个卵泡细胞（follicular cell）构成。卵泡的发育可分为原始卵泡、初级卵泡、次级卵泡和成熟卵泡四个阶段。初级卵泡和次级卵泡常合称为生长卵泡（growing follicle）。

卵泡的发育与成熟具有显著的年龄性变化特征。出生时双侧卵巢的原始卵泡为70万～200万个，其数量随年龄增长逐渐减少，至青春期前后，尚存4万个左右；此后，在垂体分泌的卵泡刺激素（follicle stimulating hormone，FSH）和黄体生成素（luteinizing hormone，LH）的作用下，每一个月经周期有15～20个卵泡生长发育，形成生长卵泡，一般只有一个优势卵泡发育成熟并排卵，其余大部分卵泡于不同发育阶段退化，退化的卵泡称闭锁卵泡；更年期前后，仅存几百个卵泡，绝经后排卵停止。

（一）原始卵泡

原始卵泡（primordial follicle）为处于静止状态的卵泡，体积最小，数量最多，位于皮质浅层。原始卵泡由一个初级卵母细胞（primary oocyte）和周围的一层扁平形卵泡细胞（follicular ell）构成（图19-2）。初级卵母细胞由胚胎时期的卵原细胞分裂分化而来，此后，初级卵母细胞进行第一次减数分裂，但长期停滞于减数分裂前期，直至排卵前才完成第一次减数分裂。初级卵母细胞呈球形，体积较大；核大而圆，核仁明显；胞质丰富，嗜酸性。电镜下，初级卵母细胞胞质内含有丰富的细胞器，核周围可见层状排列的滑面内质网，内质网与核膜相连，可能与核及胞质间的物质转运相关。卵泡细胞呈单层扁平状，核扁圆，着色深。卵泡细胞与周围结缔组织之间有基膜，与卵母细胞之间有缝隙连接，具有支持和营养卵母细胞的作用。

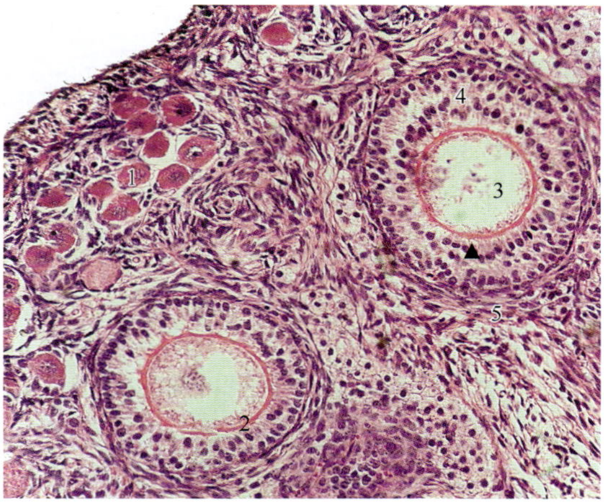

图19-2　原始卵泡和初级卵泡（HE染色，低倍）
1. 原始卵泡；2. 初级卵泡；3. 初级卵母细胞；4. 卵泡细胞；5. 卵泡膜；▲透明带

（二）初级卵泡

初级卵泡（primary follicle）由原始卵泡发育而来，位于皮质深部（图19-2）。初级卵泡主要的结构变化有：①卵泡细胞由单层扁平变为单层立方或单层柱状，并由一层增殖为多层。电镜下，粗面内质网、游离核糖体及线粒体均增多，高尔基体也更加发达。②初级卵母细胞体积增大，核也变大，核仁深染，胞质增多。电镜下，胞质内高尔基体、粗面内质网、游离核糖体等均增多，近质膜的胞质含较多的溶酶体，称皮质颗粒（cortical granule），内含的酶类在受精过程中有防止多精受精的作用。③初级卵母细胞与卵泡细胞之间出现卵周间隙，内层卵泡细胞的突起和初级卵母细胞的微绒毛均伸向卵周间隙，初级卵母细胞与卵泡细胞共同分泌的糖蛋白形成一层均质状、折光性强的嗜酸性膜，称为透明带（zona pellucida）（图19-2）。透明带内含透明带蛋白（zona protein，ZP），主要有ZP1、ZP2、ZP3和ZP4四种，其中ZP3为第一精子受体，能够与顶体完整的精子相互结合，ZP2为第二精子受体，能够与精子的顶体内膜相互识别。因此，二者在受精过程中对精子与卵细胞的相互识别和特异性结合具有重要意义。电镜下，可见初级卵母细胞的微绒毛和卵泡细胞的突起伸入透明带内，并形成缝隙连接，有利于物质交换和信息沟通（图19-3）。

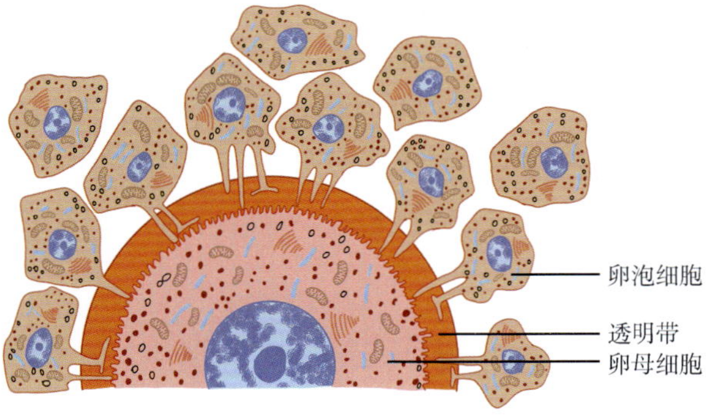

图19-3　卵母细胞、透明带及卵泡细胞超微结构模式图

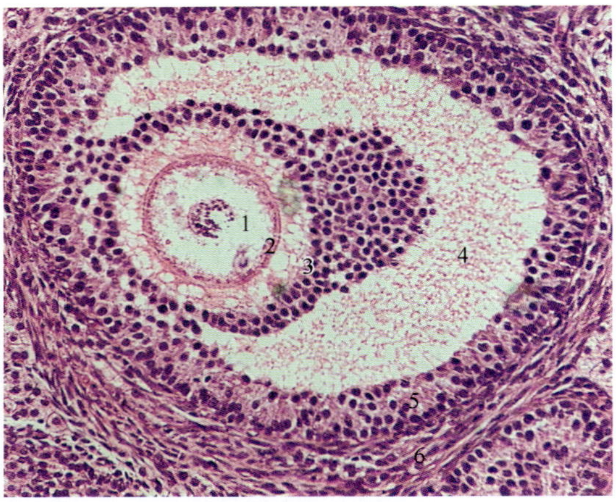

图19-4 次级卵泡（HE染色，低倍）

1. 初级卵母细胞；2. 透明带；3. 放射冠；4. 卵泡腔；5. 颗粒层；6. 卵泡膜

④卵泡周围结缔组织内的梭形基质细胞增殖、分化，逐渐形成卵泡膜（follicular theca），与卵泡细胞之间隔以基膜（图19-2）。

（三）次级卵泡

初级卵泡继续生长分化，当卵泡细胞间出现含液体的腔隙时，称为次级卵泡（secondary follicle）（图19-4）。次级卵泡的主要结构变化有：①卵泡细胞之间出现大小不等的腔隙，并逐渐融合为一个大腔，称卵泡腔（follicular antrum）。卵泡腔内的液体称卵泡液，含有促性腺激素、雌激素、抗中肾旁管激素和多种生物活性物质，对卵泡的生长和发育起着重要的调节作用。②初级卵母细胞体积达到最大，直径为125～150μm，其周围包裹一层约5μm厚的透明带，紧贴透明带的一层高柱状卵泡细胞呈放射状排列，称放射冠（corona radiate）。③随着卵泡腔不断扩大，初级卵母细胞与其周围的透明带、放射冠及部分卵泡细胞逐渐偏移，形成突入卵泡腔的圆丘形隆起，称卵丘（cumulus oophorus）。④分布于卵泡腔周围的卵泡细胞构成卵泡壁，由于此处卵泡细胞体积较小，呈密集的颗粒状，故称颗粒层（stratum granulosum），颗粒层的卵泡细胞又称颗粒细胞（granulosa cell）。⑤卵泡膜分化为两层。内层富含血管和由基质细胞分化形成的多边形膜细胞（theca cell），膜细胞为类固醇激素分泌细胞；外层血管少，纤维成分多，还有少量平滑肌纤维。

（四）成熟卵泡

次级卵泡发育到最后阶段即成为成熟卵泡（mature follicle）。成熟卵泡体积达到最大，直径可达2cm，占据皮质全层并突向卵巢表面。卵泡腔也达到最大，颗粒层的卵泡细胞停止增殖，卵泡壁变薄，卵丘根部的卵泡细胞间出现裂隙；近排卵时，卵丘与卵泡壁分离，漂浮在卵泡液中。在排卵前36～48小时，初级卵母细胞完成第一次减数分裂，形成一个大的次级卵母细胞（secondary oocyte）和一个很小的第一极体（first polar body），后者位于次级卵母细胞和透明带之间的卵周隙内，次级卵母细胞迅速进入第二次减数分裂，并停滞于分裂中期。

次级卵泡和成熟卵泡具有内分泌功能，主要分泌雌激素。雌激素是膜细胞和颗粒细胞在脑垂体分泌的卵泡刺激素和黄体生成素的作用下协同合成的。膜细胞合成的雄激素透过基膜进入颗粒细胞，在芳香化酶系的作用下转化为雌激素，这是雌激素合成的主要方式。合成的雌激素小部分进入卵泡腔，大部分进入血液循环，作用于子宫等靶器官，参与生理活动。

近年来研究结果显示，卵泡生长速度缓慢，一个原始卵泡发育至成熟卵泡，并非在一个月经周期内完成，而是可能跨越几个周期才能完成，整个过程大约需要90天。

二、排　卵

成熟卵泡破裂，次级卵母细胞连同透明带、放射冠和卵泡液一起排出卵巢的过程称排卵（ovulation）。排卵前，成熟卵泡突出卵巢表面，致使局部卵泡壁、卵泡膜、白膜和表面上皮变薄，卵巢表面局部缺血，形成半透明的卵泡小斑（follicular stigma），继而卵泡小斑处的组织被胶原酶、透明质酸酶解聚和消化，再加上卵泡膜外层的平滑肌纤维收缩，导致成熟卵泡破裂，开始排卵（图19-5）。排卵过程受神经内分泌调节。生育期女性，每隔28天左右排一次卵，一般一次只排一个卵，偶见排两个或两个以上者，通常两侧卵巢交替排卵。正常排卵发生在月经周期的第14天左右。若排出的卵24小时内未受精，则退化并被吸收；若受精，次级卵母细胞则继续完成第二次减数分裂，形成一个单倍体的卵细胞（ovum）和一个第二极体（secondary polar body）。

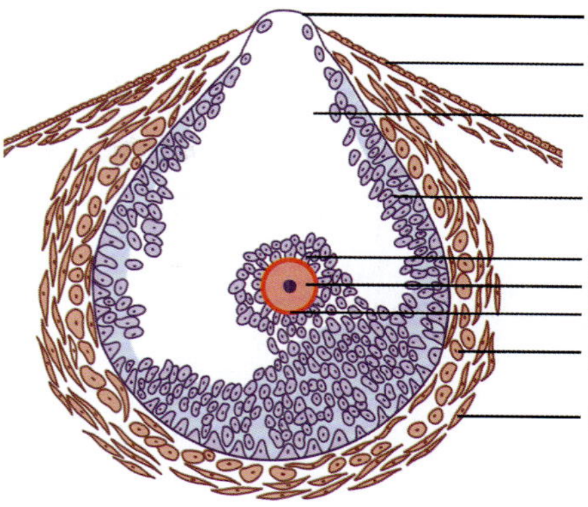

图19-5　成熟卵泡排卵模式图

三、黄体的形成和演变

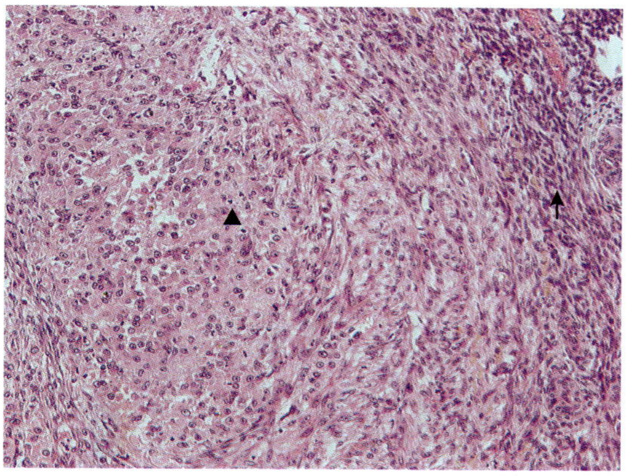

图19-6　黄体（HE染色，高倍）

▲颗粒黄体细胞；↑膜黄体细胞

成熟卵泡排卵后，残留的卵泡壁连同卵泡膜及血管一起向卵泡腔内塌陷，在黄体生成素的作用下分化形成一个体积较大、富含血管的内分泌细胞团，新鲜时呈黄色，故称黄体（corpus luteum）。黄体主要由颗粒黄体细胞（granular lutein cell）和膜黄体细胞（theca lutein cell）组成，分别由卵泡壁的颗粒细胞和卵泡膜的膜细胞分化而来。两种黄体细胞均具有分泌类固醇激素的结构特征。颗粒黄体细胞数量多、胞体大，染色较浅，常位于黄体中央，分泌孕激素和松弛素；膜黄体细胞数量少、体积小，染色较深，主要分布于黄体周边，与颗粒黄体细胞协同分泌雌激素（图19-6）。

黄体的形成和维持时间取决于排出的卵是否受精。若未受精，黄体维持2周左右后退化，称月经黄体（corpus luteum of menstruation）；若受精，在胎盘分泌的人绒毛膜促性腺激素的作用下黄体继续发育，可维持6个月左右，称妊娠黄体（corpus luteum of pregnancy）。月经黄体和妊娠黄体退化后，均由结缔组织代替，体积变小，形成瘢痕样的白体（corpus albicans），其可在卵巢中停留数月至数年。

四、闭锁卵泡和间质腺

在女性的一生中，绝大多数卵泡不能发育成熟，在不同的发育阶段停止生长并退化，形成闭锁卵泡（atretic follicle）。卵泡闭锁是一种细胞凋亡过程，自胎儿期已开始，出生后一直持续于整个生育周期。原始卵泡和初级卵泡退化时，卵母细胞形态变为不规则，染色质固缩成块状，随后卵泡细胞也变小分散，最后两种细胞均变性消失。次级卵泡和成熟卵泡闭锁时，卵母细胞胞膜皱缩，核偏位且固缩解体，内质网、线粒体等扩张、肿大，胞质溶解，最后消失，透明带皱缩，颗

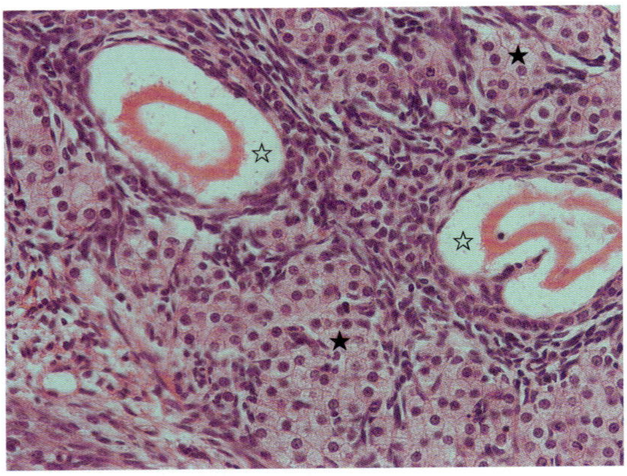

图 19-7 闭锁卵泡和间质腺（HE 染色，高倍）

☆闭锁卵泡；★间质腺

粒细胞松散，脱落至卵泡腔，被中性粒细胞和巨噬细胞吞噬清除；膜细胞体积增大呈多边形，形似黄体细胞，并被结缔组织和血管分隔成分散的细胞团索，称间质腺（interstitial gland），能分泌少量雌激素（图 19-7）。人类的间质腺很少，存留时间短。间质腺最后也退化，由结缔组织代替。

第二节 输 卵 管

输卵管（oviduct）为连接子宫底两侧的肌性管状器官，分为漏斗部、壶腹部、峡部和子宫部四部分。管壁由内向外依次分为黏膜、肌层和浆膜三层。黏膜由单层柱状上皮和固有层构成，黏膜向管腔突起形成许多纵行、有分支的皱襞，故管腔很不规则。输卵管壶腹部为受精的部位，此处的皱襞较高、分支发达。黏膜上皮由分泌细胞和纤毛细胞构成。分泌细胞体积小，散布在纤毛细胞之间，表面有微绒毛，其分泌物构成输卵管液，含有氨基酸、葡萄糖、果糖等，具有营养卵细胞并促进受精的作用。纤毛细胞在漏斗部和壶腹部最多，至峡部和子宫部逐渐减少，其纤毛向子宫方向摆动，可将卵细胞或者受精卵推向子宫，并阻止细菌进入腹膜腔。精子进入输卵管后，因纤毛摆动的阻力，只有少数运动能力强的精子才能到达壶腹部与卵细胞相遇。在卵巢激素的作用下，输卵管上皮呈现周期性的变化，在卵巢排卵前后，纤毛细胞变高，纤毛增多，分泌细胞分泌功能旺盛。固有层为薄层结缔组织，富含毛细血管和散在的平滑肌。肌层由内环行、外纵行两层平滑肌构成。浆膜由富含血管的结缔组织和间皮组成（图 19-8）。

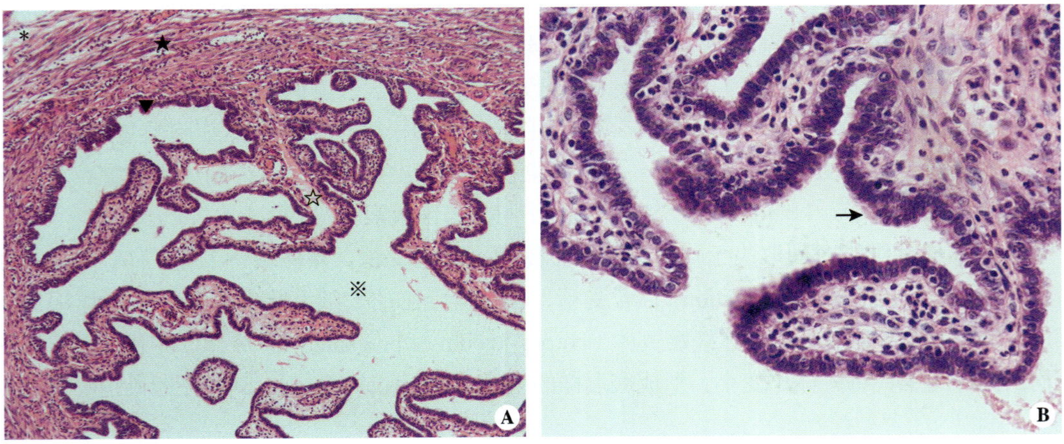

图 19-8 输卵管壶腹部（HE 染色；A. 低倍；B. 高倍）

▼黏膜；★肌层；*外膜；☆黏膜皱襞；※输卵管腔；→纤毛细胞

第三节 子 宫

一、子宫壁的组织结构

子宫（uterus）为壁厚腔小的肌性器官，子宫壁的结构由外向内分为内膜、肌层和外膜三层

（图19-9）。

（一）内膜

子宫内膜由单层柱状上皮和固有层构成，其厚度随年龄和功能状态的不同而发生结构和厚薄的改变。子宫内膜的上皮与输卵管的上皮相似，由分泌细胞和散在的纤毛细胞组成。固有层的结缔组织较厚，含有大量子宫腺和低分化的呈梭形或星形的基质细胞（stroma cell）。基质细胞胞质较少，核大且圆，可合成和分泌胶原蛋白，并随子宫内膜的周期性变化而增殖与分化。子宫腺（uterine gland）为上皮向固有层凹陷形成的单管状或分支管状腺，腺上皮以分泌细胞为主，纤毛细胞少。

子宫动脉的分支经子宫外膜进入子宫肌层的中间层后，发出许多与子宫腔面垂直的放射状小动脉，穿过肌层进入子宫内膜，在内膜深层形成短而直的分支，称基底动脉，不受雌激素和孕激素的影响；进入内膜浅层后分支呈螺旋状走行，称螺旋动脉（coiled artery）（图19-10）。螺旋动脉对雌激素和孕激素敏感，可随月经周期而变化。螺旋动脉至功能层浅层分支吻合形成毛细血管网和扩大的窦状毛细血管，然后汇入小静脉，在肌层汇合为子宫静脉。

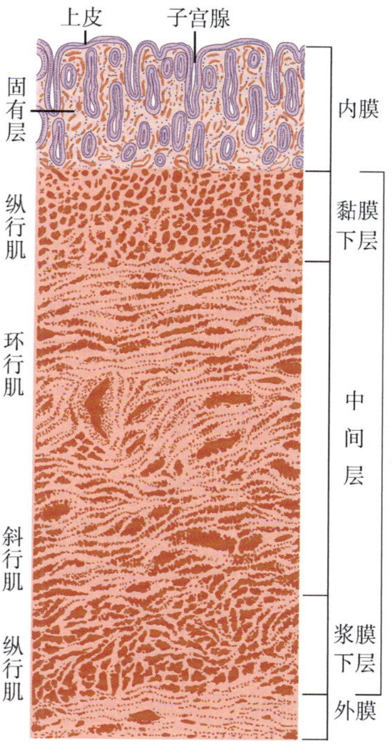

图19-9 子宫壁结构模式图

子宫底部和体部的内膜按其功能特点可分为表浅的功能层（functional layer）和深部的基底层（basal layer）（图19-10）。功能层较厚，为靠近子宫腔的内膜部分，自青春期开始，在卵巢激素的作用下，每次月经来潮时功能层均会发生周期性的剥脱出血，胚泡的植入也发生在功能层。基底层薄而致密，为靠近子宫肌层的部分，基底层不随卵巢激素的周期性变化而脱落，不参与月经的形成，具有修复功能层的作用。

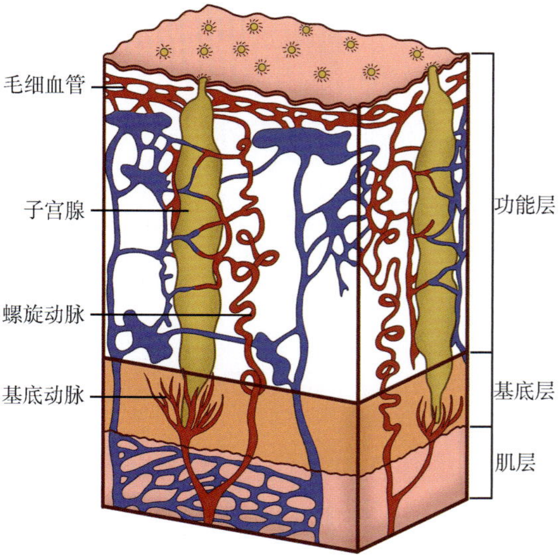

图19-10 子宫内膜血管与子宫腺结构模式图

（二）肌层

子宫肌层最厚，由成束的平滑肌纤维和肌纤维间结缔组织构成，结缔组织中除有血管和结缔组织细胞外，未分化的间充质细胞尤为丰富。肌层由内向外大致可分为三层，即黏膜下层、中间层和浆膜下层（图19-9），各层间肌纤维相互交织，三层分界不明显。黏膜下层和浆膜下层较薄，主要为纵行平滑肌束；中间层较厚，由环行和斜行平滑肌，富含血管（图19-9）。成年女性子宫平滑肌纤维长30～50μm。妊娠期，在孕激素和雌激素的作用下，平滑肌纤维增生，体积变大，长度可增长至500～600μm；新增的平滑肌纤维来自未分化的间充质细胞或平滑肌的自身分裂。雌激素能使平滑肌纤维数量增加；孕激素能使平滑肌纤维体积增大，并有抑制平滑肌收缩的作用。子宫平滑肌的收缩有助于经血排出、胎儿娩出。分娩后部分平滑肌纤维凋亡或变小，增大的子宫逐渐恢复到正常大小。子宫平滑肌的舒缩受松弛素、孕激素和前列腺素的影响。

（三）外膜

子宫外膜在颈部为纤维膜，在底部和体部为浆膜。

二、子宫内膜的周期性变化

自青春期开始，子宫底部和体部的内膜功能层在卵巢分泌的激素作用下，每隔约28天发生一次周期性的剥脱、出血、修复和增生过程，称月经周期（menstrual cycle）。每个月经周期从月经来潮第一天起至下次月经来潮的前一天止，依次分为月经期、增生期和分泌期三个时期（图19-11）。

（一）增生期

增生期（proliferative phase）为月经周期的第5～14天。此期卵巢内有一批卵泡开始生长，向成熟卵泡发育，并伴随有雌激素的分泌，故增生期又称卵泡期（follicular phase）。随着雌激素分泌的逐渐增加，子宫内基底层的基质细胞不断分裂增殖，合成大量纤维和基质，内膜逐步修复并增厚至2～4mm（图19-12）。增生早期，子宫腺短、直、细、少。增生中期，子宫腺增多、增长，腺腔逐步扩大并轻度弯曲。增生晚期，子宫腺腺上皮呈柱状，核上区出现分泌颗粒，核下区胞质内出现糖原聚集，在增生晚期的HE染色切片上可见由于糖原溶解而呈现的核下空泡特征。增生晚期，子宫腺增长弯曲，腺腔扩大，开始分泌；螺旋动脉延伸进入新的功能层，并不断延长、弯曲。至月经周期第14天，随着卵巢内的成熟卵泡排卵，子宫内膜转入分泌期。

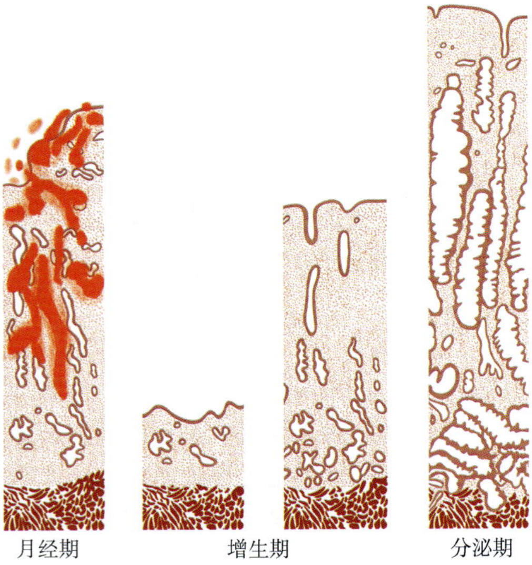

图19-11 子宫内膜周期性变化模式图

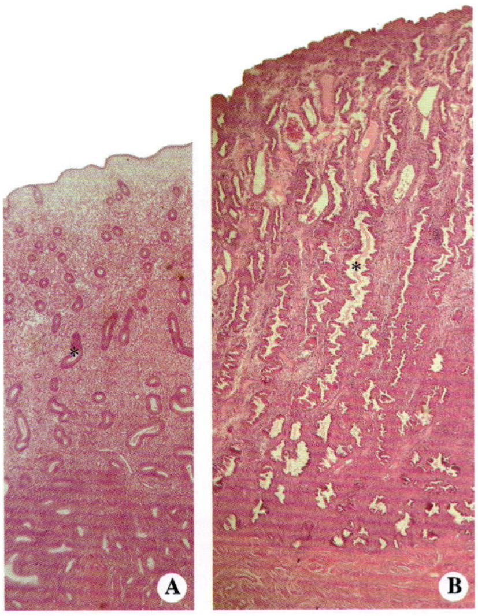

图19-12 子宫内膜（HE染色，低倍）
A. 增生期；B. 分泌期；*子宫腺

（二）分泌期

分泌期（secretory phase）为月经周期第15～28天。此期正是卵巢内月经黄体的发育时期，故分泌期又称黄体期（luteal phase）。在黄体分泌的雌激素和孕激素作用下，子宫内膜进一步增生变厚，可达5～7mm；子宫腺继续变长、弯曲，腺腔扩大，腺上皮细胞核下区胞质内的糖原不断转移至核上区，并以顶浆分泌方式分泌至腺腔，故腺腔内充满含糖原等营养物质的黏稠分泌物。由于腺上皮细胞内糖原向核上区的迁移，在分泌期的中、晚期，HE染色切片上可见因糖原溶解而呈现的核上空泡特征；螺旋动脉继续增长、更加弯曲；毛细血管通透性进一步增加，组织液渗出增多，内膜呈水肿状态；基质细胞继续分裂增殖，部分基质细胞肥大，胞质内充满糖原、脂滴，称前蜕膜细胞（predecidual cell）。妊娠时，前蜕膜细胞变为蜕膜细胞（decidual cell）。若卵未受精，伴随月经黄体退化，增生变厚的功能层将再一次脱落，从而转入下一个月经周期。

（三）月经期

月经期（menstrual phase）为月经周期的第1～4天。若排出的卵未受精，卵巢内月经黄体退化，雌激素和孕激素水平骤然下降，引起螺旋动脉持续性收缩，导致子宫内膜功能层组织发生缺血，从而功能层发生萎缩坏死。随后螺旋动脉又突然短暂扩张，致使功能层血管破裂，血液涌入并积聚于坏死的内膜功能层，最终与坏死的内膜一起从阴道排出，即为月经（menstruation）。在月经期末，残存于基底层的子宫腺上皮开始迅速增生，并向子宫腔表面推移，使子宫内膜上皮得到修复，其他组织也开始增生，逐步修复功能层，子宫内膜由月经期而转入增生期。

三、子宫内膜周期性变化的神经内分泌调节

下丘脑-垂体-卵巢轴（hypothalamo-pituitary-ovarian axis）可以调节子宫内膜周期性的变化。下丘脑弓状核神经内分泌细胞分泌的促性腺激素释放激素（GnRH）使腺垂体促性腺激素细胞分泌FSH和LH。月经期时，血中低浓度的雌激素和孕激素对下丘脑和腺垂体的反馈抑制作用减弱，GnRH和FSH分泌增加，在FSH的作用下，卵泡发育和成熟，并分泌雌激素，子宫内膜由月经期转入增生期。在排卵前，血中雌激素达到峰值，高水平的雌激素和GnRH协同作用，促使垂体分泌大量LH，与此同时，FSH水平进一步增高。在FSH和LH的协同作用下，卵巢内卵泡发育成熟、排卵，排卵后黄体开始发育，在黄体分泌的孕激素和雌激素作用下，子宫内膜由增生期转入分泌期。随着血中雌激素和孕激素的浓度增高，又对下丘脑和腺垂体形成反馈抑制，使FSH和LH的分泌降低，于是黄体于月经期末退化，血中雌激素和孕激素水平骤然下降，使子宫内膜剥脱出血，从而转入下一个月经周期的月经期（图19-13）。目前广泛使用的口服避孕药，多为雌激素和孕激素类的衍生物，是通过改变体内激素水平，阻止卵巢排卵和胚胎植入，来达

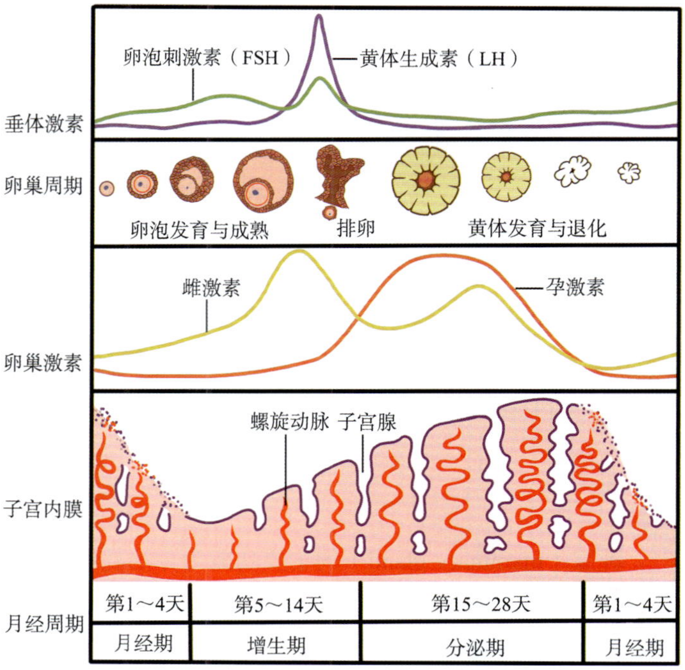

图19-13　下丘脑、脑垂体、卵巢和子宫内膜关系模式图

到避孕的目的。

四、子 宫 颈

子宫颈壁由内向外由黏膜、肌层和外膜所构成。黏膜由上皮和固有层构成。上皮为单层柱状，由分泌细胞、纤毛细胞和储备细胞组成。分泌细胞数量最多，内含许多黏原颗粒；纤毛细胞较少，单个或成群分散于分泌细胞之间，纤毛向阴道方向摆动，有利于分泌物的排出；储备细胞为干细胞，较小，可更新和修复上皮。在子宫颈外口处，单层柱状上皮移行为复层扁平上皮，分界清晰，是宫颈癌的好发部位。固有层结缔组织中腺体较少，无螺旋动脉。黏膜表面形成许多大且有分支的皱襞，在皱襞之间，上皮向固有层凹陷形成的腺样隐窝称子宫颈腺。肌层含丰富弹性纤维的结缔组织和少量分散的平滑肌纤维。外膜是纤维膜。

子宫颈黏膜虽无周期性剥脱现象，但上皮的结构和功能亦随雌激素和孕激素的周期性变化而变化。排卵前后，较高的雌激素水平可促使该细胞分泌清亮透明的碱性黏液，分泌物黏稠度降低，有利于精子通过；黄体形成以后，在孕激素作用下，分泌细胞分泌量减少，分泌物黏稠呈凝胶状，使精子难以通过；妊娠期，其分泌物的黏稠度更高，成为阻止精子和微生物进入子宫的屏障。

第四节 阴 道

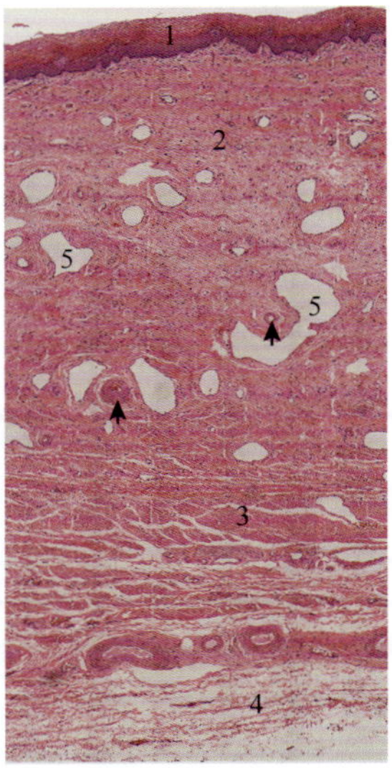

图19-14 阴道壁（HE染色，低倍）
1. 上皮；2. 固有层；3. 肌层；4. 外膜；5. 小静脉；↑小动脉

阴道壁由黏膜、肌层和外膜构成（图19-14）。黏膜由上皮和固有层构成，形成许多环行皱襞。上皮为未角化复层扁平上皮，上皮细胞的形态和功能受卵巢激素的影响而呈现周期性变化。在雌激素作用下，上皮细胞中出现许多糖原，浅层细胞脱落后糖原在阴道内乳酸杆菌的作用下形成乳酸，使阴道液呈酸性而有较强的抑菌作用，是阴道的一个自然防御屏障。绝经后雌激素水平下降，阴道上皮变薄，糖原减少，阴道液pH上升，细菌容易生长、繁殖，易导致老年性阴道炎。黏膜固有层含有较厚的致密结缔组织和丰富的静脉丛，无腺体。肌层较薄，平滑肌束呈左旋和右旋的螺旋状，相互交织成格子状，肌束间弹性纤维丰富，使阴道壁易于扩张；阴道外口为环行骨骼肌，形成尿道阴道括约肌。外膜是富含弹性纤维的致密结缔组织，含有丰富的静脉丛、淋巴管和神经。

第五节 乳 腺

乳腺（mammary gland）的主要功能为分泌乳汁、哺育婴儿，并不属于女性生殖器官。乳腺的结构与功能随年龄和生理状况而变化。从出生到青春期之前乳腺基本不发育，于青春期开始，在卵巢分泌的雌激素和孕激素作用下，女性乳腺开始发育。无泌乳活动的乳腺称静止期乳腺；妊娠期与哺乳期的乳腺称活动期乳腺。

一、乳腺的一般结构

乳腺为复管泡状腺，主要由分泌乳汁的腺泡、输出乳汁的导管和结缔组织构成。乳腺实质被结缔组织分隔为以乳头为中心、呈放射状排列的15～25个乳腺叶，每叶又分为若干小叶。腺上皮为单层立方或柱状，腺上皮和基膜之间有肌上皮细胞。导管包括小叶内导管、小叶间导管和总导管。小叶内导管管壁由单层立方或单层柱状上皮构成；小叶间导管上皮多为复层柱状上皮；总导管又称输乳管，开口于乳头，管壁上皮为复层扁平上皮，与乳头表皮相连续。叶间结缔组织内有大量脂肪细胞。

二、乳腺的结构变化与功能状态

（一）静止期乳腺

静止期乳腺的结构以疏松结缔组织和脂肪组织为主，腺体不发达，腺泡和导管散在或成簇分布于结缔组织中（图19-15）。静止期乳腺随月经周期而变化，月经来潮前，腺泡与导管增生，伴组织充血现象，乳腺可略增大，月经停止后这一现象消失。

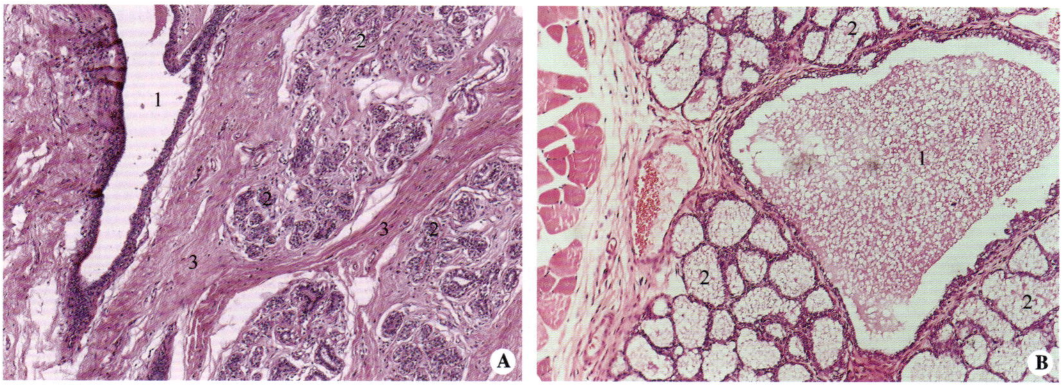

图19-15　乳腺（HE染色，低倍）

A. 静止期；B. 活动期

1. 导管；2. 腺泡；3. 结缔组织

（二）活动期乳腺

妊娠期在雌激素和孕激素的作用下，乳腺由静止期转为活动期，主要结构变化是腺体迅速增生，腺泡增多、增大，结缔组织和脂肪组织相对减少（图19-15）。妊娠后期，在催乳素的刺激下，腺泡开始分泌。乳腺为顶浆分泌腺，首次分泌的乳汁称为初乳，富含乳蛋白和抗体。初乳中还可见吞噬有脂滴的巨噬细胞，称初乳小体。哺乳期乳腺的结构基本与妊娠后期乳腺相似，只是结缔组织更少，导管和腺泡更发达。停止哺乳后，催乳素水平下降，乳腺细胞分泌逐渐停止，腺泡塌陷、退化，疏松结缔组织和脂肪组织明显增多，乳腺逐渐恢复为静止期结构。绝经期后，卵巢激素水平下降，腺组织萎缩退化，乳腺内组织多由脂肪组织所取代。

知识扩展

月经周期与细胞凋亡

现代发现月经周期中，人子宫内膜在增生早期、分泌晚期和月经期均可见具有细胞凋亡特征的DNA断裂现象；而在增生晚期、分泌早期和分泌中期（21～24天）未见断裂DNA发生。细胞凋亡的周期性发生提示其对月经周期有重要调节作用。子宫内膜发生细胞凋亡的机制尚不清楚，但与卵巢激素的周期性变化有关。子宫内膜的卵巢激素受体作为一种转录因子调节与卵巢激素有关的基因表达，从而使内膜发生增生和分泌变化。同时，源自子宫的一些多肽类生长因子及其受体，如表皮生长因子（EGF）、血小板源性生长因子（PDGF）和胰岛素样生长因子（IGF）等，能促进内膜上皮细胞的增生和分化。而在子宫内膜分泌晚期和月经期，细胞凋亡抑制因子Bcl-2的消失被认为与内膜细胞死亡和月经发生密切相关。

思考题

1. 生长卵泡的形态结构有哪些特点？
2. 黄体的形成与演变有哪些特点？
3. 增生期与分泌期的子宫内膜有哪些改变？

（陈彦文）

（绘图　翁安莉）

第二十章　胚胎学绪论

胚胎学（embryology）是研究从受精卵发育为新个体的过程及发育规律的科学，研究内容包括生殖细胞发生、受精、胚胎发育、胚胎与母体的关系、先天畸形发生的原因及防治措施等。

第一节　胚胎学的研究内容和意义

人胚胎发生始于受精卵形成，经细胞分裂、增殖和分化最终发育为成熟的胎儿，历时38周（约266天）。为了便于学习和研究，通常将人体胚胎发育分为三个时期：①胚前期（preembryonic period），指受精卵形成到胚胎发育的第2周末二胚层胚盘形成；②胚期（embryonic period），从第3周至第8周末，此期胚的各器官、系统和外形发育初具雏形，是胚胎发育的关键时期，也是胚胎对外界因子最敏感、最易发生流产和畸形的时期；③胎期（fetal period），第9周至胎儿出生，此期胎儿各种组织和器官继续发育和分化，部分器官出现一定功能活动，胎儿体积和重量迅速增加。

出生后，许多器官的结构和功能还远未发育完善，还要经历相当长时期的生长发育方能成熟，然后逐渐衰老退化。这一过程可分为婴儿期、儿童期、少年期、青年期、成年期和老年期。研究出生前和出生后生命全过程的科学则称人体发育学（development of human）。

人体胚胎学是一门重要的医学基础课，也是医学生的必修课程，是以人体出生前的发育为主要研究内容，并介绍部分先天畸形发生的原因及防治措施。通过胚胎学的学习，了解并掌握人体发生、出生前发育的演变过程及其规律，为病理学、儿科学、产科学、男性学、生殖工程学和优生学等相关医学课程奠定基础。此外，学习胚胎学还可以帮助我们树立唯物主义的世界观，用唯物主义观点去认识人体和诊治疾病。

第二节　胚胎学的相关分支学科

1. 描述胚胎学　描述胚胎学（descriptive embryology）是应用解剖学与组织学（光镜与电镜技术）的研究方法，观察胚胎发生过程中的形态演变及其规律，包括胚胎外形演变、各器官演变、系统形成、细胞的增殖与分化、迁移与凋亡等，是胚胎学的基础内容。

2. 比较胚胎学　比较胚胎学（comparative embryology）是通过比较不同种系动物（包括人类）的胚胎发生差异，寻找生物体进化过程及其内在联系，有助于深刻理解人体胚胎的发育。

3. 实验胚胎学　实验胚胎学（experimental embryology）是对胚胎或体外培养的胚胎细胞给予

化学、物理、生物等因素干预，或采用胚胎切割、细胞移植和示踪标记等方法，研究其对胚胎发育的影响，阐释胚胎发育机制和规律。

4. 化学胚胎学 化学胚胎学（chemical embryology）是使用化学及生物化学的技术方法，观察了解各种化学物质在胚胎发育过程中的变化及其代谢过程。

5. 分子胚胎学 分子胚胎学（molecular embryology）是利用分子生物学的技术（包括转基因技术和基因敲除等方法）研究受精、植入、细胞分化、组织诱导、细胞迁移等生物学过程的分子基础，探索胚胎发生过程中基因表达的时间顺序、空间分布与调控因素，研究基因表达产物即各种蛋白质在胚胎发育中的作用，阐明胚胎发育的分子过程和机制。

6. 畸形学 畸形学（teratology）是研究致畸因子对先天畸形发生的影响和机制及其预防措施的学科。在胚胎发育过程中受到遗传因素、环境有害因素的影响，容易导致胚胎发生异常，从而引起先天畸形。

7. 生殖工程 生殖工程（reproductive engineering）是利用胚胎学理论和技术，人工介入早期生殖的过程，以获得人们期望的新生个体。主要技术有人工授精、卵质内单精子或细胞核注射、早期胚胎培养、胚胎移植、生殖细胞与胚胎冷冻等辅助生育技术，帮助不孕不育患者实现生育的梦想。试管婴儿和克隆动物是该领域中著名的成就。

第三节　胚胎学发展简史

古希腊学者希波克拉底（Hippocrates，公元前460～公元前377）首次观察并描述了鸡蛋在孵化成鸡的全过程中的形态变化。亚里士多德（Aristotle，公元前384～公元前322）推测人胚胎来源于月经血与精液的混合。1651年，英国学者哈维（Harvey）提出“一切生命皆来源于卵”的假设。显微镜问世后，荷兰学者列文虎克（Leeuwenhoek，1632～1723）与格拉夫（Graaf，1641～1673）分别发现精子和卵泡。1855年，德国学者雷马克（Remark）提出胚胎发育三胚层学说，是描述胚胎学起始的重要标志。19世纪末，德国学者施佩曼（Spemann，1869～1941）应用显微技术对两栖动物胚进行了分离、切割、移植、重组等实验，提出了“诱导学说”，认为胚胎的某些组织能对邻近组织的分化方向起诱导作用，奠定了实验胚胎学。

现代胚胎学是从20世纪50年代开始发展起来的，随着DNA结构的阐明和中心法则的确立，诞生了分子生物学。应用分子生物学的观点和方法研究胚胎发育过程中遗传基因表达的时空顺序和调控机制，便产生了分子胚胎学。分子胚胎学与实验胚胎学、细胞生物学、分子遗传学等学科相互渗透，形成新的交叉学科，即发育生物学。

生殖工程学是把某些实验胚胎学技术向应用方面发展而形成。例如，把体外受精、胚胎移植等技术应用于治疗女性不孕症。1978年在英国诞生了第一例“试管婴儿”。1988年我国大陆第一例“试管婴儿”在北京医科大学第三医院出生，标志着我国的生殖技术达到了世界先进水平，也为胚胎发育的研究做出了贡献。

第四节　胚胎学常用的研究方法

1. 鸡胚实验 将鸡胚孵化至特定的发育阶段，应用鸡胚作为胚胎发育的研究模型，进行显微镜观察和描述，还可以在胚胎早期进行显微操作。鸡胚的实验周期短，容易操作，对研究胚胎发育的相关基因的功能奠定了良好的实验基础。目前已经获得大量描述早期鸡胚正常和异常发育的资料，鸡胚也成为科学家研究基因功能的工具。

2. 胚胎切片和活体观察法　将胚胎标本制作成连续切片，将每张切片观察的结果用图像分析技术进行叠加处理，可获得胚胎的立体结构图像。用肉眼或体视显微镜对活体胚胎进行直接观察，可以观察胚胎整体发育情况，还可以观察到活体胚胎的动态活动状况。

3. 转基因动物实验　将构建的目的基因或基因序列用显微注射方法注入实验动物的受精卵，再将其受精卵移植入受体动物的子宫内，使转基因的受精卵发育成转基因动物。利用此方法研究基因功能、遗传疾病、改良家畜品种和建立疾病动物模型等。

4. 显微操作技术　在研究胚胎组织之间的相互诱导作用时，可以利用显微手术进行组织移植或组织切割，可进行胚胎自体组织移植或同种异体组织移植，也可以进行异种组织移植。在试管婴儿的培育过程中采用该方法分离切割早期卵裂球，以便进行移植前遗传学检查；也可以用该方法进行子宫内先天畸形治疗。

5. 示踪技术　将带有绿色荧光蛋白报告基因的逆转录病毒导入胚胎干细胞，研究胚胎发育过程中绿色荧光蛋白的表达特点，阐明特定细胞的动态分化过程，示踪技术也可用其他无毒性的活体染料。

6. 胚胎干细胞技术　1981年，英国科学家Martin John Evans建立第一株小鼠胚胎干细胞（embryonic stem cell，ES）系，并获得2007年诺贝尔生理学或医学奖。胚胎干细胞具有无限增殖、自我更新和多向分化的潜能，可分化为神经细胞、心肌细胞、表皮细胞、血细胞等，为干细胞治疗奠定基础。

7. 基因编辑技术　基因编辑（gene editing）是指根据科研或临床需要，对目的基因进行插入、删除或替换等操作，以引入预先编辑的DNA片段或修复突变基因等，从而达到控制生物形状的目的。如采用引导核酸加核酸内切酶技术，主要包括成簇规律性间隔短回文重复序列（clustered regularly interspaced short palindromic repeat，CRISPR）技术等，实现基于碱基配对原理修复或重组DNA，提升了基因编辑的精确性。

第五节　学习人体胚胎学的方法

胚胎学属于形态学范畴，但它与解剖学、组织学等其他形态学科有所不同，在学习过程中要特别注意学习方法。学习过程中，要认真观察不同时期的胚胎标本、模型、切片和图谱等，启动形象思维，才能理解胚胎学的理论。胚胎的形态结构随时间不断发生变化，在学习过程中要把握胚胎的形态结构、位置方位演变规律，树立三维形态和时间的动态变化概念。胚胎发育过程极其复杂，受到内外因素的干预，容易出现异常发育，导致先天畸形。学习先天畸形时要对照正常发育过程去阐释异常发育，这样才能理解先天畸形的形成原因。学习胚胎学还应结合临床应用，以体现胚胎学的实用价值。

知识扩展

中医药与辅助生殖技术

随着女性生育年龄的推迟、三胎政策的开放，我国不孕症不断增高，使得辅助生殖技术（assisted reproductive technology，ART）日趋成熟并广泛应用。同时，ART所带来的一系列问题和风险也亟须解决，如卵巢功能不全、卵巢过度刺激综合征（ovarian hyper stimulation syndrome，OHSS）、子宫内膜容受性下降以及胚胎反复移植失败（repeated implantation failure，RIF）等。中医药具有多靶点、多环节、多层次、整体调节的特点与优势，作为辅助手段越来越多地应用于辅助生殖技术。通过补肾法调节“肾-天癸-冲任-胞宫”轴的功能，疏肝调畅气机，使气血调和，调整激素水平和子宫内膜血流状态，促进卵泡的生长与成熟，预防和治疗OHSS并发症，提高子宫内膜容受性，减少ART相关并发症的发生。中医特色疗法的运用能有效提高辅助生殖的成功率。

思考题

1. 胚胎学研究内容包括哪些？
2. 胚胎发育分哪几个时期？
3. 何谓生殖工程？

（陶仕英）

第二十一章　胚胎学总论

胚胎学总论主要叙述人体胚胎早期的总体发生过程，以及胚胎和母体的关系。胚体各系统的发生过程将于相应章节进行介绍。

第一节　生殖细胞和受精

一、精子的发生与获能

睾丸生精小管中的精原细胞经过有丝分裂，部分细胞演变为初级精母细胞后，再经历两次减数分裂，产生四个单倍体的精子细胞，核型为23，X或23，Y，精子细胞经过复杂的形态变化形成蝌蚪状的精子（图21-1）。精子储存于附睾中，逐渐发育成熟并获得定向运动能力和受精潜力。附睾和附属腺分泌的糖蛋白等物质覆盖于精子细胞膜表面，可阻止顶体酶的释放。当精子穿过子宫颈、子宫腔和输卵管时，这些管道的分泌物将覆盖于精子头部表面的糖蛋白逐渐去除，精子获得了释放顶体酶的能力，此过程称精子获能（sperm capacitation）。

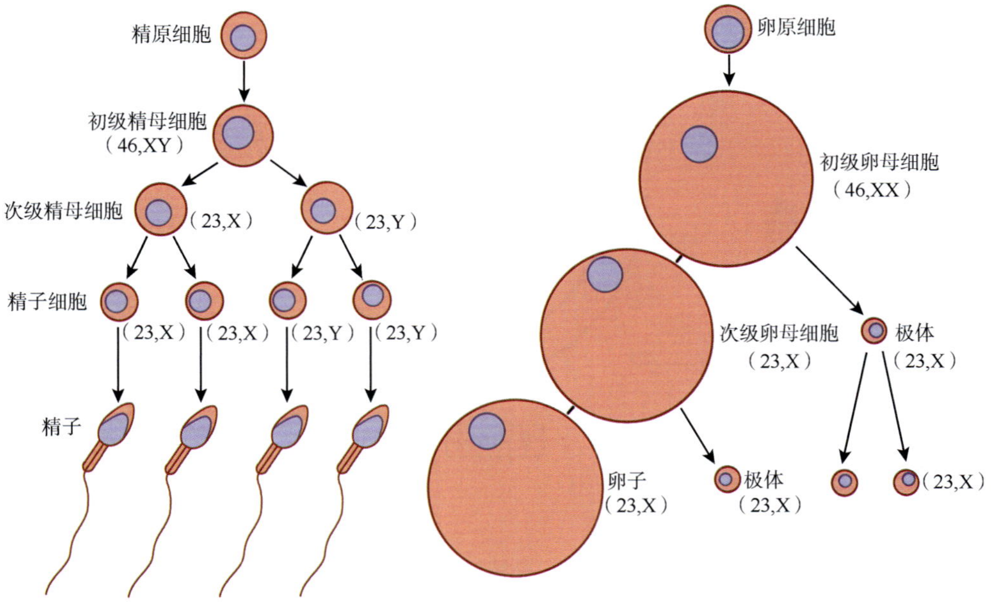

图21-1　精子与卵子发生过程示意图

二、卵细胞的发生

出生前，卵巢中卵原细胞经过多次分裂增殖，分化为初级卵母细胞，并长期停滞在第一次减数分裂前期。自青春期开始，在脑垂体周期性分泌的促性腺激素的调控下，卵泡开始生长发育，初级卵母细胞在排卵前完成第一次减数分裂，产生一个次级卵母细胞和第一极体，次级卵母细胞很快进行第二次减数分裂，并停滞在第二次减数分裂中期。排卵后，若未受精，次级卵母细胞则在排卵后12～24小时退化、死亡、溶解。排卵后，如果次级卵母细胞与精子相遇，受精时，精子穿入次级卵母细胞并激发其迅速完成第二次减数分裂，形成一个成熟卵细胞（23，X）和一个第二极体（图21-1）。

三、受 精

受精（fertilization）指精子与卵子相互融合形成受精卵的过程，一般发生于输卵管壶腹部。人精子到达输卵管的时间为8～16小时，精子的受精能力通常可维持24小时。受精多发生在排卵后12小时内。

（一）受精过程

受精涉及精卵识别、黏附、融合及卵细胞激活等一系列复杂的生物学过程。正常成年男性每次射出上亿个精子，但仅有300～500个优势精子能够通过子宫和输卵管到达输卵管壶腹部，最终只有1个精子穿入卵子形成受精卵。受精过程可分为三个阶段（图21-2）。

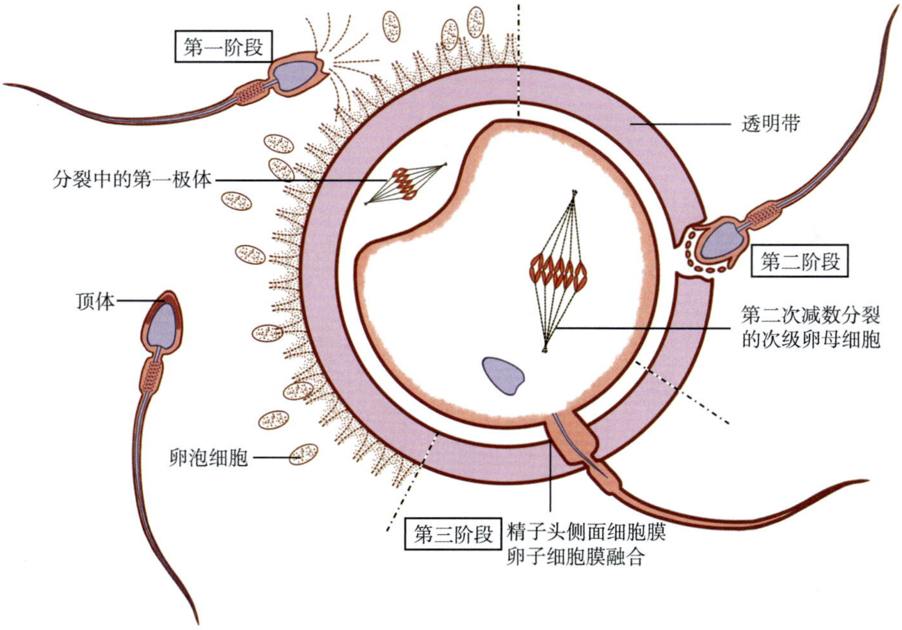

图21-2 受精过程示意图

第一阶段，大量获能的精子接触到卵子周围的放射冠时即释放顶体酶，解离放射冠的卵泡细胞，使得部分精子头部能接触到透明带。

第二阶段，接触到透明带的精子与透明带上的精子配体蛋白ZP3结合，后者进一步介导顶体反应，使顶体继续释放顶体酶，在透明带中溶蚀出一条孔道，使精子头部接触到卵子表面（图21-2）。精子释放顶体酶，溶蚀放射冠和透明带的过程称顶体反应（acrosome reaction）。这一反应过程中，精子头部表面的细胞膜与顶体前膜融合后破裂，形成许多小孔，顶体内的酶从小孔中释放排出。

第三阶段，精子头侧面的细胞膜与卵子细胞膜融合，随即精子的细胞核及细胞质进入卵子内（图21-2）。精子和卵细胞的胞膜融合，并激发卵子浅层胞质中的皮质颗粒释放溶酶体酶，使透明带结构发生变化，特别是使ZP3分子变性，不能再与精子结合，从而阻止其他精子穿越透明带，这一过程称透明带反应（zona reaction）。透明带反应保证了正常的单精受精。偶尔有两个精子同时进入卵子，形成三倍体胚胎，但三倍体胚胎或者中途流产，或者出生后夭折。

精子的穿入激发次级卵母细胞迅速完成第二次减数分裂，形成一个成熟的卵细胞和第二极体。此时，卵子与精子的细胞核膨大，分别称雌原核（female pronucleus）和雄原核（male pronucleus）。随后，雌雄原核互相靠拢，核膜消失，染色体混合，形成二倍体的受精卵（fertilized ovum），又称合子（zygote）（图21-3，图21-4）。

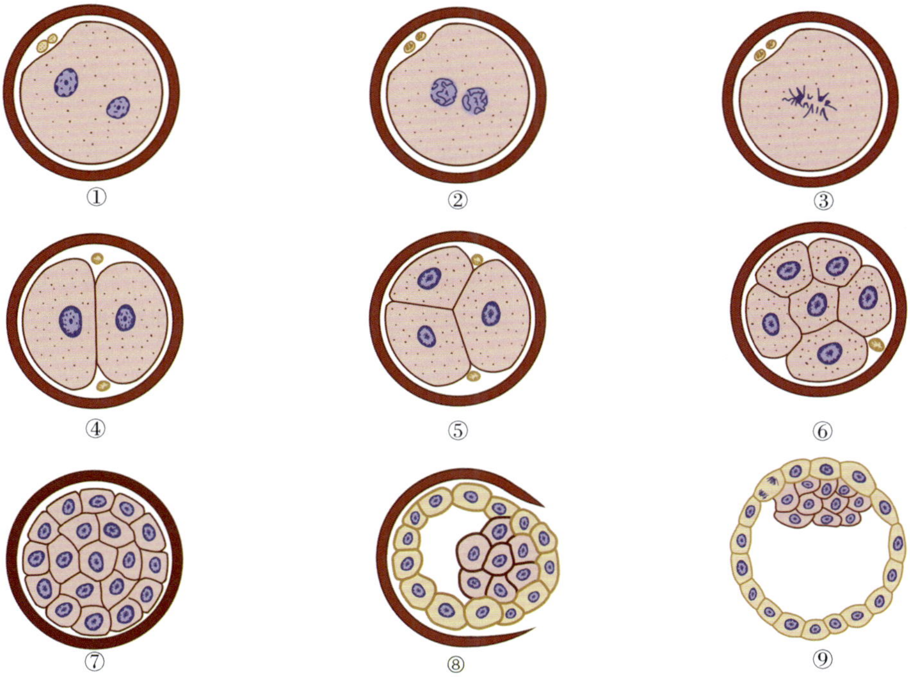

图21-3　卵裂和胚泡形成模式图

①雌原核与雄原核形成；②雌原核与雄原核靠近；③雌雄原核融合并开始卵裂；④2细胞期；⑤4细胞期；⑥8细胞期；⑦桑椹胚；⑧早期胚泡；⑨胚泡

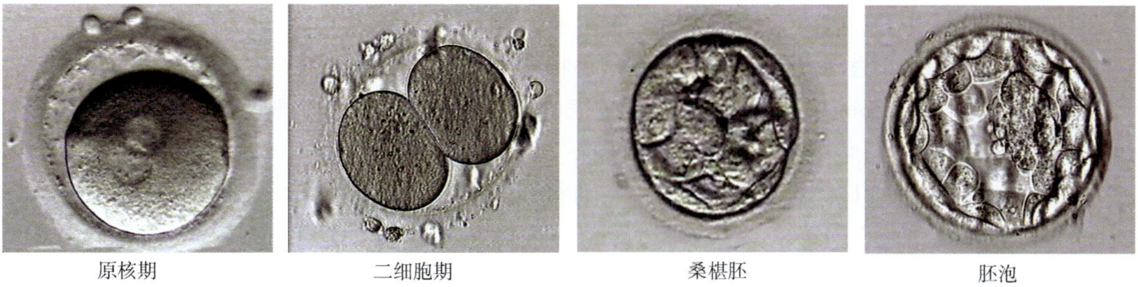

图21-4　卵裂球和胚泡实物图

（二）受精的意义和条件

1. 受精的意义

（1）恢复二倍体核型：受精卵染色体数目恢复成二倍体细胞核型，即23对染色体，其中一半来自父系，另一半来自母系，具有双亲的遗传物质。

（2）标志新生命开始：受精卵酶活性增强，需氧量增高，合成代谢加快，它不断分裂和分化形成新个体。

（3）新个体具有不同于亲代的特异性：生殖细胞在减数分裂中染色体发生联会与交换，来自双亲的遗传物质在受精卵中得到重新组合。

（4）受精决定胚胎性别：带有Y染色体的精子与卵子结合，发育为男性（46，XY）；带有X染色体的精子与卵子结合，发育为女性（46，XX）。

2. 受精的条件

（1）两性生殖细胞的正常发育是受精的基本条件。精子数目与活动能力在受精中起着重要作用。如果每毫升精液中的精子数目少于500万个，几乎不可能受精。若精子质量差，如无活动能力或活动能力差的精子超过30%，小头、大头、双头、双尾等畸形精子数超过20%～30%，均可影响受精。卵泡发育不良或不排卵都不能完成受精过程。

（2）成熟获能的精子与卵子在限定时间内相遇是确保受精的重要条件。对于月经周期为28天的妇女而言，排卵时间在月经周期的第14天左右，此时若精子不能按时进入女性生殖道，精子和卵子不能相遇，受精就不能实现。

（3）生殖管道畅通是精子与卵子相遇的必要条件。如果生殖管道因炎症等造成堵塞将不能受精。采用输卵管与输精管结扎、避孕工具（如避孕套、子宫帽）等均可达到避孕目的。

第二节　人胚早期发生

从受精卵形成到第8周末的胚胎发育称胚胎早期发育，包括卵裂、胚泡形成和植入，胚层的形成，三胚层的分化和胚体外形的建立等过程。

一、卵裂、胚泡形成和植入

（一）卵裂及胚泡形成

受精卵一旦形成，便开始进行细胞分裂。由于受精卵包裹于透明带内，其有丝分裂具有特殊性，在分裂间期无生长，仅受精卵的细胞质被不断分配到子细胞中，因而随着分裂的进行，子细胞的数目增加，但体积逐渐变小。受精卵的这种特殊的有丝分裂称卵裂（cleavage），卵裂产生的子细胞称卵裂球（blastomere）。受精后30小时完成第一次卵裂，进入2细胞期。受精后第3天左右，卵裂球达到12～16个细胞，细胞排列紧密，共同组成一个实心胚，外形似桑椹，称桑椹胚（morula）（图21-3，图21-4）。卵裂的同时，在输卵管壁肌层的节律性蠕动及输卵管上皮细胞纤毛的推动下，胚向子宫腔方向迁移。

第4天，桑椹胚进入子宫腔，细胞继续分裂，卵裂球数量增加至100个左右时，细胞间出现若干小间隙，后逐渐融合成一个充满液体的大腔，此时的胚呈囊泡状，称胚泡（blastocyst）。胚泡中心为胚泡腔（blastocoele）。胚泡壁由单层细胞构成，与吸收营养有关，称滋养层（trophoblast），滋养层细胞分化成为支持胚胎发育的胚外组织。胚泡腔内侧有一群细胞，称内细胞群（inner cell mass），内细胞群的细胞为具有多种分化潜能的干细胞（图21-3，图21-4）。覆盖于内细胞群外表面的滋养层称极端滋养层（polar trophoblast），亦称胚端滋养层，胞体略大于其他部位的滋养层细胞，与胚泡的植入有关（图21-5）。

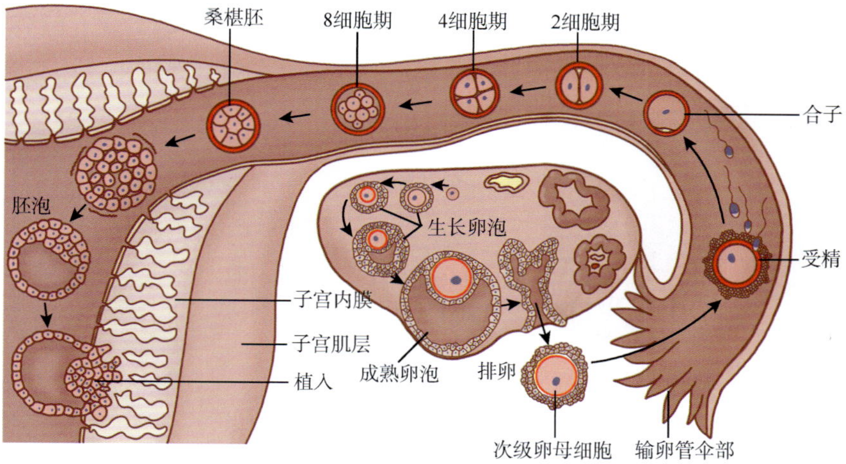

图21-5　排卵、受精与卵裂过程示意图

（二）植入

胚泡侵入子宫内膜的过程称植入（implantation）或着床（imbed）。植入的部位通常在子宫体部和子宫底部，后壁多于前壁。植入一般于受精后第5～6天开始，第11～12天完成。植入时，内细胞群一侧的极端滋养层细胞首先与子宫内膜上皮黏附，并分泌蛋白水解酶消化子宫内膜，在子宫内膜溶蚀出一个缺口（图21-6）。胚泡陷入缺口，逐渐被包埋入子宫内膜功能层，缺口处子宫内膜的上皮缺口由附近的上皮增殖修复（图21-7）。

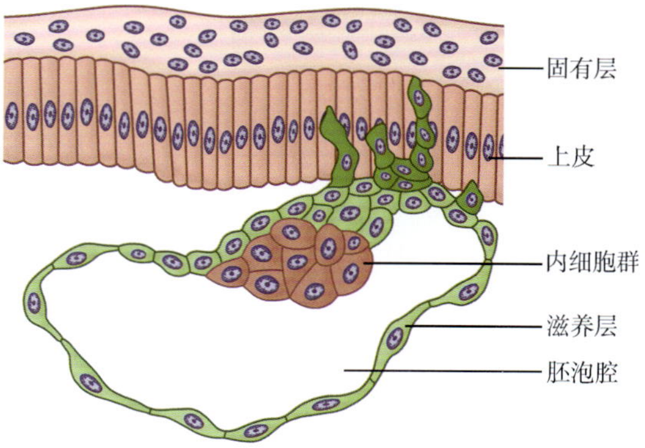

图21-6　胚泡正在穿过子宫内膜模式图

胚泡植入后，滋养层细胞迅速增殖分化形成内层的细胞滋养层（cytotrophoblast）和外层的合体滋养层（syncytiotrophoblast）。细胞滋养层为单层立方细胞，仍保留明显的细胞界线，有较强的增殖能力，可不断产生新细胞加入合体滋养层。合体滋养层细胞侵入性生长活跃，互相融合成合胞体，细胞之间界线消失。在合体滋养层内出现一些小的腔隙，称滋养层陷窝（trophoblastic lacunae），不久后与子宫内膜的小血管相通而充满母体血（图21-7）。

胚泡植入时，子宫内膜处于分泌期。植入后，子宫内膜血供更加丰富，腺体分泌更加旺盛，基质细胞变得肥大，富含糖原和脂滴，内膜进一步增厚。子宫内膜的这些变化称蜕膜反应（decidua reaction），子宫内膜改称蜕膜（decidua），基质细胞改称蜕膜细胞（decidua cell）。植入后，胚的营养来源于蜕膜细胞中的糖原和脂质，一直到胎盘开始工作。根据蜕膜和胚的位置关系

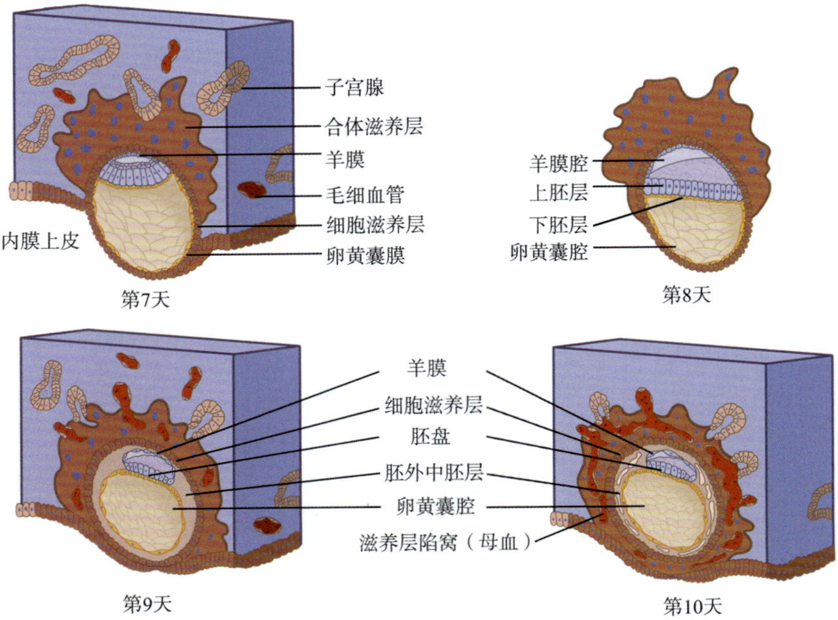

图21-7 胚泡植入子宫内膜过程模式图

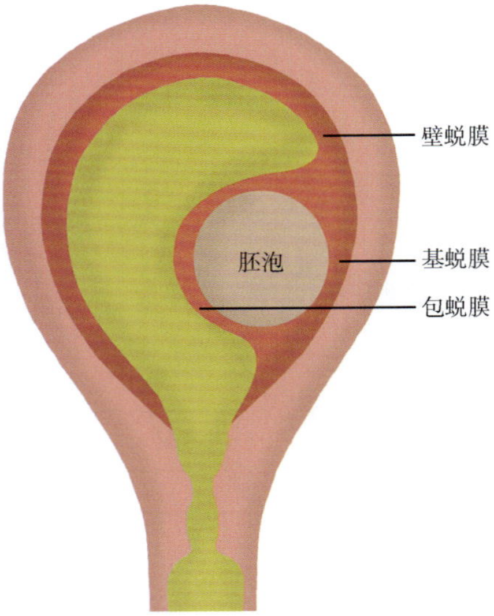

图21-8 胚泡植入后与子宫蜕膜的位置关系

可分为：①包蜕膜（decidua capsularis），覆盖在胚泡表面的蜕膜。②基蜕膜（decidua basalis），位于胚泡深面的蜕膜，将来参与形成胎盘的部分。③壁蜕膜（decidua parietalis），胚泡植入部位以外的蜕膜（图21-8）。

植入是胚泡和子宫内膜相互识别、相互黏附和相互容纳的过程。植入必备的条件：①胚泡从输卵管准确运行到达子宫腔；②透明带适时消失；③胚泡发育必须与子宫内膜的蜕膜反应同步。植入需要雌激素、孕激素和多种细胞因子的精细调节，如果母体内分泌失调，子宫内膜受药物干扰，子宫内膜周期性变化与胚泡发育不同步，子宫内膜有炎症或受避孕环干扰，则植入不能正常完成。

若胚泡植入在子宫以外的部位，称异位妊娠（ectopic pregnancy）。异位妊娠最常发生在输卵管，输卵管妊娠多半在第2个月时引起输卵管破裂和大出血。异位妊娠偶见于卵巢表面、子宫阔韧带、肠系膜及腹膜腔等处（图21-9），这些部位均不适宜胚泡生长，最终将造成胚胎退化死亡和植入处组织血管的破裂出血。如胚泡植入部位接近子宫颈，将形成前置胎盘（placenta praevia），自然分娩时堵塞产道，导致胎儿娩出困难，需进行剖宫产。

二、胚层的形成

（一）二胚层胚盘的形成

1. 内细胞群分化 第2周初，内细胞群细胞不断分裂增殖。在靠近胚泡腔面，分化出一层立方形细胞，称下胚层（hypoblast）；贴近滋养层侧的细胞演化成一层矮柱状细胞，称上胚层（epiblast）。上、下胚层紧贴（图21-7），中间隔有基膜，形成椭圆形盘状的二胚层胚盘（bilaminar germ disc）。二胚层胚盘是人体发生的原基。

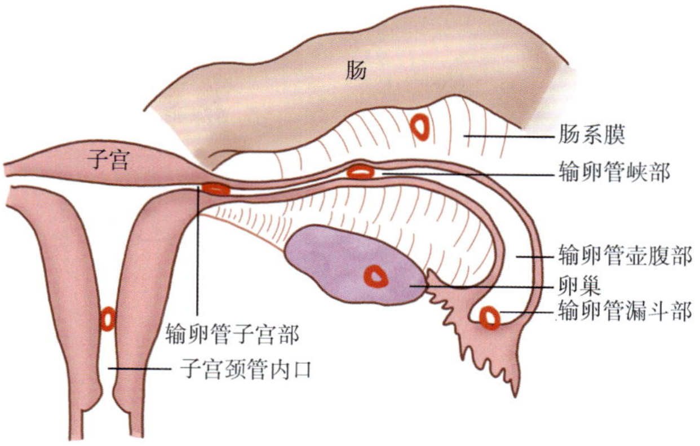

图21-9　胚泡异常植入部位（红色所示）

2. 羊膜囊和卵黄囊的形成　随着上胚层细胞的增生，其内出现一个充满液体的小腔隙，称羊膜腔（amniotic cavity），此腔逐渐增大，腔内液体为羊水。贴近细胞滋养层内面的一层上胚层细胞呈扁平状，称羊膜细胞，形成最早的羊膜，并与上胚层的其余部分共同包裹羊膜腔，其所形成的囊称羊膜囊。上胚层构成羊膜囊的底（图21-7）。

下胚层周缘的细胞向腹侧延伸生长，形成一个由单层扁平细胞围成的囊，称卵黄囊（yolk sac），下胚层构成卵黄囊的顶（图21-7）。

3. 胚外中胚层与胚外体腔的形成　受精后第12天左右，细胞滋养层的细胞向卵黄囊膜及羊膜之间增生，细胞呈星状，可分泌细胞外基质，填充于细胞滋养层、卵黄囊和羊膜囊壁之间，称为胚外中胚层（extraembryonic mesoderm）（图12-7）。随后，胚外中胚层细胞间出现较多小的腔隙，小腔隙逐渐融合成一个大腔，称胚外体腔（extraembryonic coelom）（图12-10）。胚外体腔逐渐扩大，胚外中胚层分别附着在滋养层内面及羊膜囊和卵黄囊的外面。随着胚外体腔的扩大，二胚层胚盘连同其上方的羊膜囊和下方的卵黄囊被胚外体腔环绕，仅依靠少部分胚外中胚层与滋养层直接相连，这部分胚外中胚层称体蒂（body stalk）（图21-10）。体蒂将发育为脐带的主要成分。

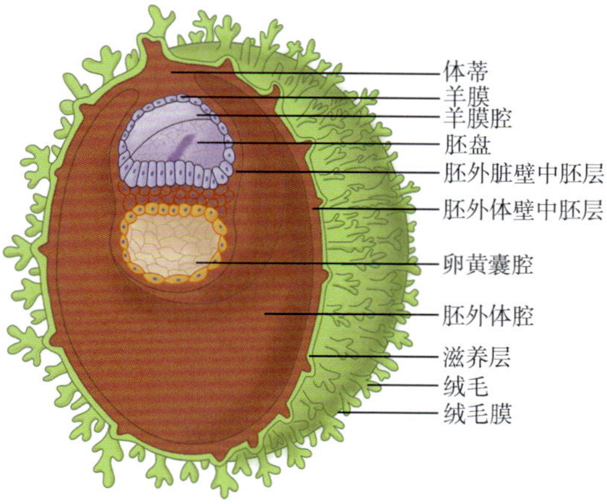

图21-10　胚外中胚层与胚外体腔形成立体模式图

（二）三胚层胚盘的形成

1. 三胚层胚盘形成　第3周初，上胚层细胞迅速分裂增生，并向胚盘尾端的中轴线迁移，形成一条纵行细胞柱，称原条（primitive streak）。原条头端略膨大，称原结（primitive node）。继而在原条的中线出现浅沟，原结的中心出现浅凹，分别称原沟（primitive groove）和原凹（primitive pit）。原条的出现决定了胚盘的头尾端，原条出现的一端即为胚体的尾端。原沟深部的细胞不断增殖，并在上、下胚层之间向边缘扩展迁移。一部分细胞在上、下胚层之间形成一个新的细胞层，称胚内中胚层，即中胚层（mesoderm），其在胚盘边缘与胚外中胚层相连接。另一部分增殖的上胚层细胞进入下胚层，并逐渐全部置换了下胚层细胞，形成一层新的细胞，称内胚层（endoderm）。随着胚内中胚层和内胚层的出现，上胚层改称外胚层（ectoderm），由此可见，三个胚层均来自上胚层。第3周末，三胚层胚盘（trilaminar germ disc）形成，呈头端较宽、尾端较窄的椭圆形盘状结构（图21-11）。

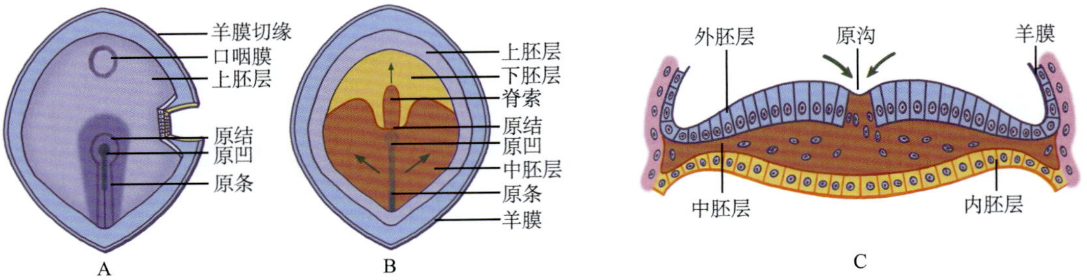

图21-11 第16天胚盘示意图

A. 胚盘背面观；B. 中胚层和脊索的形成（上胚层被去除，↑中胚层和脊索细胞的迁移方向）；C. 通过原条的胚盘横切面，示中胚层形成（↑原条细胞迁移方面）

2. 脊索的形成 原结细胞增生并经原凹内陷，在外胚层与内胚层之间的中轴线上向头端延伸，发育成为一条纵行的中胚层细胞索，称脊索（notochord）（图21-12）。脊索是暂时性中轴结构，对早期胚胎有一定的支架作用，同时，脊索的出现对神经管、体节等中轴结构的发生有重要作用。成人脊柱椎间盘中央的髓核就是脊索留下的遗迹。在脊索的头侧和原条的尾侧，各留下一个内胚层与外胚层紧贴、无中胚层的圆形小区域，头端称口咽膜（buccopharyngeal membrane），尾端称泄殖腔膜（cloacal membrane）（图21-12）。随着胚体发育，脊索向头端生长、增长，原条相对缩短，最终消失。若原条细胞残留，在未来人体骶尾部可增殖分化，形成由多种组织构成的畸胎瘤（teratoma）。

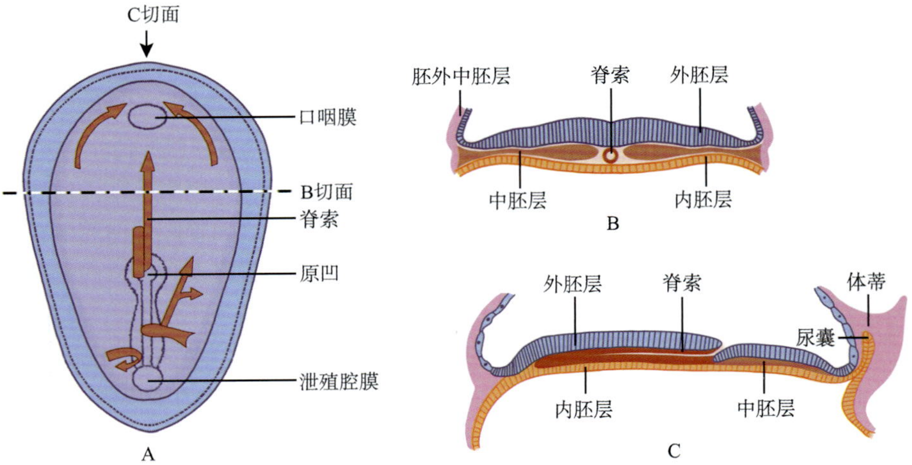

图21-12 第18天胚盘示意图（中胚层和脊索形成）

A. 背面观（除原凹、原沟外，其余上胚层被去除，↑中胚层和脊索细胞的迁移方向）；B. 胚盘正中横切面；C. 胚盘正中纵切面

三、三胚层的分化和胚体外形的建立

胚胎第4～8周，三个胚层逐渐形成各组织和器官的原基，初建人体雏形。

（一）外胚层的分化

1. 神经管的形成 胚胎第18～19天，在脊索诱导下其背侧中线的外胚层细胞增生呈板状，称神经板（neural plate）。构成神经板的这部分外胚层也称神经外胚层（neural ectoderm），其余的外胚层称表面外胚层。第20～21天，神经板中央沿长轴向脊索方向凹陷形成神经沟（neural groove），两侧隆起形成神经褶（neural fold）。第22天，两侧神经褶在胚的中段融合，并向头尾两端延伸，形成神经管（neural tube）（图21-13）。第24天左右，神经管头端和尾端仍暂时留有未闭合的孔即前神经孔（anterior neuropore）和后神经孔（posterior neuropore）（图21-14）。第25天左右，前神经孔闭合，第27天左右，后神经孔闭合，最后形成一条完全封闭的神经上皮管。神经管是中枢神经系统的原基，其头段分化为脑，尾段将分化成脊髓。如果前、后神经孔未愈合，将分别形成无脑儿和脊髓裂。神经管畸形发生的一个重要因素是孕妇妊娠期间体内缺乏叶酸，孕妇在孕前及孕早期补充叶酸，就可使胎儿神经管畸形发生率降低70%左右。

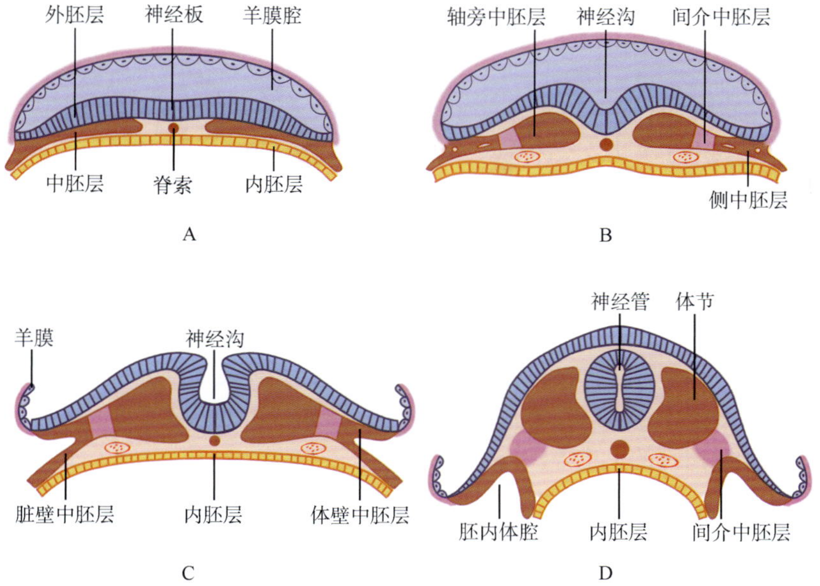

图21-13　中胚层早期分化与神经管形成示意图

A. 第17天；B. 第19天；C. 第20天；D. 第21天

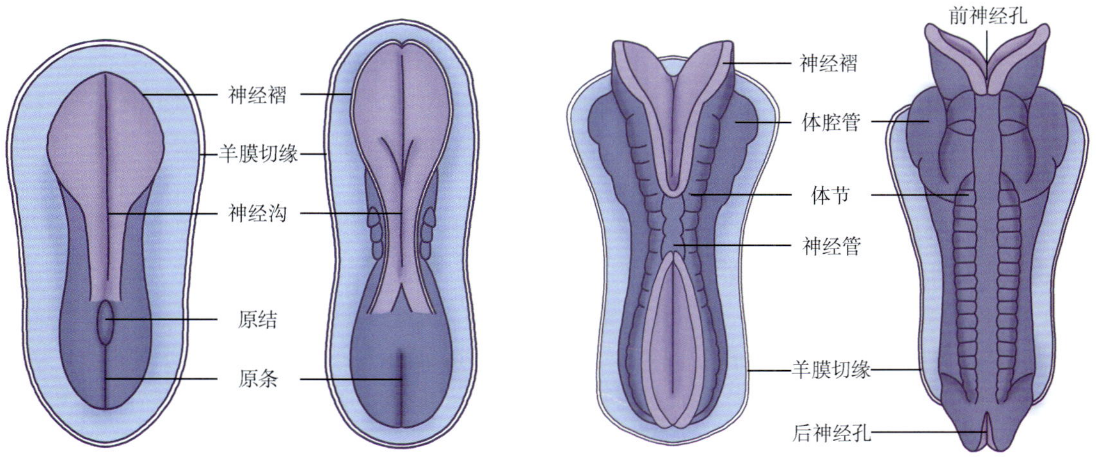

图21-14　神经板、神经褶和神经管形成示意图

2. 神经嵴的形成　在神经管形成的过程中，神经板外侧缘的部分细胞也随之进入神经管壁的背侧，并很快从管壁迁移出来，形成位于神经管背外侧的两条纵行的细胞索，称神经嵴（neural crest）（图21-15）。神经嵴是周围神经系统的原基，将分化形成脑神经节、脊神经节、交感神经节、副交感神经节和外周神经等。此外，神经嵴细胞还远距离迁移分化为肾上腺髓质的嗜铬细胞、

表皮的黑素细胞和甲状腺滤泡旁细胞等。

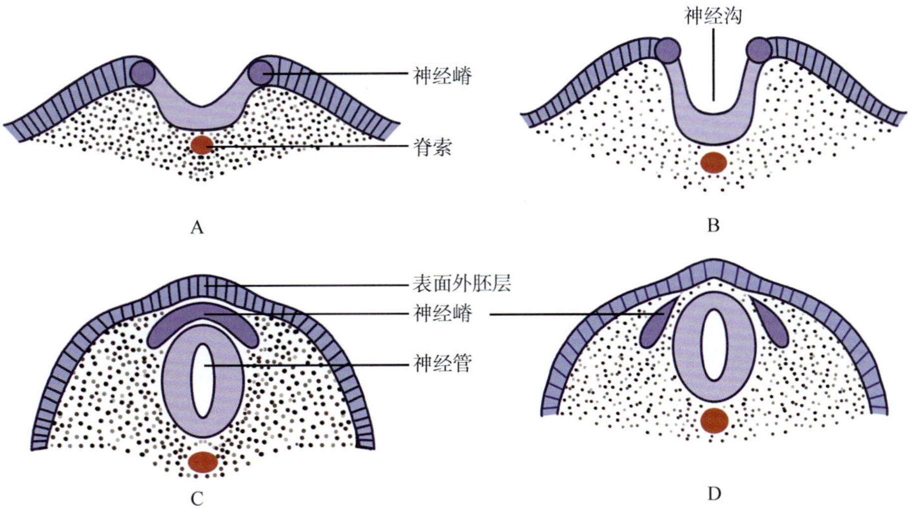

图21-15 神经管和神经嵴的形成示意图

3. 表面外胚层的分化 神经管和神经嵴脱离外胚层，并被表面外胚层覆盖。表面外胚层将演变为皮肤的表皮及衍生物，如毛发、皮脂腺、汗腺、乳腺，还可形成耳原基和晶状体原基、腺垂体、牙釉质、口腔和肛门部的上皮等。

（二）中胚层分化

脊索两旁的中胚层细胞增殖较快，从内侧向外侧依次分化成轴旁中胚层（paraxial mesoderm）、间介中胚层（intermediate mesoderm）、侧中胚层（lateral mesoderm），分散存在的中胚层细胞称间充质（图21-13）。

1. 轴旁中胚层 受精第17天，紧邻脊索两侧的中胚层细胞迅速增殖，形成一对纵行的细胞索，即轴旁中胚层。轴旁中胚层细胞局部增殖，逐渐分化为左右对称的块状结构，称体节（somite）（图21-14）。体节是四肢和体壁骨骼肌、背部皮肤真皮和中轴骨骼的原基。第1对体节于受精后第20天开始在颈部出现，之后以每天3～4对的速度逐渐向尾端依次形成，至第5周末，共形成42～44对体节，体节也是推测胎龄的重要标志之一。

2. 间介中胚层 轴旁中胚层与侧中胚层之间的狭长区域，称为间介中胚层。间介中胚层将演化为泌尿系统与生殖系统的主要器官（见第二十四章）。

3. 侧中胚层 侧中胚层是中胚层最外侧的部分，初为单一的薄层结构，后层内逐渐出现许多小腔隙，然后合并为一个大腔，称胚内体腔（intraembryonic coelom）。胚内体腔将侧中胚层分为体壁中胚层和脏壁中胚层两层（图21-13）。体壁中胚层（somatic mesoderm）是紧贴外胚层的部分，与羊膜囊外面的胚外体壁中胚层相延续，将主要分化为胸腹部和四肢的皮肤真皮、骨骼肌、骨骼和血管等。脏壁中胚层（splanchnic mesoderm）是与内胚层相贴的部分，覆盖于由内胚层演化形成的原始消化管外面，将分化为消化系统、呼吸系统的肌组织、血管、结缔组织和间皮等。此时，胚内体腔与胚外体腔相通。胚内体腔将演化为腹膜腔、胸膜腔和心包膜腔。

其余分散存在的中胚层组织称间充质，可分化为结缔组织、软骨组织、骨组织、肌组织、心脏、血管和淋巴管等。

（三）内胚层分化

由于胚盘的卷折，内胚层被卷入胚体内，形成长管状的原始消化管，简称原肠，原肠头、尾两端分别由口咽膜、泄殖腔膜封闭，中部与卵黄囊相连（图21-16），卵黄囊逐渐变细形成卵黄蒂。内胚层将分化为消化管、消化腺及呼吸道和肺的上皮组织，以及中耳、膀胱、甲状腺、胸腺等器官的上皮组织。

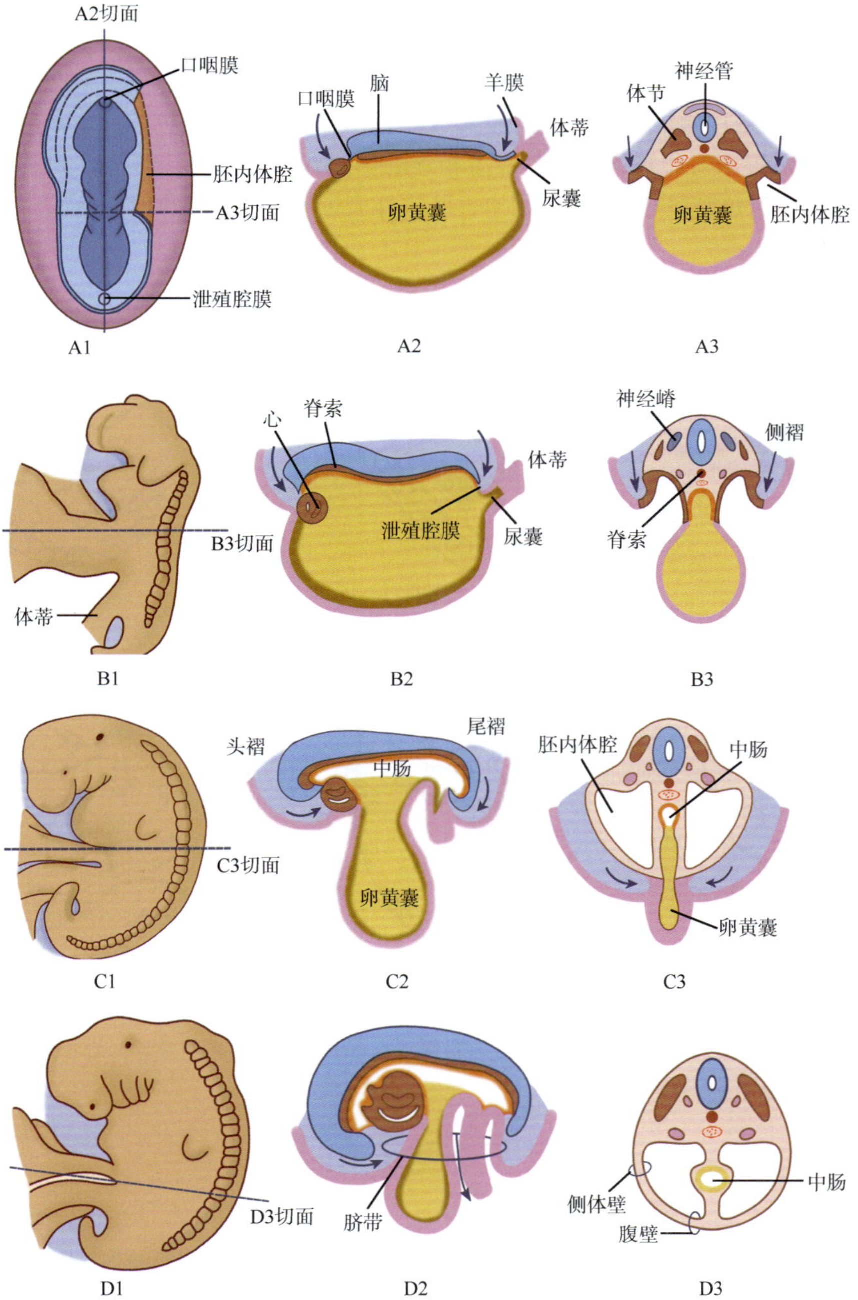

图21-16 胚体内部分化与胚体外部形态的形成

A1～3. 约20天的人胚背面观、胚体纵断面和横断面；B1～3. 约23天的人胚背面观、胚体纵断面和横断面；C1～3. 约26天的人胚背面观、胚体纵断面和横断面；D1～3. 约28天的人胚背面观、胚体纵断面和横断面

（四）胚体外形的建立

在三胚层的形成和分化过程中，由于胚盘各部分器官系统的生长速度不同，胚体外形也随之发生显著变化。首先，三胚层生长速度不一致，外胚层生长速度最快，内胚层最慢；胚盘中轴部位生长迅速，向背侧隆起，而边缘向腹侧即卵黄囊侧包卷，形成了左、右侧褶。另外，胚盘头尾方向的生长较左、右两侧快，使胚盘的头尾端向腹侧方向弯曲，形成头褶、尾褶，而且头端的脑和颜面部的形成速度又快于尾端，故形成头大尾小的C形圆柱体（图21-16）。

胚盘的卷折伴随着羊膜囊的逐渐增大，当胚盘由扁平状逐渐卷折成圆柱状胚体后，胚体已突入羊膜腔内。体蒂和卵黄囊于腹壁中心合并，外包羊膜，形成原始脐带。口咽膜和泄殖腔膜分别转到胚体头和尾部的腹侧。外胚层包于胚体外表；内胚层卷折到胚体内部，形成头尾方向的原始消化管，其中段腹侧与卵黄囊相通，二者相连的一段卵黄囊相对狭窄，称卵黄蒂，头端由口咽膜封闭，尾端由泄殖腔膜封闭。第8周末，胚体外表可见眼、耳、鼻及四肢的原基，初具人形（图21-17）。

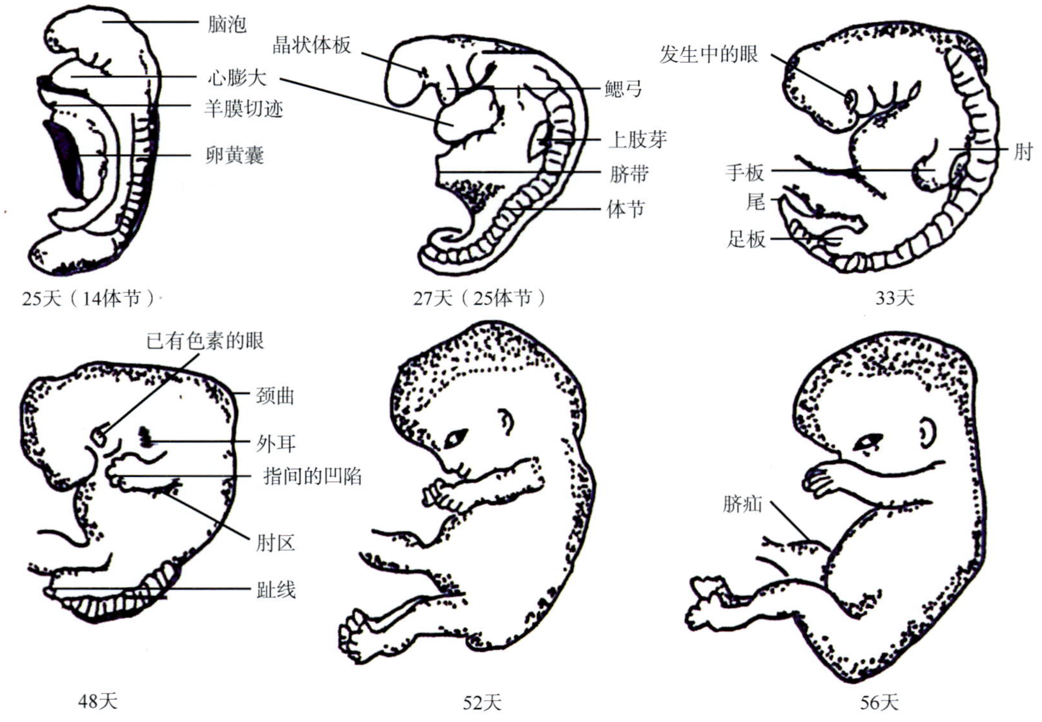

图21-17 5～8周人胚外外形变化（广州中医药大学张丽桃老师绘）

第三节 胎膜和胎盘

胎膜和胎盘是对胚胎起保护、营养、呼吸、排泄等作用的附属结构，不参与胚胎本体的形成。胎盘还具有内分泌功能。胎儿娩出后，胎膜、胎盘随即与子宫壁分离，并被排出体外，总称衣胞（afterbirth）。

一、胎　膜

胎膜（fetal membrane）包括绒毛膜、羊膜、卵黄囊、尿囊和脐带（图21-18）。

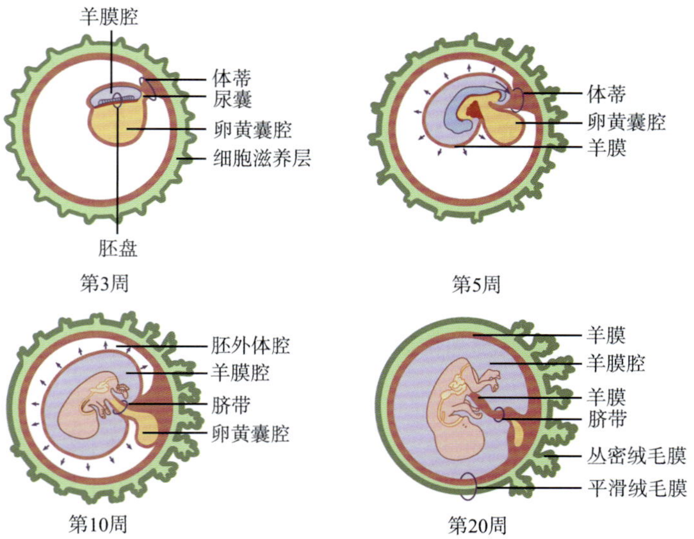

图21-18　胎膜演变示意图

（一）绒毛膜

绒毛膜（chorion）由绒毛膜板、各级绒毛干和绒毛组成。滋养层和衬于其内面的胚外中胚层构成绒毛膜板（chorionic plate），在此基础上形成各级绒毛干及绒毛。植入完成后，滋养层分化为细胞滋养层和合体滋养层，继而细胞滋养层细胞局部增殖向合体滋养层长入，两层滋养层细胞在胚泡表面形成绒毛样突起，称初级绒毛干（primary stem villus）。第3周初，胚外中胚层组织伸入初级绒毛干的中轴内，改称次级绒毛干（secondary stem villus）。第3周末，次级绒毛干中轴的胚外中胚层分化为结缔组织和血管，并与胚体内的血管相连，此时称为三级绒毛干（tertiary stem villus）（图21-19）。

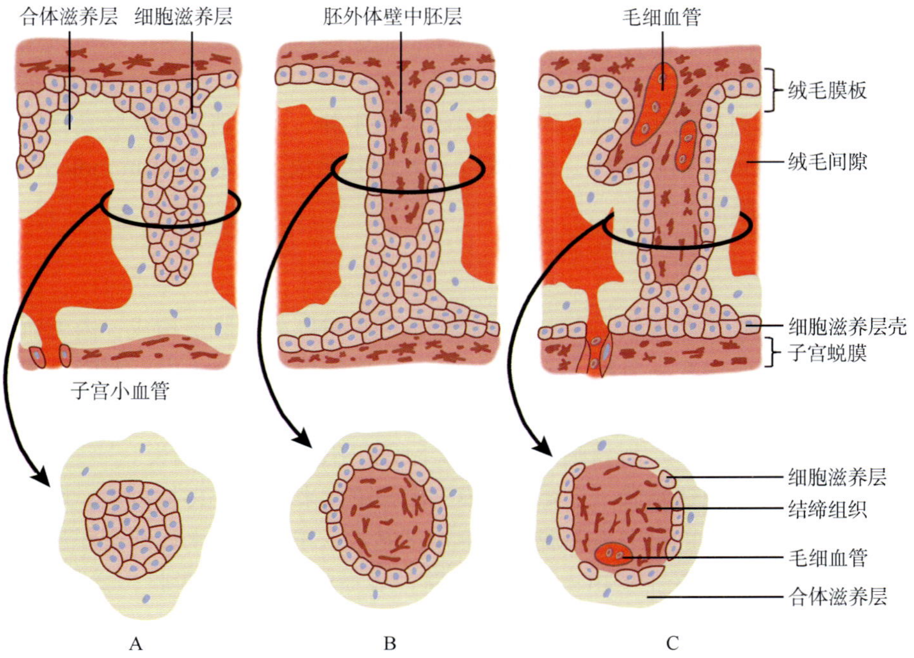

图21-19　绒毛干分化与发育示意图

A. 初级绒毛干；B. 次级绒毛干；C. 三级绒毛干

绒毛干末端的细胞滋养层细胞穿过合体滋养层，长入并固定在基蜕膜上，称固定绒毛。穿出合体滋养层的细胞滋养层细胞形成细胞滋养层柱，后者继续增殖，在合体滋养层的表面扩展，形成一层分隔合体滋养层与基蜕膜的细胞，称细胞滋养层壳。绒毛通过细胞滋养层柱和细胞滋养层壳固定在基蜕膜上（图21-19）。

绒毛干生长并发出许多分支，形成细小的绒毛。原滋养层陷窝演变为绒毛干之间的绒毛间隙，其内充满来自子宫螺旋动脉的母体血液，绒毛浸于其中称游离绒毛，胚胎通过绒毛从母血中获得氧气和营养物质，并排出代谢废物至母血中。

胚胎发育早期，绒毛膜表面的绒毛分布均衡。随着胚胎长大，与基蜕膜相接触的绒毛因营养丰富而生长茂盛，称丛密绒毛膜（chorion frondosum），并与母体基蜕膜一起组成胎盘，丛密绒毛膜内的血管通过脐带与胚体内的血管相连通。与子宫包蜕膜相接触的绒毛因营养供应不足而逐渐退化消失，称为平滑绒毛膜（chorion leave）。此后，随着胚胎的发育增长及羊膜前的不断扩大，羊膜、平滑绒毛膜和包蜕膜进一步突向子宫腔，最终与壁蜕膜融合，子宫腔消失（图21-20）。

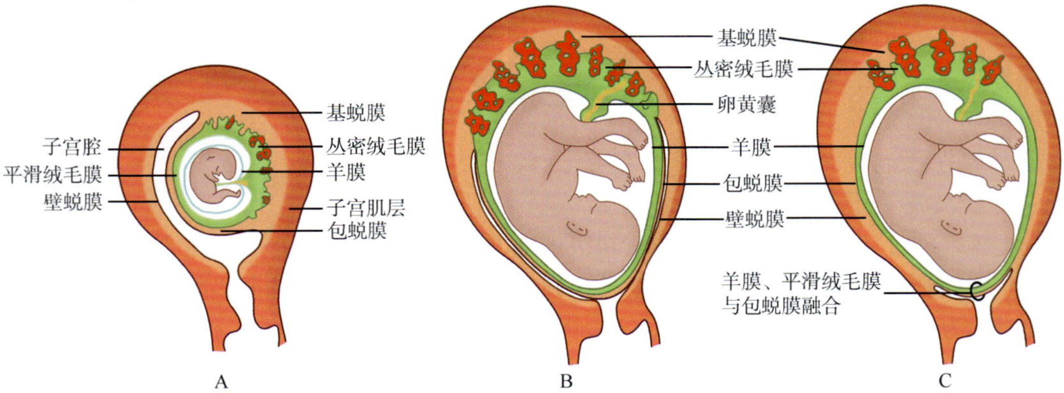

图21-20 胎膜、蜕膜与胎盘的关系示意图

若绒毛滋养层细胞过度增生，绒毛内结缔组织变性水肿，血管消失，胚胎发育受阻且被吸收而消失，绒毛呈水泡状或葡萄状结构，称葡萄胎或水泡状胎块（hydatidiform mole），如果滋养层细胞发生癌变即为绒毛膜上皮癌。

（二）羊膜

羊膜（amnion）为半透明薄膜，由一层羊膜上皮和少量胚外中胚层构成，内无血管，呈半透明状（图21-18）。羊膜腔内充满羊水（amniotic fluid），胚胎浸泡在羊水中。羊膜最初附着于胚盘的边缘，与外胚层相连续。随着胚体形成、羊膜腔扩大和胚体突入羊膜腔内，羊膜在胚胎腹侧包裹体蒂，形成脐带。羊膜腔的扩大逐渐使羊膜与绒毛膜相贴，胚外体腔消失。

妊娠早期的羊水呈无色透明状，主要由羊膜上皮分泌而来，妊娠16周以后，胎儿尿液也成为羊水的来源，并且消化系统的排泄物及脱落的上皮细胞进入羊水，羊水逐渐变浑浊。羊水不断更新动态循环，羊水的吸收途径主要由：①胎盘及脐带表面的羊膜上皮吸收；②胎儿体表的吸收；③胎儿吞咽羊水被肠道吸收。

羊膜和羊水在胚胎发育中对胚胎起着重要的保护作用，胚胎在羊水中可较自由地活动，有利于骨骼和肌肉发育，并防止胚胎局部粘连或受外力的压迫与振荡。在分娩时，羊水还具有扩张子宫颈与冲洗产道的作用。随着胚胎长大，羊水也相应增多，足月分娩时有1000～1500ml。羊水过少（500ml以下），易发生羊膜与胎儿粘连，影响正常发育；羊水过多（2000ml以上），也可影响胎儿的发育。羊水含量不正常，通常与某些先天畸形有关，如胎儿无肾或尿道闭锁可致羊水过少；无脑畸形或消化管闭锁，胎儿不能吞咽羊水可致羊水过多。临床上通过羊水穿刺，进行细胞染色体检查，细胞DNA检查或通过生物化学技术检测羊水各成分的质与量，可以早期诊断某些先天性异常。

（三）卵黄囊

卵黄囊（yolk sac）位于原始消化管腹侧（图21-18）。鸟类等卵生动物胚胎的卵黄囊发达储有大量卵黄物质，为胚胎发育提供营养。人胚胎的卵黄囊内没有卵黄物质，其出现是种系发生和进化过程的重演。人胚胎卵黄囊被包入脐带后，以卵黄管形式与原始消化管相连，卵黄管逐渐狭窄，于第6周闭锁成卵黄蒂，成为脐带的组成部分。卵黄囊壁上的胚外中胚层是最早发生造血干细胞和原始血管的部位。卵黄囊尾侧壁上的内胚层细胞是原始生殖细胞的发源地，由此迁入生殖腺嵴，分化为生殖细胞，诱导生殖腺的形成。

如果胎儿出生时卵黄管残端仍未退化闭锁，肠管的内容物可以通过此管从脐部溢出体外，这种畸形称脐瘘（umbilical fistula）。如果卵黄管远端闭锁，但与回肠相连的根部未闭锁，将留有一个盲囊，称梅克尔憩室（Meckel diverticulum）。

（四）尿囊

尿囊（allantois）由卵黄囊尾侧内胚层向体蒂内伸入形成的盲囊，随胚体的卷折而位于胚体尾端腹侧，开口于原始消化管。人胚尿囊的出现是生物进化过程的重演。尿囊壁上由胚外中胚层形成的一对尿囊动脉和一对尿囊静脉将演变为一对脐动脉和一条脐静脉。随着圆柱状胚体的形成，尿囊逐渐退化，其根部参与膀胱顶部的形成。尿囊远段退化为一条从脐至膀胱顶部的细管，称脐尿管（urachus），后闭锁为脐中韧带。如果脐尿管在出生后仍未闭锁，尿液将通过此管从肚脐部溢出到体外，称脐尿瘘（urachal fistula）。

（五）脐带

脐带（umbilical cord）是连于胚胎脐部与胎盘胎儿面的圆索状结构，是胎儿与胎盘间物质运输的唯一通路。脐带外有羊膜覆盖，内有闭锁的卵黄囊和尿囊、两条脐动脉、一条脐静脉及胚外中胚层组织，胚外中胚层组织特化为黏液性结缔组织。足月胎儿脐带长40～60cm，直径1.5～2.0cm。若脐带长度超过80cm，称脐带过长，易发生脐带绕颈，打结、缠绕肢体等，可影响胎儿发育，甚至引起胎儿窒息（图21-21）；若脐带长度不足30cm，称脐带过短，易造成胎盘早期剥离和出血。

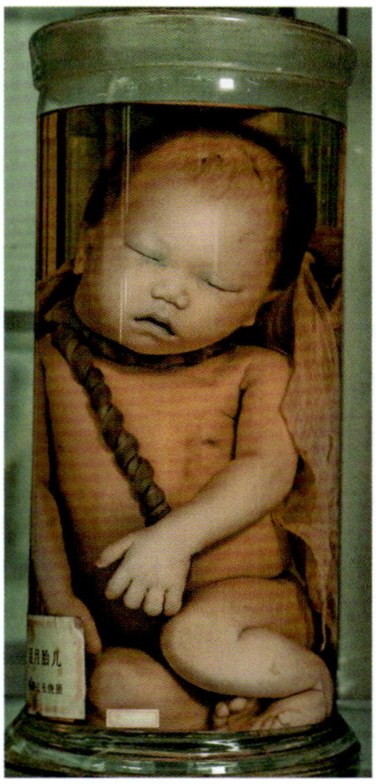

图21-21　足月胎（脐绕颈）

二、胎　　盘

（一）胎盘的形态结构

胎盘（placenta）是由胎儿的丛密绒毛膜和母体的基蜕膜共同组成的圆盘状结构。胎盘中央略厚、边缘稍薄，直径15～20cm，厚2～3cm，平均重约500g。胎盘有两个面，母体面粗糙不平，由不规则的浅沟将其分隔为15～30个小区，称胎盘小叶（cotyledon）；胎儿面光滑，覆有羊膜，近中央处附有脐带，透过羊膜可以看到脐血管的分支呈放射状走行（图21-22）。

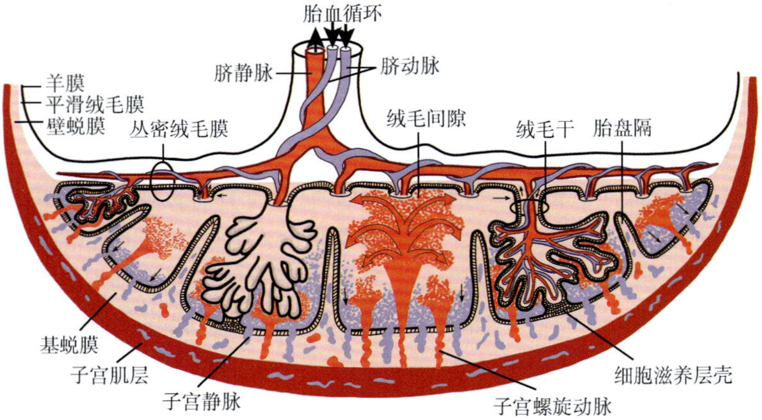

图21-22 胎盘的结构与血液循环模式图

在胎盘垂直切面上，可见羊膜下方为绒毛膜的结缔组织，脐血管的分支走行其中。绒毛膜板发出40～60根绒毛干，绒毛干又发出许多细小绒毛，绒毛干的末端以细胞滋养层壳固着于基蜕膜。脐血管的分支沿绒毛干进入绒毛内，形成毛细血管。绒毛干之间为绒毛间隙，有基蜕膜构成的短隔伸入其内，称胎盘隔（placental septum）。胎盘隔将胎盘分隔为15～30个胎盘小叶，每个小叶含1～4根绒毛干及其分支。子宫螺旋动脉与子宫静脉的分支开口于绒毛间隙，故绒毛间隙内充满母体血液，绒毛浸泡于其中。

（二）胎盘的血液循环

胎盘内并存有母体和胎儿两套独立的血液循环通路。胎儿血液循环通路起自脐动脉，其分支进入绒毛形成毛细血管，经过胎盘屏障与母体血液进行物质交换后成为营养丰富和含氧量高的血液，经绒毛内毛细血管汇集成脐静脉再回流入胎儿体内。母体血液循环通路起自子宫动脉的分支，经基蜕膜螺旋动脉注入绒毛间隙内，通过胎盘屏障与胎儿血液进行物质交换后回流入子宫内膜的静脉（图21-22）。

胎儿血与母体血在胎盘内进行物质交换所通过的结构，称胎盘屏障（placental barrier）或胎盘膜（placental membrane）。早期胎盘屏障由合体滋养层、细胞滋养层和基膜、薄层绒毛结缔组织及毛细血管基膜和内皮组成。发育后期，由于细胞滋养层在许多部位消失，以及合体滋养层在一些部位仅为一薄层胞质，故胎盘屏障变薄，胎血与母血间仅隔以绒毛毛细血管内皮和薄层合体滋养层及两者的基膜，更有利于物质交换。

（三）胎盘的功能

1. 物质交换 胎盘是维持胎儿生长发育的重要器官，胎盘具有相当于成人的肺、小肠、肾和肝的功能。胎儿经胎盘从母体血中获取营养物质及O_2，排出代谢物及CO_2，可阻止母体血液内的大分子物质及多数细菌和其他致病微生物等有害物质侵入胎儿体内，是一道重要的天然保护屏障。但某些药物、病毒和激素等可透过胎盘屏障进入胎儿体内，影响胎儿发育，应注意预防。

2. 分泌激素 胎盘能分泌多种激素，对正常妊娠和胎儿的发育有重要作用。

（1）人绒毛膜促性腺激素（human chorionic gonadotropin，hCG）：在受精后第2周末出现在母血中，第8周达到高峰，之后逐渐下降，第20周降至最低点。孕妇尿中hCG的浓度变化曲线与血中的浓度变化曲线相平行。hCG可随尿液排出，在妊娠第8天母亲的血中或第10天母亲的尿中能检测到hCG，因此，可以用来检测早孕。hCG的主要功能类似黄体生成素，可促进卵巢黄体的继续存在和旺盛分泌，以维持妊娠的正常进行。

（2）人胎盘催乳素（human placental lactogen，hPL）：其分子结构和生理功能均与生长激素相似，有促生长作用，可促进母体乳腺发育及胎儿的生长，其分泌量与胎盘重量增长和胎儿生长相平行。人胎盘催乳素于妊娠2个月开始分泌，第8个月达高峰，直到妊娠末期。hPL半衰期很短，仅19～30分钟。孕妇分娩7小时后，血液中不能测出。

（3）孕激素与雌激素：胎盘分泌的孕激素和雌激素于妊娠第4个月开始出现，在妊娠中期和晚期逐渐增多，并逐渐替代卵巢妊娠黄体分泌孕激素和雌激素的功能，两种激素对维持正常妊娠有重要作用。

雌激素可调控胎盘、子宫、乳腺和胎儿器官的生长。孕激素是维持妊娠期子宫处于静息状态的主要激素，抑制子宫平滑肌的自发收缩，使子宫在分娩前处于静止状态。高水平的雌激素和孕激素具有免疫抑制作用，故认为这是母体免疫系统不会排斥具有抗原性的胚胎的重要原因。

第四节 胚胎龄的推算和胚胎各期外形特征

一、胚胎龄的计算与预产期的推算

（一）胚胎龄的计算

胚胎龄的计算方法常用的有月经龄和受精龄两种。

1. 月经龄 从孕妇怀孕前最后一次月经的第一天作为胚胎龄计算的起始日，胎儿分娩出生日为胚胎龄的最后一天，共280天左右，以28天为一个妊娠月，则为10个月，月经龄不是胚胎的真实年龄，但通常可作为临床上妊娠时间的计算。

2. 受精龄 以受精之日作为胚胎龄计算的起始日，胎儿分娩出生日作为胚胎龄的最后一天，即胚胎的月经龄减去14天，约266天，受精龄常用于胚胎学的科学研究。

（二）预产期的推算

根据胚胎的受精龄和胚胎的发育时间，推导临床计算预产期的公式为：孕妇末次月经的月份+9或−3（年份+1），日+7。提前或超过预产期两周生产均属正常。

二、人体胚胎各期主要形态特征与胚胎的测定方法

（一）人体胚胎各期主要形态特征

人体胚胎各期主要形态特征见表21-1，表21-2。

表 21-1 人胚外形的主要变化与长度

胎龄（周）	外形特征	长度（mm）
第 1 周	受精、卵裂、胚泡形成，开始植入	
第 2 周	植入完成，二胚层胚盘形成，绒毛膜形成	0.1 ～ 0.4（GL）
第 3 周	三胚层胚盘形成，脊索、神经管形成，体节开始出现	0.5 ～ 1.5（GL）
第 4 周	胚体逐渐形成，脑泡形成，鳃弓出现，心管和原始消化管形成，胚体血液循环初步建立，肝脏发生	1.5 ～ 5.0（CRL）
第 5 周	胚体屈向腹侧，肢芽出现，手板明显，体节 30 ～ 44 对	4 ～ 8（CRL）
第 6 周	肢芽分为两节，足板明显，视网膜出现色素，外耳正在形成，脐疝出现	7 ～ 12（CRL）
第 7 周	手足板相继出现指（趾）雏形，体节消失，颜面形成，乳腺嵴出现，脐疝明显	10 ～ 21（CRL）
第 8 周	四肢增长，肘屈和膝屈形成，指（趾）游离，脸更具人形，尾消失，脐疝仍存在	19 ～ 35（CRL）

注：GL，最长值；CRL，顶臀长。

表 21-2 胎儿外形主要特征、长度与体重

胎龄（周）	外形主要特征	坐高（mm）	体重（g）
9	眼睑闭合，外阴性别不可分	50	8
10	指甲发生，肠袢退回腹腔	61	14
12	性别可辨别，胎头特大，颈明显	87	45
14	头竖直，下肢发育好，指甲发生	120	110
16	耳竖起，皮肤很薄，肌肉发达	140	200
18	胎脂出现	160	320
20	头和体部有胎毛	190	460
22	皮肤红而皱	210	630
24	眉毛和睫毛生长，胎体瘦，无皮下脂肪，指甲全出现	230	820
26	眼睑部分打开，皮下脂肪少	250	1000
28	眼睑重新打开，头发出现，皮肤略皱	270	1300
30	睾丸开始下降，趾甲全出现	280	1700
32	皮下脂肪渐增，皮肤浅红光滑	300	2100
36	体丰满，肢体弯曲，指（趾）甲越过指（趾）尖	340	2900
38	胎毛开始脱落，四肢变圆，头发长，睾丸降入阴囊	360	3400

（二）胚胎的测定方法

不同发育阶段胚胎的测定方法：在发育生物学研究和法医办案中，常需要对早产、流产和意外伤害中的胚胎进行胎龄的测量，不同胎龄的胚胎形态学差异很大，因而测量方法也不同。

1. 人胚第 1～3 周胚龄测定 因胚体小，可用组织学制片方法，观察卵裂、胚泡及胚层发生的形态，以此测定早期胚龄。

2. 人胚第 20～30 日胚龄测定 此期可通过计算体节数量来测定胚龄。

3. 人胚 2 个月后的胚龄测定 通过测量胚胎的坐高和立高，结合外形特征测定胚龄。最长值

(greatest length，GL)，又称全长，适用于4周前的人胚测量。顶臀长（crown-rump length，CRL），又称坐高，适用于4～8周的人胚测量，即从头部最高点至尾部最低点之间的长度。顶跟长（crown-heal length，CHL），又称立高，用于8周以后的胎儿测量，即从头顶量至坐骨结节，从坐骨结节量至膝盖，再从膝盖量至脚跟，三者之和为立高（图21-23）。

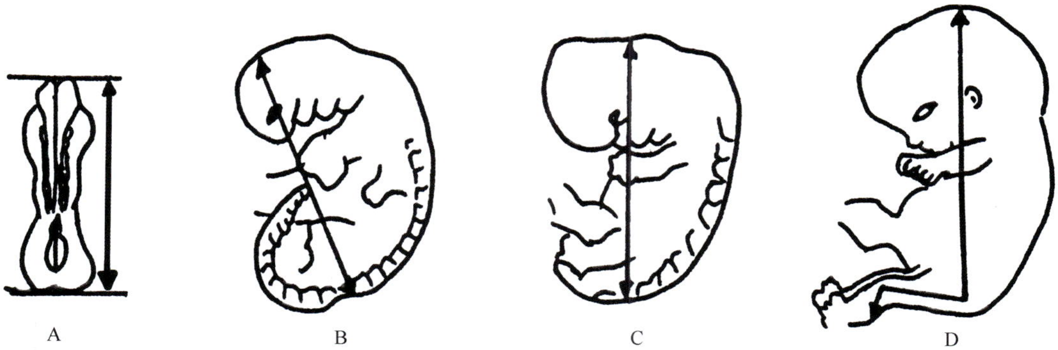

图21-23　胚胎长度测量法示意图（广州中医药大学张丽桃老师绘）

A. 最长值；B、C. 顶臀长；D. 顶跟长（立高）

第五节　双胎、多胎和连体双胎

一、双　　胎

双胎又称孪生（twins）。双胎包括单卵孪生（monozygotic twins）和双卵孪生（dizygotic twins）。单卵孪生是来自同一个受精卵的双胎，是一个早期胚胎一分为二的结果。单卵孪生的两个个体由于遗传构成完全相同，因而两者相貌相似、性别相同，遗传表型也完全相同。两者之间进行组织器官移植不会发生免疫排异。单卵孪生发生的原因有以下三种情况（图21-24）：①受精卵发育出两个胚泡，两个胚泡分别植入，各自演变为一个完整的个体，两个胎儿有各自的羊膜腔和胎盘；②一个胚泡形成两个内细胞群，分别演变为完整个体，两个胎儿具有共同的绒毛膜和胎盘，各自具有一个羊膜（图21-25）；③一个胚盘上形成两个原条，每个原条诱导周围组织发育成为一个完整的个体，两个胎儿同位于一个羊膜腔内，共享一个胎盘。

双卵孪生是来自两个受精卵的双胎，即卵巢一次排出两个卵细胞，分别受精后发育成双胚。双卵孪生的发生率为0.7%～1.1%，且随孕妇年龄增长而升高，常有家族性孪生历史。双卵孪生的两个个体由于遗传构成不相同，因而两者相貌特征、性别与遗传表型就如亲兄弟姐妹。每个胚胎有其独立的绒毛膜囊和胎盘。

二、多　　胎

多胎（multiplets）是指一次分娩出三个或三个以上胎儿。多胎发生率很低，据统计三胎发生率约为万分之一，四胎发生率约为百万分之一。从理论上讲，来自一个受精卵的多胎称单卵多胎，来自多个受精卵的多胎称多卵多胎，如果多胎中既有单卵性，也有多卵性，称混合多胎。

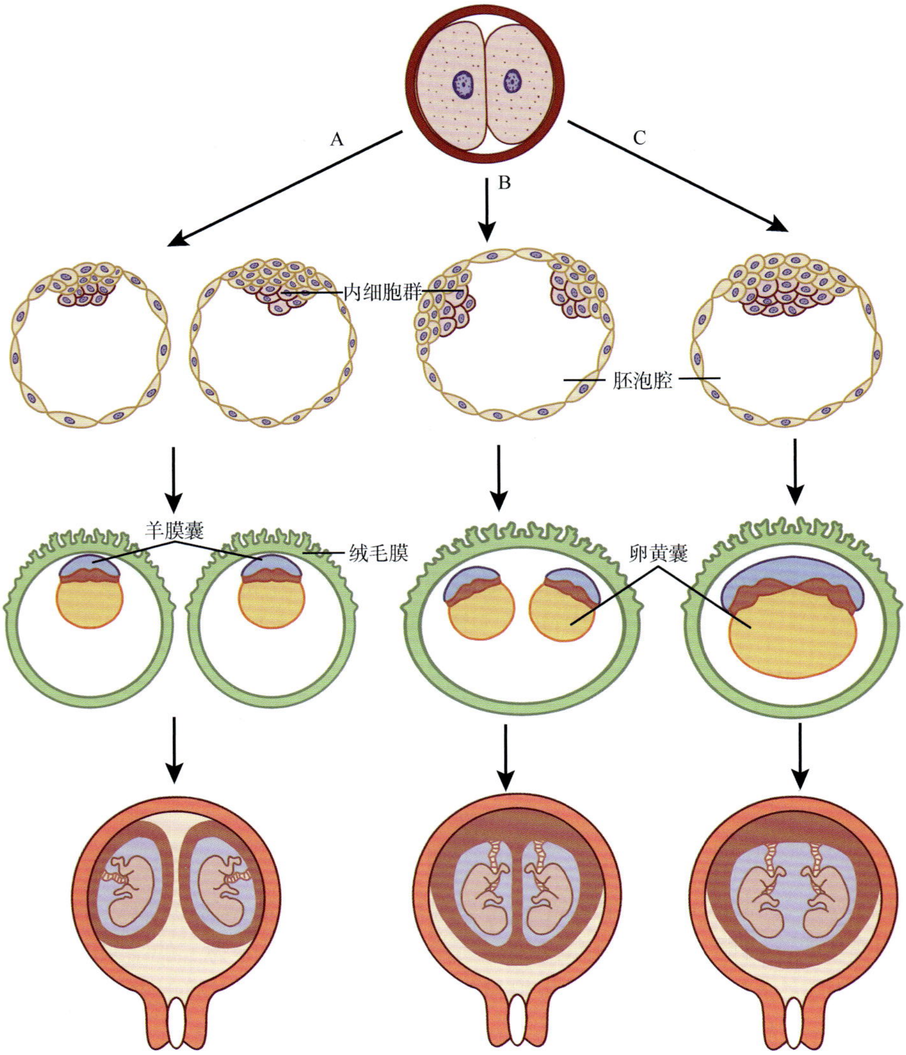

图21-24 单卵孪生形成类型及其与胎盘、胎膜关系示意图

图21-25 单卵孪生

三、连体双胎

连体双胎（conjoined twins）是指两个未完全分离的单卵孪生（图21-26）。连体双胎有共同的胎盘、绒毛膜和羊膜囊。连体双胎多因一个胚盘上出现的两个原条靠得太近，使各自发育的胚体局部相连。根据连接部位不同可以分为头连双胎、臀连双胎、胸连双胎、腹连双胎、背连双胎等，其连接的深度和广度也有所不同（图21-27）。如果两个连体胎儿发育基本相同、大小相似，称对称性连体双胎，反之为不对称性连体双胎。连体双胎中出现其中一个胎儿很小且发育不完整，此小胎儿称寄生胎（parasitic fetus）；小而发育不完整胎儿被包裹在大胎儿体内，则称胎内胎（fetus in fetus）。

图21-26 连体双胎模式图（广州中医药大学张丽桃老师绘）

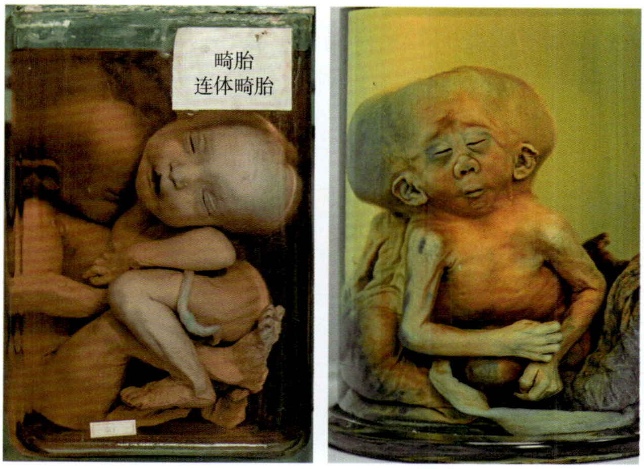

图21-27 连体双胎

知识扩展

补肾法在生殖助孕中的作用

随着人类生育功能的下降，辅助生殖技术也越来越重要。中医认为生殖功能与肾相关。《素问·上古天真论》云男子：“二八，肾气盛，天癸至，精气溢泻，阴阳合，故能有子”。《女科折衷纂要》云：“母子之肾脏系于胎，是母之真气，子之所赖也。”中医认为肾具封藏精气之功能。肾气足，则子宫、卵巢、睾丸等生殖器官良好发育，胎儿健康成长。若肾虚则生殖功能受到影响，如男性弱精少精症、女性子宫发育不良及习惯性流产、胎儿发育迟缓等，大都有肾气虚馁的问题。因此，补肾法是中医临床最常用的生殖助孕方法，深入研究补肾法在生殖助孕的作用机制中不仅有助于解决不孕不育的难题，更有助于将中医文化发扬光大。

思考题

1. 植入的过程和条件是什么？
2. 二胚层胚盘及相关结构是怎样发生的？
3. 三胚层胚盘是如何发生的？
4. 三胚层胚盘分别分化为哪些组织和器官？
5. 胎盘的组成及功能是什么？

（郭洪胜）
（绘图　翁安莉）

第二十二章　颜面、颈和四肢的发生

人胚发育第4周时，胚盘向腹侧卷折成柱状。此时，前神经孔逐渐闭合，神经管头端迅速膨大形成脑的原基，即脑泡。脑泡腹侧的间充质局部增生，使胚体头部外观呈较大的圆形隆起，称额鼻突（frontonasal process）。同时，口咽膜尾侧的原始心脏发育长大并隆起，称心隆起（heart bugle）（图22-1）。

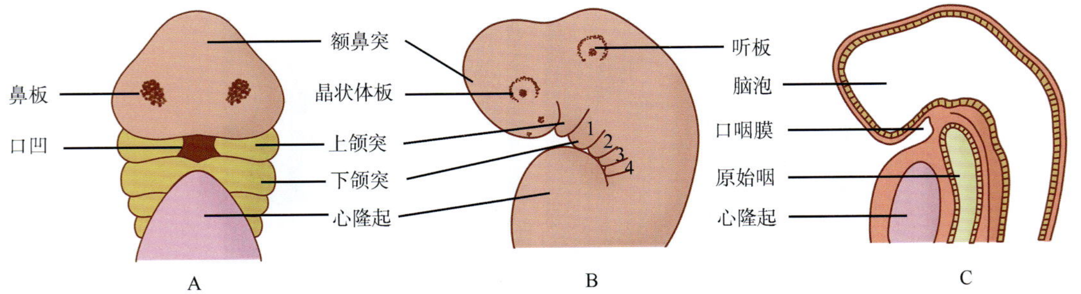

图22-1　第4周人胚头部模式图

A. 腹面观；B. 侧面观；C. 矢状面；1～4. 鳃弓

第一节　鳃器的发生

人胚发育第4～5周，伴随额鼻突与心隆起的出现，胚体头颈部两侧的间充质增生，逐渐形成左右对称、背腹方向的6对弓形隆起，称鳃弓（bronchial arch）。相邻鳃弓之间的条形凹沟称鳃沟（bronchial groove），共有5对。人胚前4对鳃弓明显，第5对出现不久即消失，第6对很小，不明显。鳃弓发生的同时，原始消化管头段（原始咽）侧壁内胚层向外膨出，形成的与5对鳃沟相对应的5对囊状结构，称为咽囊（pharyngeal pouch）。咽囊顶壁的内胚层与鳃沟底壁的外胚层及二者之间的少量间充质构成鳃膜（bronchial membrane）。鳃弓、鳃沟、鳃膜与咽囊统称鳃器（bronchial apparatus）（图22-2）。

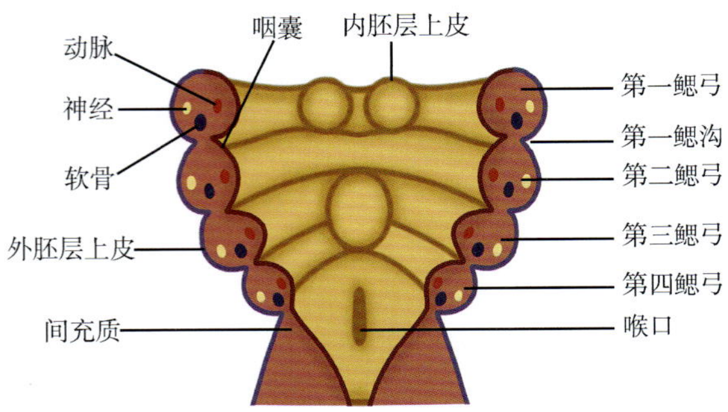

图22-2　鳃弓和咽囊模式图

鱼类和两栖类幼体的鳃器演化为具有呼吸功能的鳃等器官。人胚的鳃器属一过性结构，存在时间较短，鳃弓将参与颜面与颈的形成，其间充质分化为肌组织、软骨和骨；咽囊内胚层则是多种重要器官的发生原基（见第二十三章）。人胚早期鳃器的出现，是个体种系发生的重演现象，也是生物进化与人类起源的佐证。

第二节　颜面的形成

颜面的形成与额鼻突及第一鳃弓密切相关。第一鳃弓发生后，其腹侧部分迅速分为上、下两支，分别称上颌突（maxillary process）和下颌突（mandibular process）。左、右下颌突很快在胚体腹侧中线融合，将口咽膜与心隆起分隔开。此时的胚体颜面由额鼻突、左右上颌突、已融合的左右下颌突及中间的凹陷即口凹（stomodeum）组成（图22-1）。口凹即原始口腔，其底部为口咽膜。口咽膜约在人胚发育第24天破裂，原始口腔随之与原始咽相通。

颜面形成与鼻的发生关系密切。胚第4周末，额鼻突下缘两侧的局部表面外胚层增生，形成一对左右对称的椭圆形增厚区，称鼻板（nasal placode）（图22-1）。鼻板中央区凹陷形成鼻窝（nasal pit），其下缘以一条细沟与口凹相通。鼻窝的内、外侧缘间充质增生凸起分别形成内侧鼻突（median nasal prominence）和外侧鼻突（lateral nasal prominence），两个突起的上部相连续。外侧鼻突与上颌突之间有一条浅沟称鼻泪沟，是鼻泪管和泪囊的原基（图22-3）。

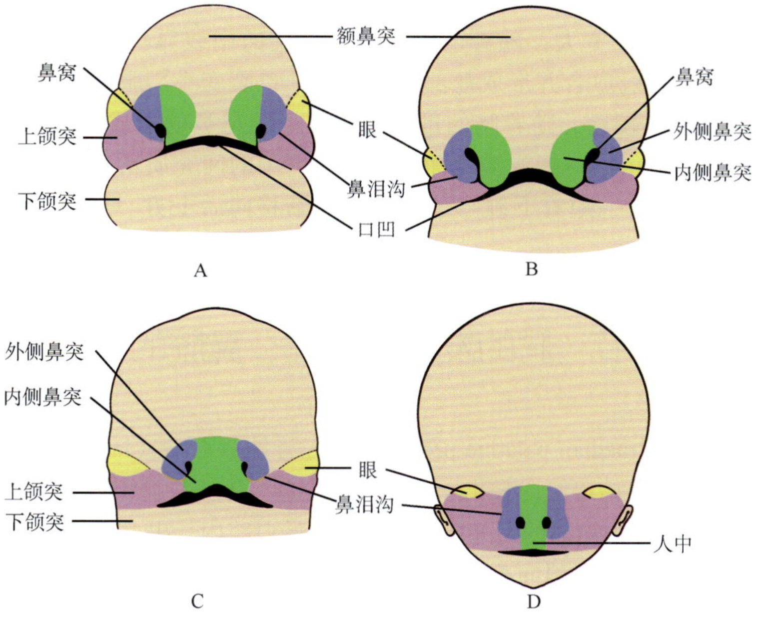

图22-3　颜面形成示意图

颜面的演变是从两侧向正中方向发展。人胚第5周，左右下颌突在中线愈合，将发育形成下颌与下唇。在第6～7周，左右上颌突也向中线生长，并先后与同侧的外侧鼻突和内侧鼻突愈合，上颌突发育形成上颌及上唇的外侧部分，与此同时，两侧的鼻窝也彼此靠拢，左右内侧鼻突在中线合并形成鼻梁和鼻尖，其下缘向下方迁移，并与正向中线生长的左右上颌突融合，发育形成上唇的正中部分和人中。外侧鼻突发育形成鼻外侧壁与鼻翼，额鼻突的其他部分主要发育形成前额。随着鼻梁、鼻尖等结构的形成，原来朝向前方的鼻窝逐渐转向下方，形成外鼻孔，鼻窝向深部扩展，形成原始鼻腔。原始鼻腔和原始口腔之间隔以菲薄的口鼻膜，该膜破裂后，原始鼻腔和口腔相通（图22-4）。

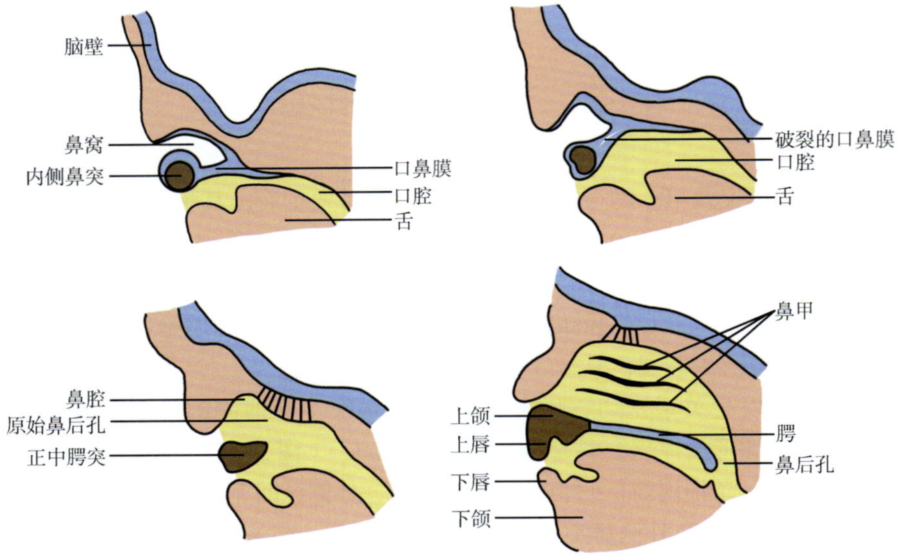

图22-4 鼻腔形成示意图

原始口腔的开口开始较宽大，随着两侧上、下颌突向中线靠拢及上、下唇的形成，同侧上、下颌突从分叉处向中线愈合并形成颊部和口角后，口裂变小。眼的发生位置最初在额鼻突的外侧，两眼的相对距离较远，随着脑的迅速增大及上颌与鼻的形成，两眼逐渐向中线靠近，并处于同一平面。外耳道由第一鳃沟演变而成，鳃沟周围的间充质增生形成耳郭（见第二十七章）。外耳的位置起初很低，随着下颌与颈的发育逐渐移向后上方。至第8周末，胚胎的颜面初具人貌。

第三节 腭的发生与口腔、鼻腔的分隔

腭起源于正中腭突（median palatine prominence）与外侧腭突（lateral palatine prominence）。左、右内侧鼻突融合后向原始口腔内长出一个短小的突起，即正中腭突，将演化为腭前部的一小部分。随后，左、右上颌突内侧面的间充质增生，向原始口腔内长出一对扁平突起，即外侧腭突，起初外侧腭突位于舌的两侧，并斜向下方生长，随着口腔变大、舌的位置下降，左右外侧腭突在舌的上方呈水平方向生长，在中线愈合形成腭的大部分。左、右外侧腭突前缘与正中腭突愈合，三者融合处留一小孔，即切齿孔。以后腭前部间充质骨化形成硬腭，后部则为软腭。软腭后缘正中部组织增生形成一小突起，即腭垂。随着腭的形成，原始口腔与原始鼻腔被分隔形成永久的口腔与鼻腔（图22-5）。

鼻腔在腭后缘与咽相通。伴随着腭的形成，额鼻突和内侧鼻突的外胚层和中胚层组织增生，下部向原始鼻腔内长出板隔膜，即鼻中隔。鼻中隔向下生长，最终与腭在中线融合，将鼻腔一分为二。鼻腔的两外侧壁各发生三个皱襞，将分别发育为上、中、下三个鼻甲（图22-4，图22-5）。

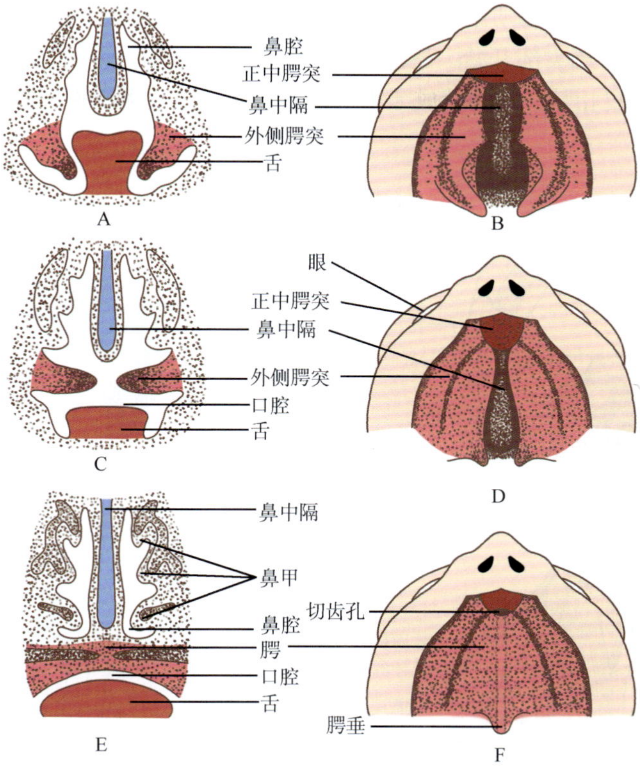

图22-5 腭的发生及口腔与鼻腔的分割示意图

A、C、E. 头部冠状切面；B、D、F. 口腔顶部

第四节 牙与舌的发生

一、牙的发生

牙釉质来自外胚层，牙本质和牙髓来自神经嵴来源的外胚层间充质。牙的发育是一个长期、复杂的生物学过程，包括细胞与细胞、上皮与间充质的相互作用，细胞分化、形态发生、组织矿化和牙萌出。所有牙的发育过程是相似的。乳牙可经历2年时间，恒牙则需要10年左右时间。牙的发育是一连续过程，包括牙胚的发生、组织形成和牙萌出，不仅发生在胚胎时期，还持续到出生之后。

人胚第6周时，口凹边缘的外胚层组织增生，沿上、下颌形成U形的牙板（dental lamina）。牙板上皮向深部中胚层内生长，在上、下颌内先后各形成10个圆形突起，称牙蕾（tooth bud）。间充质从其底部进入，形成牙乳头（dental papilla）。牙蕾发育增大，牙蕾的外胚层形成帽状的造釉器（enamel organ）。造釉器和牙乳头周围的间充质形成牙囊（dental sac）。造釉器、牙乳头和牙囊共同构成乳牙原基（图22-6）。

（一）牙釉质的形成

造釉器发育分化为三部分：①外层为单层立方或扁平细胞组成的外釉上皮；②内层为单层柱状细胞组成的内釉上皮，该柱状细胞称为成釉质细胞（ameloblast）；③内、外釉上皮之间为有突起的星状细胞组成的釉网。成釉质细胞具有造釉质作用，细胞不断分泌基质，基质钙化后形成釉柱。牙釉质的形成是从牙冠尖部开始，逐渐向牙颈部扩展。随着牙釉质增厚，成釉质细胞渐向浅部迁移，最后与外釉上皮相贴，共同组成牙小皮，覆于牙釉质表面，釉网退化消失。婴儿出牙时，牙小皮随之消失。

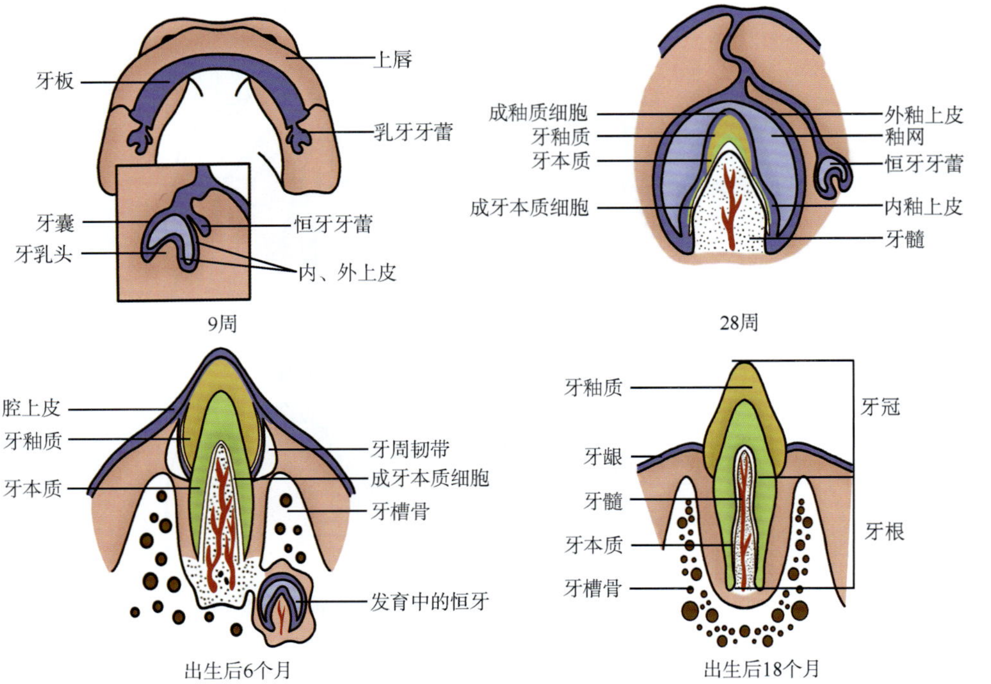

图22-6 牙的发生示意图

（二）牙本质的形成

牙乳头靠近内釉上皮的间充质细胞分化为一层柱状的、有突起的成牙本质细胞（odontoblast），该细胞在此不断分泌基质，基质钙化后即为牙本质。随着牙本质的增厚，成牙本质细胞胞体渐向深部迁移，突起则增长，称为牙本质纤维，纤维所在的管道称牙本质小管。牙乳头的其余部分则分化为牙髓。

（三）牙骨质的形成

牙囊的内侧份分化为牙骨质，外侧份分化为牙周膜。在乳牙原基发生的同时，牙板形成恒牙原基，其体积小、分化发育晚。恒牙原基在胚胎第10周开始发生，其形成过程与乳牙相同。乳牙通常在出生后第6～24个月长出，而恒牙通常在6岁左右开始长出。智齿指的是第三磨牙，生长在牙槽骨的末端，萌出的年龄和数目个体差异较大，大多数人在16～25岁时萌出1～4颗智齿。现代人牙槽骨不同程度地退化及智齿本身的退化可导致智齿萌出异常或不对称萌出。

二、舌的发生

舌发生在口腔与咽的头端底部。胚胎第4周末，左、右下颌隆起的内侧面间充质增生，朝向口腔内形成三个突起，前方一对左右对称，称侧舌膨大（lateral lingual swelling），后方正中一个较小隆起位居中线，称奇结节（tuberculum impar）。左、右侧舌膨大迅速增大，并在中线愈合，形成舌体的大部分。奇结节生长缓慢，形成舌盲孔前方舌体的一小部分。第二、三、四鳃弓腹侧端之间的间充质增生，凸向咽腔，形成联合突和会厌突，前者发育成舌根，后者发育为会厌。舌根与舌体的愈合线为一条V形界沟，沟顶点即为舌盲孔（图22-7）。

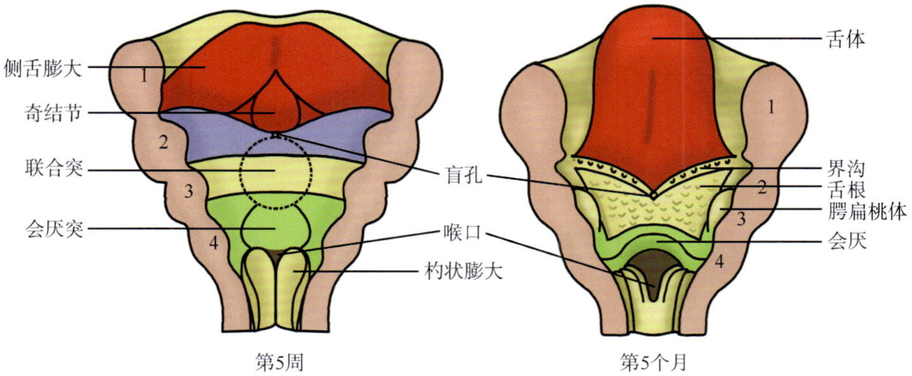

图22-7　舌的发生示意图

1～4示鳃弓

第五节　颈的形成

颈部由第二、三、四对和第六鳃弓与心上嵴发育形成。第5周时，第二鳃弓生长迅速，向尾侧延伸并越过第三、四、六鳃弓，与下方的心上嵴融合。心上嵴是心突上缘的间充质增生、向头端长出的嵴状突起。当两者愈合后，第二鳃弓与深部3个较小鳃弓之间形成了一个封闭腔隙，称颈窦（cervical sinus）。颈窦很快闭锁消失。由于鳃弓的分化、食管和气管的伸长及心脏位置的下降，颈部逐渐形成。

第六节　四肢的发生

人胚第4周末，胚体左、右外侧壁上先后出现两对小突起，即上肢芽和下肢芽。最初，每个肢芽（limb bud）由深部增殖的中胚层和表面的外胚层组成。肢体中轴的间充质以软骨内成骨的方式形成骨，来自体节的间充质细胞迁移到肢芽，分化为骨骼肌；脊神经长入四肢，支配肢体的感觉和肌肉运动。肢芽逐渐增长、变粗并先后出现近端和远端两个缩窄环，将每一肢芽分为三段，在上肢分别发育为上臂、前臂和手，在下肢则分别发育为大腿、小腿和足（图22-8）。手和足的原基均为扁平船桨状，称手板（hand plates）和足板（foot plates）。而后，手板和足板顶端部分细胞凋亡，形成四条凹沟，凹沟间则出现五条指（趾）线（digital ray）；随着指（趾）线间的细胞不断凋亡，至第8周末，手指和足趾形成（图22-9）。

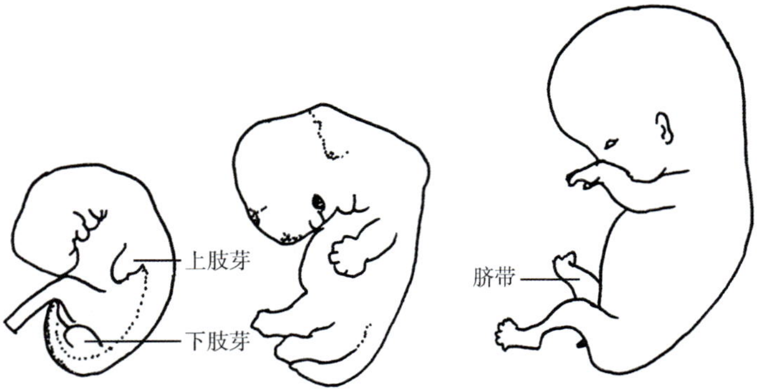

图22-8 肢体的发生模式图（广州中医药大学张丽桃老师绘）

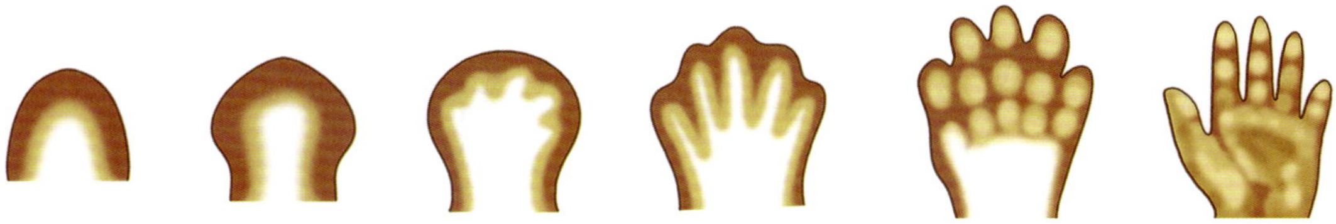

图22-9 手的形态演变模式图

第七节 常见畸形

一、唇 裂

唇裂（cleft lip）是最常见的颜面畸形，多见于上唇，多为单侧，也可见双侧者，多因上颌突与同侧内侧鼻突未融合所致，表现为人中外侧的垂直裂隙（图22-10），可伴有腭裂和牙槽突裂。如左、右内侧鼻突未融合或两侧下颌突未融合，可分别导致上唇或下唇的正中唇裂，但均少见。如内侧鼻突发育不良导致人中缺损，则出现正中宽大唇裂（图22-11）。

二、面 斜 裂

面斜裂（oblique facial cleft）是位于眼内眦与口角间的裂隙，因上颌突与同侧外侧鼻突未融合所致（图22-10）。

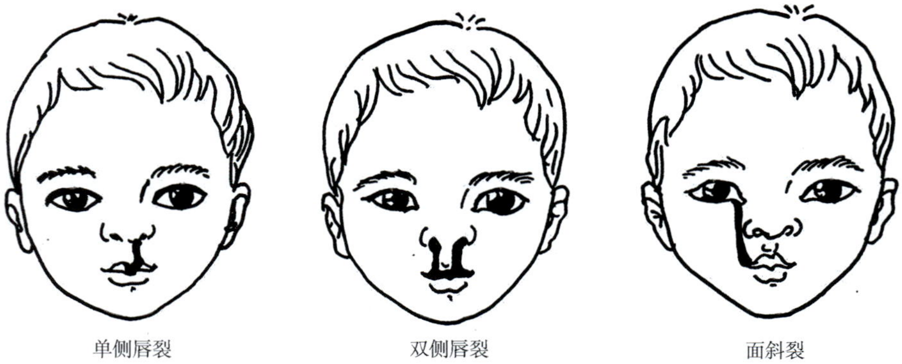

图22-10 唇裂和面斜裂模式图（广州中医药大学张丽桃老师绘）

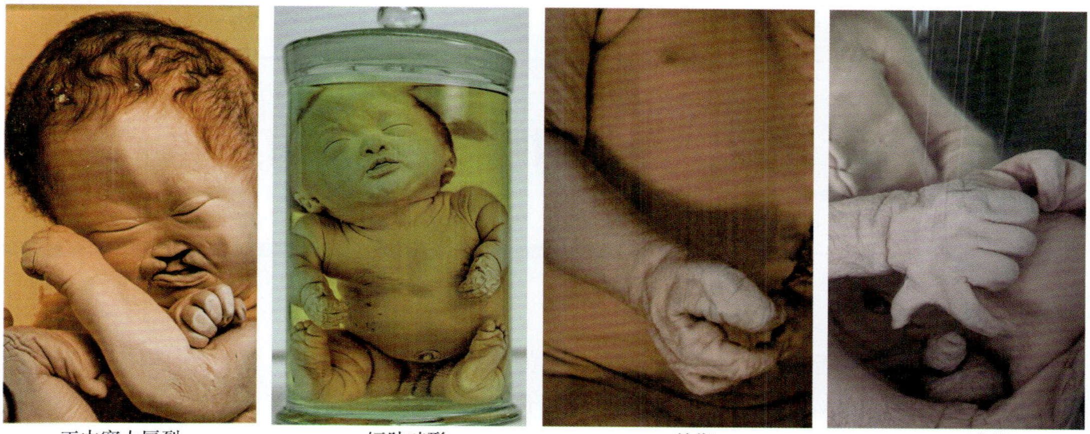

正中宽大唇裂　　短肢畸形　　并指　　多指

图 22-11　颜面和四肢常见畸形

三、腭　　裂

腭裂（cleft palate）也较常见，呈现多种类型。因正中腭突与外侧腭突未融合而致前腭裂（单侧或双侧，常伴发唇裂），表现为切齿孔至切齿之间的裂隙。因左、右外侧腭突未在中线融合而致正中腭裂，表现为切齿孔至腭垂间的矢状裂隙。若前腭裂与正中腭裂同时存在称完全腭裂。

四、颈囊肿和颈瘘

颈窦若未完全闭锁消失，在胸锁乳突肌前缘处留一个封闭的囊泡，称颈囊肿（cervical cyst）。若颈囊肿有开口与咽腔或体表相通，则形成颈瘘（cervical fistula）。

五、四 肢 畸 形

四肢畸形表现为一个或多个肢体的完全缺如或局部缺如及重复畸形，多因遗传因素或环境因素所致。四肢畸形主要包括以下三种类型：①无肢畸形，表现为一个或若干个肢体完全缺如，或局部缺如（如无前臂、无手、无指）。②短肢畸形（图 22-11），表现为四肢短小或海豹样手或足畸形（手或足长在短小的肢体上，或直接长在躯干上）。③肢体分化障碍，如某块肌肉或肌肉群缺如、关节发育不良、骨畸形、马蹄内翻足（即足底内翻）、多指（趾）、并指（趾）等（图 22-11）。

思考题

1. 颜面是怎样发生的？都有哪些结构参与颜面的发生？
2. 为什么唇裂经常会伴有腭裂？
3. 常见的四肢畸形有哪些？

（王志勇）

（绘图　翁安莉）

第二十三章　消化系统和呼吸系统的发生

人胚第3～4周，随着圆柱状胚体的形成，卵黄囊顶部的内胚层被卷入胚体内部，形成头尾走向的原始消化管（primitive gut），其头段称前肠（foregut），尾段称后肠（hindgut），与卵黄囊相连的中段称中肠（midgut）。前肠将分化为咽、食管、胃、十二指肠上段、肝、胆、胰、喉及其以下的呼吸系统、胸腺、甲状腺和甲状旁腺等器官；中肠将分化为十二指肠中段至横结肠右2/3段的消化管；后肠将分化为横结肠左1/3部至肛管上段的消化管，以及膀胱和尿道的大部分。消化管与呼吸道的上皮及腺的实质多来自原始消化管的内胚层，而结缔组织、肌组织和外表的间皮来自脏壁中胚层（图23-1）。

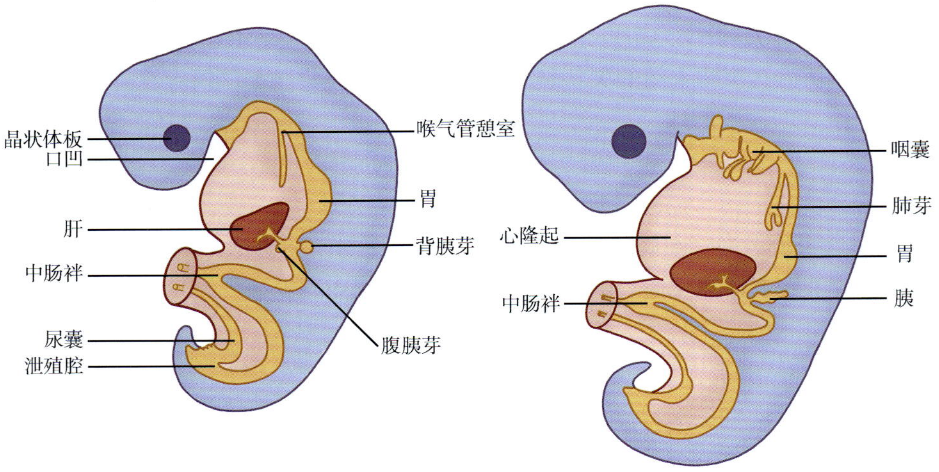

图23-1　原始消化管的早期演变示意图

第一节　消化系统的发生

一、原始咽的发生和咽囊的演变

原始咽（primitive pharynx）为消化管头端的膨大部，呈左右宽、背腹扁、头宽尾窄的扁漏斗形，其头端有口咽膜封闭，尾端止于喉气管憩室起始部。胚胎第4周时，口咽膜破裂，原始咽与原始口腔和原始鼻腔相通。原始咽的侧壁内胚层向外膨出，形成与5对鳃沟相对应的5对囊状结构，称咽囊（pharyngeal pouch）。随着胚胎的发育，原始咽和咽囊演变为头颈部的一些重要器官（图23-2）。

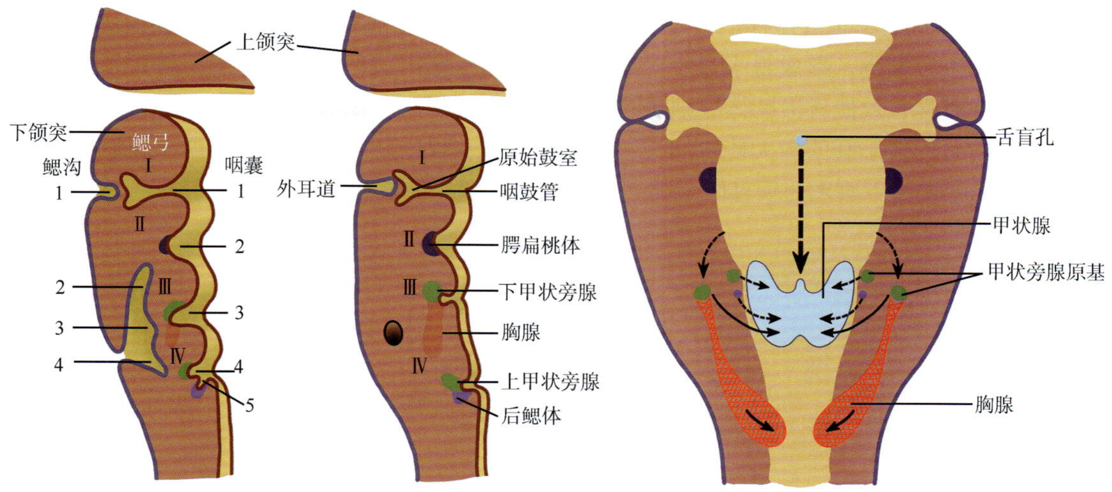

图23-2 咽囊的演变及甲状腺的发生示意图

1～4示鳃沟；1～5示咽囊；Ⅰ～Ⅳ示鳃弓

第一对咽囊：伸长形成咽鼓管，末端膨大演变为中耳鼓室，第1鳃沟形成外耳道，第1鳃膜分化为鼓膜（详见第二十七章）。

第二对咽囊：外侧部退化，内侧部内胚层细胞演变为腭扁桃体表面上皮。上皮下间充质演变为网状组织，淋巴细胞迁移至此并大量增殖。

第三对咽囊：背侧份细胞增生，下移至甲状腺原基背侧，分化为下一对甲状旁腺。腹侧份上皮增生，形成左右两条细胞索，向胚体尾侧延伸，在未来胸骨柄后方，左右侧细胞索汇合，形成胸腺原基，细胞索根部退化，与咽分离。胸腺原基的内胚层细胞分化为胸腺上皮细胞，由造血器官迁来的淋巴性造血干细胞增殖，分化为胸腺细胞。

第四对咽囊：腹侧部退化消失，背侧部上皮细胞增生并迁移至甲状腺原基背侧上方，分化为上一对甲状旁腺。

第五对咽囊：形成一细胞团，称后鳃体（ultimobranchial body），其部分细胞迁入甲状腺内，分化为滤泡旁细胞。但也有学者认为，滤泡旁细胞来源于神经嵴细胞。

原始咽的其余部分形成咽，尾端与食管相通。

二、甲状腺的发生

人胚第4周初，在原始咽底壁正中线处（相当于第1对咽囊平面），内胚层细胞增殖并向间充质内陷形成一盲管，称甲状舌管（thyroglossal duct），为甲状腺原基。甲状舌管沿颈部正中向尾侧方向延伸，末端向两侧增生扩大，形成甲状腺的侧叶。甲状舌管的上段不久即退化消失，仅在起始处残留一浅凹，即舌盲孔（foramen cecum of tongue）（图23-2）。

三、食管和胃的发生

人胚第4周时，原始咽尾端的一段原始消化管形成食管，起初很短，后随颈和胸部器官的发育而延长成为食管。食管的上皮由单层增生为复层，致使管腔狭窄甚至一度闭锁。第8周，过度增生的上皮细胞凋亡退化，食管腔重新出现。上皮周围的间充质分化为食管的结缔组织和肌组织。

人胚第4～5周时，食管尾侧的前肠膨大呈梭形，为胃的原基。胃的背侧缘生长较快，形成胃大弯；腹侧缘生长较慢，形成胃小弯。胃大弯的头端向上膨出，形成胃底。由于胃背系膜发育为突向左侧的网膜囊，致使胃沿胚体纵轴顺时针旋转90°，胃小弯由腹侧转向右侧，胃大弯由背侧转向左侧。同时，由于肝的增大使胃的头端被推向左侧，胃的尾端因十二指肠贴于腹后壁而被固定，从而使胃的位置由原来的垂直位变成由左上至右下的斜行位（图23-3）。

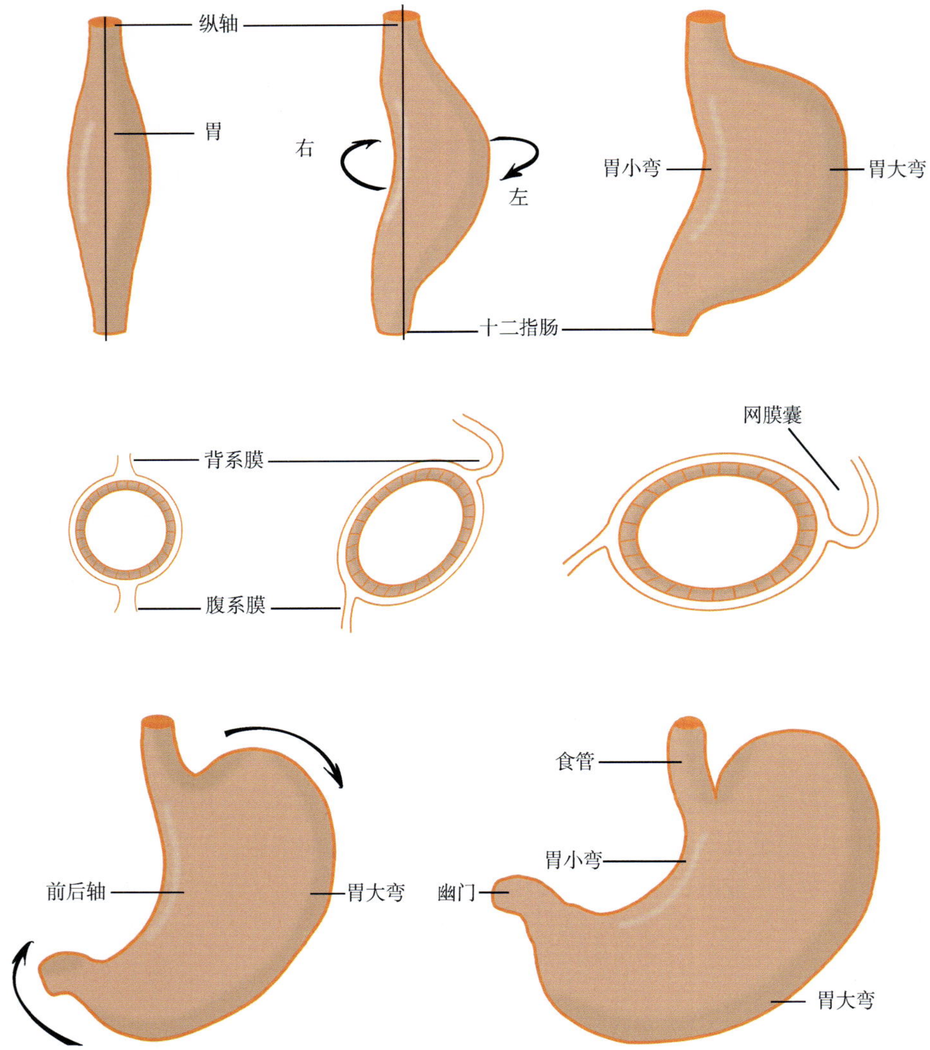

图23-3 胃的发生模式图（中行图为胃的中部横切面）

四、肠的发生

肠由胃以下的原始消化管发育而来。肠起初为一条与胚体长轴平行的直管，以背系膜连于腹后壁。人胚第5周，由于中肠的增长速度较快，致使肠管向腹侧弯曲形成U形袢，称中肠袢（midgut loop）。中肠袢的背系膜中轴位有肠系膜上动脉走行。中肠袢顶端连于卵黄蒂，并以此为界分为头、尾两支。此时，尾支近卵黄蒂处长出一囊状突起，称盲肠突（caecal bud），为盲肠和阑尾的原基，也是大肠与小肠的分界点（图23-4）。

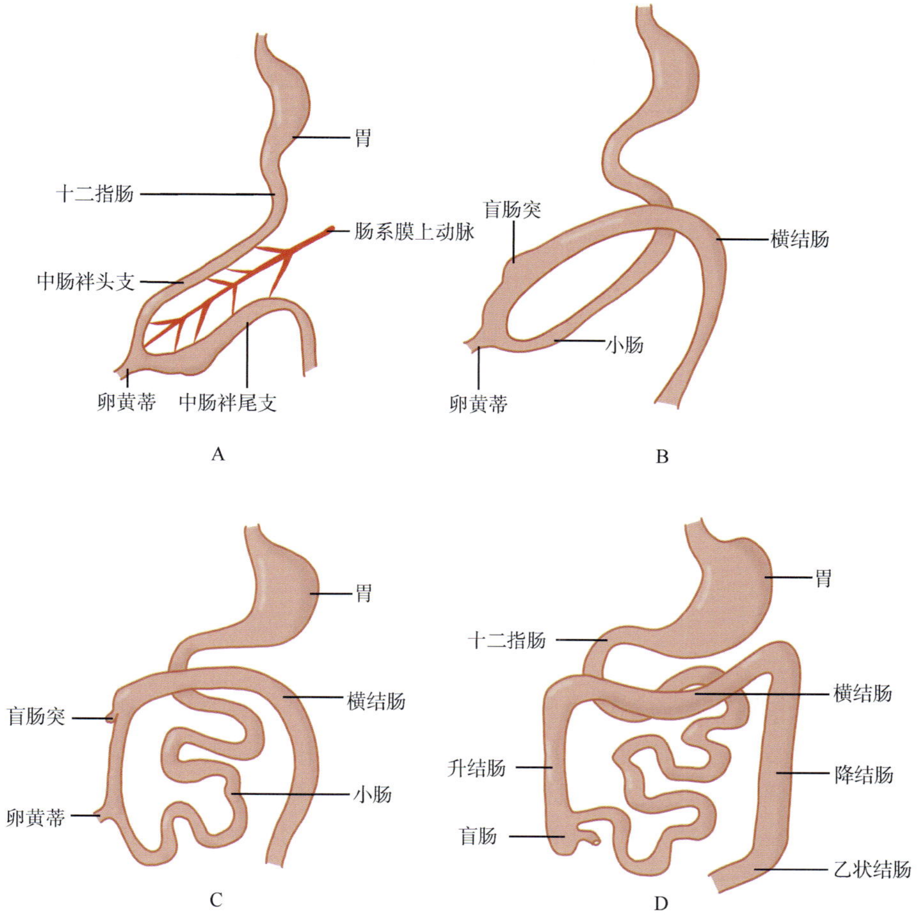

图23-4　肠的发生与中肠袢旋转示意图

人胚第6周，中肠袢生长迅速，由于肝、肾的发育，腹腔容积相对较小，致使中肠袢突入脐带中的胚外体腔，即脐腔（umbilical coelom），形成生理性脐疝（physiological umbilical herniation）。中肠袢在脐腔中生长的同时，以肠系膜上动脉为轴发生90° 逆时针旋转（腹面观），使中肠袢的头支从上方转向右侧，尾支从下方转向左侧。人胚第10周，由于腹腔容积增大，脐腔内中肠袢逐渐退回腹腔，脐腔随之闭锁。在肠袢退回腹腔的过程中，头支在先，尾支随后，逆时针方向再旋转180° ，使头支转至左侧，尾支转至右侧。头支进一步演化为空肠和回肠的大部分，位居腹腔的中部；尾支形成回肠末端至横结肠的右2/3段，主要位居腹腔的周边。盲肠突从肝右叶下方逐渐降到右髂窝，其近段形成盲肠，远段形成阑尾。当中肠袢退回到腹腔时，后肠的大部被推向左侧，形成横结肠的左1/3段、降结肠和乙状结肠。

人胚第6周以后，卵黄蒂退化闭锁，脱离肠袢，最终消失。

五、直肠的发生与泄殖腔的分隔

后肠的末段膨大，称泄殖腔（cloaca），其腹侧头端与尿囊相连，腹侧末端由泄殖腔膜封闭。

人胚第4～7周，后肠与尿囊之间的间充质增生，向尾端生长，呈一横向镰状隔膜突入泄殖腔内，形成尿直肠隔（urorectal septum）。尿直肠隔向尾端生长，抵达泄殖腔膜并与之愈合，将泄殖腔分隔成背侧的原始直肠和腹侧的尿生殖窦（urogenital sinus）。泄殖腔膜也被分为腹侧的尿生殖窦膜（urogenital membrane）和背侧的肛膜（anal membrane）。原始直肠将分化为直肠和肛管上段，尿生殖窦分化为膀胱和尿道（详见第二十四章）。肛膜外方的外胚层内陷形成的肛凹（anal pit），演变成肛管下段。第8周时，肛膜破裂，肛管相通。肛管上段的上皮来源于内胚层，下段的上皮来源于外胚层，两者的分界线为齿状线（图23-5）。

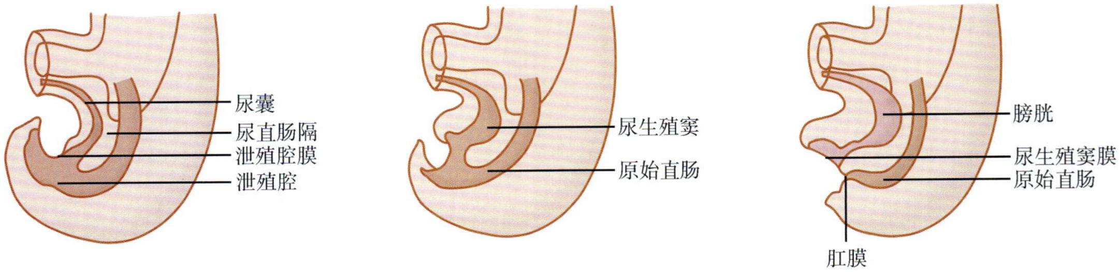

图23-5 泄殖腔的分隔示意图

六、肝和胆的发生

人胚第4周初，前肠末端腹侧壁内胚层上皮增生，形成一向外突出的囊状结构，称肝憩室（hepatic diverticulum），为肝和胆囊的原基。肝憩室生长迅速并伸入到原始横膈内。憩室的末端膨大，分头、尾两支（图23-6）。头支形成肝的原基，尾支形成胆囊及胆道的原基。头支生长迅速，很快形成树枝状分支，其近端分化为肝管及小叶间胆管，末端分支旺盛，形成肝索，肝索上下叠加形成肝板。肝板互相连接成网，网间隙形成肝血窦。肝板与肝血窦围绕中央静脉，共同形成肝小叶。原始横膈中的间充质分化为肝内结缔组织和肝被膜。人胚第2个月，肝细胞之间形成胆小管；第3个月开始合成胆汁。

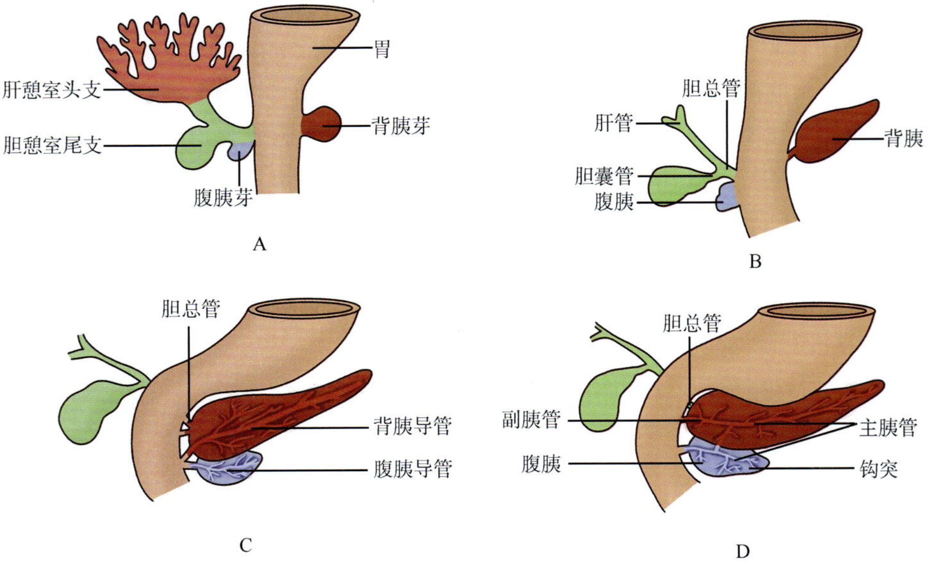

图23-6 肝、胆、胰的发生过程示意图

胚胎时期肝还具有造血功能。第6周时，造血干细胞从卵黄囊壁迁入胎肝，在血窦内外形成大量原始血细胞集落。胎肝的造血功能在第6个月之后逐渐降低，至出生时基本停止。

肝憩室的基部伸长形成胆总管，与胰腺导管合并，开口于十二指肠。肝憩室的尾支近端伸长形成胆囊管，远端扩大形成胆囊。

七、胰腺的发生

人胚第4周末，前肠末端近肝憩室尾缘处，内胚层细胞增生，分别向腹侧和背侧外方突出，形成腹胰芽（ventral pancreatic bud）和背胰芽（dorsal pancreatic bud），为胰腺的原基（图23-6）。胰芽的上皮细胞增生并反复分支，形成各级导管及其末端的腺泡；部分上皮细胞游离进入间充质，分化为胰岛。由于胃和十二指肠的旋转及肠壁的不等速生长，致使腹胰经右侧转向背侧并与背胰融合成一个胰腺（图23-6），腹胰形成胰头的下份和钩突，背胰形成胰头上份、胰体和胰尾。腹胰导管和背胰导管的远侧段构成主胰管，主胰管和胆总管汇合开口于十二指肠大乳头。背胰导管近侧段退化消失，若不退化则形成副胰管，开口于十二指肠小乳头。人胚第5个月，胰腺开始行使分泌功能。

八、常见畸形

（一）消化管狭窄或闭锁

消化管狭窄或闭锁主要见于食管和十二指肠，在其发生过程中，上皮细胞曾一度出现过度增生而使管腔狭窄或闭锁。随后过度增生的细胞凋亡，上皮变薄，管腔重新出现。若管腔重建过程受阻，则引起消化管狭窄或闭锁。

（二）梅克尔憩室

梅克尔憩室（Meckel diverticulum）又称回肠憩室，是卵黄蒂近端未闭锁退化所致。多位于距回盲部40～50cm处的回肠壁上，其顶端可有纤维索与脐相连（图23-7）。

（三）脐粪瘘

脐粪瘘（umbilical fistula）又称脐瘘，是卵黄蒂未退化、在脐和肠之间残留一瘘管所致。腹内压增高时，粪便可通过瘘管从脐部溢出（图23-7）。

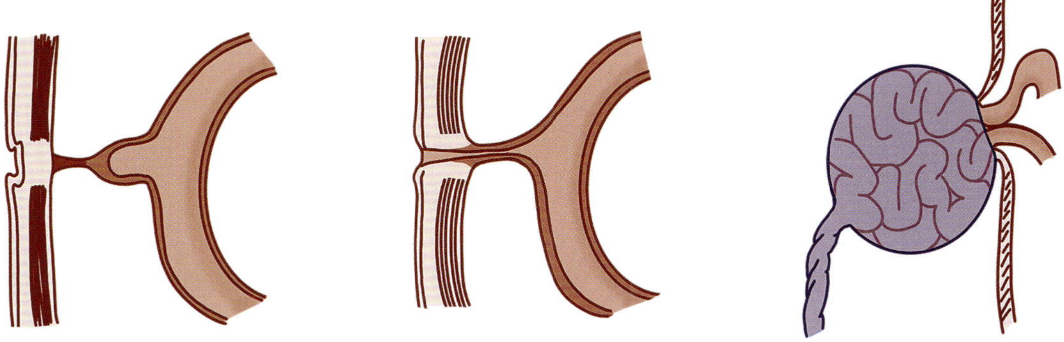

A　　B　　C

图23-7　肠管先天畸形模式图

A. 梅克尔憩室；B. 脐粪瘘；C. 先天性脐疝

（四）先天性脐疝

先天性脐疝（congenital umbilical hernia）是肠袢未从脐腔退回腹腔或脐腔未闭锁所致，当腹压增高时，肠管可从脐部膨出（图23-7）。

（五）先天性巨结肠

先天性巨结肠是由于神经嵴细胞未能迁移至结肠，该段肠壁因缺少副交感神经节细胞而处于不能蠕动的麻痹状态，肠腔内容物淤积致使肠管极度扩张。该畸形多发于乙状结肠。

（六）肛门闭锁

肛门闭锁（imperforate anus）又称不通肛，是肛膜未破或肛凹未与直肠末端相通所致，常伴有各种直肠瘘，如直肠尿道瘘、直肠阴道瘘、直肠会阴瘘、直肠膀胱瘘等（图23-8）。

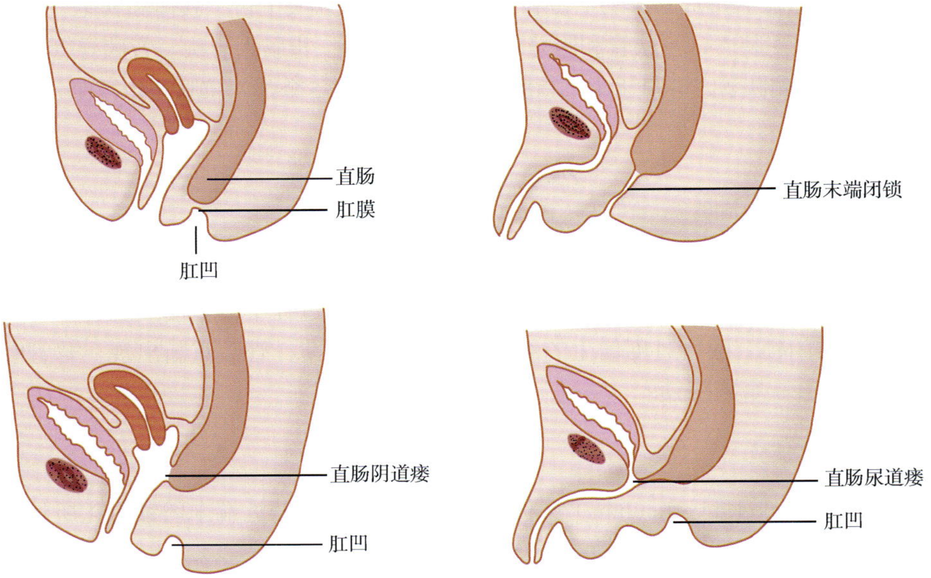

图23-8 肛门闭锁模式图

（七）中肠袢旋转异常

中肠袢旋转异常是中肠袢从脐腔退回腹腔时未发生旋转、转位不全或反向转位所致。可表现为左位阑尾和肝、右位胃和乙状结肠等，并可影响胸腔器官，形成右位心。

第二节 呼吸系统的发生

一、喉、气管和肺的发生

人胚第4周，原始咽尾端底壁正中出现一纵行浅沟，称为喉气管沟（laryngotracheal groove）。此沟逐渐加深，从尾端向头端愈合，形成一囊状突起，称喉气管憩室（laryngotracheal diverticulum），为喉和气管的原基。喉气管憩室位于食管的腹侧，两者之间的间充质增生为气管食管隔（tracheoesophageal septum）（图23-9）。喉气管憩室的上端发育为喉，中段发育为气管，末端膨大并分为左、右两支，称肺芽（lung bud），为主支气管和肺的原基（图23-10）。肺芽呈树枝状反复分支，第6个月时分支已达17级左右，形成肺内导气部和呼吸部的各级分支，终末出现少量肺泡（图23-10）。此时肺泡上皮仅由Ⅰ型肺泡细胞构成，6个月的早产儿较难存活。第7个月时，肺泡数量增多，肺泡上皮除Ⅰ型肺泡细胞外，还出现了Ⅱ型肺泡细胞，并开始分泌表面活性物质。此时，肺内血液循环系统发育完善，早产的胎儿可进行正常呼吸，能够存活。

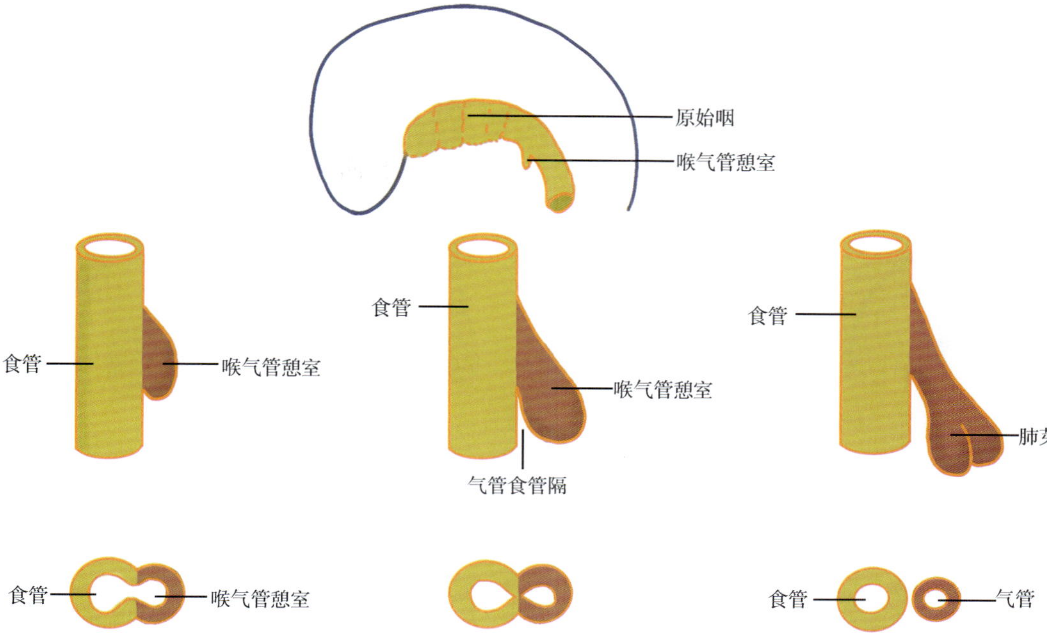

图23-9 喉气管憩室的发生和演变示意图

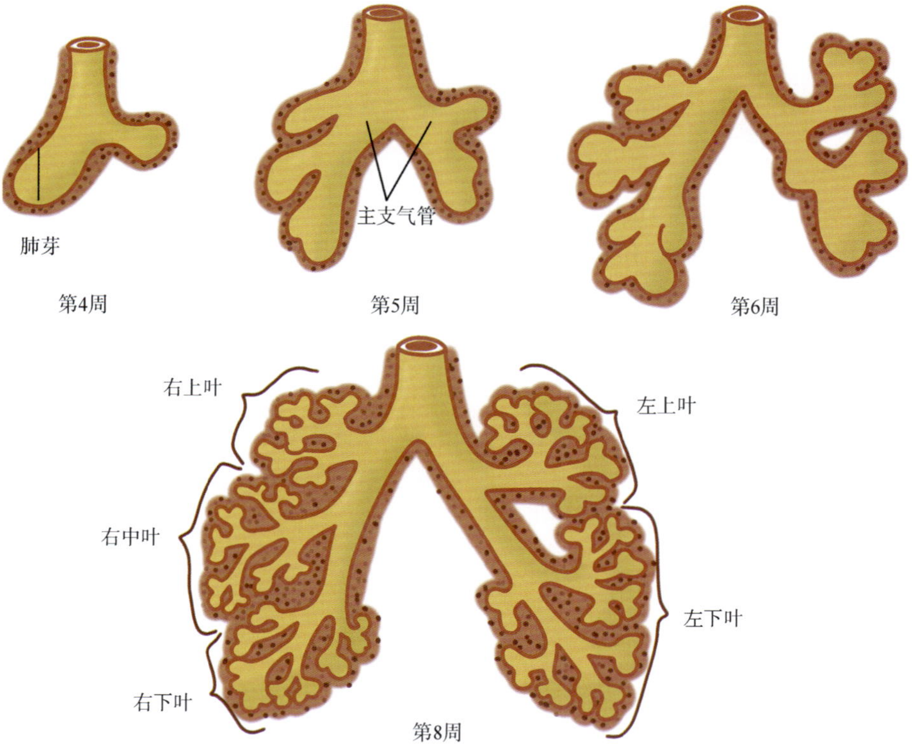

图23-10 肺的发生和演变示意图

二、常见畸形

（一）气管食管瘘

气管食管瘘（tracheoesophageal fistula）是由于气管食管隔发育不良，导致气管与食管分隔不完全，两者间有瘘管相通（图23-11）。

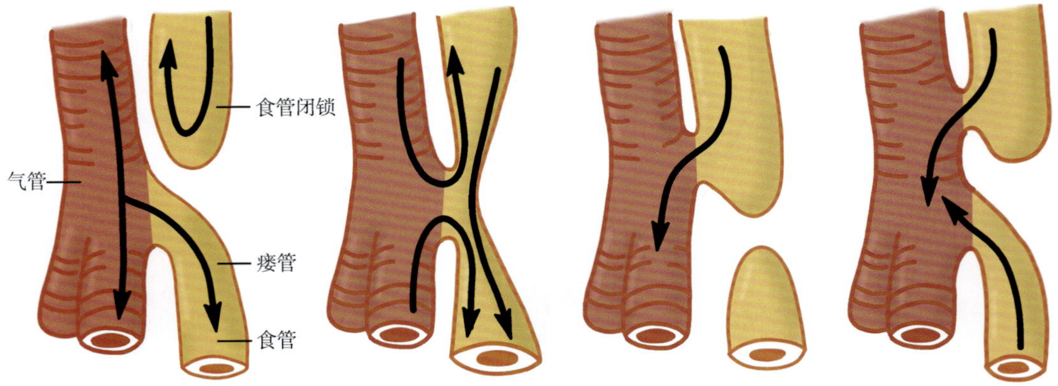

图23-11 气管食管瘘模式图

（二）透明膜病

透明膜病（hyaline membrane disease）是由于Ⅱ型肺泡细胞分化不良，不能分泌足够的表面活性物质，致使肺泡表面张力增大，胎儿出生后，肺泡不能随呼吸运动扩张而出现呼吸困难，称新生儿呼吸窘迫综合征（respiratory distress syndrome of newborn）。镜下可见肺泡萎缩塌陷、间质水肿，肺泡上皮表面覆盖一层透明状血浆蛋白膜，故又称透明膜病。透明膜病多见于早产儿和患有糖尿病母亲的产儿。

知识扩展　肺透明膜病的发生情况及预防措施

肺透明膜病是早产儿最常见的问题之一，婴儿出生越早，风险就越高，病症也越严重。据调查，妊娠28周前出生的婴儿中有60%～80%出现肺透明膜病，但32～36周之间出生的婴儿，该病发生概率可降至15%～30%。预防肺透明膜病的最佳方法是预防早产。当无法预防早产时，在分娩前给母亲服用糖皮质激素可显著降低婴儿罹患该病的风险和严重程度。随着医疗条件的改善，如今很大一部分肺透明膜病婴儿经积极治疗后可存活下来。

思考题

1. 呼吸系统常见畸形的成因是什么，如何预防肺透明膜病的发生？
2. 从消化管的发生过程说明先天性脐疝、梅克尔憩室及脐粪瘘的发生机制。
3. 哪些器官的发生与咽囊有关？

（刘　霞）

（绘图　翁安莉）

第二十四章　泌尿系统和生殖系统的发生

泌尿系统和生殖系统的主要器官均起源于间介中胚层。胚胎发育第4周，在颈部，间介中胚层的头段分化，形成节段性排列的细胞团，称生肾节（nephrotome），为前肾的原基；尾段不分节，间介中胚层增生形成左、右两条头尾纵向的索状结构，并不断向腹侧增生，称生肾索（nephrogenic cord）（图24-1）。第4周末，生肾索进一步增生，与体节分离，在背主动脉两侧形成一对左、右对称的纵行隆起，突向胚内体腔，称尿生殖嵴（urogenital ridge），是泌尿和生殖系统发生的原基。随后，尿生殖嵴中部出现一条纵沟，将其分为外侧粗而长的中肾嵴（mesonephric ridge）和内侧细而短的生殖腺嵴（gonadal ridge）（图24-2，图24-3）。

第一节　泌尿系统的发生

一、肾和输尿管的发生

人胚肾的发生分为三个阶段，即从胚体颈部到腰骶部先后出现前肾（pronephros）、中肾（mesonephros）和后肾（metanephros）。前肾和中肾是生物进化过程的重演，后肾可发育为人类的永久肾。

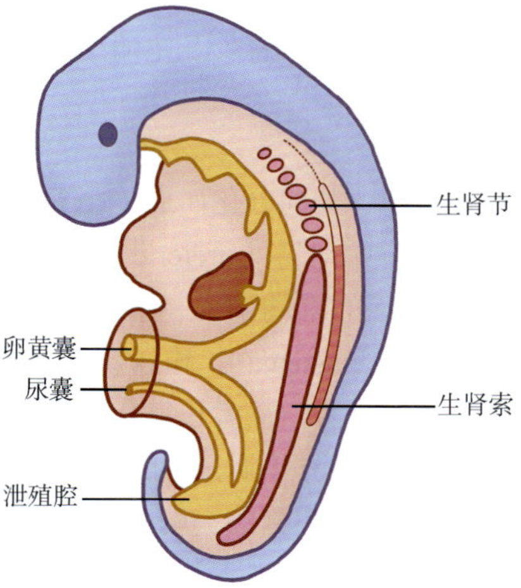

图24-1　第4周末人胚示意图（内部侧面观）

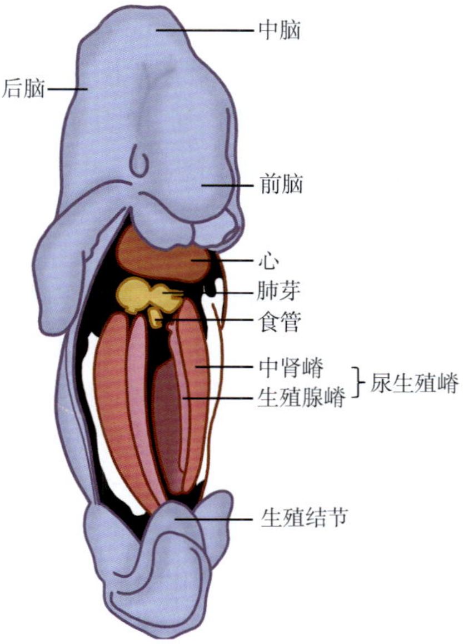

图24-2　第4周末人胚仿真图（腹后壁结构）

（一）前肾

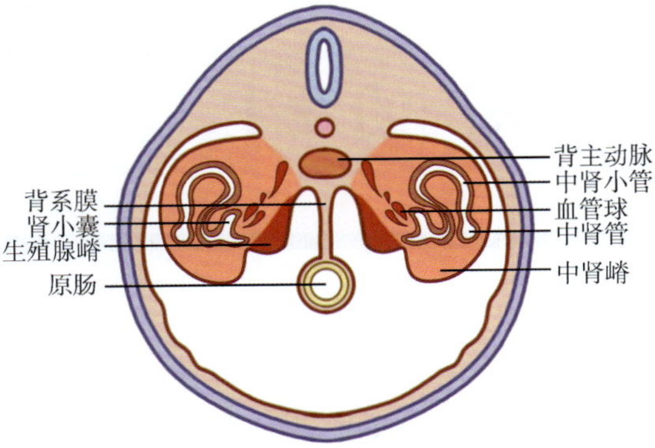

图24-3 中肾嵴与生殖腺嵴的发生（第5周）示意图

第4周初，在人胚颈部左、右外侧的生肾节中，从头端向尾端先后形成7～10对横行的细胞索，随后分化为小管，称前肾小管（pronephric tubule）。前肾小管的内侧端开口于胚内体腔，外侧端相互通连并向尾部延伸，形成一条纵行的前肾管（pronephric duct）（图24-4）。前肾管和前肾小管构成前肾。前肾在人类无功能意义，第4周末，前肾小管以及与之相连的前肾管退化，其余的前肾管大部分保留，继续向尾部延伸，开口于泄殖腔。

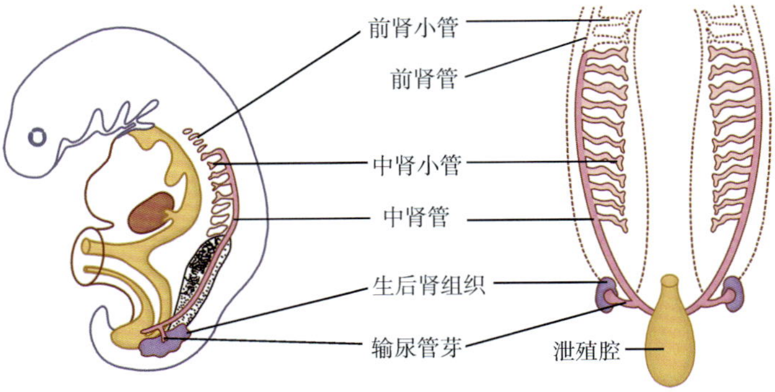

图24-4 前、中、后肾的发生示意图

（二）中肾

第4周末，前肾小管退化，中肾开始发生。在生肾索及其后形成的中肾嵴内，从头至尾相继出现约80对横行小管，称中肾小管（mesonephric tubule）。随后中肾小管演变为S形，其内侧端膨大并凹陷成双层杯状的肾小囊，包绕背主动脉分支而形成毛细血管球，两者共同组成肾小体；中肾小管外侧端与未退化的前肾管连通，此时前肾管改称为中肾管（mesonephric duct）（图24-4）。人的中肾有短暂的功能活动，至第2个月末，中肾大部分退化，仅留下中肾管及尾端小部分中肾小管。

（三）后肾

后肾为人体永久肾，由输尿管芽与生后肾组织互相诱导、共同分化而成（图24-4）。第5周初，中肾管末端近泄殖腔处向背外侧的头端长出一条盲管，称输尿管芽（ureteric bud）。输尿管芽长入中肾嵴的尾端，在其诱导下，周围的中胚层细胞向输尿管芽的末端聚集、包绕，形成生后肾组织（metanephrogenic tissue）又称生后肾原基（metanephrogenic blastema）。输尿管芽向胚体头侧方向延伸，其主干形成输尿管，其末端膨大并反复分支，演变为肾盂、肾盏和集合管（图24-5）。

集合管呈T形分支，末端由帽状的生后肾组织覆盖，在其诱导下，集合管末端的生后肾组织内部的细胞团先形成小泡，再演化为S形肾小管（图24-6）。肾小管的一端与弓形集合管相通，另一端则膨大凹陷成双层囊，包绕由肾动脉分支形成的毛细血管球，二者共同形成肾小体。S形小管逐渐增长，分化出近端小管、细段和远端小管。集合管末端不断向生后肾组织浅部呈T形生长并分支，诱导形成大量肾单位，构成肾皮质。生后肾组织的外周部分形成肾被膜。胎儿出生后，不

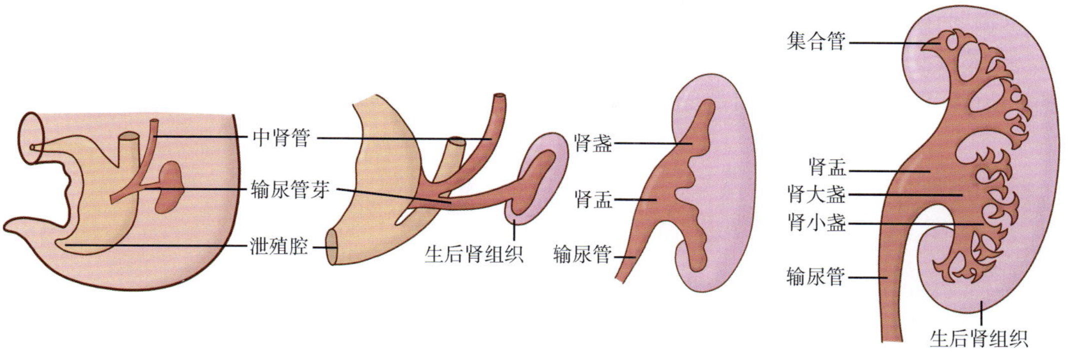

图 24-5　后肾的发生示意图

再发生新的集合管和肾单位，但原有肾单位的生长发育使肾的体积增大。

人胚第12周左右，后肾开始产生尿液，逐渐成为羊水的主要来源。后肾发生于中肾嵴的尾端，原始位置较低，位于盆腔。但随着胎儿的生长、输尿管伸展及胚体直立，肾逐渐上移至腰部。在肾上移的同时，也会沿纵轴旋转，肾门从朝向腹侧转为内侧。

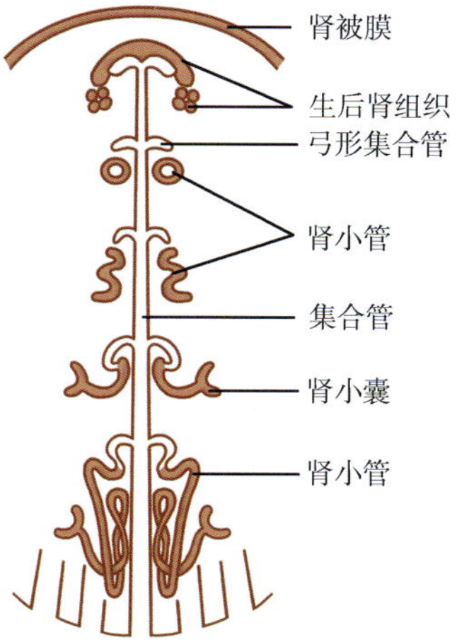

图 24-6　集合管与肾单位的发生过程示意图

二、膀胱和尿道的发生

人胚第4～7周时，由于尿直肠隔的长入，后肠末段的泄殖腔被分隔为腹侧的尿生殖窦和背侧的原始直肠。泄殖腔膜同时被分割成背侧的肛膜和腹侧的尿生殖窦膜。尿生殖窦可分为三段。上段是较膨大的区域，可发育为膀胱，其顶端与尿囊相接，连接膀胱与脐之间的尿囊逐渐缩窄为脐尿管。胎儿出生前，脐尿管闭锁、退化，形成脐中韧带。中段较为狭窄，呈管状，在女性形成尿道的大部分，在男性则发育为尿道的前列腺部和膜部。下段在女性扩大为阴道前庭，在男性则形成尿道海绵体部。随着胚胎发育，尿生殖窦不断扩大，输尿管芽开口处以下的一段中肾管逐渐并入膀胱，由此导致输尿管与中肾管分别开口于膀胱。

三、泌尿系统的常见先天畸形

1. 多囊肾　多囊肾（polycystic kidney）是一种常见畸形。在后肾发生过程中，若集合管与远曲小管未接通，肾小管内的尿液无法排出而积聚，使肾内出现大小不等的囊泡，囊泡周围的正常肾组织受压而萎缩，严重时可导致肾功能障碍（图24-7）。

2. 异位肾　异位肾（ectopic kidney）是肾上升过程受阻，未达正常位置所致。常停留于盆腔内，与肾上腺分离（图24-7）。

3. 马蹄肾　后肾发生过程中，左、右肾的下端互相融合，形成一个大的马蹄形的肾，称马蹄肾（horseshoe kidney）。由于肾上移时，会受阻于肠系膜下动脉的根部，故马蹄肾的位置较正常低（图24-7）。

4. 肾缺如　肾缺如（agenesis of kidney）是由于中肾管未长出输尿管芽，或者输尿管芽未能诱导生后肾组织分化出后肾所致。多为单侧肾缺如，一般无临床症状。

5. 双输尿管　在同侧发生两个输尿管芽，或一个输尿管芽过早分支，导致一个肾有两个肾盂，各连一条输尿管，形成双输尿管（double ureter）。两条输尿管可分别或合并成一条开口于膀胱。

6. 脐尿瘘 膀胱顶端与脐之间的脐尿管未闭锁，出生后尿液可从脐部漏出，称脐尿瘘（urachal fistula）（图24-7）。若仅部分脐尿管未闭锁并扩张，则形成脐尿管囊肿（urachal cyst）。

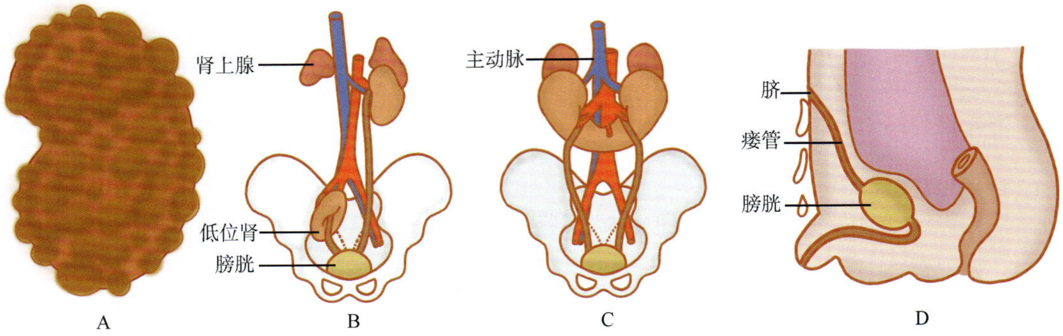

图24-7 泌尿系统先天畸形模式图

A. 多囊肾；B. 异位肾；C. 马蹄肾；D. 脐尿瘘

7. 膀胱外翻 尿生殖窦与表面外胚层之间未出现间充质，下腹壁无肌肉覆盖膀胱，薄的表皮和膀胱前壁破裂，导致膀胱黏膜外露，称膀胱外翻（exstrophy of bladder）。多见于男性。

第二节 生殖系统的发生

人类的遗传性别虽在受精时就已确定，但直到胚胎第7周，生殖腺的外观才能分辨出性别差异，而生殖管道和外生殖器的性别分化时间更晚，第12周以后才能分辨外生殖器的性别。故生殖系统各部的发生均可分为早期的性未分化阶段和后期的性分化阶段。

一、生殖腺的发生

生殖腺由生殖腺嵴表面的体腔上皮、上皮下的间充质和迁入的原始生殖细胞共同发育而成。

（一）未分化性腺的发生

人胚第5周时，生殖腺嵴表面的体腔上皮增生，并长入深部的间充质内，形成许多不规则的细胞索，称初级性索（primary sex cord）。人胚第4周初，尿囊根部的卵黄囊内胚层分化出大而圆形的原始生殖细胞（primordial germ cell），随后这些原始生殖细胞沿着后肠的背系膜向生殖腺嵴迁移，第6周时，原始生殖细胞迁入初级性索内（图24-8）。此时的生殖腺无性别特征，尚不能区分是睾丸或卵巢，故称为未分化性腺。

（二）睾丸的发生

若胚胎的遗传性别为男性，迁入的原始生殖细胞携带XY性染色体，Y染色体性别决定区（sex determing region of the Y，SRY）可编码睾丸决定因子（testis determing factor，TDF），该因子能使未分化性腺向睾丸方向分化。第7～8周时，在睾丸决定因子作用下，初级性索进一步增殖，并与表面上皮分离，继续向深部增生，形成许多边界清楚、细长弯曲并互相吻合的睾丸索，青春

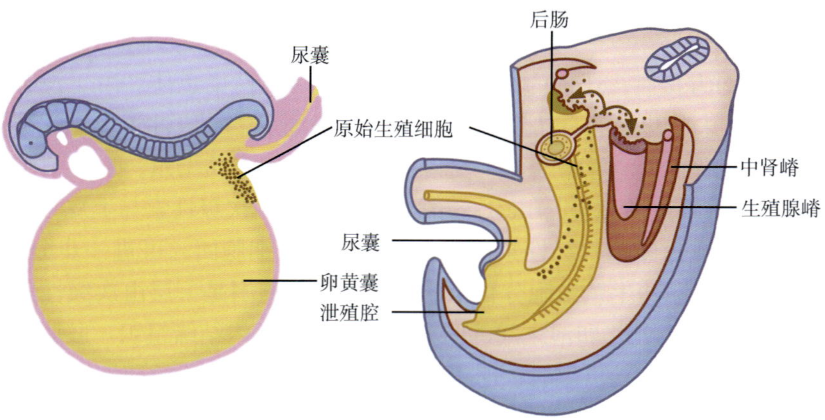

图 24-8　原始生殖细胞迁移示意图

期时演化为生精小管。睾丸索末端相互连接，分化形成睾丸网。胚胎时期的生精小管为实心细胞索，内含两类细胞，由初级性索分化来的支持细胞和由原始生殖细胞分化来的精原细胞，这种结构状态持续至青春期前（图24-9）。第8周时，生殖腺嵴表面上皮下方的间充质分化形成白膜，生精小管之间的间充质细胞分化为睾丸间质细胞，并分泌雄激素。

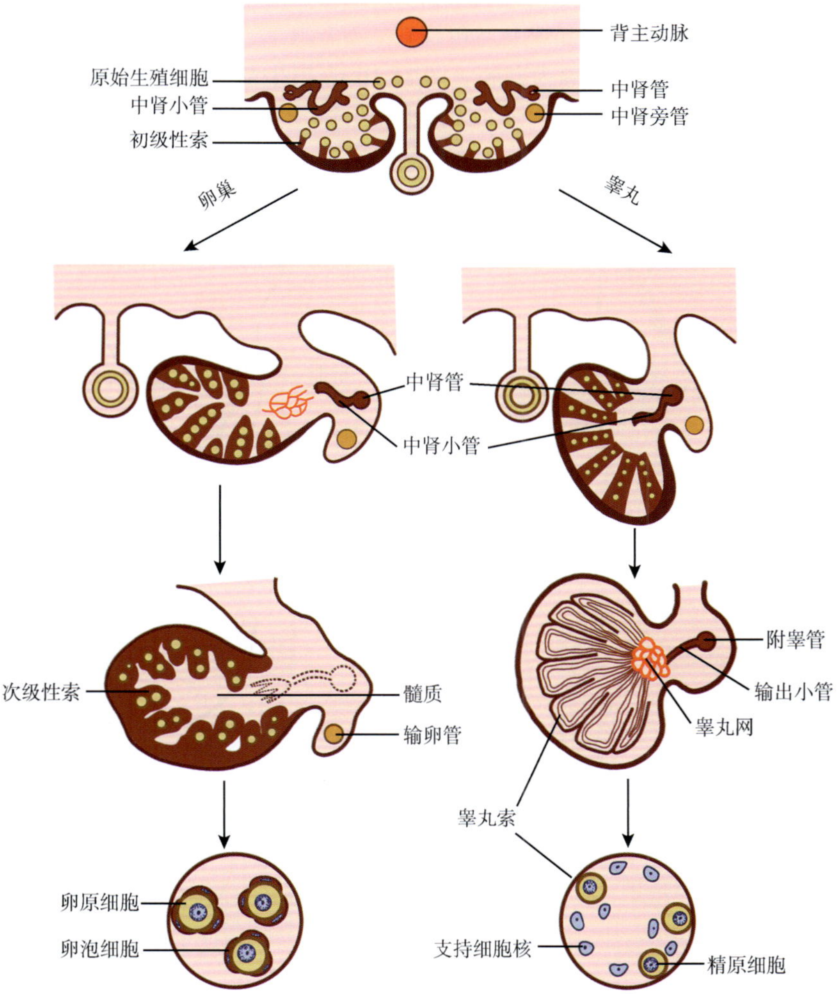

图 24-9　卵巢与睾丸的分化示意图

（三）卵巢的发生

若胚胎的遗传性别为女性，迁入的原始生殖细胞携带XX性染色体。由于没有Y染色体，不能编码睾丸决定因子，未分化性腺自然发育为卵巢。第10周后，初级性索退化，被基质和血管代替，成为卵巢髓质。随后，生殖腺嵴表面上皮再次向深部的间充质增殖，形成细胞索，称次级性索（secondary sex cord）或皮质索（cortical cord）。第16周时，次级性索与上皮分离后构成卵巢皮质，上皮下的间充质形成白膜；次级性索断裂后，形成许多细胞团，可进一步分化为原始卵泡。原始卵泡的中央是一个由原始生殖细胞分化来的卵原细胞，周围是一层由次级性索细胞分化来的小而扁平的卵泡细胞（图24-9）。卵泡之间的间充质分化为卵巢内结缔组织。胚胎时期的卵原细胞分裂增殖，原始卵泡随之增多。出生时，卵巢内有70万～200万个原始卵泡，其中的卵原细胞已分化为初级卵母细胞，并停留在第一次减数分裂前期。

（四）睾丸和卵巢的下降

生殖腺最初位于后腹壁上方，随着生殖腺的增大，逐渐突入到腹腔中，与后腹壁之间以系膜相连，悬吊于腹腔腰部，随后系膜的上端退化，下端则变得细长，逐渐形成纤维索，连于生殖腺尾端与阴唇阴囊隆起之间，称引带（gubernaculum）。随着胚体的生长和腰部直立，引带相对缩短，导致生殖腺被牵拉下降。第3个月末，生殖腺已降至盆腔，卵巢即停留于此，睾丸则继续下降，停留在腹股沟管口内。第7～8个月时，睾丸与包绕它的双层腹膜经腹股沟管降入阴囊，双层腹膜构成鞘突，覆盖在睾丸前面及侧面，称为鞘膜（图24-10）。出生前后，鞘膜腔与腹膜腔之间的通路逐渐闭合。

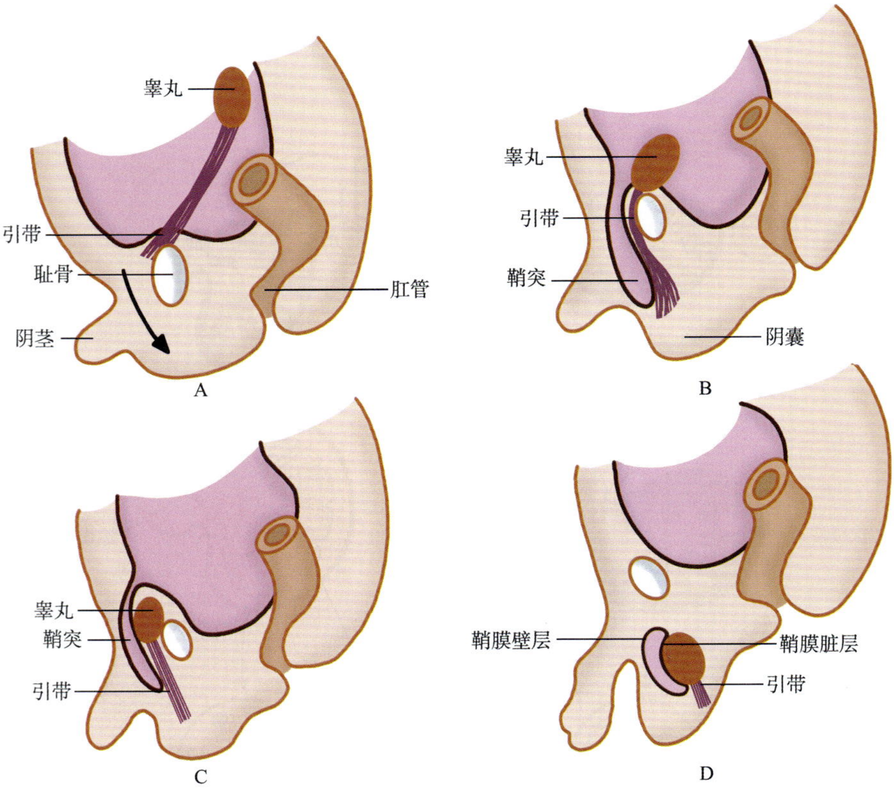

图24-10　睾丸下降过程示意图

A～D. 示胚胎发育时睾丸逐步下降的过程

二、生殖管道的发生和演变

（一）未分化期

人胚第6周时，男女胚胎先后都会形成左、右两对生殖管道，即一对中肾管和一对中肾旁管（paramesonephric duct），后者又称米勒管（Müller管）。中肾旁管出现于第6周，由体腔上皮内陷后闭合而成。中肾旁管上端的起始部呈漏斗形，开口于腹腔。中肾旁管的上段较长，位于中肾管的外侧，两者相互平行；中段弯向内侧，越过中肾管的腹侧，到达中肾管的内侧；下段的左、右中肾旁管在中线合并，末段是盲端，突入到尿生殖窦的背侧壁，在窦腔内形成一隆起，称窦结节（sinus tubercle），中肾管开口于窦结节（图24-11）。

（二）男性生殖管道的分化

胚胎时期，睾丸分泌的相关激素对男性生殖管道的分化过程有重要影响。睾丸形成后，在支持细胞分泌的抗中肾旁管激素作用下，中肾旁管退化。睾丸间质细胞分泌的雄激素促使中肾管进一步延长弯曲，分化形成附睾管、输精管、精囊和射精管。未退化的中肾小管则分化为附睾的输出小管（图24-11）。

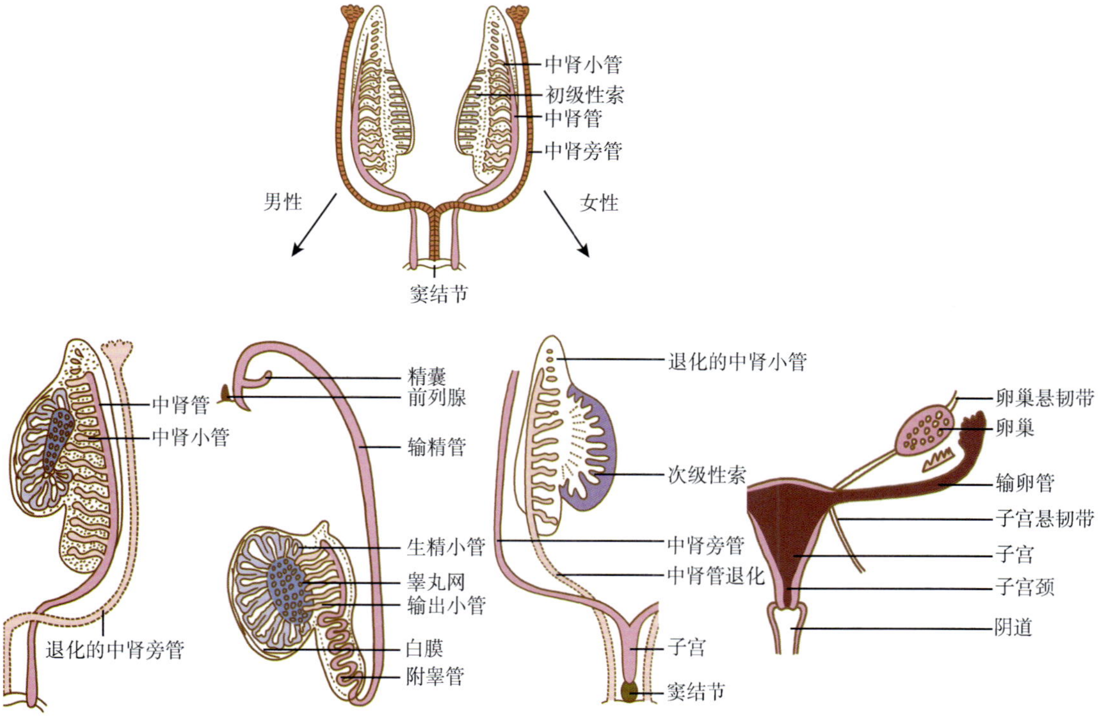

图24-11　生殖管道的演变示意图

（三）女性生殖管道的分化

卵巢形成后，由于没有雄激素的支持，中肾管退化；同时，因为没有抗中肾旁管激素的分泌，中肾旁管不会退化，进而分化为女性的生殖管道。中肾旁管的上段和中段分化形成输卵管，起始部以漏斗形开口于体腔，形成输卵管漏斗部；下段在中央愈合，分化形成子宫及阴道穹隆（图24-

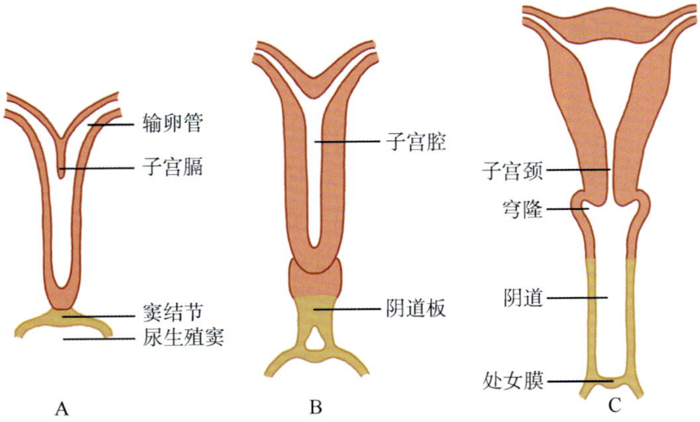

图24-12 子宫与阴道的形成模式图

A～C. 胚胎发育过程中子宫、阴道和处女膜的形成过程

11）。尿生殖窦后壁的窦结节增生延长，形成实心的阴道板。在第5个月时，阴道板演变成中空的阴道，其下端形成一薄膜称处女膜，将阴道与阴道前庭相隔（图24-12）。

三、外生殖器的发生

（一）未分化期

人胚第3周末，泄殖腔膜周围的间充质细胞增生，形成头尾走向的两条皱褶，称泄殖腔褶。第6周时，伴随泄殖腔和泄殖腔膜的分隔，泄殖腔褶被分隔成腹侧较大的尿生殖褶和背侧较小的肛褶。尿生殖褶之间的凹陷为尿生殖沟，沟底为尿生殖窦膜。尿生殖褶的头端靠拢，增殖隆起为生殖结节。同时左、右尿生殖褶外侧的间充质增生，形成一对大的纵行隆起，称阴唇阴囊隆起（图24-13）。

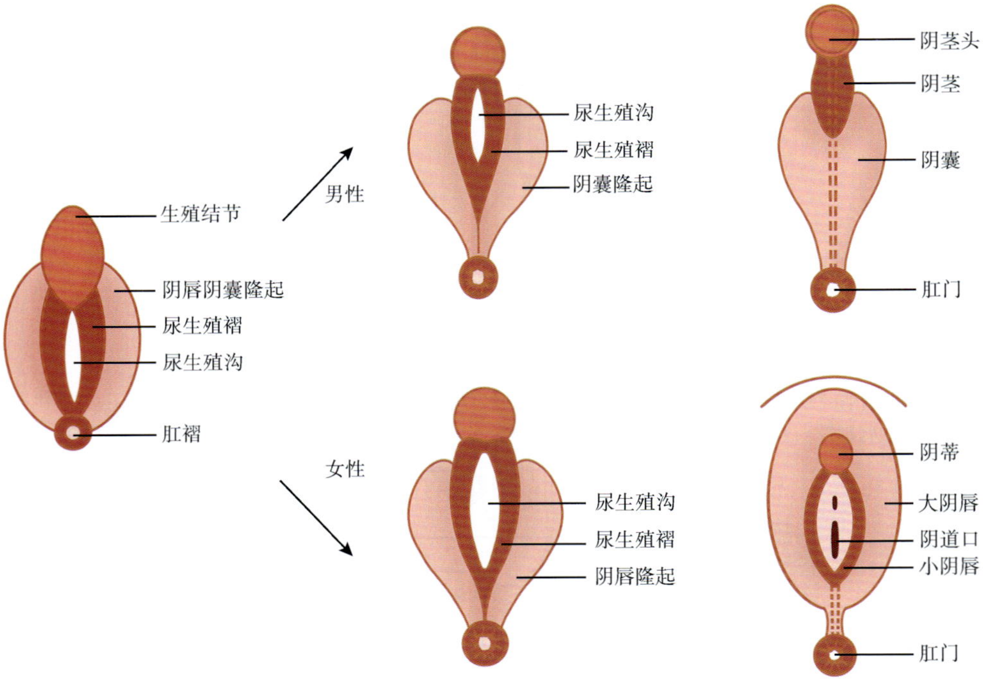

图24-13 外生殖器的演变模式图

（二）男性外生殖器分化

在雄激素的作用下，外生殖器向男性方向分化。生殖结节伸长、增粗，发育形成阴茎，两侧的尿生殖褶沿阴茎的腹侧中线，从后向前愈合，形成尿道海绵体。左、右阴唇阴囊隆起移向尾侧，并相互靠拢，在中线处愈合成阴囊（图24-13）。

（三）女性外生殖器分化

由于无雄激素的作用，外生殖器自然向女性方向分化。生殖结节略增大，形成阴蒂。左、右尿生殖褶不合并，形成小阴唇。左、右阴唇阴囊隆起继续增大隆起，形成大阴唇，其头端合并为阴阜，尾端合并形成阴囊后联合。尿生殖沟扩展，与尿生殖窦的下段共同分化为阴道前庭（图24-13）。

四、生殖系统的常见先天畸形

（一）隐睾

隐睾（cryptorchidism）是指睾丸未下降至阴囊而停留在腹腔或腹股沟等处。隐睾可发生于单侧或双侧。因腹腔温度高于阴囊，双侧的腹腔隐睾会影响精子发生，造成男性不育（图24-14A）。

（二）先天性腹股沟疝

若腹膜腔与鞘膜腔之间的通道没有闭合或闭合不全，当腹压增大时，部分肠管可由此突入鞘膜腔，形成先天性腹股沟疝（congenital inguinal hernia）（图24-14B）。先天性腹股沟疝多见于男性。

（三）尿道下裂

如果左、右尿生殖褶未能在中线处闭合，导致阴茎腹侧面形成尿道裂口，称尿道下裂（hypospadias）（图24-14C）。尿道下裂多发生在男胎。

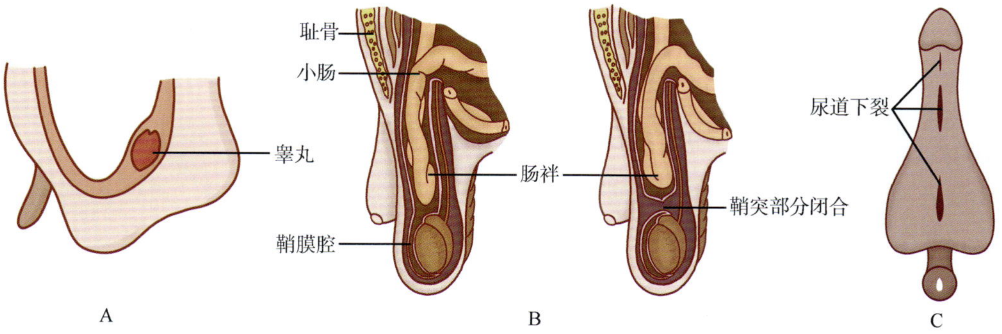

图24-14　男性生殖系统相关畸形模式图

A. 隐睾；B. 先天性腹股沟疝；C. 尿道下裂

（四）子宫畸形

多由左、右中肾旁管的下段合并异常所致，常形成以下几种畸形。①双子宫：是由于左右中肾旁管的下段完全未愈合而形成。若同时伴有阴道纵隔，则伴有双阴道。②中隔子宫：若中肾旁管的下段合并后，合并的管壁未消失，则形成中隔子宫。③双角子宫：若中肾旁管下段的上半部未愈合，则形成双角子宫（图24-15）。

（五）阴道闭锁

阴道闭锁（atresia of vagina）是因尿生殖窦壁的窦结节未形成阴道板，或因阴道板未空腔化而

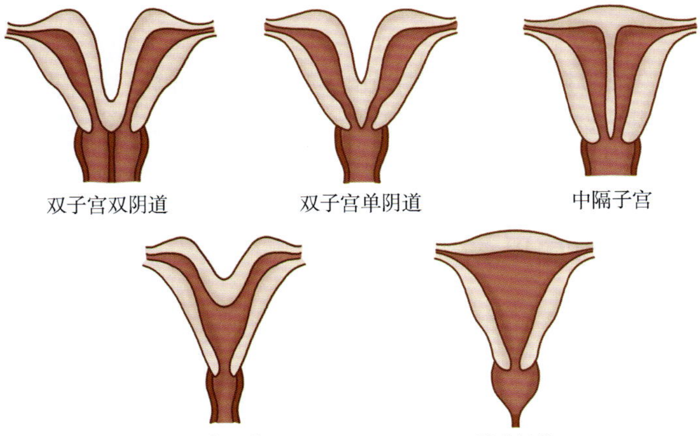

图24-15 子宫畸形模式图

导致阴道闭锁。如果出生前后处女膜未破裂，则为处女膜闭锁，从外观上也看不见阴道。

（六）两性畸形

两性畸形（hermaphroditism）是性分化异常导致的性别畸形，从外观很难判断个体的性别。两性畸形可分为真、假两大类。①真两性畸形：患者体内同时具有睾丸和卵巢，染色体核型为46，XY/46，XX嵌合型，极为罕见，原因不明；②假两性畸形：患者体内只有一种生殖腺，按所含睾丸或卵巢的不同，可分为男性假两性畸形和女性假两性畸形。前者具有睾丸，染色体核型为46，XY，主要由于胚胎时期睾丸分泌的雄激素不足，导致外生殖器向女性方向不完全分化所致；后者具有卵巢，染色体核型为46，XX，主要由于女性胚胎体内肾上腺分泌过多雄激素，使外生殖器向男性方向不完全分化所致。

（七）雄激素不敏感综合征

雄激素不敏感综合征（androgen insensitivity syndrome）又称睾丸女性化综合征。患者虽有睾丸，也能分泌雄激素，染色体核型为46，XY，但因体细胞和中肾管细胞缺乏雄激素受体，使生殖管道和外生殖器未能向男性方向分化。睾丸支持细胞产生的抗中肾旁管激素抑制中肾旁管的发育，所以也未能发育出输卵管和子宫。患者虽为男性，但外生殖器和第二性征表现为女性特征。

知识扩展 **中医药在多囊肾疾病治疗中的作用**

多囊肾是临床常见的疾病，多见于男性。随着年龄增长，发病率逐渐上升。患者大多症状不明显，如囊肿太大，压迫周围组织，会出现血尿、腰痛、腹部肿块等表现。西医的治疗，主要有囊肿抽吸、经皮注射硬化剂以及手术等。中医对于阻止或逆转多囊肾的发生有独到的作用。中医认为“腰为肾之府”，肾可以封藏精气。肾气充足，则肾主水液、主生殖、主骨生髓、主志等功能才可顺利进行，否则就会出现病症。因此，通过中医的辨证论治，补肾气、调脾胃、利水湿、化瘀血，可以大大阻止甚至逆转多囊肾的发生和发展，补充西医治疗的不足。

思考题

1. 后肾是如何发生和分化的？
2. 多囊肾的成因是什么？
3. 隐睾的成因是什么？

（周世雄）

（绘图　翁安莉）

第二十五章　心血管系统的发生

人胚早期以物质弥散的方式获取营养。人胚第3周，形成原始心血管系统，至第3周末出现血液循环。原始心血管系统的出现使早期胚胎能有效地从母体获得营养和排泄废物，有利于其他器官系统的发育。原始心血管系统由中胚层分化而来，后期通过生长、合并、扩大、萎缩等复杂的过程而逐渐完善。

第一节　原始心血管系统的建立

一、胚外血管的发生

人胚第15～16天，卵黄囊壁、体蒂和绒毛膜上的胚外中胚层间充质细胞增殖分化形成细胞团，称血岛（blood island）。血岛中央的细胞游离变圆，分化为造血干细胞；血岛周边的细胞变为扁平状，分化为内皮细胞，并围成内皮管，即原始血管。内皮细胞不断向外以出芽方式延伸，与相邻的血岛内皮细胞相互融合通连，逐渐形成胚外毛细血管网（图25-1）。

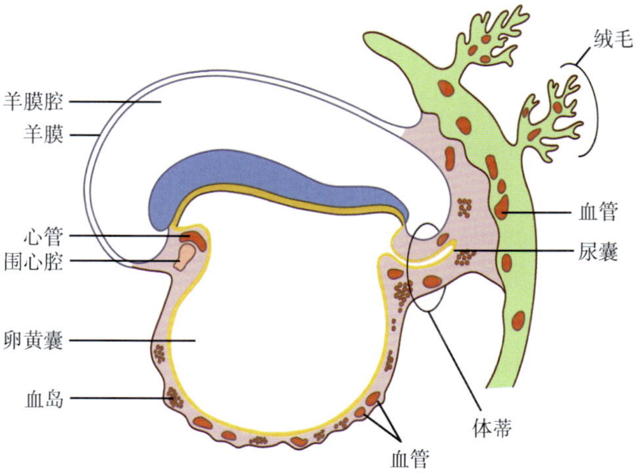

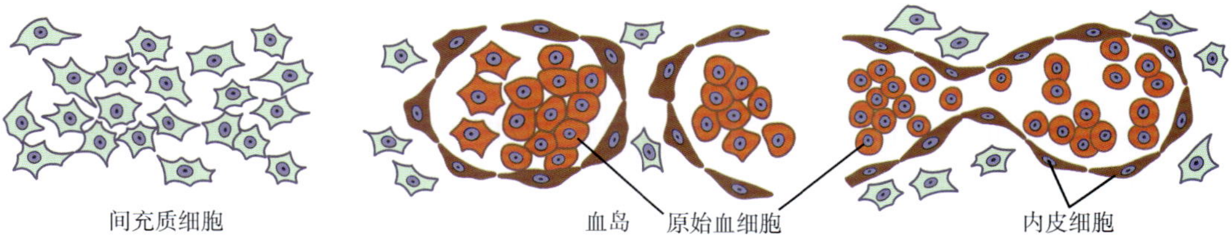

图25-1　血岛和原始血管形成模式图

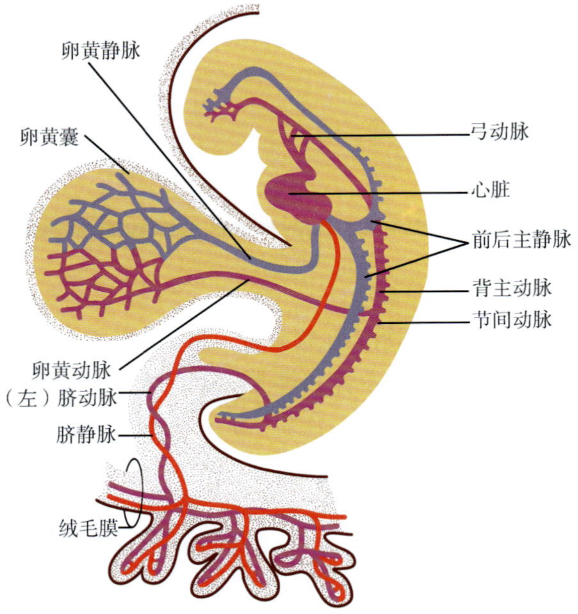

图25-2 原始心血管系统（第4周）模式图

二、胚内血管的发生

第18～20天，胚体内各处的间充质内出现裂隙，裂隙周围的间充质细胞变扁，分化为内皮细胞，逐渐形成胚内毛细血管，相邻血管内皮以出芽方式相互通连，形成胚内原始血管网。第3周末，胚外与胚内毛细血管网在体蒂处相互通连，造血干细胞进入胚体内，逐渐形成胚胎早期原始心血管系统（图25-2）。同时，原始心脏开始节律性跳动，启动了最早的定向血液循环。

三、胚体早期血液循环

原始心血管系统左右对称，主要由心管、动脉和静脉组成。人胚第3周末，胚体内外已建立的血液循环通路有胚体循环、卵黄囊循环和脐循环。

（一）心管

心管（cardiac tube）开始为1对，位于原始消化管前肠腹侧，胚胎发育至第4周时，左、右心管合并为一条。

（二）动脉

1. 背主动脉 背主动脉（dorsal aorta）为1对，由心管发出，走行于原始消化管背侧，从咽至尾部左右背主动脉合并成一条，并沿途发生若干对节间动脉，营养胚体各部。

2. 卵黄动脉 卵黄动脉（vitelline artery）若干对，从背主动脉腹侧成对发出，分布于卵黄囊壁。

3. 尿囊动脉 尿囊动脉（allantoic artery）为1对，从背主动脉尾端发出，以后演变为脐动脉（umbilical artery），经体蒂分布于绒毛膜。

4. 节间动脉 节间动脉（intersegmental artery）数对，从背主动脉发出，穿行于体节之间。

5. 弓动脉 弓动脉（aortic arch）有6对，连接腹主动脉与背主动脉，位于胚胎头端，穿行于相应的鳃弓内。

6. 腹主动脉 腹主动脉（abdominal aorta）位于前肠腹侧，当两条心管合并为一条时，左、右两条腹主动脉的近心端也融合成一条主动脉囊。

（三）静脉

在动脉发生的同时，胚体内出现了3对主要静脉，收集早期胚胎不同部位回流的血液。

1. 卵黄静脉 卵黄静脉（vitelline vein）为1对，收集来自卵黄囊的血液，回流入心脏。

2. 脐静脉 脐静脉（umbilical vein）为1对，收集绒毛膜内含氧和营养物质的血液，输送至心脏。

3. 主静脉　主静脉（cardinal vein）包括前、后主静脉各1对。前主静脉收集头颈部和上肢的血流，后主静脉收集胚体其余部位的血流。两侧的前、后主静脉汇合成左、右总主静脉，与左、右卵黄静脉和脐静脉分别开口于心管尾端静脉窦的左、右角。

第二节　心脏的发生

心脏发生于生心区（cardiogenic area）。在三胚层胚盘形成过程中，部分中胚层细胞在胚盘前缘口咽膜的头端汇聚形成生心区。生心区头侧为原始横膈。

一、原始心脏的形成

人胚第18～19天，口咽膜头端生心区出现1对前后纵行、左右并列的细胞索，称生心索（cardiogenic cord），原始横膈位于其前方。生心索背侧发生一个腔，称围心腔（pericardiac coelom），以后围心腔发育成心包腔。左、右生心索内出现空腔，分别形成两条纵行的内皮管道，称心管（primitive heart tube）。随着胚胎头端向腹侧卷曲，心管由口咽膜的头侧转向前肠腹侧，围心腔也由原始心管的背侧转至腹侧。当胚体出现左右侧褶时，左右并列的1对心管向中心靠拢，约在第22天融合成一条心管，其头端与左右腹主动脉合并而来的动脉囊相连，尾端与成对的静脉相连（图25-3）。

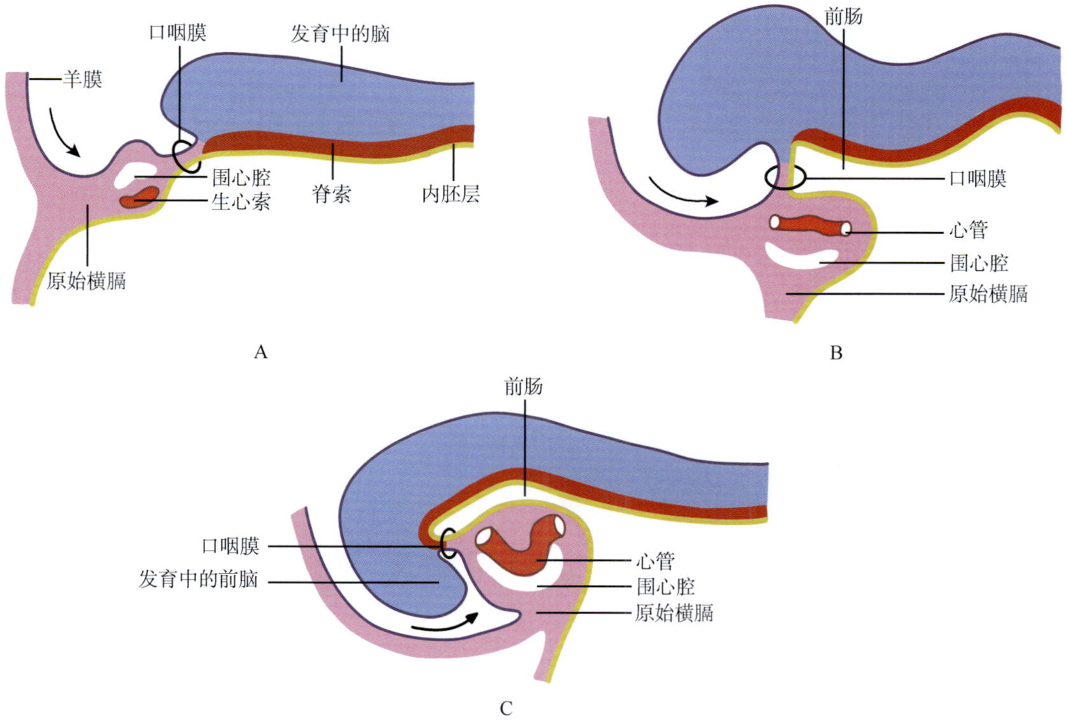

图25-3　原始心脏位置演变示意图（人胚头段纵切面）

A. 第20天；B. 第22天；C. 第28天

由于围心腔不断向心管背侧扩展，使心管与前肠之间的间充质组织逐渐变窄，形成心背系膜（dorsal mesocardium），将心管系于围心腔的背侧壁。随后心背系膜中央部退化消失，形成一个左、右相通的孔道，即心包横窦。心管头、尾还保留有心背系膜固定，其余部分完全游离于围心腔内（图25-4）。以后，围心腔发育为心包腔。

心管合并时，心管内皮形成心内膜的内皮。心管周围的间充质逐渐密集，形成心肌外套层，间充质分化为心肌细胞和结缔组织，后续分化为心肌膜和心外膜。心肌外套层外层分化出一层扁平细胞，形成心外膜的间皮。心管内皮和心肌外套层之间较疏松的胶样结缔组织称心胶质（图25-4），将形成心内膜下层的结缔组织。

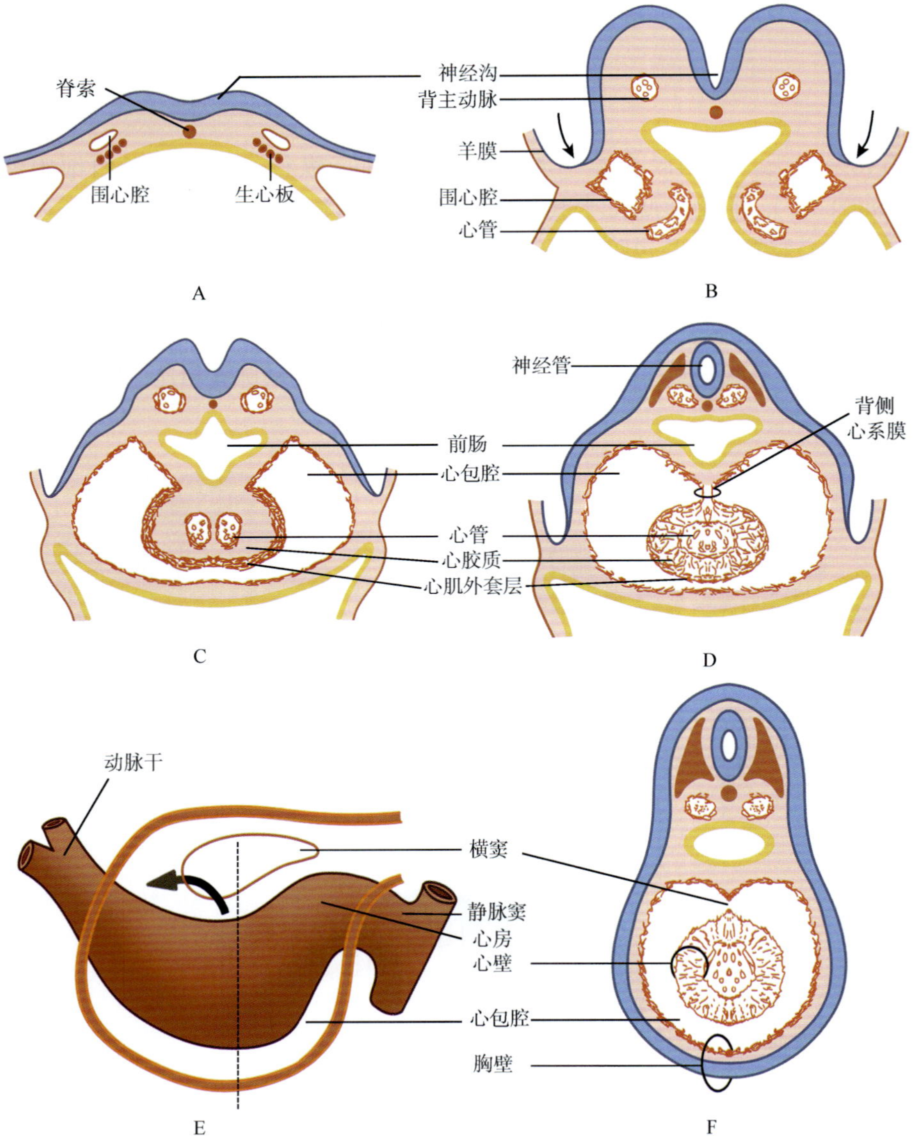

图25-4 原始心脏的发生模式图

A. 约19天；B. 约20天；C. 约21天；D. 约22天；E. 约28天（纵切面）；F. 约28天

二、心脏外形的建立

由于心管各段生长速度不同，因此发生两个收缩环，形成三个膨大部分，从头端至尾端依次为心球（bulbus cordis）、心室和心房，之后，在心房尾端出现一个膨大，称静脉窦（sinus venosus）。静脉窦分为左、右两角，左、右总主静脉、脐静脉和卵黄静脉分别从两个角汇入。心球远侧份较细长，为动脉干（truncus arteriosus），动脉干头端连接动脉囊。

在心管发生过程中，由于其头尾两端固定，而游离部（即心球和心室部）的发育远快于心包腔的扩展速度，致使心球和心室首先形成U形的球室袢。不久，心房逐渐离开原始横膈，移至心室头端背侧，并稍偏左。静脉窦从原始横膈内游离而出，位于心房背面尾侧，心脏外形于是转变成S形（图25-5）。第一个弯曲发生于心球与心室之间，第二个弯曲发生于心房和心室之间。此时，心房转向背侧、头侧，心室转向腹侧、尾侧。心房受腹侧的心球和背侧的食管限制，向左、右方向扩展，膨出于心球两侧，以后形成左、右心房。心球近心室部分被吸收纳入心室，成为原始右心室，原来的心室演化为原始左心室。心房和心室间缩窄明显，形成房室管（atrio-ventricular canal），左、右心室之间出现室间沟。至此，成体心脏的外形已初步形成，但其内部分隔仍未完全建立。

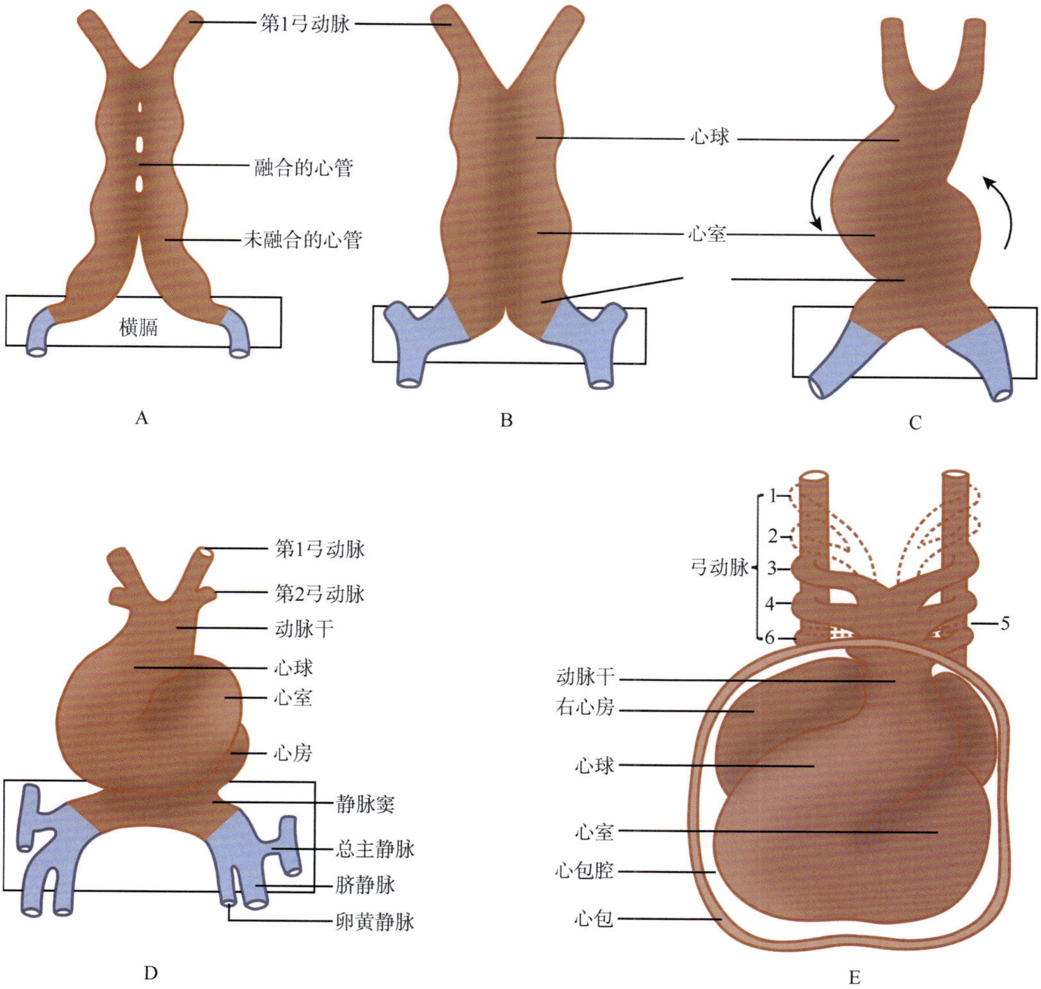

图25-5　心脏外形的建立模式图

A. 约21天；B. 约22天；C. 约23天；D. 约24天；E. 约25天

三、心脏的内部分隔

第5周初，人胚心脏的外形建立已初步完成，但内部的分隔尚未完成，心脏各部的分隔几乎同时进行，于第7周末完成（图25-6）。

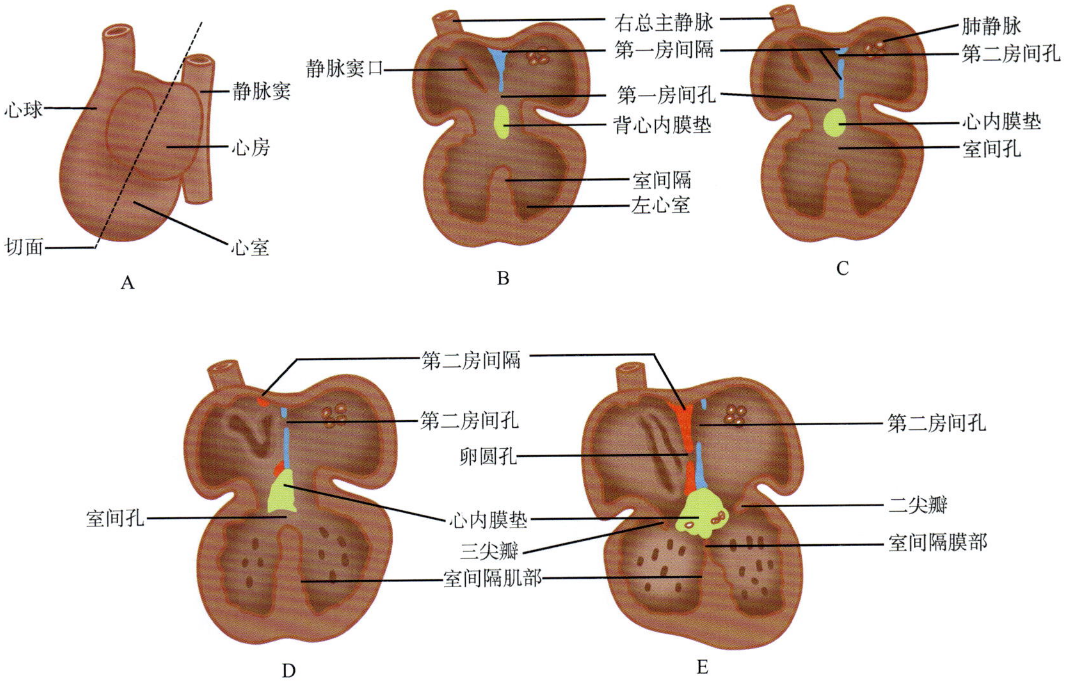

图25-6 房室管、心房与心室分隔仿真图

（一）房室管的分隔

随着心房和心室之间的房室沟逐渐加深，相应的心腔也形成一条狭窄的管道，称房室管（atrioventricular canal）。人胚第4周，房室管背、腹侧壁的心内膜增厚，形成背、腹两个隆起，分别称背、腹心内膜垫（endocardial cushion）。第5周末，由于两个心内膜垫相对生长，向中央靠拢，至第6周时，二者相互融合，将房室管分隔成左、右房室管。房室管处的间充质局部增生并向腔内隆起，形成房室瓣，右侧为三尖瓣，左侧为二尖瓣。

（二）心房的分隔

在心内膜垫发生的同时，心房头端背侧正中线上发生一半月形矢状隔，称第一房间隔（septum primum）。其向心内膜垫方向生长，将原始心房分隔为左、右心房。但第一房间隔下缘与心内膜垫之间尚留有一孔，称第一房间孔（foramen primum）。第一房间隔继续生长，隔的上部中央变薄并出现若干小孔，随后小孔逐渐融合成一个大孔，称第二房间孔（foramen secundum）。之后，第一房间隔的下缘与心内膜垫融合，使第一房间孔完全封闭。此时，原始心房被分隔成左、右心房，但两者之间仍借第二房间孔相通。

第5周末，在第一房间隔右侧，从心房头侧腹壁又长出一较厚的新月形隔膜，称第二房间隔（septum secundum）。第二房间隔下缘呈弧形，下缘的前、后角渐向心内膜垫生长，逐渐遮盖第一房间隔上的第二房间孔。当第二房间隔前、后缘与心内膜垫融合时，其下部与心内膜垫之间留有一卵圆形孔，称卵圆孔（foramen ovale）。卵圆孔的位置比第二房间孔稍低，两孔交错重叠。由于第一房间隔很薄，上部逐渐融合于左心房的壁，其余部分在继发隔的左侧覆盖于卵圆孔上，称卵圆孔瓣（valve of foramen ovale）。出生前，由于肺循环不行使功能，左心房压力低于右心房，右心房的血液可经卵圆孔进入左心房，而卵圆孔瓣能阻止左心房的血液倒流入右心房。出生后，肺循环功能建立，左心房回流血液增加，压力增大，致使两个房间隔紧贴，卵圆孔逐渐封闭，并逐渐融合形成一个完整的隔，左、右心房完全被分开。

（三）静脉窦的演变与永久性左、右心房的形成

静脉窦位于原始心房尾端，分为左、右两个角，且相互对称，左、右两个角分别与同侧的左、右总主静脉、脐静脉和卵黄静脉通连。由于之后大量血液汇入右角回流入心脏，右角逐渐扩大，窦房口也逐渐右移，左角则逐渐萎缩变小，其远侧段成为左心房斜静脉的根部，近侧段成为冠状窦。

胚胎发育第7～8周，原始右心房由于血流量增加而很快扩大，以致静脉窦右角被吸收并入右心房，成为永久性右心房固有部（平滑部），原来开口于右角的上、下腔静脉直接通入右心房，原始右心房则成为右心耳（粗糙部）。原始左心房最初只有一条肺静脉在第一房间隔的左侧通入，此静脉分出左、右属支，各支再分为两支。当原始心房扩展时，肺静脉根部及其左、右属支逐渐融入左心房，结果有4条肺静脉直接开口于左心房，参与形成永久性左心房固有部（平滑部），原始左心房则成为左心耳（粗糙部）。

（四）心室的分隔

人胚第4周末，从心室底壁心尖处组织局部增生形成一较厚的半月形肌性隔膜，向心内膜垫方向生长，称室间隔肌部（muscular venticular septum）。室间隔肌部游离缘的凹陷与心内膜垫之间留有一孔，称室间孔（interventricular foramen），使左、右心室相通。至第7周末，由于左、右心球嵴向下延伸，室间隔肌部向上延伸，以及心内膜向下延伸，三者相互汇合形成室间隔膜部（membranous ventricular septum），并封闭室间孔。室间孔封闭后，左、右心室完全分隔（图25-7）。

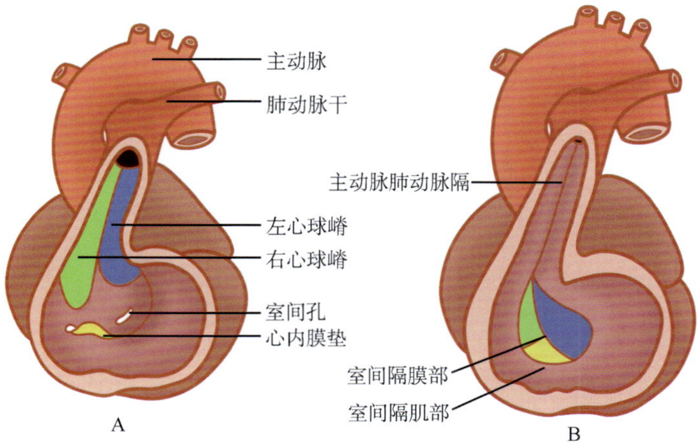

图25-7 室间隔膜部的形成与室间孔封闭模式图

（五）动脉干和心球的分隔

人胚第5周，在动脉干和心球内面局部内膜增生，形成一对心球嵴和动脉干嵴。相应地，嵴对向生长，在中线融合形成一条螺旋形的隔膜，称主动脉肺动脉隔（aortico-pulmonary septum），将动脉干和心球分隔成两条相互缠绕的主动脉和肺动脉。主动脉和肺动脉起始处的内膜组织向腔内增生，逐渐演变成半月形的主动脉瓣和肺动脉瓣（图25-8）。室间孔封闭后，动脉干与右心室相同，主动脉与左心室相同。

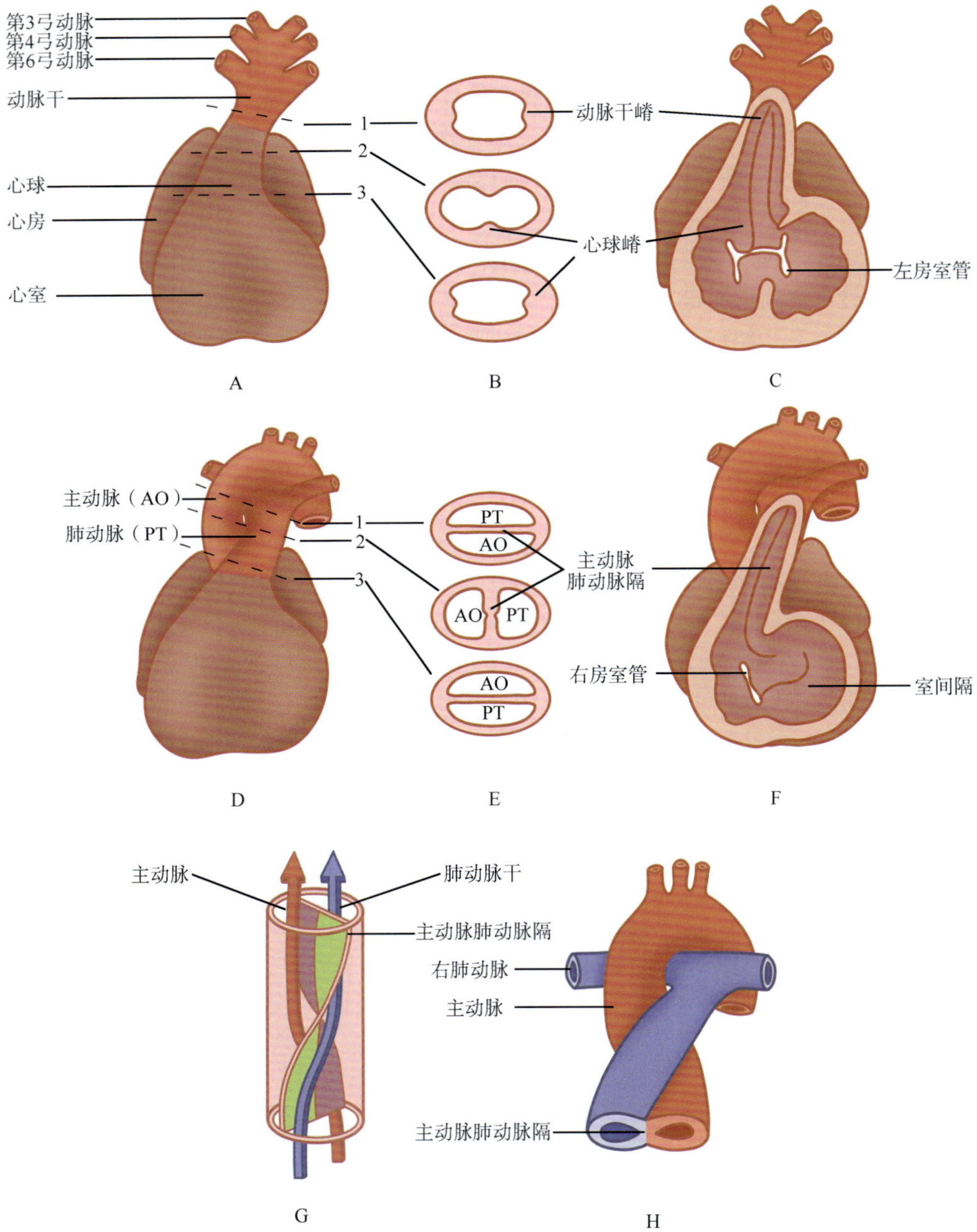

图25-8 动脉干和心球的分隔模式图

A、D. 心脏正面观；B、E. 心球和动脉干的横切面；C、F. 心脏的冠状剖面；G. 主动脉肺动脉隔形成示意图；H. 心球和动脉干分隔后形成的主动脉和肺动脉

第三节　胎儿的血液循环及出生后变化

（一）胎儿的血液循环途径

来自胎盘氧含量高和营养物质丰富的血液，由脐静脉进入胎体流经肝脏时，大部分经静脉导管直接进入下腔静脉，其余的血液经肝血窦与来自肝门静脉的血液混合，经肝静脉进入下腔静脉。下腔静脉还收集来自下肢、盆腔和腹腔器官的静脉血。下腔静脉的混合血液进入右心房后，大部分经正对下腔静脉入口的卵圆孔进入左心房，小部分则与来自上腔静脉含氧量低的血液混合后进入右心室，然后进入肺动脉。

经卵圆孔进入左心房的血液与少量来自肺静脉的血液混合流入左心室，左心室的大部分血液经主动脉弓上的三大分支分布到头、颈和上肢，充分供应胎儿头部发育所需要的氧气和营养；小部分流入降主动脉。右心室血液进入肺动脉后，由于此时肺尚无呼吸功能，大部分血液经动脉导管注入降主动脉，仅有少部分进入肺。降主动脉的血液除分布于腹腔、盆腔器官和下肢外，还经脐动脉运送至胎盘，与母体的血液进行气体和物质交换后，再由脐静脉返回胎儿体内（图25-9）。

从上述循环途径可知，来自脐静脉的动脉血，在不同部位和静脉血不同程度地混合，但含氧量高的血液和含氧量低的血液仍基本分流，心脏和脑等重要器官能得到富含营养和氧的血液供给。这和胎儿血液循环系统有静脉导管、卵圆孔、动脉导管、脐动脉和脐静脉等结构特点有关。

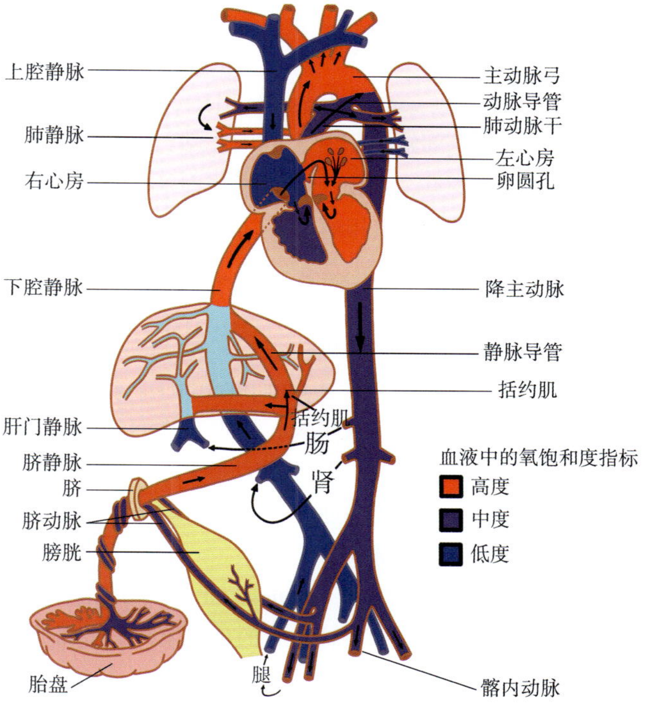

图25-9　胎儿血液循环模式图

（二）胎儿出生后血液循环的改变

胎儿出生后，由于胎盘血供中断和肺开始呼吸，其血液循环发生重要改变。①脐动、静脉闭锁：脐动脉是胎儿时期的动脉干，出生后远侧段闭锁成为脐内侧韧带，近侧段管腔未闭，与髂内动脉起始段相连，形成膀胱上动脉（superior vesical artery）；脐静脉闭锁形成肝圆韧带。②静脉导管闭锁：肝的静脉导管随着脐静脉的闭锁逐渐形成静脉韧带。③动脉导管闭锁：由于肺开始呼吸，肺动脉的血液大量进入肺，动脉导管管壁平滑肌收缩导致其功能性关闭，内膜逐渐增厚，出生后2～3个月动脉导管完全闭锁，成为动脉韧带。动脉导管若在出生后6个月仍未闭锁，称为动脉导管未闭。④卵圆孔关闭：胎儿出生后，由于胎盘血液供应的中断，注入右心房的血液减少；同时由于肺呼吸的建立，大量的血液自肺静脉流入左心房，导致左心房压力增高。当左心房压力高于右心房时，第一房间隔与第二房间隔紧密贴合，卵圆孔功能性关闭。出生后约一年，第一房间隔与第二房间隔结缔组织增生，导致两隔完全融合，卵圆孔完成结构上的关闭，成为卵圆窝。

第四节 心血管系统常见的先天畸形

（一）房间隔缺损

房间隔缺损（atrial septal defect）中最常见者为卵圆孔未闭。主要原因：①第二房间孔形成时，第一房间隔被过度吸收，不能遮盖卵圆孔；②第二房间隔发育不良导致卵圆孔过大，难以被第一房间隔遮盖；③卵圆孔瓣上出现许多穿孔；④心内膜垫发育不良，第一房间隔未与心内膜垫融合而留有一孔；⑤第二房间孔过大或吸收位置异常。

（二）室间隔缺损

室间隔缺损（ventricular septal defect）分为室间隔膜部缺损和室间隔肌部缺损两种情况。最多见者为室间隔膜部缺损，常为心内膜垫组织发育不良，未能与球嵴和室间隔肌部融合所致。室间隔肌部缺损较少见，是由于其在形成时心肌膜组织吸收过度，造成室间隔肌部形成单发性或多发性孔道，使左、右心室相通。

（三）动脉干与心球分隔异常

1. 主动脉和肺动脉错位

主动脉和肺动脉错位（transposition of aorta and pulmonary）是由于动脉干和心球分隔时，主动脉肺动脉隔未按螺旋式生长，而形成平直的隔板，导致主动脉由右心室发出，位于肺动脉之前，而肺动脉由左心室发出，位于肺动脉之后。此畸形常伴有室间隔缺损和动脉导管未闭，使肺循环和体循环出现多处直接交通。

2. 主动脉或肺动脉狭窄

主动脉或肺动脉狭窄（stenosis of aorta or pulmonary artery）是由于主动脉肺动脉隔的发生部位偏于一侧，造成主动脉和肺动脉的分隔不均。此畸形常伴有室间隔膜部缺损。

3. 法洛四联症

法洛四联症（tetralogy of Fallot）的主要原因为主动脉肺动脉隔偏于肺动脉一侧，导致四种缺陷并存：①肺动脉狭窄；②室间隔缺损；③主动脉骑跨；④右心室肥大（图25-10）。患此病的新生儿有明显发绀现象。

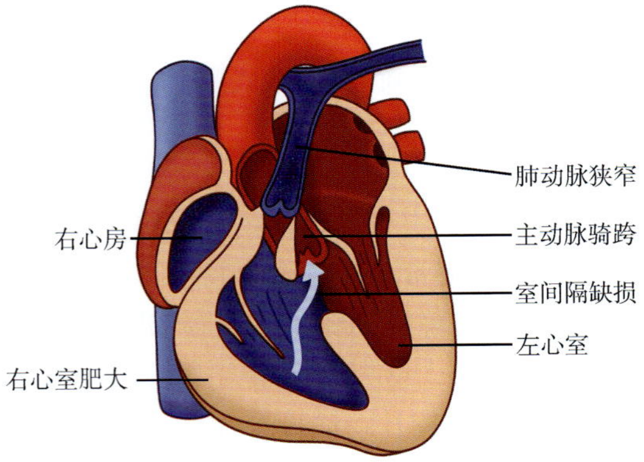

图25-10 法洛四联症模式图

（四）动脉导管未闭

动脉导管未闭（patent ductus arteriosus）为最常见的血管畸形，女性为男性发病率的2～3倍。主要原因可能是动脉导管过粗或出生后动脉导管平滑肌不能收缩，致使肺动脉和主动脉仍保持相通。由于动脉导管未闭，主动脉的血流经动脉导管向肺动脉分流，造成肺循环量增加而体循环量减少，从而引起肺动脉高压、右心室肥大等，影响患儿的生长发育，并出现心力衰竭。

知识扩展

诱导多能干细胞结合3D打印技术构建生物人工心脏

胚胎的心肌组织具有分裂增殖能力，但此能力在出生后数天基本消失，导致心脏组织一旦损伤便无法再生，损伤的心肌组织只能由瘢痕组织替代，严重影响心脏的泵血能力，并逐渐发展为心力衰竭，最终导致患者死亡。心脏移植是根治心力衰竭的有效手段，但存在供体有限、免疫排异反应等问题。自2006年诱导多能干细胞技术发明以来，国内外许多研究团队将其应用于构建生物人工心脏的研究。一些研究团队将脐静脉内皮细胞、诱导多能干细胞分化的心肌细胞与聚乙二醇-纤维蛋白原水凝胶混合，应用3D打印技术构建具有血管的人工心脏。尽管现阶段3D打印心脏的生理和生化功能仍不完善，但这些前瞻性研究为未来生物人工心脏的临床应用奠定了坚实的基础。

思考题

1. 胎儿心脏内部是如何分隔的？分隔过程异常导致的畸形有哪些？
2. 法洛四联症的产生原因和主要缺陷有哪些？
3. 胎儿血液循环的特点和出生以后发生的改变有哪些？

（王强利）

（绘图　翁安莉）

第二十六章　神经系统的发生

神经系统起源于神经外胚层，神经外胚层先形成神经管和神经嵴。神经管演化为中枢神经系统（脑和脊髓）、神经垂体和松果体等，神经嵴演化为周围神经系统（神经节和周围神经）和肾上腺髓质等。

第一节　中枢神经系统的发生

一、神经管的早期分化

人胚第3周，在脊索的诱导下，出现了由神经外胚层构成的神经板。神经板凹陷形成神经沟。在相当于颈部体节的平面上，神经沟首先愈合成神经管，逐渐向头、尾两端延伸，最终在头、尾两端各留有一开口，分别称前神经孔（anterior neuropore）和后神经孔（posterior neuropore）（图21-14）。前神经孔于人胚第25天左右闭合，后神经孔于人胚第27天左右闭合，至此形成完整的神经管。人胚第4周，神经管的头端膨大，将发育为脑；而后段较细，仍呈管状发育，将发育为脊髓。

神经管的管壁由单层柱状上皮逐渐演变为假复层柱状上皮，称神经上皮（neuroepithelium）。神经上皮的基膜较厚，称外界膜；神经管的管腔内面也存在一层膜，称内界膜。神经上皮细胞不断分裂增殖，部分细胞迁延至神经上皮外周，形成一层新的细胞层，称套层（mantle layer），并分化为成神经细胞（neuroblast）和成神经胶质细胞（glioblast）。套层的成神经细胞起初为圆球形，很快发出突起并逐渐伸至套层外周，形成细胞稀少的边缘层（marginal layer），边缘层将发育为中枢神经系统的白质（图26-1）。随着成神经细胞的分化，套层中的成胶质细胞分化为星形胶质细胞

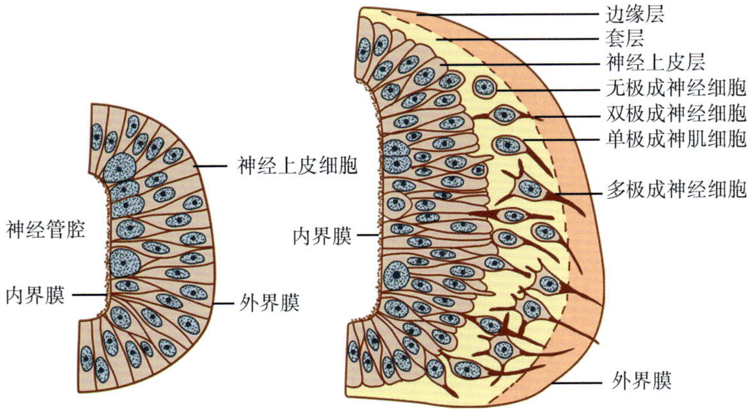

图26-1　神经管壁上皮的早期分化模式图

和少突胶质细胞，并有部分细胞进入边缘层。未迁移的原位神经上皮停止分化，成为由单层立方或矮柱状细胞构成的室管膜层（ependymal layer），室管膜层最终发育为脑室和中央管的室管膜。

成神经细胞起初为圆形，称无极成神经细胞，随后经历双极成神经细胞、单极成神经细胞和多极成神经细胞的演变过程，最终分化为神经元。在神经元的发生过程中，最初生成的细胞数量要远多于最终存活的神经元数量，这是因为未能与靶细胞建立连接或处于异常部位的神经元都有可能凋亡。神经元的存活及其突起的发生主要受靶细胞产生的神经营养因子调控，如神经生长因子、成纤维细胞生长因子和表皮生长因子等。因此，神经元的凋亡与其未能获得靶细胞释放的神经营养因子密切相关。

在中枢神经系统神经胶质细胞的发生过程中，成神经胶质细胞分化为各类胶质细胞的前体细胞，即成星形胶质细胞和成少突胶质细胞。成星形胶质细胞继续分化为原浆性和纤维性星形胶质细胞；成少突胶质细胞继续分化为少突胶质细胞。而小胶质细胞的形成较晚，来源于血液单核细胞（图26-2）。目前已经证明，神经元凋亡是诱导小胶质细胞进入中枢神经系统最重要的因素。

周围神经系统中，所有的神经胶质细胞均由神经嵴细胞分化而来，其中施万细胞随神经元轴突或周围突的延长而同步增殖和迁移，卫星细胞则包绕在脑神经节、脊神经节及交感神经节的节细胞周围。

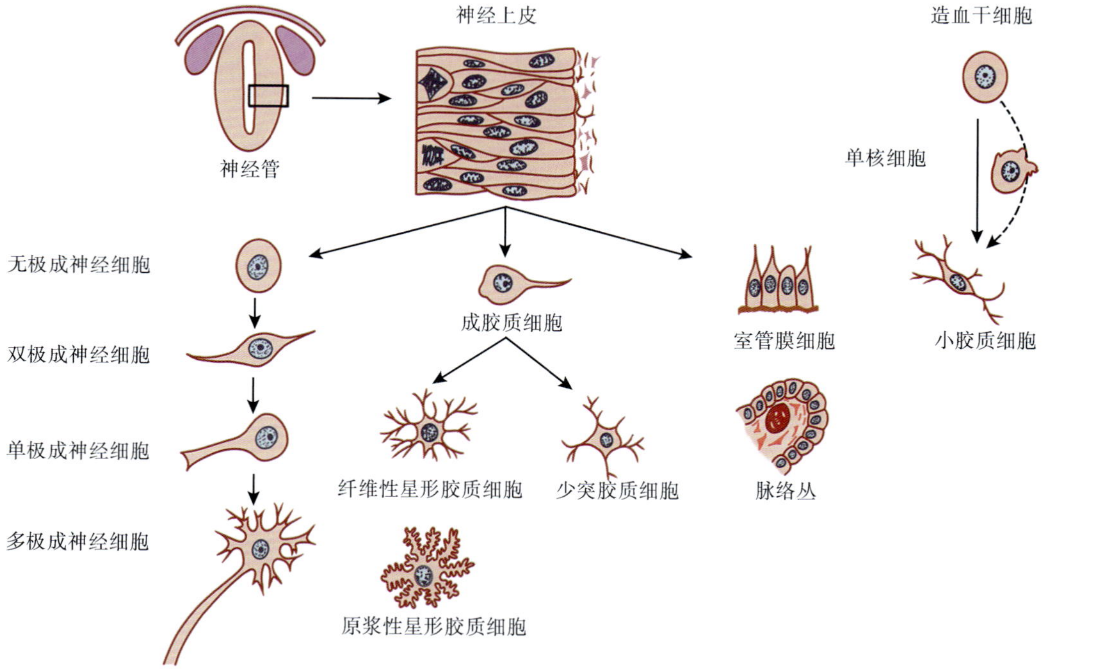

图26-2　神经上皮细胞的分化模式图

二、脑的发生

（一）脑泡的形成和演变

人胚第4周末，神经管的头端膨大形成三个脑泡（cerebral vesicle），从头至尾分别称前脑泡、中脑泡和菱脑泡。人胚第5周时，前脑泡的头端向两侧膨大，发育成左、右两个端脑（telencephalon），端脑向两侧膨大，进一步演变为左、右两个大脑半球，前脑泡的尾端形成间脑

（diencephalon）。中脑泡没有再次分隔，演变为中脑（mesencephalon）。菱脑泡的头端发育成后脑（metencephalon），进一步演变为脑桥和小脑。菱脑泡的尾端发育成末脑（myelencephalon），进一步演变为延髓（图26-3）。

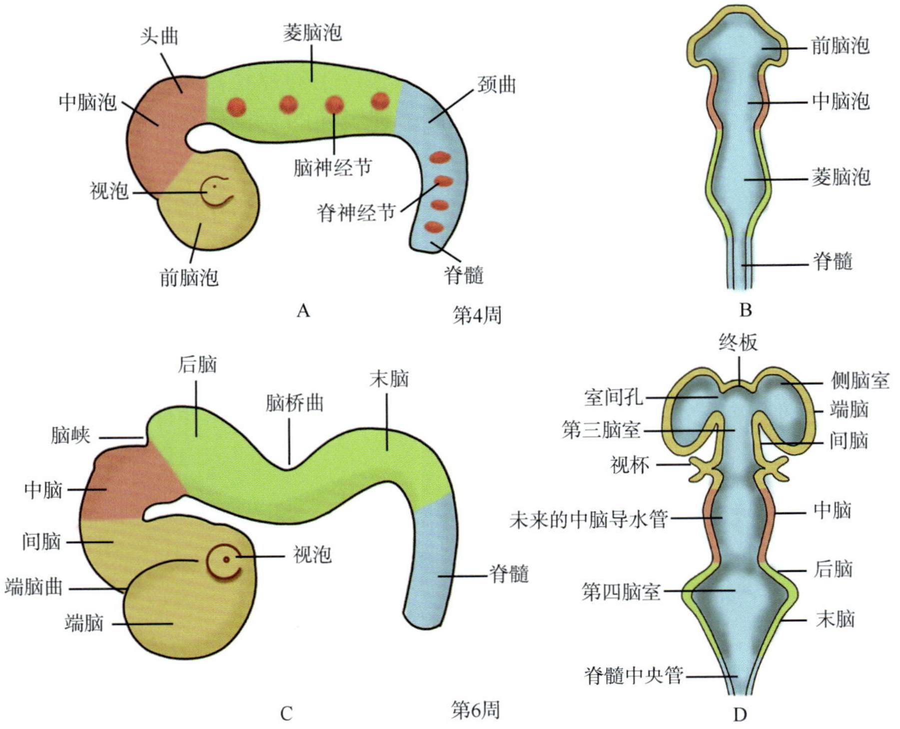

图26-3 脑泡、脑曲的发生和演变模式图

A、C. 侧面观；B、D. 冠状切面

在脑泡演变的同时，神经管的管腔演变为各部位的脑室。前脑泡的腔演变为左、右两个侧脑室和间脑中的第三脑室；中脑泡腔形成狭窄的中脑导水管；菱脑泡腔演变为宽大的第四脑室（图26-3）（表26-1）。

表26-1 脑泡的发生及其演变

原基	原始分区	二次分区	形成最后结构	构成脑室
神经管头部	前脑泡	端脑	嗅脑、纹状体、大脑半球	侧脑室、第三脑室前部
		间脑	丘脑、视交叉、灰白结节、乳头体、垂体神经部	第三脑室大部
	中脑泡	中脑	四叠体、被盖、大脑脚	导水管
	菱脑泡	后脑	小脑、脑桥	第四脑室
		末脑	延髓	

脑泡演变过程中，由于胚胎头部向腹侧屈曲及脑泡的各部位生长速度不同，相继出现几个不同方向的弯曲。首先，由于胚胎头部向腹侧屈曲，在中脑处出现凸向背侧的头曲（cephalic flexure），在菱脑与脊髓之间凸向背侧的颈曲（cervical flexure）。之后，端脑和脑桥处产生两个凸向腹侧的端脑曲（telencephalic flexure）和脑桥曲（pontine flexure）（图26-3）。

神经管头段管壁的演变较为复杂。神经管管壁的套层迅速增厚，腹侧部局部增厚形成左、右两个基板（basal plate），背侧部局部增厚形成左、右两个翼板（alar plate）。由于基板和翼板增厚，两者在神经管的内表面出现了左右相对的两条纵沟，称界沟（sulcus limitans）。端脑和间脑的套层大部分形成翼板，基板很小。端脑套层中大部分的细胞迁移至外表面，形成大脑皮质，少部分聚集成团，形成神经核。中脑、后脑和末脑的套层细胞多聚集成细胞团或柱，形成各种神经核。翼板中的神经核多为感觉中继核，基板中的神经核多为运动核（图26-4）。

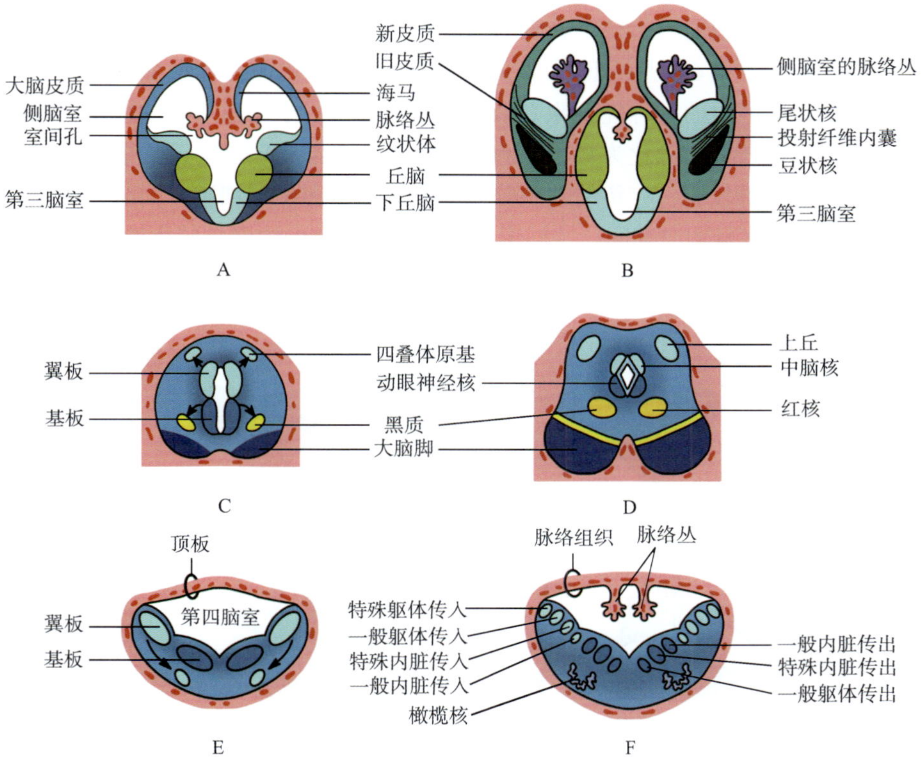

图26-4　脑各部分分化模式图

A、B. 端脑和间脑（冠状切面）；C、D. 中脑（横切面）；E、F. 末脑（横切面）

A、C、E. 第7周胚；B、D、F. 第10周胚

（二）大脑皮质的组织发生

大脑皮质的组织发生分为三个阶段，依次为古皮质、旧皮质和新皮质。最早出现的皮质结构是海马和齿状回，相当于古皮质（archicortex）。随后，纹状体外侧大量的成神经细胞聚集、分化，形成梨状皮质，相当于旧皮质（paleocortex）。旧皮质出现不久，神经上皮细胞增殖，分期、分批迁移至表层并分化为神经元，形成新皮质（neocortex），新皮质是大脑皮质中出现最晚、面积最大的部分（图26-4）。由于端脑套层产生的成神经细胞是分期、分批迁移的，因此，大脑皮质中的神经元呈层状分布。越早产生和迁移的细胞位置越深；越晚产生和迁移的细胞位置越表浅，即越靠近皮质浅层。胎儿出生时，新皮质已形成6层结构。古皮质和旧皮质分层无一定规律性，有的分层不明显，有的分3层。

在大脑皮质内，随着神经元的不断形成，突触也随之形成。早在第8周，皮质内即已出现突触。突触的形成过程包括轴突生长的终止、树突和树突棘的发育、突触部位的选择和突触的形成。

（三）小脑皮质的组织发生

小脑皮质起源于后脑翼板背侧部的菱唇（rhombic lip）。两侧菱唇在中线处融合形成小脑板（cerebellar plate），为小脑发生的原基。第12周时，小脑板两外侧部膨大，形成小脑半球，板中部变细，形成小脑蚓（图26-5）。最初，小脑板由室管膜层、套层和边缘层组成。而后，小脑板增厚，神经上皮细胞增生并通过套层迁移至边缘层表面，形成一层薄的细胞层，称浅层皮质或外颗粒层，此层细胞仍保持分裂能力，在小脑表面形成一个细胞增殖区，使小脑表面迅速扩大并产生皱褶，形成小脑叶片。至第6个月，套层外层的成神经细胞分化为浦肯野细胞和高尔基细胞，构成浦肯野细胞层；套层内层的成神经细胞则聚集成团，分化为小脑白质中的核团，如齿状核。外颗粒层大部分细胞向内迁移，分化为颗粒细胞，位于浦肯野细胞层深面，构成内颗粒层。外颗粒层细胞因大量迁出而变得较少，存留的细胞分化为篮状细胞和星形细胞，同时，浦肯野细胞的树突和内颗粒层细胞的轴突也伸向其间，共同形成分子层。原来的内颗粒层则改称为颗粒层（图26-5）。此种外颗粒层细胞的内迁持续到出生后第7个月。

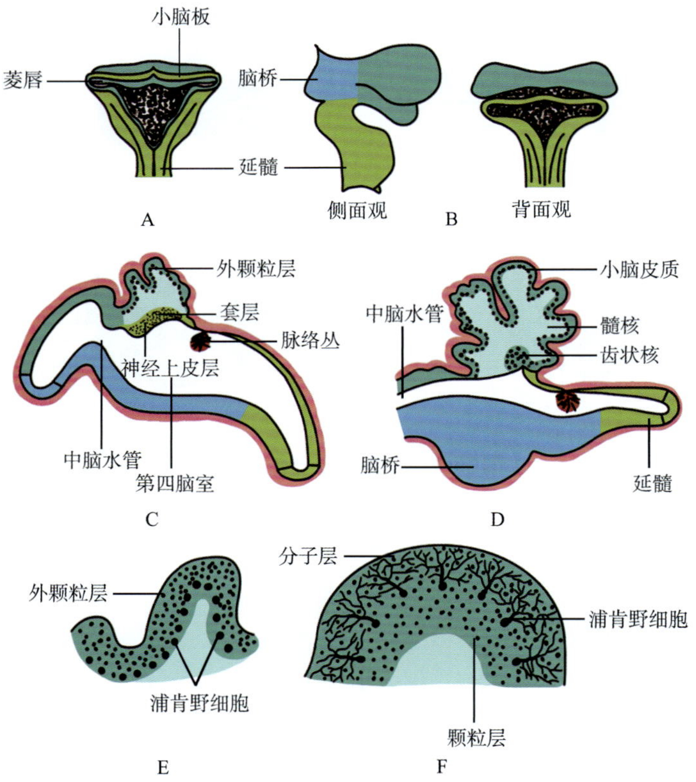

图26-5 小脑的发生模式图

A. 第8周中脑和菱脑背面观；B. 第4个月的中脑；C. 图A矢状切面；D. 图B矢状切面；E. 胚胎期小脑皮质；F. 出生后小脑皮质

三、脊髓的发生

在脑泡形成的同时，神经管的尾段发育成脊髓。该段神经管的管腔演化为中央管，神经管壁的内层发育为脊髓的室管膜层，中间的套层发育为脊髓的灰质，外周的边缘层发育为白质。神经管的两侧壁由于套层中成神经细胞和成胶质细胞的增生而迅速变厚，背侧形成左、右两个翼板（alar plate），腹侧形成左、右两个基板（basal plate）。翼板和基板之间的内表面有左、右相对的两条纵沟，称界沟（sulcus limitans）。神经管的背侧壁和腹侧壁变薄变窄，分别称顶板（roof plate）和底板（floor plate）（图26-6）。

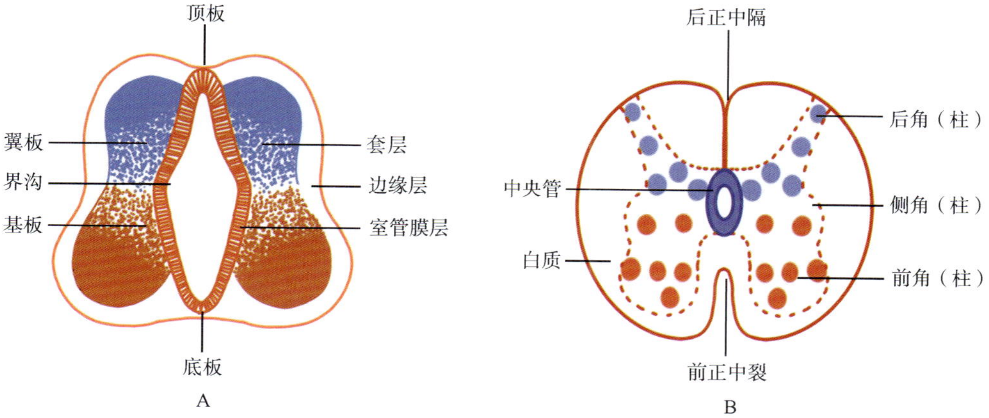

图26-6　脊髓的发生模式图

A. 第6周；B. 第9周

由于成神经细胞和成胶质细胞的增多，左、右两个基板向腹侧突出，致使在二者之间形成一条纵沟，位居脊髓的腹侧正中部，称前正中裂。同时，左、右两个翼板增大并向内侧推移，至中线融合而形成一隔膜，称后正中隔。基板形成脊髓灰质的前角（柱），其中成神经细胞主要分化为躯体运动神经元。翼板形成脊髓灰质的后角（柱），其中成神经细胞主要分化为中间神经元。若干成神经细胞聚集于基板和翼板之间形成脊髓灰质侧角（柱），其内的成神经细胞分化为内脏传出神经元。此外，位于中央管腹侧和背侧的套层，形成脊髓灰质的前连合和后连合。边缘层由于灰质内神经元突起的伸入和神经胶质细胞的形成而增厚，其中还含有脊神经节细胞伸入脊髓的中枢突和脊髓内部的联合纤维，随着边缘层内突起数量的增加，髓鞘形成，最终边缘层有髓神经纤维发育为脊髓白质（图26-6）。至此，神经管尾段分化为脊髓，神经管周围的间充质则分化为脊膜。

人胚第4～5周时，整个脊髓区为等粗的圆柱形管状。脊髓前根发生于第4周末，稍后出现了来自神经嵴迁移而成的脊神经节的脊髓后根。人胚第4个月，出现脊髓颈膨大和腰膨大，分出颈、胸、腰、骶区和马尾。

人胚第3个月之前，脊髓与脊柱等长，其下端可达脊柱尾骨。此时，所有脊神经的起始处与其相对应的椎间孔处于同一平面。人胚第3个月之后，由于脊柱和硬脊膜的增长比脊髓快，脊柱逐渐超越脊髓向尾端延伸，脊髓位置相对上移。出生前，脊髓下端与第3腰椎平齐，仅以终丝与尾骨相连。由于呈节段分布的脊神经均在胚胎早期形成，并从相应节段的椎间孔穿出，当脊髓位置相对上移后，脊髓颈段以下的脊神经根便越来越向尾侧斜行，再穿过其相应的椎间孔离开椎管，腰、骶和尾段的脊神经根则在椎管内垂直下行，与终丝共同组成马尾（图26-7）。

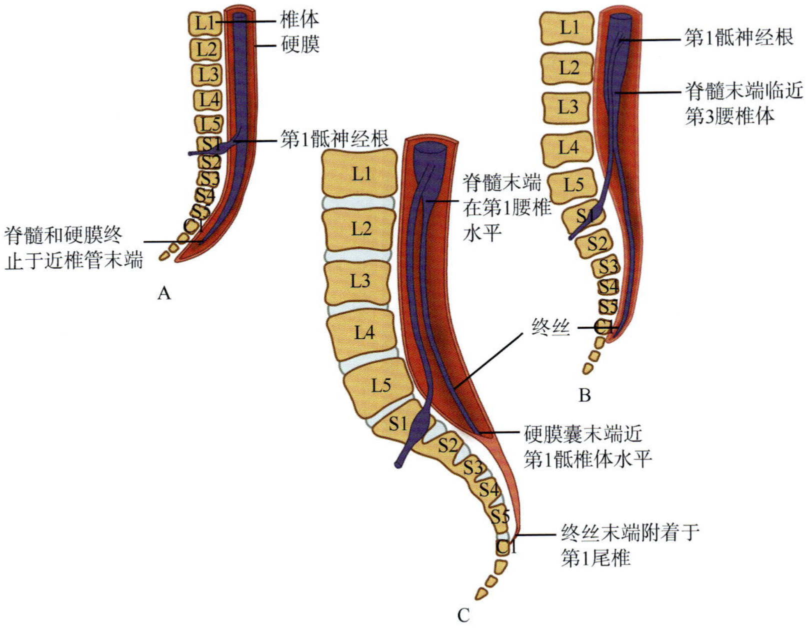

图26-7 胚胎发育中脊髓与脊柱的变化示意图

A. 2～3个月胎儿；B. 出生时；C. 成人

第二节 神经节和周围神经系统的发生

一、神经节的发生

神经节起源于神经嵴。神经嵴细胞向两侧迁移，分列于神经管背外侧并聚集成细胞团，进而分化为脑神经节和脊神经节（图21-15）。这些神经节均属感觉神经节。神经嵴细胞首先分化为成神经细胞和卫星细胞，成神经细胞最先长出两个突起成为双极神经元，之后两个突起起始部合二为一成为假单极神经元。卫星细胞是一种神经胶质细胞，包绕在神经元胞体的周围，神经节周围的间充质分化为结缔组织被膜，包绕整个神经节。

人胚第5周，胸段神经嵴的部分细胞迁至背主动脉背外侧，分化形成两列节段性排列的交感神经节。神经节借纵行的交感神经纤维彼此相连，形成左右两条纵行的交感链。节中的神经嵴细胞首先分化为交感成神经细胞，再由此分化为多极的交感神经节细胞，神经节周围的间充质分化为结缔组织被膜。另外，还有部分神经嵴细胞迁入由脏壁中胚层增生形成的肾上腺原基，分化为肾上腺的嗜铬细胞及少量交感神经节细胞。关于副交感神经节的起源问题尚有争议。

二、周围神经的发生

周围神经纤维由神经元的突起和施万细胞构成，包括感觉神经纤维和运动神经纤维。感觉神经节内细胞的周围突形成感觉神经纤维；脑干及脊髓灰质前角的运动神经元轴突形成躯体运动神经纤维。脊髓灰质侧角和脑干内脏运动核内的神经元轴突形成内脏运动神经节前纤维，终止于自主神经节，节后纤维则是自主神经节细胞的轴突。周围神经发生时，由神经嵴细胞分化形成施万细胞，在随有髓神经纤维轴突或周围突的延长同步增殖和迁移过程中，逐渐形成有髓神经纤维和无髓神经纤维。在有髓神经纤维形成过程中，施万细胞与轴突相贴处凹陷形成一条纵沟，轴突陷入沟内，沟两侧细胞膜贴合形成轴突系膜，轴突系膜不断增长并旋转包绕轴突，于是轴突外周形成了由多层施万细胞胞膜包绕而成的髓鞘。在无髓神经纤维中，一个施万细胞可与多条轴突相贴，并形成多条深沟包裹轴突，但不形成髓鞘。

第三节　神经系统相关内分泌腺的发生

垂体、松果体和肾上腺并非完全起源于神经外胚层，但其发生与神经管和神经嵴密切相关，故在本章一并叙述。

一、垂体的发生

垂体包括腺垂体和神经垂体，分别来自胚胎时期口凹的表面外胚层和脑泡的神经外胚层。人胚第4周，口凹背侧顶部的外胚层上皮向深部凹陷，形成一囊状突起，称拉特克囊（Rathke pouch）（图26-8）。随后，间脑底部的神经外胚层朝腹侧的拉特克囊方向形成一漏斗状突起，即神经垂体芽。拉特克囊和神经垂体芽逐渐增大并相互靠近。人胚第2个月末，拉特克囊根部退化消失，其远端长大并与神经垂体芽相贴。神经垂体芽远端膨大，形成神经垂体，其起始部变细，形成漏斗柄。而拉特克囊前壁迅速增厚，形成垂体远侧部。远侧部再向上长出一结节状突起包绕漏斗柄，形成结节部。拉特克囊后壁生长缓慢，形成中间部。囊腔大部分消失，只残留小的裂隙。此裂隙偶尔向下延伸，在咽顶壁内形成咽垂体。腺垂体中分化出多种腺细胞，神经垂体主要由神经纤维和神经胶质细胞构成。

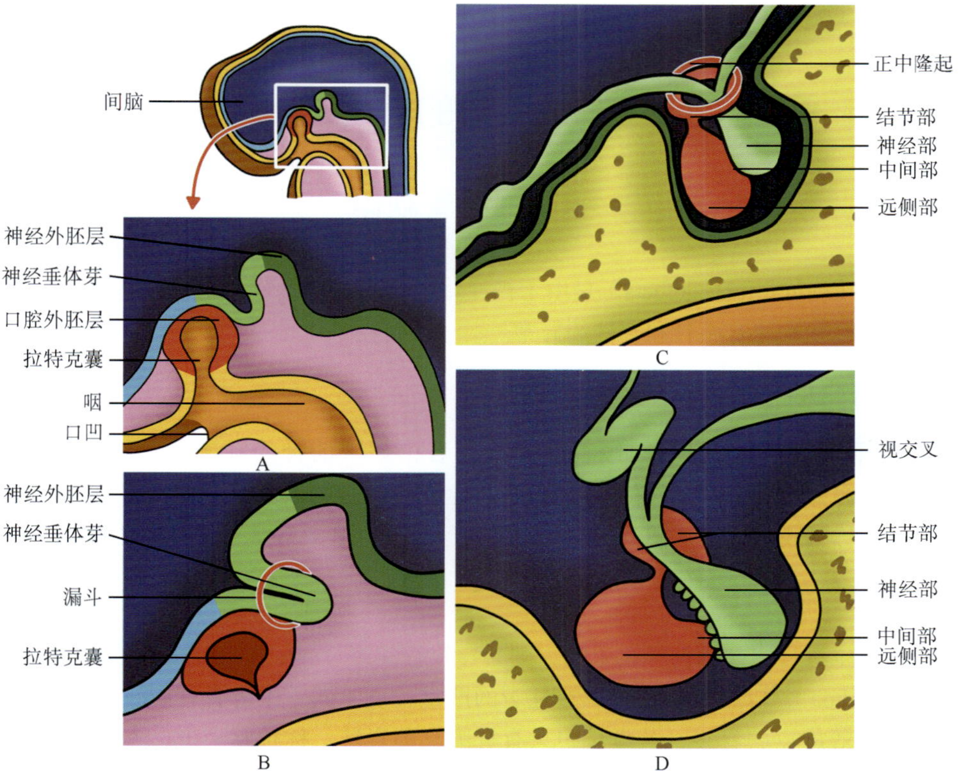

图26-8　垂体的发生示意图

A. 第3周，拉特克囊和神经垂体芽形成；B. 第2个月末，拉特克囊与咽顶；C. 胎儿期垂体前、后部形成；D. 新生儿

二、松果体的发生

人胚第5周，间脑顶板的室管膜上皮增厚，形成松果体板。人胚第7周，松果体板发生外突，构成松果体囊。人胚第8周，松果体囊壁细胞增生，囊腔消失，形成一实质性松果样器官，即松果体。松果体细胞和神经胶质细胞均由神经上皮分化而来；其中松果体细胞出现较早，人胚第8周即开始出现，第5个月增生明显，第6个月分化明显，细胞器逐渐增多，第8个月已经接近成年；神经胶质细胞出现较晚，人胚第12周左右开始出现，属于星形胶质细胞。人胚第3个月初，交感神经分支长入松果体。

三、肾上腺的发生

肾上腺实质包括皮质和髓质，皮质来源于脏壁中胚层，髓质来源于神经嵴。

肾上腺皮质发生较早。人胚第3～4周，肠系膜根部与发育中的生殖腺嵴之间的中胚层表面上皮增生，并移向深部的间充质，第5周分化为肾上腺的胎儿皮质。人胚第7周，表面上皮细胞第二次增生，并进入间充质，围绕在胎儿皮质周围，形成永久皮质。胎儿皮质在出生后很快退化，永久皮质在胎儿发育后期开始分化，至胎儿出生时，可见球状带和束状带，出生后3岁左右才出现网状带。

肾上腺髓质发生较晚。约在人胚第6周，神经嵴细胞迁移并进入胎儿皮质内侧，与肾上腺皮质接触的细胞分化为髓质的嗜铬细胞，其余少量细胞分化为交感神经节细胞。最初髓质细胞混杂在皮质细胞之间，之后逐渐向中心迁移，第20周左右，多数髓质细胞迁移至肾上腺中轴。出生后12～18月龄时，髓质发育完善。

第四节　神经系统的常见先天畸形

一、神经管缺陷

神经管缺陷（neural tube defects）是由于神经管闭合和发育不全引起的一类畸形，主要表现在脑和脊髓的异常，并常伴有颅骨和脊柱的异常。

（一）无脑畸形

正常情况下，人胚第4周末神经管应完全闭合，如果前神经孔未闭，则会导致无脑畸形（anencephaly）（图26-9），并常伴有颅顶骨发育不全，称为露脑。由于颅骨发育不全导致脑膜自缺损处向外突出，称脑膜脑膨出（图26-10），多发生于枕部，其缺口常与枕骨大孔相通。

（二）脊髓裂和脊柱裂

神经系统发生过程中，后神经孔未闭，则会导致脊髓裂（myeloschisis），并常伴有相应节段的脊柱裂（spina bifida），以腰骶部多见。脊柱裂的严重程度不同，中等脊柱裂较为多见，在患处常形成一个大小不等的皮肤囊袋，若囊袋中只有脊膜和脑脊液，称脊膜膨出；若囊袋中既有脊膜和脑脊液，又有脊髓和神经根，则称脊膜脊髓膨出。

图 26-9　无脑畸形

图 26-10　脑膜脑膨出

二、脑　积　水

脑积水（hydrocephalus）是由脑室系统发育障碍、脑脊液生成和吸收失去平衡所致，其中，以中脑导水管和室间孔狭窄或闭锁最为常见。由于大量脑脊液不能正常流通循环而聚集于脑室内，致使脑室中积满液体，称为脑内脑积水；亦或是在蛛网膜下腔中积存大量液体，称为脑外脑积水。临床特征主要为脑内压升高、脑室扩张、脑壁变薄、颅缝变宽以及胎儿头部明显增大。

知识扩展　**叶酸与神经管缺陷**

神经管缺陷（neural tube defects）是最为常见的新生儿缺陷疾病之一。世界范围内，神经管缺陷发病率约为0.05%～0.2%。我国曾是神经管缺陷的高发国家，给家庭和社会带来了沉重的负担。研究表明，在怀孕期补充适量叶酸可有效降低50%～70%的神经管缺陷发生。目前，已有超过50个国家利用加入叶酸的营养强化食品来降低神经管缺陷的发病率。1995年，我国提倡备孕妇女服用叶酸增补剂，这一举措促使我国神经管缺陷发生率显著下降50%。2000年起，中国营养协会建议育龄妇女每日摄入400μg叶酸；各阶段产妇每日摄入600μg叶酸，但每日最高允许摄入量为1000μg。

思考题

1. 神经上皮是怎样发生的？
2. 根据脑的发生过程，可能出现的畸形及其病因有哪些？

（葛菲菲）

（绘图　翁安莉）

第二十七章　眼和耳的发生

眼和耳的发生均始于人胚第4周，其原基分别为视泡和听泡。视泡来源于神经外胚层；听泡来源于表面外胚层。眼的发生除神经外胚层外，还有表面外胚层和间充质的参与。耳的发生除表面外胚层外，还有内胚层和间充质的参与。

第一节　眼的发生

一、眼球的发生

人胚第4周，当神经管前端闭合形成前脑时，其两侧壁向外膨出一对中空的囊泡，即视泡（optic vesicle）（图27-1）。视泡腔与脑室相通，其远端膨大，贴近表面外胚层，进而凹陷形成一双层杯状结构，称视杯（optic cup）。视泡近端变细，称视柄（optic stalk），与间脑相连。同时，表面外胚层在视泡的诱导下增厚，形成晶状体板（lens placode）（图27-1）。随后，晶状体板凹陷入视杯内，并逐渐与表面外胚层脱离，发育成晶状体泡（lens vesicle）。眼球各部分由视柄与视杯、晶状体泡以及周围的间充质进一步发育而成。

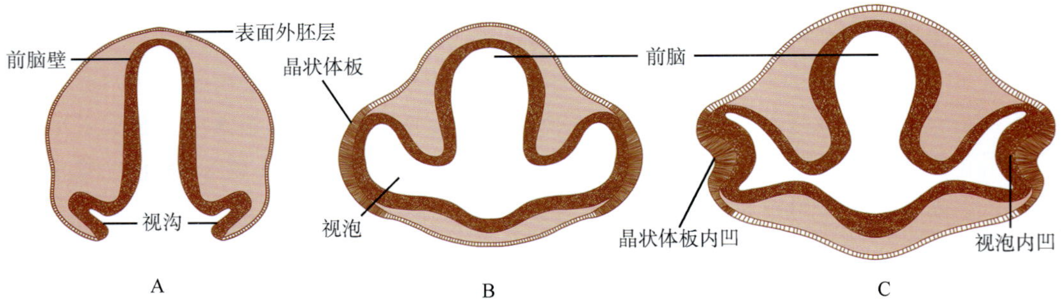

图27-1　视泡、晶状体泡的发生模式图

（一）视网膜与视神经的发生

视网膜由视杯内、外两层分化而来，视杯外层较薄，分化为视网膜的色素上皮层；而内层较厚，分化为视网膜的神经层。人胚第5周起，视杯内层先后分化出节细胞、视锥细胞、无长突细胞、水平细胞、视杆细胞和双极细胞。随后，视杯两层之间的视泡腔逐渐变窄，最终消失，至此视杯内外两层直接相贴，形成视网膜视部。视杯边缘的内层上皮不增厚，与外层分化的色素上皮相贴，并向晶状体泡与角膜之间的间充质内延伸，形成视网膜盲部，即睫状体与虹膜的上皮（图27-2，图27-3）。

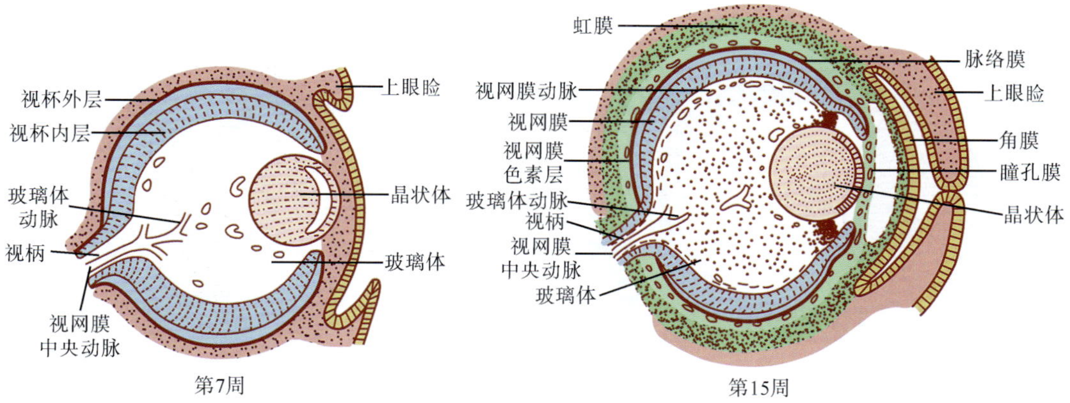

图 27-2 眼球和眼睑的发生模式图

人胚第5周，视杯和视柄的下方向内凹陷成一条纵沟，称脉络膜裂（choroid fissure）。脉络膜裂内含有间充质和玻璃体动、静脉，为玻璃体和晶状体的发育提供营养。同时，玻璃体动脉发出分支，为视网膜提供营养。人胚第 7 周，脉络膜裂封闭，玻璃体动、静脉穿经玻璃体的一段逐渐退化，并遗留一残迹为玻璃体管，近段成为视网膜中央动、静脉（图 27-3）。伴随着视网膜的分化发育，逐渐增多的节细胞轴突向视柄内层聚集，集合形成视神经，走行于视柄中、视柄内，外侧细胞演变为星形胶质细胞和少突胶质细胞，围绕在节细胞轴突周围，至此视柄演变为视神经。

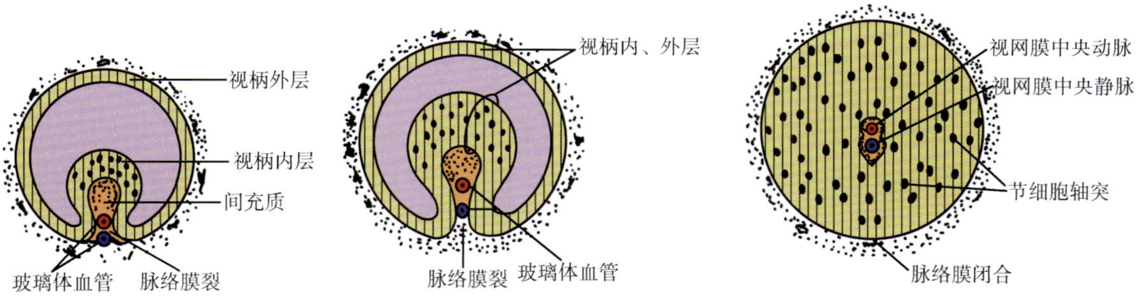

图 27-3 视神经的发生模式图

（二）晶状体的发生

晶状体是由晶状体泡演变而来。最初晶状体泡由单层上皮构成。晶状体泡前壁细胞呈低柱状，逐渐演变为晶状体上皮；晶状体泡后壁细胞呈高柱状，并逐渐向前壁方向伸长，形成初级晶状体纤维（primary lens fiber）。晶状体泡腔逐渐缩小直至消失，晶状体最终变为实体结构（图27-4）。此后，晶状体赤道区的上皮细胞不断增生、变长，形成次级晶状体纤维（secondary lens fiber），原有的初级晶状体纤维及其细胞核逐渐退化形成晶状体核。新的晶状体纤维逐层添加到晶状体核的周围，晶状体核及晶状体逐渐增大。此过程可持续终身，但随着年龄增加而速度减慢。

（三）血管膜与巩膜的发生

人胚第6周，视杯周围的间充质分为内、外两层。间充质内层较疏松，富含血管和色素细胞，分化为眼球壁的血管膜。血管膜大部分贴附于视网膜外，即脉络膜；而贴在视杯口边缘部的间充质则分化为虹膜基质和睫状体的主体。间充质外层较为致密，分化为巩膜。脉络膜与视神经周围的软脑膜相连续；巩膜与视神经周围的硬脑膜相连续。

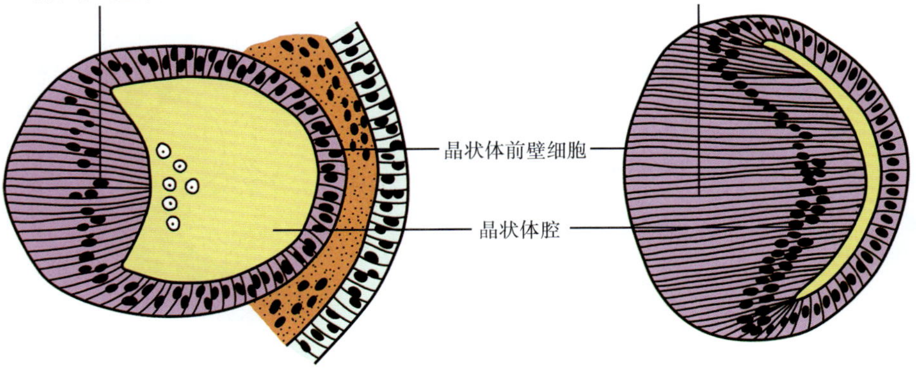

图27-4 晶状体的发生模式图

（四）角膜、虹膜与眼房的发生

在晶状体泡的诱导下，表面外胚层分化为角膜上皮，角膜上皮深层的间充质继续分化为角膜其余各层。位于晶状体前面的视杯口边缘部的间充质形成虹膜基质，其周边部厚、中央部薄、封闭视杯口，称瞳孔膜（pupillary membrane）。视杯两层上皮的前缘部分形成虹膜上皮层，与虹膜基质共同发育成虹膜。在虹膜形成以前，晶状体泡和角膜之间的间充质内出现一个腔隙，即前房。虹膜与睫状体形成后，虹膜、睫状体与晶状体之间形成后房。出生前瞳孔膜被吸收，前、后房经瞳孔相连通。

二、眼睑和泪腺的发生

人胚第7周，眼球前方与角膜上皮毗邻的表面外胚层形成上、下两个皱褶，分别发育为上、下眼睑。反折到眼睑内表面的表面外胚层分化为复层柱状的结膜上皮，与角膜上皮相连。眼睑外面的表面外胚层分化为表皮；皱褶内的间充质则分化为眼睑的其他结构。上睑外侧部的表面外胚层上皮细胞陷入间充质，分化为腺泡和导管，构成泪腺。

三、常见畸形

1. 先天性无虹膜 先天性无虹膜（congenital aniridia）属常染色体显性遗传性异常，确切的发病机制至今尚不明确，可能是视杯前缘生长和分化障碍造成虹膜不能发育所致。由于没有虹膜，患儿瞳孔很大。

2. 虹膜缺损 虹膜缺损（coloboma iridis）因脉络膜裂在虹膜处未完全闭合，导致虹膜下方缺损，致使圆形瞳孔下方呈现钥匙孔。严重时，该畸形可延伸到睫状体、视网膜和视神经，并常伴有眼部其他异常。

3. 瞳孔膜残留 瞳孔膜残留（persistent pupillary membrane）常为瞳孔膜未能全部退化消失所致，残存的结缔组织网遮盖在晶状体前方，轻度的残留通常不影响视力和瞳孔活动。若残存的瞳孔膜影响视力，可手术剔除。

4. 先天性白内障 先天性白内障（congenital cataract）常因晶状体的透明度发生异常所致，出生前晶状体不透明，多为遗传性，也可能为母体在妊娠早期感染风疹病毒、母体甲状腺功能低下、维生素缺乏等所致。

5. 先天性青光眼　先天性青光眼（congenital glaucoma）属常染色体隐性遗传性疾病，发病机制至今尚不明确，可能因巩膜静脉窦或小梁网发育障碍所致。患儿房水排出受阻、眼压增高、眼球胀大、角膜突出。因眼球增大，故又称“牛眼”。

第二节　耳的发生

耳由内耳、中耳和外耳三部分组成，分别由头部表面外胚层形成的听板、内胚层来源的第一咽囊、外胚层来源的第一鳃沟及围绕鳃沟的6个结节演变而来。

一、内耳的发生

人胚第4周，在菱脑的诱导下，其两侧的表面外胚层出现一增厚区，即听板（otic placode），随后，听板内陷形成听窝（otic pit）。听窝的边缘逐渐向中间闭合，并与外胚层分离，形成一个囊状的听泡（otic vesicle）（图27-5），听泡将演变为内耳膜迷路。

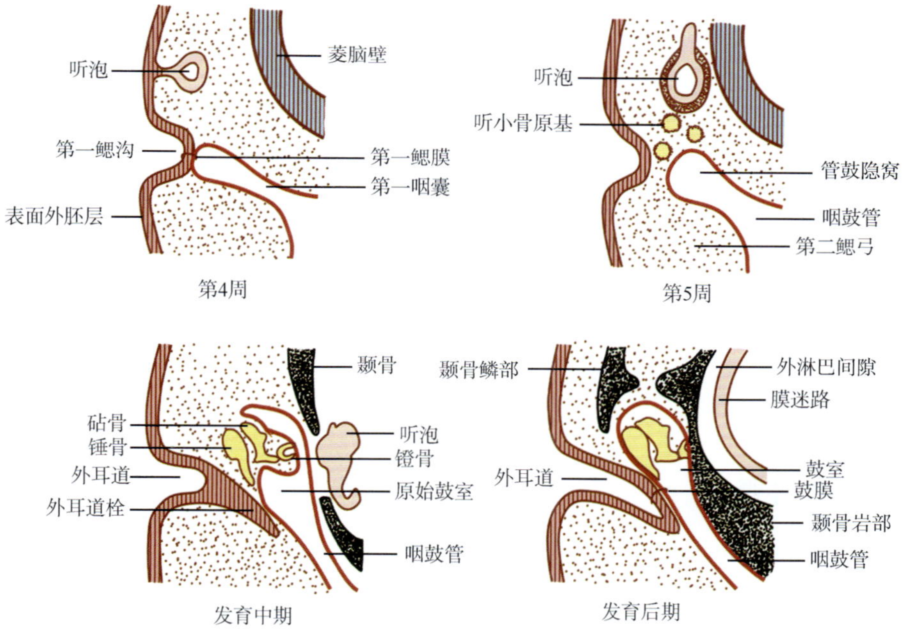

图27-5　耳的发生模式图

听泡背侧部即椭圆囊部，长出一个憩室状的突起，后续演变为内淋巴管和内淋巴囊。此外，听泡长出三个扁盘状的憩室，逐渐发育成膜半规管、椭圆囊和球囊。听泡腹侧部长出一个蜗管芽状憩室，逐渐发育成蜗管。蜗管壁细胞分化形成螺旋器（Corti器），第Ⅷ对脑神经的神经节细胞随蜗管移动，形成蜗神经节即螺旋神经节，该神经节的细胞长出突起进入螺旋器。听泡周围的间充质分化为软骨性听囊，随后骨化形成内耳的骨迷路。软骨性听囊的周围出现许多液泡，逐步分化形成外淋巴间隙并与蜗管相连，进一步分化为前庭阶和鼓室阶（图27-6）。

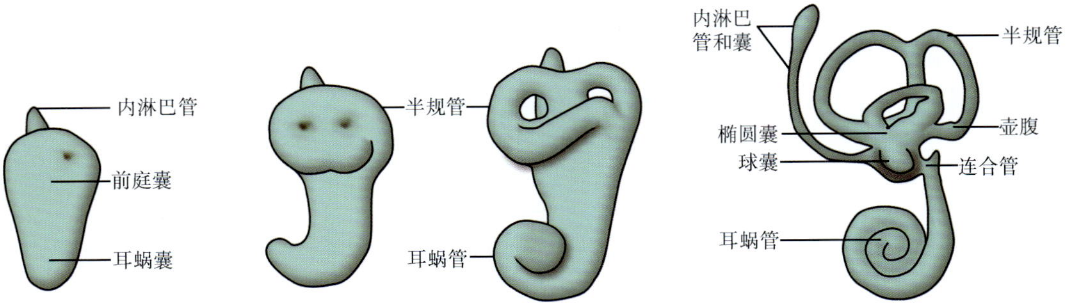

图27-6 听泡的发生模式图

二、中耳的发生

人胚第9周时，第一咽囊向背外侧扩伸，其末端膨大形成管鼓隐窝，近端形成咽鼓管。管鼓隐窝上方的间充质分化成三块听小骨原基。人胚6个月时，三块听小骨原基先后骨化成为三块听小骨。与此同时，管鼓隐窝远侧段扩大形成原始鼓室。听小骨周围的结缔组织逐渐被吸收形成腔隙，并与原始鼓室共同形成鼓室，听小骨位于其内。鼓室的外壁与第一鳃沟外胚层相贴，分别形成鼓膜内、外上皮，两者之间的间充质形成鼓膜内的结缔组织，这三层共同构成鼓膜（图27-5）。

三、外耳的发生

人胚第2个月末，第一鳃沟向内深陷形成外耳道外侧段；管道底部的外胚层细胞增生成一个上皮细胞板，称外耳道栓（meatal plug）。人胚7个月时，外耳道栓内部细胞退化吸收形成管腔，演变为外耳道的内侧段（图27-5）。人胚第6周时，第一鳃沟周围的间充质增生形成6个结节状突起，称耳丘（auricular hillock）。耳丘围绕外耳道口生长，逐渐合并演变成耳郭。

四、常见畸形

（一）先天性耳聋

先天性耳聋（congenital deafness）分为遗传性和非遗传性两类。遗传性耳聋属常染色体隐性遗传，主要为内耳发育不全、听小骨发育缺陷、耳蜗神经发育不良或外耳道闭锁等所致。非遗传性耳聋则与药物中毒、感染或新生儿溶血性黄疸等原因相关。先天性耳聋患儿因听不到语言，不能进行语言学习与锻炼，故常伴有哑症。

（二）外耳道闭锁

外耳道闭锁（atresia of external acoustic meatus）常为第一鳃沟和第一、三鳃弓发育异常所致。患儿外耳道局部或全部闭锁，多发生在外耳道近表面部分，被骨或纤维结缔组织封闭。

（三）耳瘘

耳瘘（auricular fistula）常见于耳屏前方，可能因第一鳃沟和背部闭合不全，或第一、二鳃弓发生的耳丘融合不良所致。耳瘘形成的皮肤性盲管可向下延伸至鼓室，挤压时出现白色乳酪样液体，易感染发炎。

（四）副耳郭

副耳郭（accessory auricle）又称耳郭附件，多为耳丘发生过多所致，常见于耳屏前方。

（五）先天性小耳

先天性小耳（congenital microtia）常为第一、二鳃弓发育不良所致。患儿耳郭部分缺如，如无耳垂、无耳屏等。

知识扩展

先天性白内障

先天性白内障常因晶状体部分或完全混浊所致，是影响婴幼儿视力发育的常见眼病，也是造成视弱和失明的重要原因。研究发现，先天性白内障患儿中，1/3是遗传性的，1/3与全身性疾病相关，1/3是特发性的。因此，该病的早期诊断对恢复视觉功能至关重要。通过有效筛查进行早期诊断、针对儿童的手持创新成像、DNA测序技术和适应性遗传咨询，可显著提高对先天性白内障潜在病因和儿童视力结果的理解。下一代测序（next-generation sequencing，NGS）和超高通量测序是研究先天性白内障遗传原因的重要工具。而基因组医学可使我们更好地认识先天性白内障的不同临床表现和潜在病因，有助于开发新的治疗方法来改善白内障手术后的视力恢复，为未来的创新治疗方案提供更多可能。

思考题

1. 根据眼球的动态发生过程，解释眼相关畸形的形成原因主要有哪些？
2. 根据耳的发生过程，解释耳相关畸形的形成原因主要有哪些？

（葛菲菲）

第二十八章　先天畸形

先天畸形（congenital malformation）是由于胚胎发育异常，导致患儿在出生时表现以形态结构异常为主要特征的先天性疾病，属于出生缺陷的一种。狭义的先天畸形仅指解剖结构畸形，而广义的概念是指胚胎发育紊乱而引起的结构、功能、代谢、精神、行为、遗传等方面的异常。研究先天畸形的科学称畸形学（teratology），是胚胎学的一个重要分支学科。

第一节　先天畸形的分类

先天畸形主要包括以下几种类型。

（1）整体胚胎发育障碍：多因严重遗传缺陷引起，一般不能形成完整的胚胎，大多早期死亡。

（2）胚胎局部发育畸形：是胚体局部发育紊乱所致，常涉及多个器官，如头面发育不全、并肢畸形等。

（3）器官或器官局部畸形：由某一器官不发生或发育不全所致，如单侧或双侧肺不发生、室间隔膜部缺损、唇腭裂等。

（4）组织分化不良性畸形：由组织分化紊乱所致，发生时间较晚且肉眼不易识别，如骨发育不全、克汀病、先天性巨结肠等。

（5）发育过度性畸形：由器官或器官的一部分增生过度所致，如多指（趾）畸形等。

（6）吸收不全性畸形：由胚胎发育过程中某些应全部或部分吸收的结构吸收不全所致，如先天肛门闭锁、食管闭锁等。

（7）超数或异位发生性畸形：超数或异位发生性畸形由器官原基超数发生或发生于异常部位所致，如多乳腺、异位乳腺、双肾盂、双输尿管等。

（8）发育滞留性畸形：由器官发育中途停止所致，如双角子宫、隐睾、骨盆肾、气管食管瘘等。

（9）重复畸形：由单卵双胎未能完全分离所致，胎儿整体或部分结构出现不同程度的重复，如连体胎儿等。

（10）寄生畸形：由单卵双胎的两个胎儿发育速度相差甚大所致，小胎或不完整的小胎附着在大胎的某一结构或部位上。

第二节　先天畸形的发生原因

先天畸形的发生原因包括遗传因素、环境因素以及两者的相互作用。遗传因素所致的先天畸形约占25%，环境因素所致的先天畸形约占10%；遗传因素与环境因素相互作用引发的出生缺陷则约占65%。

一、遗传因素

引起先天畸形的遗传因素主要有染色体畸变、基因突变和发育信号通路异常等三类。

（一）染色体畸变

染色体畸变（chromosome aberration）是指染色体数目与结构的异常。

1. 染色体数目异常　染色体数目异常多为在细胞分裂过程中，染色体分类障碍所致，包括整倍体和非整倍体。表现为染色体数目的增加（常见于三体型）或减少（常见于单体型），可发生在常染色体，也可发生在性染色体。①三体型：如唐氏综合征（Down syndrome），又称先天愚型或21三体综合征，为第21号染色体三体［47，XY（XX），+21］；先天性睾丸发育不全综合征，即克兰费尔特（Klinefelter）综合征，为性染色体三体型（47，XXY）。②单体型：常染色体单体型的胚胎几乎不能存活；性染色体单体型的胚胎成活率很低，约为3%，如先天性卵巢发育不全综合征，即特纳（Turner）综合征（45，XO）。

2. 染色体结构异常　染色体结构异常由于染色体断裂后，其断片在重新连接时发生缺失、易位、倒位和重复等而引起染色体结构畸变。如5号染色体短臂末端断裂缺失可引起猫叫综合征。电离辐射、化学物质、病毒等都可能导致染色体结构畸变而造成胚胎畸形。

（二）基因突变

基因突变（gene mutation）是指DNA分子碱基组成或排列顺序发生改变，但染色体外形无变化。基因突变发生的频率较染色体畸变高，但引起的畸形较少，主要引起微细结构和功能方面的遗传性疾病，如镰状细胞贫血、苯丙酮尿症等。如果这些基因突变累及生殖细胞，则有可能遗传给后代。

（三）发育信号通路异常

正常胚胎发育是在多种复杂的信号通路共同调节下完成，任何一种信号通路的改变都可导致出生畸形的发生。

二、环境因素

引起先天畸形的环境因素统称致畸因子（teratogen），主要通过影响母体周围的外环境、母体的内环境以及胚体周围的微环境这三个方面影响胚胎发育，常导致流产、早产、死胎、先天畸形、胎儿宫内生长迟缓或新生儿感染等。致畸因子主要有下列五类。

1. 生物性致畸因子 生物性致畸因子主要是指致畸微生物，目前已确定的生物性致畸因子有风疹病毒、巨细胞病毒、单纯疱疹病毒、弓形体和梅毒螺旋体等。这些微生物有些可穿过胎盘屏障、羊水或产道等直接作用于胚胎，引起胎儿宫内感染，而有些是作用于母体和胎盘，引起母体发热、缺氧、脱水、酸中毒、休克等，或引起胎盘物质转运功能改变、胎盘屏障破坏等，进而影响胚胎的发育。

2. 物理性致畸因子 目前已确认的物理性致畸因子主要包括各种射线尤其是离子电磁辐射，还包括机械性压迫和损伤等。

3. 致畸性药物 致畸性药物主要有抗肿瘤类、抗惊厥类等药物。如抗肿瘤药物氨基蝶呤可引起无脑、小头及四肢畸形；抗惊厥药物如三甲双酮会导致胎儿智力低下、发育缓慢、面部发育不良等。某些抗生素亦可导致胎儿畸形，如大剂量应用链霉素可引起先天性耳聋等。

4. 致畸性化学因子 目前确认的致畸性化学因子包括部分多环芳香碳氢化合物、亚硝基化合物、烷基和苯类化合物、含磷农药、重金属（如铅、镉、汞）等。

5. 其他致畸因子 除上述致畸因子外，酗酒、大量吸烟、咖啡因、维生素缺乏、缺氧、严重营养不良等均有致畸作用。近年来，大量出生缺陷监测资料显示，出生缺陷的发生与母亲的健康、生活习惯及孕龄等因素亦有较密切的关系。

三、遗传因素与环境因素共同作用

在先天畸形的发生中，遗传因素与环境因素的相互作用十分明显，这种相互作用一方面表现为环境致畸因子可引发胚胎遗传结构发生改变（染色体畸变和基因突变），进而导致胚胎发育异常；另一方面，胚胎的遗传结构特点也影响着胚体对致畸因子的易感性。流行病学调查显示，在同一地区、同一自然条件下、同时怀孕的几个孕妇，在一次风疹流行中都受到了感染，但出生的婴儿有的出现了畸形，有的却完全正常。决定这种易感性的主要因素就是胚体的遗传结构。在环境因素与遗传因素相互作用引起的各种先天畸形中，两种因素所起作用的大小各不相同。用来衡量遗传因素在某种畸形发生中作用大小的指标称该畸形的遗传度。某一畸形的遗传度越高，说明遗传因素在该畸形发生中的作用越大。

第三节 致畸敏感期

胚胎发育是连续的过程，处于不同发育阶段的胚胎对致畸因子作用的敏感程度不同。受到致畸因子作用后，最易发生畸形的发育时期称致畸敏感期（susceptible period）。

受精后1～2周（胚前期），若胚胎受到强致畸因子作用，则胚胎死亡；若致畸因子作用较弱，正常的细胞可代偿性增殖和分化，故很少发生畸形。受精后第3～8周（胚期），是致畸敏感期，该期胚胎细胞增殖分化活跃，器官原基正在形成，最容易受到致畸因子干扰而发生畸形。第9周直至分娩前（胎儿期），器官进行组织分化和功能分化，受到致畸因子作用也会发生畸形，但多属于组织结构异常和功能缺陷，一般不出现器官形态畸形，属于不敏感期（图28-1）。

不同致畸因子对胚胎作用的致畸敏感期也不同。例如，风疹病毒的致畸敏感期为受精后第1个月，畸形发生率为50%；第2个月降至22%，第3个月只有6%～8%。

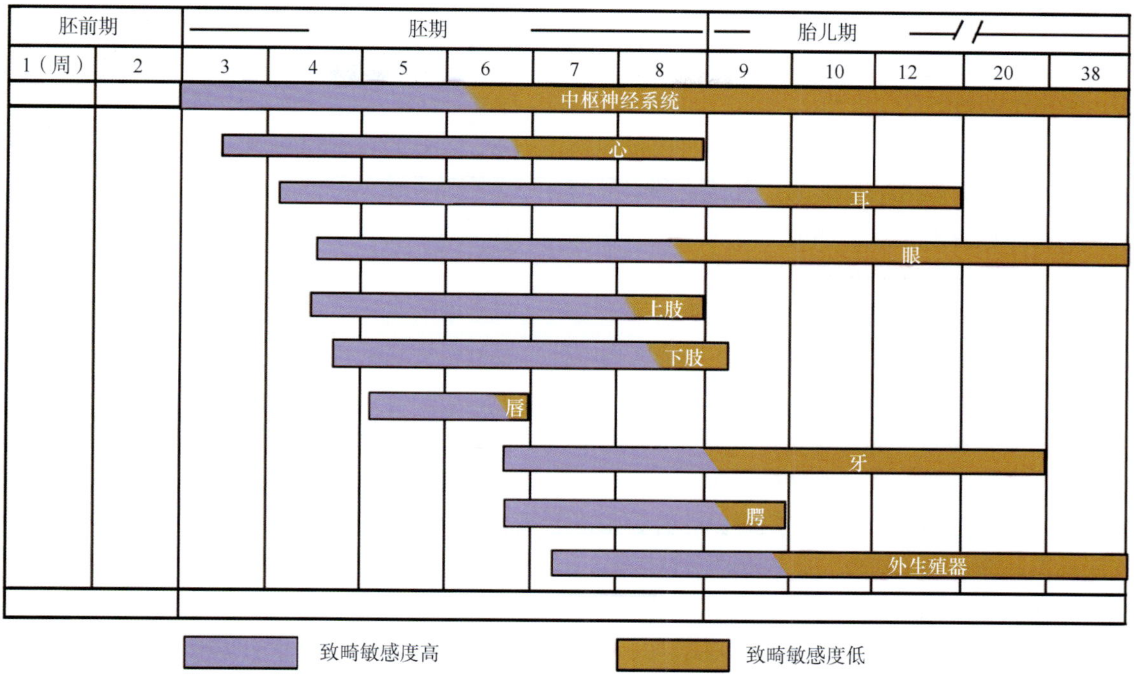

图 28-1 人胚胎主要器官的致畸敏感期

第四节 先天畸形的预防和产前诊断

随着现代医疗技术的提高，宫内诊断和宫内治疗为畸形的预防开辟了广阔的前景。

一、先天畸形的预防

1. 遗传咨询 遗传咨询是预防遗传性畸形的有效措施。凡出现或曾经出现过遗传性先天畸形患者的家族、多次出现过同样疾病的家族、先天智力发育不全的家族和多次自然流产者，均应进行遗传咨询。

2. 杜绝近亲婚配 血缘关系越近，相同的致病基因相遇的概率越大。父母和子女之间有半数左右的基因相同，兄弟姐妹之间有1/4左右的基因相同，姑表或姨表兄弟姐妹之间约有1/6的基因相同。可见近亲结婚所生子女出现纯合型基因对的机会增多，发生畸形的概率也高，因此，要杜绝近亲婚配。

3. 孕前围孕期保健 孕前保健是指通过评估和改善计划妊娠夫妇的健康情况，降低或消除导致出生缺陷等不良妊娠结局的危险因素。而在围孕期保健中，以孕第8周以前的保健最为重要。此外合理营养、预防感染、谨慎用药、戒烟戒酒、尽量避免或减少射线照射等措施都是确保胎儿正常发育的基本手段，可达到控制出生缺陷的目的。

二、产前诊断

产前诊断又称宫内诊断或出生前诊断，是预测诊断胎儿出生前是否患有某种遗传性疾病或先天畸形的方法。通过对母体或胚胎（胎儿）的检测，可诊断胎儿是否患有某种遗传疾病、先天畸形或异常。产前诊断是优生优育，预防缺陷儿出生的重要手段。产前诊断方法包括两大类，创伤性方法和非创伤性方法，前者主要有羊膜囊穿刺检查、绒毛膜取样检查、胎儿镜检查等；后者主要包括超声波检查。

1. 羊膜囊穿刺 羊膜囊穿刺是一种借助超声波引导，经腹部穿刺羊膜囊，收集羊水的诊断方法。羊水中含有胎儿的排泄物、分泌物和多种酶，还含有胎儿皮肤和黏膜脱落的上皮细胞。通过对胎儿羊水成分的生化检测能够准确地反映胎儿的代谢状况，羊水细胞的染色体分析能够准确地反映胎儿的遗传构成。羊膜穿刺的最适宜时间为孕第16～20周。

2. 绒毛膜取样检查 绒毛膜是滋养层细胞及绒毛间质中的胚外中胚层细胞发育而形成的结构，绒毛膜细胞与胚体细胞同源，具有相同的遗传特性，故可通过绒毛膜活检诊断胚体的染色体异常。此检查可在孕第6～9周进行。

3. 胎儿镜检查 胎儿镜是用光导纤维制成的一种内镜。通过胎儿镜可直接观察宫腔内胎儿的生长发育情况，如可直接观察有无面裂、唇裂、残肢、并指（趾）、神经管缺陷、前腹壁裂等发育畸形，并可确定胎儿性别。必要时，可从胎儿特定部位取活体组织标本进行诊断，如可采集血液、皮肤标本，进行相关检查。此检查适宜在孕第15～20周进行。

4. B型超声波检查 B型超声波检查是现代产前诊断中常规使用的一项简便实用、准确可靠的方法。通过超声波检查，不仅可以对胎儿正常发育情况进行定期评估，也可以有目的地观察和追踪胎儿的特殊病理改变，能确定胎儿和胎盘的位置及多种畸形。

5. 甲胎蛋白测定 甲胎蛋白又称胎儿蛋白，是胎儿产生的一种特殊蛋白。在孕妇血清中和胎儿羊水中均有表达，但在羊水中，其检测敏感度更高。开放性神经管畸形胎儿甲胎蛋白浓度高于正常胎儿的10倍。

三、先天畸形的治疗

先天畸形的治疗包括对轻度异常发育胎儿的宫内治疗和对非致死、致残性出生缺陷的出生后治疗。例如，先天性胎儿膈疝修补术、胎儿脐带血管穿刺及宫内输血、胎儿先天性肺囊性腺瘤样病变、脑积水及胸腔积液、尿道梗阻、唇裂等的治疗。

总的来说，防止先天畸形的发生和先天畸形儿的出生是最关键、最重要的，是贯彻优生优育政策、提高人口素质的重要保障。

知识扩展 **孕前健康检查与优生优育**

我国每年出生缺陷的患儿高达90万，不仅给家庭带来巨大的精神、经济负担，而且严重影响我国人口素质及国家经济的健康发展。随着人们健康意识的提升，优生优育受到越来越多的关注。孕前健康检查是提高人口出生质量，降低遗传病发生率的重要手段。孕前健康检查包括健康教育、病史询问、体格检查、风险评估、咨询指导等服务内容，旨在提高计划妊娠夫妇健康素养以及预防出生缺陷的意识和能力，促进风险人群的干预措施，为早筛查、早预防、早治疗奠定良好基础，也是“健康中国”战略具体化的重要体现。

思考题

1. 胚胎发育不同阶段对致畸因子的敏感性有何不同？
2. 举例说明哪些环境因素对人类有致畸作用？

（陶仕英）